U0115652

中国语文教育研究丛书

顾之川　主编

曹明海　著

语文教学语用论

YUWEN JIAOXUE YUYONGLUN

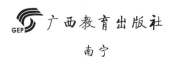

广西教育出版社

南宁

图书在版编目（ＣＩＰ）数据

语文教学语用论 / 曹明海著. —南宁：广西教育出版社，2016.3（2023.1重印）

（中国语文教育研究丛书 / 顾之川主编）

ISBN 978-7-5435-8095-4

Ⅰ.①语… Ⅱ.①曹… Ⅲ.①语文教学—教学研究 Ⅳ.①H19

中国版本图书馆 CIP 数据核字 (2016) 第 052723 号

策　　划	黄力平	装帧设计	刘相文
责任编辑	陶春艳	责任技编	胡庆团
责任校对	谢桂清	封面题字	李　雁

出　版　人：石立民

出版发行：广西教育出版社

地　　　址：广西南宁市鲤湾路 8 号　　邮政编码：530022

电　　　话：0771-5865797

本社网址：http://www.gxeph.com

电子信箱：gxeph@vip. 163. com

印　　　刷：广西金考印刷有限公司

开　　　本：787mm×1092mm　1/16

印　　　张：22.25

字　　　数：350 千字

版　　　次：2016 年 3 月第 1 版

印　　　次：2023 年 1 月第 3 次印刷

书　　　号：ISBN 978-7-5435-8095-4

定　　　价：39.00 元

序

　　中国教育正在加速推进现代化，立德树人成为教育改革总任务，完善中华优秀传统文化教育成为共识，新课标已陆续颁布，小学、初中语文教材已重新回归国家统编时代，高中语文新课标教材已在北京、天津、上海、辽宁、山东、海南开始试用，新高考改革方案正在稳步推进，语文教育的重要地位日益凸显。我国语文教育改革迎来新的发展机遇。我们必须清醒地看到，我国语文教育取得了举世公认的成就，同时也面临着诸多困难和问题。如何站在历史的高度，以严谨求实的科学态度，总结梳理中国语文教育教学改革所取得的成就，直面存在的困难和问题，深入剖析原因，为语文教育改革与发展献计献策，推进语文教育现代化，成为新一代语文教育工作者的神圣使命和义不容辞的责任。

　　2013年10月，中国教育学会中学语文教学专业委员会召开第十届年会，选举产生了新一届理事会。新一届理事会成立后，我们研究制订了《中国教育学会中学语文教学专业委员会事业发展规划（2013—2018）》，其中有一项重要内容，就是要"策划一套图书"。具体设想是：这套图书应分理论与实践两部分，前者重在全面系统地总结改革开放30多年来我国语文教育的经验教训，作为今后发展的借鉴；后者重在归纳梳理我国当代语文名师的教育教学思想，深入挖掘20世纪80年代语文名师的当代价值，同时推出一批当代语文名师，为新生代名师擂鼓助威。我们这一设想，与时任广西教育出版社副总编辑黄力平编审的想法不谋而合。他邀我们组织编撰"中国语文教育研究丛书",纳入他们正在组织实施的中国学科教育研究系列图书的出版计划。

编辑这套"中国语文教育研究丛书"的基本思路是:

把握时代脉搏,聚焦立德树人。

这套丛书着眼于推进语文教育现代化,把握时代脉搏,聚焦立德树人。围绕语文教育改革创新,推出一批反映、代表乃至引领我国语文教育现代化的研究成果,具有鲜明的中国当代特色。从时间上说,以改革开放到新世纪的发展历程为主,尤其注重反映我国实行新课改以来的语文教育研究;从内容上说,则力求反映我国语文教育理论与实践研究成果。

树立整体观念,开展综合研究。

这套丛书力求树立整体观念,开展语文教育教学的综合研究,全面深入系统地梳理总结我国语文教育改革成就和存在的问题。既有语文教育语用观、传统文化教育、语文工具论、语文教育民族化等理论层面的深入剖析,又有语文教材编制、语文教师专业发展、语文教学创新设计、语文考试评价改革等实践层面的研究。

拓展研究视野,实现互联互通。

这套丛书强调语文教育整体观念,整体观照中国语文教育各领域。纵向上,打通小学、中学与大学,努力挖掘语文教育的共同价值,避免过去那种"铁路警察,各管一段"的情况;横向上,涵盖中小学语文教育、汉语国际教育及华文教育等,并以宽广的国际视野,从中华文化圈的角度,审视我国语文教育教学改革的成就与突出问题。

理论联系实际,研究注重实效。

本丛书注重沟通语文教育理论研究与语文教育教学各组成要素的实践,包括教材编写实践、教学实践、考试命题实践以及教师培训与专业发展实践,努力克服过去学科理论研究与教育教学实践"两张皮",教育理论研究"不接地气"等缺陷,既注意反映我国语文教育理论研究的新成果,也注重将一线语文教师的教学经验、教学智慧进行理论上的梳理与提升。研究尤重建设性,以建设性思维为统领,着眼于解决我国语文教学领域存在的实际问题。

坚持守正创新，强调原创研究。

这套丛书坚持守正创新，注重权威性与代表性，继承我国语文教育优良传统，借鉴国外先进的母语教育理念和方法，注重吸收各种语文教育理论和各个教学流派的研究成果，反映作者最新的原创性研究成果。弘扬改革创新主旋律，传递语文教育教学正能量，在保证科学性的基础上，注意可读性。内容新颖，资料翔实，数据齐全，为以后的语文教育研究留下可资参考借鉴的理论成果。

我们这一设想，得到我国语文教育界专家同仁的积极响应和大力支持，他们同意将其最新研究成果惠赐给我们，列入本丛书。

广西教育出版社是我国很有影响的教育出版社之一，在教育理论、教材教辅及文化艺术等方面，均出版了不少影响深远的系列图书。尤其是出版于20世纪90年代的"学科现代教育理论书系"，曾极大地推进了我国教育改革，实现了社会效益与经济效益的双丰收。进入新时期以来，该社审时度势，又策划出版学科教育研究书系，立足于中国本土，以独特敏锐的眼光，打造具有中国特色的学科教育理论体系。这不仅是教育创新的要求，也是新时代的呼唤。

目前，这套丛书正在陆续出版，作为丛书主编，我既有欣喜，也有不安，深恐由于自己的浅陋和粗疏而使各位作者的佳构留下缺憾，更期待着广大读者尤其是语文教育界同仁的批评、指教。令人欣喜的是，在广西教育出版社诸位同仁的努力下，经国家出版基金管理委员会批准，"中国语文教育研究丛书"（第一辑）被确定为2017年度国家出版基金项目，获得经费资助。这也是对我们这套丛书的学术价值与出版意义的肯定。在此，我不仅要对黄力平编审、广西教育出版社相关编辑等同仁表达谢意，更要对北京大学中文系温儒敏、曹文轩两位教授的热情推荐表示感谢。

值此新中国成立70周年，中国教育学会中学语文教学专业委员会成立40周年之际，南国传佳音，我得到一个好消息，说这套丛书已出版的8种，经过教育部组织专家评审，全部列入全国中小学图书馆馆配目录，即将重印。这再次证明这套"中国语文教育研究丛书"的学术价值与出版意义。

学术总是薪火相传，研究贵在创新发展。牛顿说他站在巨人肩膀上，杜甫说"转益多师是汝师"。我们进入一个大众创业、万众创新的时代，改革创新成为当今中国的时代主题。建设创新型国家，培养创新型人才，语文教育工作者肩负着神圣使命。语文百年，众多语文人默默耕耘，浇灌出语文学科生态园的参天大树；百年语文，无数语文人直面问题，探寻语文教育改革创新之路。我们策划、组织这套丛书，就是想为实现中华民族伟大复兴的中国梦略尽语文人的绵薄之力。我们的愿望如此，至于效果怎样，那就要由实践来检验了。

顾之川

于京东大运河畔两不厌居

2016 年 3 月 23 日初稿

2017 年 4 月 18 日第一次修改

2019 年 9 月 24 日第二次修改

顾之川简介：浙江师范大学教授，人民教育出版社编审。兼任中国教育学会中学语文教学专业委员会理事长，国家社科基金评审专家，教育部考试中心特聘专家，教育部"国培计划"首批专家，国家统编义务教育语文（七至九年级）教科书主编。主要从事语文教育研究和语文教材编写工作，主编人教版多套初中、高中语文教材。著有《语文工具论》《顾之川语文教育新论》《顾之川语文教育论》《语文论稿》《明代汉语词汇研究》《顾之川语文人生随笔》等，并有古籍整理著作多种。

前 言

　　对语文教学语用论的探讨，是从注重和强调"语言文字运用"的教学观研究开始的。[1]我参加国家社科基金重大课题"中小学语文教育改革"子课题"语文教育观研究"，并作为负责人同大家进行语用观的建构，从理论和实践的结合上对这个课题做了较深入的考察、求索和论证：首先追溯我国不同历史时期语文教育观发展的演化过程，从中透视语文教育观发展演变的主要思想精华及其汇集成的语文教育思想智慧，以继承和发扬传统语文教育观的内在精魂，开拓和建构当代语文教育观的思想高地。其次，对近年来语文教育观的争议，也做了多层面的具体调研和梳理，发现有不少学者特别是教学一线的语文教师从多种角度提出了语文教育语用观的思想观点和持守语文课改的语用教学立场。特别是2011年版义务教育语文课标确立了"语言文字运用"的教学理念，强调语文教学的语用实践，开启了语文课改和语用教学的深入拓展。

　　对语文教育语用观的探讨，也存有不同的认识和分歧，有认为它与西方语用学的语用研究重合，但经过讨论，取得较明确的认识，即前者并不同于后者，因为语用观的根本指向是"语言文字运用"，即从语言文字构成的语文本体出发，进行听、说、读、写的语用技能训练；而西方语用学的语用研究虽然对我们的语用

---

[1] 曹明海.树立"语言文字运用"的教学观［J］.语文教学通讯，2012（5）.

教学具有借鉴价值，但它是一种语言学理论体系的研究，不同于汉语文教育的语用教学探索。正是基于这种思考和认识，我们从语文教学语用论研究的起始，就提出语文教育本质上是一种语用教育，倡导"语言文字运用"的语用教学观，认为语文课就是学语文、用语文，重在倡导"学语文就是为了用语文"的语用基本思想。其实，对语文教学语用论的探讨，是从语文教学实际出发的。近年来，语文课改中出现了"泛语文""假语文""非语文""去语文化"和"形式化"的教学现象，离开语文教语文，超越文本教语文，搞花哨语文、名堂语文、认知语文，以至"身体语文"，直接搞乱了语文，使语文教师陷入"语文是什么""语文课到底怎么上"的困惑之中，因此，我们倡导"实实在在教语文""扎扎实实学语文"的语用教学，提出"以语用为要""以文本为本"的语用取向和原则。其指向就是力图从"泛语文""假语文""非语文""去语文化"的教学困惑中突围，进行语文课程的语用教学变革，促进语文课改的根本性发展。

具体点说，探讨语文教学语用论问题，主要基于以下三个方面：一是从语言文字构成的语文本体出发，去除忽略语言文字来空谈语文课改和语文教学的弊端，摒弃离开语言文字来空论语文课堂教学的"非语文"的杂质，把握语言文字构成的语文本体，明确语文构成的基质和根本元素；二是从国家在基础教育阶段设置语文课程的初衷和基本点出发，教学生识字写字，学习和运用语言文字，进行听说读写的各种活动，使学生能说会道，善读会写，训练学生的语用基本能力，提高语言文字素养；三是确立语文课程的语用性定位，树立"语言文字运用"的语用本体理念，以"语用技能"为要，以"语用素养"为本，将语文课程作为学习"语言文字运用"的课程，要求语文课程的目标和内容都立足于"语言文字运用"，把"语言文字运用"作为语文课程的一切教学活动与教学设计的核心指向和基本立足点。总之，对这种语用教学论的探究，就是摒弃离开语文、超越文本的教学弊端，教师在语文课上要着眼于"语用"教语文，学生在语文课上要着力于"语用"学语文，使语文课的教学过程切实成为"语言文字运用"的训练过程，引导学生与语言文字打交道，和语言文字亲密接触，与语言文字构成的文本对话，让学生在文本的字里行间穿行，品味语言，体味文字，学会"语言文字运用"。这就是说，语文就是语用，语文就是文本，语文课程的语用教学就是要建立实实在在地教语文，扎扎实实地学语文、用语文的教学新秩序，以清清楚楚地把握语文教学的语用根本，明明白白地遵循语文教学的语用轨道。

作为一种理论和实践相结合的探索，语文教学语用论旨在从语用视角解读语文活动，立足于语文教学的语用阐释，探讨语文课改的特性和规律，揭示语用教学与文化渗透过程共生共存的血肉关系，透析语文教学语用本体的意义生成观与教学实践的语用原理，开启语文教学语用论智慧和语用主体情感智慧。本书以此为基点进行"语用"这个话题的探讨，其整体框架设计包括三个部分：

第一，探究语文教育语用观思想与语文教学意义生成观智慧。它重在阐释语文教学语用理论构成的基本命题：（1）语文教育观的历史考察与分析，包括古代语文教化、近现代语文工具观和新时期语文人文观。在此基础上，着力揭示语文教育语用观的本体根基、核心思想和主要依据，以及语文课程的语用性特点。（2）语文教学意义生成观的多维透视，包括语文意义生成观的反思与选择，即从工具到本体、从理性到诗性、从认识到体验的探析，特别是对意义与世界、意义与文化、意义与生命的多层论述等。（3）对语文意义生成观的践行及其具体操作进行应用性探讨，即亲近语言的对话而引发意义生成的方式、官能全纳的意象思维使平面的语言符号幻化为多向度的意象空间——引发主体对符号意义的想象和联想、语文教学中意义的生成离不开整体参照的语境体验和触类旁通的语用实践活动等。实际上，对这些论题的研究，即语文与世界、语文与生命、语文与意义的命题，早在十多年前笔者在《语文教学本体论》中就已开始。

长期以来本应形象生动、有血有肉的语文教学被异化为单纯的概念性认知活动。在这样一种理性主义认知教学观的支配下，语文学习和运用的过程"没意思了"，语文所拥有的诗意天地被弱化了，学生对语文的兴趣降低了。因此，我们提出了在语文教学中重建意义生成观的课题，就是针对语文教学存在的这种倾向，即将语文学习和运用误以理性主义认知教学来对待，忽略语文意义生成的丰富性、诗意性的现象来进行探讨，对理性主义认知教学观进行颠覆和重建。为此我要特别指出，我们要达成这个指向目标，真正树立语文教育的语用观，切实把握"语言文字运用"的语用教学论，就必须深入探讨语文教学意义生成观，以揭示语用教学的特性和本质。所以，这个课题是语文教学语用论进行深入探讨的基本依据和立足点。

第二，探究语文课程语用目标的构成和语文课程内容的语用性建构。语用目标的构成，主要包括：一是语文课程的语用知识与能力目标，即培养语言文字运用能力；二是语言文字素养目标，即提高学生的语言文字素养，注重语用生态的建构与文化涵养。语用内容的构建，主要包括：一是语用知识的内容要素、语用能力的内容要素、人文素养的内容要素；二是语文课程内容的原则性选择、语文内容与教学内容、教材内容的相关性问题等。

对语文课程内容的确定，一直存有认识分歧。要解决这个难题，应采取的对策是依据语文教育的语用观，把握语文课程的语用目标和素养目标，注重对语文课程内容的语用性建构，确定语文课程的三项基本内容，即"语文知识""语文能力""人文素养"。在这三个方面的构成要素中注重汉语文民族文化教育内容，品味感悟汉语文丰厚的文化内涵，加强学生对汉语文民族文化的理解力和认同度。同时，在《语文课程标准》的修订、教科书编写和语文课改中，切实把握语文课程的语用性内容要素，并切实从语文学科自身的特点来理解语文课程内容。作为具有丰富的人文内涵与很强的实践性特征的汉语文课，不能像其他学科那样刻意追求完整系统的学科知识体系，而应当通过言语实践活动让学生自行获得、积累和运用语文知识，培养语言文字运用的能力，丰富和充实自己的人生体验，提高语用水平和人文素养，以真正实现"立德树人"的汉语文民族教育目标，更好地体现语文课程的语用本体特色。

第三，探究语用教学过程的文化渗透和语用享受教育的开拓。对语用文化渗透的探讨主要是以下几个方面：一是语用是一种文化的构成与存在方式，它作为语言的文化符号，是人类进入文化世界的主要向导。语用与文化具有同构性，二者都是民族情感、精神和智慧的结晶。二是语用教学的语用性功能与文化性特质浑然天成，有如血肉同构的生命机体，两者是语文本体构成的基本要素，是相互渗透和融注的化合体。这个论题的探讨，从根本上解决了语用性教学与人文化成教育的争议问题。同时，把语用教学过程视为文化渗透的活动，有助于实现人与文化的双重建构。三是语用教学的文化渗透过程，不是指单纯的语用技术性问题，而是指它在对学生进行语用技能训练、提高学生语用素养的过程中，也要充分挖掘和利用语文教材文本的文化资源，加强对学生的文化陶冶，注重对人性与生命的关怀，即把语用教学视为个体生命的文化生成与建构过程。四是探讨语用教学与民族文化共生共变的互动关系，把握民族文化的历史流变孕育语用教学鲜明的民族性，明确民族文化的历史变迁潜在地规约着语用教学发展的历史轨迹和方向，激发语用教学主体的内在文化渗透活力。语文课程的语用教学应该担负起培养学生的民族情感、民族精神的历史使命。特别是语用与民族文化具有同构同质关系，语用是民族文化积淀的地质层，语文课程的语用教学应该义不容辞地承担涵化民族情感、唤醒民族意识、振奋民族精神的责任。

对语用享受教育的探讨，主要是追求变单纯被动的语用学习为主动的语用享受学习。用一种语用的享受眼光，自觉追求语文世界中的真、善、美，从而获得语用的精神享受,这是人的一种高层次的需要。"享受"不仅是一种心理结果，也是一种高度投入的实践过程，正确的享受观、积极的享受体验和不断提升的享受能力是它的具体表现。对此研究的主要内容包括以下几个方面：一是对语用教学的享受教育阐释，包括语用享受的内涵、语用享受的辨析、语用享受教育的价值取向等。二是语用享受教育的特征，包括语用享受内容的形象性与情感性、过程的审美性与体验性、目标的实践性与陶冶性等。三是语用享受教育的资源开发，主要立足于语文本体发掘语言文字、文学文本、语言文化世界的语用享受性资源，以确证语文课程实施语用享受教育的可能性。四是语用享受教育的实施策略，包括在对话中享受语用、语用中学会对话，在创造中享受语用、语用中学会创造，在情趣中享受语用、语用中培养情趣，在审美中享受语用、语用中学会审美，以此力求说明语用享受教育不仅追求过程的语用享受，也注重正确的语用享受观、语用享受能力的形成。总之，这个课题探讨立足于语文本体，力图在把握语文学科特性的基础上，揭示语用享受教育的内涵、过程及其实施策略的有效性。

应该说，对语文教学语用论这些论题的理论建构、内容的构成、思维的视角，是具有教学实践应用性的，都从一个开拓的角度和视域探讨语文课程语用教学的特性和规律，建立语用教学论研究新的着眼点和思维新秩序，能够从长期以来语文教学论泛化的思路框架中突围，建构语用教学论的新思路。所以，语文教学语用论是一个新的理论结构。这种语用理论建构的过程，离不开梳理、归纳、抽象和概括的思维操作，但它不是不食人间烟火的真空实验室操作。实际上，它有如传感器，时刻谛听着当今语文课改与教学实践的脚步声，传达着实施新的语用教学理念、进行语用教学创新与探索的热情与呼唤。而且，它时刻关注着语文课改和语用探索中富有挑战性、前沿性的重要课题，把视点投射于语文课改和语用教学开拓与发展的全新之域。所以说，这种语文教学语用论建构作为对语文课改和教学实践经验的整体把握，并不仅仅是材料的梳理、归纳和抽象，也不仅仅是纯认知性的活动，而实际上是在具体追问着语用教学活动的文化渗透价值，赋予语用教学活动以新的文化性存在意义，从而使人们在语文教学语用论建构成果中获得主体性意义的体悟，懂得语用教学活动实现人的主体性价值的重要作用。

任何一种理论和实践探索都不可能是完美无疵的。本书对语文教学语用论结构的探索也分明显露出一些疵痕，在许多方面存有不成熟的缺憾，如表象与感性、狭隘与生硬等。其中，有些论题的阐释过程处在不甚自觉的状态中，有些论题的论证分析显得不够充分、苍白无力。作为执着投入语文教学语用论探索的学人，我们会正视自己探索的缺憾，并以积极的进取姿态，弥补自己学识的不足，进而化解缺憾，追求语用的完美。

需要说明的是，近年来，笔者注重语文教育语用观的探讨，在《语文建设》《课程·教材·教法》等杂志刊发过几篇有关的文章，提出了"语言文字运用"的语用教学论观点。对此，或许是因为没有说清楚，或者是因为没有细究，产生一种误读，有的老师说："你一直倡导语文即'语言文化'说，何以又提出'语言文字运用'的语用教学论呢？"其实，语用和文化是语文同构于一体的基质元素。语用教学是文化渗透的过程，是汉语言文化学习、民族文化体认的过程，是语用学习和文化陶冶不可割离的过程。在语用技能训练的同时，学生也得到文化感受和体悟、情感和心灵的洗练。所以，语用教学与语言文化不是对立的，而是血肉融注的构成体，语用和文化是语文本体固有的，语言文化不是外加的，语用的过程一刻也离不开语言文化。在本书《语用教学过程的文化渗透》《语用教学的享受教育开拓》这两章中，做了较具体深入的论述和探讨。

笔者在本书的语用理论和实践探索过程中，吸取了参加"语文教育语用观"课题研讨的不少语文专家和教学名师的真知灼见，可以说本书是多家语用智慧的凝聚。笔者带过的研究生李颖、郑莉萍也分别参与了本书第二章和第六章的编写，为这部书稿增添了生气和亮色。本丛书主编顾之川先生为本书编写提出不少建议和意见，广西教育出版社领导和责编为本书出版付出辛劳，在此一并表示由衷感谢。

目　录

第一章 语文教育语用观思想阐释

在语文教育和课程改革的实践中，关于语文是什么（语文本体）、为什么教语文（语文教育目标）和教什么样的语文（语文教育内容），大家一直争论不休，直接困扰着广大语文教师的教学实践，使他们陷入不知所措的"迷惘"和"课改的痛苦"之中。如何拨开迷雾，解除困惑，使教师实实在在教语文，学生扎扎实实学语文，是目前语文教育与课程改革亟待解决的一个重大问题。我们认为，要从根本上解决这个问题，就需要深入语文教育观的研究，在认真梳理和分析我国不同历史时期语文教育观的传承价值及目前各种争议的基础上，深入探讨语文教育观的问题。只有确立切实体现汉语文特性的语文教育观，树立富有当代文化和科学精神的语文教育观，深层把握汉语文教育的根本特点和规律，摒弃一切"非语文"的杂质，才能真正促进语文教育和课程改革的深入发展。

第一节　语文教育观的历史考察与分析

我国从古代、近现代至当代的发展历程中，随着社会历史条件的变迁和时代文化思想观念的变革，人们对语文教育的认识呈现不同的文化内涵和特点。深入考察、梳理和分析我国不同历史时期语文教育观所具有的传承价值，透视汉语文教育的思想智慧和民族特色，揭示和归纳历代语文教育观的思想精华，无疑有助于我们继承和发扬经久不息的传统语文教育观的内在精魂，建构适应当今语文课改深入发展的语文教育观的思想高地。对于语文课改实践中争论不休的语文教育观问题，需要借鉴、汲取历代语文教育的思想智慧，把握汉语文教育不同时期的特点和规律，以促进语文教育和课程改革的深入发展。

一、古代语文教化观追溯

所谓"教化"，古人作过解释：教，即"上所施下所效也"；化，则指"教行也"。这就是说，教化是指"下"者经过"上"者的教育感化，接受性情陶冶与价值导引，使心性、灵魂、精神发生深刻变化，形成心正、意诚、存养、收敛的品行修养。古代语文教育的教化观，就是以陶冶教化、安顿生命为语文教育的思想基点。"教化"的目的虽然是奴役人们的思想，但它注重对人性的关注和生命的关怀，把人格教育、教化精神作为语文教育的核心，显扬人格主体的精神光辉，拓展人性的生命内涵，这是古代所推崇的一种语文教育观。我国是一个多民族的国家，汉语言是中华民族的共同语，是各民族相互交际和沟通的重要工具，是各民族思想文化的精华，是历朝历代政治、经济和文化积淀的结晶。所以，汉语文教育是中华民族文化的辉煌大厦中一块不可缺少的、难以替代的基石。对古代语文教育教化观的探讨，就必须与我国民族传统文化有机地联系起来，从而才能深入把握其历代积淀形成的思想精华。

（一）"以教育德"的教化思想

古代语文教化的重心是人的道德修养，"以教育德"是教化的主要思想。其目的就是实现人的圣贤气节和政教智慧，即通过克己、存养、存理、灭欲等道德修行，最终养成"内圣外王"的君子人格。

从其本质上来说，这种教化思想不是传承知识，而是教化人们养成良好的习俗和规范。我国古代民族文化常将"礼""乐"并称，讲究"礼乐教化"，"礼"在正形，而"乐"在正心。这就是说，"礼"旨在通过"居敬"与"节制"对外在行为进行规范，而"乐"却在于"正心"与"存养"，以求对人的心灵有陶养和教化之效。在古代社会生活中，一切文化活动都强调应蕴含有教化的力量，把教化放在首位，务求天下归于仁德，以化成天下为皈依。无论是儒门以仁心设教，还是禅道以菩提心或益心立言，莫不如此。所以古代的教化观，主要是从心性、精神、人格主体的敦品化善来看教育的，视教育为仁德的滋生、精神的提升，并没有把语文教育作为一种独立的实际性活动。从文化构成的角度看，我国古代的传统文化以伦理为中心，以政治为本位，是伦理政治型文化。在这种伦理型文化价值取向的涵摄下，人们的一切判断、活动都被纳入伦理道德规范的模式之中，因此所有的社会现象都自然带有浓重的伦理文化色彩。就儒家教育而言，即把封建社会存在所需要的礼教以及仁、义、礼、智、信等社会规范作为主要的教育内容来教化人民。封建统治者都主张以教育立国，认为民心的得失关键在教育。而教育可以培养人的道德情操，使人们在行动上用道德规范来约束自己，即"以礼正俗""化民成俗"，养成高尚的"德性"，实现"以教育德"的教化效果。

有人说，古代语文教育的教化观，其核心指向就是人的道德修养，注重对人的心性的关注与人格的完善。所以，它所特有的显在光点，是在超越世俗的境界上赞美了天地自然、宇宙人生，并据此发掘了人格心性的光辉。儒、道、释三家，分别以孔孟、老庄、释尊为典范来教化众生，虽其路数有别，然其道理为一。中国文化的性格是理想主义的，汉语文教化教育的落脚点就是理想的人生，是人格的超越与提升。可以说，我国古代语文教育的要旨就在于培养精神的使者、道德的完人。儒家教育的教化目标就是化成天下、移风易俗。而禅道更是欲引天地自然纯净之气流布人间，让百姓率性而为，以求淳风习习，人性返璞归真，其精神意趣更在儒家之上。这是语文教育的理想，也是理想的语文教育。如果要问我国古代语文教育观的本质是什么，那么，就可明确回答"以安身立命为本"。在古代教育家看来，生命的光辉、人格的魅力，是最大的教育力量。语文教育的生命在于对生命的教化、人格的陶冶和人性的关怀。

（二）注重陶冶的教材理念

古代语文教材是教化教材，是为教化教育所用。这种教化教材理念，认为人的道德的养成实则是陶冶、体悟、践行的过程，作为教化的道德教育与语文教育是融为一体的。传统语文教育所选择、认可和利用的教化知识和教材内容，都是根据道德教育的目的与任务来确立的，呈现出鲜明的道德伦理教化的特征。语文教育的教化教材内容等同于"道"，传授具有道德价值的知识学问是根本任务。古代语文教化教材就是以经史为基础，形成一个道德教化的体统。如孔子根据道德价值标准整理了西周的文化典籍，编撰成诗、书、礼、乐、易、春秋——"六艺"，被奉为经典，成为此后历代语文教育主要的教化教材。这些教化教材的构成突出的就是陶冶的特点。实际上，陶冶是古代语文教化教材观的核心指向和基本出发点，陶冶是教化的目的。

古代语文教化教材的陶冶特点，是在礼乐教化的基础上，以"诗教""文教"为主体而构成和体现的，二者对后来语文教育更具启示性价值和意义。

第一，诗教注重的是"温柔敦厚"的陶冶思想。强调诗教教材要合乎"仁义"的"中和"之美，诗歌的写作应"哀而不怨""怨而不怒"。通过诗教来陶冶人的道德人格、心性和情操，使人养成温柔敦厚的品质。主要的诗教教材《诗经》，是我国第一部诗歌总集，分为"风""雅""颂"三大体类。《诗经》是孔子主用的教化教材，主张"道之以德，齐之以礼"，注重用诗教教材启发人的自觉，陶冶人的情操，即以诗教教材的礼乐教化培养文质彬彬的君子。"质胜文则野，文胜质则史。文质彬彬，然后君子。"（《论语·雍也》）孔子所说的"君子"怀有仁爱之心，有高尚的道德情操，又有智慧才能，而这要通过《诗经》的陶冶来实现教化目的。"《诗》可以兴，可以观，可以群，可以怨。"（《论语·阳货》）所谓"兴"即"引譬连类"，用某一个别的形象譬喻，想象、联想到普遍性的关于社会和人生的道理。这不是抽象的说教，而是通过直观、形象诉诸人的社会性情感，唤起个体向善的自觉，即用形象性去陶冶、感染，达到教化育德的目的。

这种教化教材的诗教思想，强调诗的认识作用和育德价值，而且是从其语用的角度进行阐释的。如在《论语·八佾》中子夏问孔子，"巧笑倩兮，美目盼兮，素以为绚兮"，三句话"何谓也"？孔子说："绘事后素。"（先有洁白的底子，然后才能画上花）子夏说只有礼教后才可，孔子说："始可与言《诗》已矣！"子夏与孔子的这段对话，用生动的例子和形象的语言说明了仁义与礼乐的陶冶关系，仁义是内容，礼乐是形式，用此来譬喻诗歌语言和表现技巧是美的陶冶形式。其实，早在春秋时期，《诗经》就作为修身养德的教材。《诗经》内容丰富，被视为教化教材的不朽经典。孔子论诗，对于怎样作诗并未直接说明，但从解说语用的角度，较明确地阐述了学诗与从政、修身的关系。在古代人的心目中，《诗经》是一部陶冶教化的生动教材，是语文教科书编写很值得研究的课题。

第二，文教注重的是"文以明道"的陶冶思想。强调文教教材要符合垂世立教示人的标准。"文"在我国古代是含义颇为宽泛的概念，它是指广义的文章和文学，即以语言文字为媒介的文化成果，包括经史子集与百家杂说，亦把哲学、史学、散文、小说、戏剧等称为"文"。根据"文"的概念界定，我国古代文教思想可以追溯至孔子的"六艺"教育。其中《书》《易》《春秋》可归为文教的教化教材内容。《书》是古代历史文献汇编。《易》是当时研究天文、哲学、自然宇宙之道的教科书。《春秋》记载了当时的政治、军事、经济、天文、地理变异等方面的材料。《礼记·经解》中评述："疏通知远，《书》教也；洁静精微，《易》教也；属辞比事，《春秋》教也。"应该说，这是对文教教材陶冶教化和开启人的思维智慧所作的较高评价。

"文以明道"是隋唐中期倡导的文教陶冶思想。唐代文学家、教育家韩愈提出了"明先王之教"的文教之说，即倡导儒家经典，弘扬其伦理道德、维护礼乐教化等，包含了我们所说的德育、智育和美育，其核心是儒家的仁义道德。所以，诵圣人书，遵先王法，明人伦，也就成为文教陶冶教化教材的鲜明特点。从文教陶冶教材的层次来看，文与道的关系中包含了一定的美感陶冶思想，优美的文辞能引起人们的愉悦之情，这样"道"可以借助于"文"转变为人的一种内在的审美吁求。当这种吁求得到满足时就会产生一种"心乐"，道与文潜移默化地滋润了人的"心根"，陶冶了人的性情，"先王之道"转化为人们的道德自律，这就是文教陶冶教材的教化之功。后来，教化教材继承"文以明道"的思想，强调"道"是根本，"文"是枝叶，根深才能叶茂。[1]让人们在"明道"过程中获得一种陶冶愉悦，文教才有力量，才能深入人心。而这种"道"的养成实则是文的熏陶、体悟的过程。因而，就有"文以载道""文道统一"的说法，古代这种文教与语文教育是融为一体的。

从上述可见，无论是诗教还是文教，从其教化教材内容来看，突出的就是陶冶特点。应该说，陶冶是古代语文教材教化观的核心指向和基本出发点。即使是古代识字教材，如《三字经》按蒙童学习语文的顺序，也讲幼学的伦理纲常、勤学劝勉等，语言通俗，句法灵活，有趣有味，世代流传，对语文教科书编写颇有陶冶的启示性价值。这就是说，虽然是偏重实用的教材，其编写也灵活生动，以引领教化为指归。众所熟知的《百家姓》，同样是单字组成的教材，也体现鲜明的皇朝正统教化思想，尤其是每四字组为四言韵语，四句押韵，读来和谐流畅，易学易记，对现在教科书的编写很有借鉴价值。

（三）对教化观的认识分析

古代语文教化观及其诗教、文教陶冶教材，对现代语文教育有多方面的启示性意义，特别是对人的心性的滋养、生命的关怀、情感与心灵的陶冶，以及语文教科书编写，颇有借鉴价值。可以说，这种古代语文教化观在某种程度上是具有超时代性的。它在铸就我国古代文明、塑造中华民族心理的过程中发挥过巨大作用，在当代及未来的道德建设和整个精神文明建设中也将显示出勃勃的生机。首先，古代教化教育固然有其偏谬的一面，但当代语文教育却不可把这一重德传统抛弃。它培养了历代学人们的道德使命感和政治参与意识，造就了历史上无数高风亮节的志士仁人。这是传统语文教育文化的宝贵遗产，我们应该继承和发扬。其次，我们应学习这种教化观体现的教与学的优良传统。要描述古代语文教育的"教化过程及其功能，用纯理智概念是难以做到的，而只能用渗透、融合、和洽、熏染、融化、化通等词语"，"教化是一个渐滋浸渍，

---

[1] ［宋］欧阳修.答吴充秀才书.

潜移默化的过程"。[1]再次，要借鉴语文教材编写的实用性与陶冶性同构融合的特点，既让学生在教材实用的学习中富有兴趣，愿学易学，又使学生在教材文本中得到心性、情操、人格、品行的陶养与提升。

毫无疑问，古代语文教化观存在的弊端是显然可见的：其一，它过分受制于泛道德思想，人们接受语文教育首要目的不在于学习运用语言文字，更多的是接受道德教育，这游离于语文教育本身的特点，使其沦为教化治人的工具。其二，古代语文教育传统强调人本位，反对人成为知识、技术的奴隶，注意受教育者人格的培养，但它只崇尚语文教育的伦理价值，轻视语文教育的语用功能。古代语文教育提倡理想的道德人格观念，与现代语文教育所理解的健全人格是不相契合的。如"内圣外王"唯道德伦理的人格培养模式蕴含着人格单一化趋向，这种单一的直线型评价模式把人的丰富多彩的价值活动统纳入不变的道德评价框架中，必然导致传统语文教育对人的全面发展造成极大的负面影响。其三，古代语文教化观的另一直接后果，是把读书做官作为主要的价值取向。因此，为考取功名而学习的思想观念根深蒂固，功利主义色彩极其浓厚。其语文教育的基本目的是培养封建官吏，而不是建设国家的人才。

二、近现代语文工具观考察

自语文独立设科以来，语文教育的工具观在消长沉浮、风风雨雨中推动着语文学科的发展。无论是民国时期的教育还是新中国成立以来语文教育的变革，语文工具观始终毫不动摇地持守着自己的立场，阐扬语文教育的思想和智慧。所以，对我国百年语文发展的历程考察中，语文工具观必然是倍加关注的重要课题。

在我国漫长的封建社会时期，统治者并未给予汉语言文化和科技知识教育充分的重视。随着封建制度渐渐成为当时社会发展的阻力，到近代，中国国力已远远落后。19世纪中期中国被迫打开国门后，西方的各种思潮涌来，我国的一部分知识分子认识到，欧美、日本等国国力强于中国不仅仅在于船坚炮利，更在于文化、知识、科技教育的普及与发展。因此，

---

[1] 詹世友，栗玉仕.论中国古代教化的实践智慧[J].南昌大学学报，2000（1）.

中国要发展，首先要开启民智，教育便自然成为关注的焦点。作为文化、知识的重要内容和基本传递手段，语文教育必然倍受重视。语文教育与学科课程改革实际上早于清末就已开始，当时具有维新思想的有识之士以西方国家的语文教育为参照，将语文教育工具的改革作为普及国民教育、开发民智的必由途径。19世纪末20世纪初的语文教育运动正是由此而兴起的。1904年癸卯学制颁布，语文教育开始独立设科，标志着现代意义上的语文学科教育在中国正式诞生。"独立设科后的语文教育，开初，虽然还在一定程度上将'诗书教化'作为追求的主要目标，但社会的发展对人的才智的要求愈加迫切，渐渐地以'教化'为主旨的语文教育，让位于以智能为本体的语言文字教育。"[1]这种以智能为本体的语文教育，一反"重道轻文"的倾向，以语文能力训练、开发智力为根本，注重语文在学习工作和社会生活实际中交往与沟通方面的工具属性。因此，其被称为语文教育的工具观，成为语文学科课程与教学主导的思想理念，语文教育界常把语文观称为工具观。

（一）基础工具的主要思想

语文工具观的主要思想，简单地说，即语文是基础工具，语文教育就是训练和提高学生运用语文的基本能力。从民国时期语文学科变革与发展的过程来看，对语文教育工具观的认识是逐步深化的。在独立设科之初，语文课是以培养学生在日常生活中运用语言的能力为开发智能的主要内容。1912年，中华民国教育部颁布《中学校令施行细则》，对语文教育在智能上提出要求："国文要旨在通解普通语言文字，能自由发表思想，并使略解高深文字，涵养文字之兴趣，兼以启发智德。"[2]它将"智"提高到空前的高度，且位居"德"之前，这是对语文教育本质认识的一次革命性的飞跃。五四运动前后，语文界迫切要求掌握语文工具，发出了语文改革的呼声，提出推行国语运动，即白话文运动。从1923年至1940年，这个时期颁布的小学国语、初高级中学国文课程标准，针对不同类别都提出了工具性的要求，而且，对语文工具观的内涵阐释得更加

［1］黄行福.从我国语文教育的历史看语文教育本体的演变［J］.江西教育科研，1997（5）.

［2］蒋成瑀.语文课读解学［M］.杭州：浙江大学出版社，2000：11.

深刻，明确强调语文的实用性和工具价值，既视语文为工具，又强调语文这个工具的运用，指出要注重"本国语言文字的运用""了解固有文化，培养其民族精神"。新中国成立后，我国重视强调语文工具观，大力推广"双基"教学。在语文教改实践中要求广大语文教师教给学生语文基础知识和基本技能，语文智能的培养占据了语文教育的主导地位，语文学科的工具性得到普遍认同。这种语文教育工具观，在历次语文教学大纲中均有体现。首先，提出改进小学语文教学的初步意见，要对儿童进行祖国语言的教学，训练儿童能理解和运用祖国语言，具有阅读和表达的能力；同时，要进行祖国文学的教学，训练儿童领会和欣赏适合儿童阅读的文学作品，培养他们对文学的爱好。随即汉语、文学分科教学大纲不仅把汉语看作"一种重要的、有力的工具"，而且把文学视为"对青年一代进行社会主义教育的有力工具"。到 20 世纪 60 年代初期，语文教改和教材编写依然倡导语文工具观。1963 年，中学语文教学大纲明确强调语文工具观的思想："语文是学好各门知识和从事各种工作的基本工具"，"一般不要把语文课讲成政治课，也不要把语文课讲成文学课"。这主要是针对"大跃进时期"语文教育质量严重下降的实际而言的。此后从 70 年代末至 90 年代中期，教学大纲和语文教材继承这一语文工具观理念，先后确认语文的"基本工具"或"基础工具"属性，将其视为语文教育的导向。1978 年语文教学大纲对被十年"文革"打乱的语文教育进行拨乱反正，阐明"语文是从事学习和工作的基础工具"，强调语文的实用功能。1992 年语文教学大纲提出："指导学生正确地理解和运用祖国的语言文字，使他们具有基本的阅读、写作、听话、说话能力，养成学习语文的良好习惯。"

我国现当代著名的语文教育家大都积极主张和倡导语文教育工具观。叶圣陶早在 1923 年起草的《新学制课程标准纲要》中就突出了对语文工具性和培养智能方面的要求，规定中学语文教学目的：①使学生自由发表思想；②使学生能看平易的古书；③使学生能作文法通顺的文字；④使学生产生研究中国文学的兴趣。简单而言，就是会说、会读、会写，有兴趣。新中国成立后，在语文教改中，叶圣陶还反复强调语文是工具，"听、说、读、写四个方面不可偏废，必须一把抓"。吕叔湘也曾多次提出："语文的性质，主要是语言和文字的关系"，"语文课的主要任务是指点学生使用语文的技能，所以一般称之为工具课"。张志公同样主张语文教育的工具观，认为"语文课，它的特定任务无疑是培养和提高人们运用语言文字工具的能力"。[1]还有众多名家学人无不倡导语文工具观，他们无不强调语文教材编写的工具观，一再指出教材是为学生学语文服务的，教材应是学语文最好的凭借和工具，教材即功课。

语文教育工具观是对古代语文教化观的突破，它凸显了语文教育的本体特征。在我国语文教育发展史上，这是划时代的开拓——真正以语文知识和语文能力为主要目标，充分发挥语文的工具性功能。语文工具观的思想和理念，也得以弘扬并深入人心：语文是一种工具，是表情达意、交流思想的工具，是学习、工作和生活的工具。这种明确的思想和理念，把语文的学习、积累和运用作为语文教育的基本出发点，旨在让学生运用语文这一工具学会学习、学会表达、学会交流、学会交际，培养学生运用语文的技能，提高听、说、读、写的语文水平。由于语文学习与思维活动有着密切的关系，语文教学在训练学生语文技能的同时，也开发学生的思维、智力水平，所以语文工具性训练还包括智力技能要素。这就是说，这个时期语文工具观倡导的基本思想，实质上就是强调语文作为一种工具，既是人们生活必需的表达工具和交际工具，也是开拓思维和智慧、实现人的发展和提高人的综合能力的一个重要手段。

（二）立足实用的教材理念

20世纪20年代，我国对语文工具观的弘扬，直接影响了这个时期语文教材的编写思想，并由此发生了一个"语文大事件"，这就是将语体文引进中小学语文教材，使当时的语文教材内容和编写方法发生根本性变化。语体文与文言文"两文并举"，这是史无前例的语文开拓和发展。随即我国对中小学语文教材的编写提出具体的要求：一是强调语体文教材及其教学内容，要注重"发展语体文的技术""养成学生运用语体文正确周密隽妙地叙事及表达情意的技能"。二是加强"习作实用文"，"学习实用文的格式"，重视"使用实用文教材"。应该说，20世纪20年代至50年代语文工具观的基本思想，显然是从语文教育的语用本体出发，以

---

[1] 宁佐权.语文教学"自有它独当其任的任"［J］.河南师范大学学报，2000（1）.

语文运用为着眼点，来探讨语文教材与教学内容的实用性问题，立足于"实"，倡导的是实实在在、可操作的语文教材及其教学内容和目标。而且，讲求有趣味的有用教材，摒弃花哨不实的无用教材等，明确要求语文教材及其教学，应让学生在汉民族语言文化的传承和民族精神的熏陶中掌握语文运用工具。这种语文工具观的思想，对我们现在的语文教材编写和教学实施，都具重要的借鉴价值和启示性意义。

20世纪50年代，我国也重视强调语文工具观。在这个时期有一个重要的教改启动，即"汉语言文学分科"。特别是语文分科教材的编写使用，初创了较为系统的分科教学系统，加强了语言、文学知识教育，改变了重道轻文的倾向，提出要"教给学生有关汉语的基本的科学知识，提高学生理解汉语和运用汉语的能力"。但当时汉语言文学分科教材和教学存在的问题也是显而易见的：汉语教材编写的系统化语言知识体系并不是对学生实际有用的知识；文学教材编写的文学史作家作品知识体系超出了学生"学语文"的范畴，而是重在"学文学"。这种倾向只注重研究语言内部的组织规则，而忽视语言系统外部的制约因素；只注重文学史知识去"学文学"，而忽略了"学语文"，缺失了语文基本技能的训练教学。

到20世纪60年代初期，我国语文教改和教材编写依然倡导语文工具观。这个时期全国通用语文教材的编写遵循大纲提出的"工具性与思想性的统一"要求，重在突出教材的序列化编排，即依据工具观的指导思想，将学生应掌握的语文知识与技能按难易程度并结合学生的年龄及心理特征，编排成台阶式的有序训练过程。这种序列化就是编排语文教材的知识序，即按语文知识本身内在的逻辑性来设计教材结构，相应地体现为教材的语文知识、技能训练和学习方法系统。应该说，当时打破单纯的"文选型"传统教材结构，探求了按语文知识系统和读写步骤来组织教材内容的编制方法。其选文编排，不管是语体文还是文言文，都以内容及文字由浅近到艰深、写法由简易到繁复为序。但在这个时期语文教材编写着重突出的是思想性特点，教材成为思想政治教育的工具，这是当时"突出政治"的时代产物。

20世纪70年代末至90年代中期，教学大纲和语文教材继承这一语文工具观理念，先后确认语文的"基础工具"属性，将其视为语文教育的导向。如 1978 年语文教学大纲对被十年"文革"打乱的语文教育进行拨乱反正，阐明"语文是从事学习和工作的基础工具"，强调语文的实用功能。这个时期重视统编语文教材内容的优化组合，强调教材体系内部各组成结构的协调搭配，即力求实现语文知识价值、学生特点和社会需求这三者的辩证统一。具体些说，这种教材编写要求包括两点：一是语文知识的优化组合。学习语文知识重在运用，在静态上显示为字词句篇、语修逻文，在动态上是听说读写的语文行为，语文知识经过改组才能构成教学体系。二是选文的"新"和"真"。"新"，即力求语文教材反映时代文化精神，与生活的节奏同步，增强学生学语文的兴趣和心向，使其化为积极的语文学习行为；"真"，即力求语文教材贴近生活，与生活靠拢，注重语文在实际生活中的应用需要。这种教材编写要求和方法是颇有启示性和实用价值的。

（三）对工具观的认识偏离

在考察和求证过程中，我们发现，语文工具观在对传统语文教育"重道轻文"的改变中有些矫枉过正，片面理解工具性。特别是高考重视应试教育初期，语文工具观逐渐将语文教育引向工具主义和形式主义，走向了唯工具理性的歧路。在语文教改实践中把语文视为"纯工具"的认识和做法普遍存在，其唯理性工具观的弊端是显而易见的，主要表现在两个方面：

第一，有些人将语文视为像镰刀、锄头一样的纯工具，使语文教育变成了纯技术性的实践活动，偏重于对工具内部组织规则的教学。张志公先生对此举过一个例子：有位老师讲解"破釜沉舟"这个成语，就只停留于这个成语的字词的形式结构层面。他讲，"釜"就是指锅，"舟"就是指船。"破"和"沉"都是动词，"破釜"，就是"使釜破"的意思，也就是把锅砸碎；"沉舟"，就是"使舟沉"的意思，也就是把船凿沉。这样用法的词叫作"使动词"。这样只讲字词组织结构，显然是对语文工具观的曲解。在语文课上，有的教师还往往离开课文的语文材料，架空地分析语文形式，如语句通顺、层次清楚、词语优美、句子逻辑性强等，这都不利于学生语文知识的积累和语感的形成。教师以为学生掌握了语文工具，但当实际运用语文表达思想、情感时，学生却常常感到困难。

第二，语文工具观在革除传统汉语文教育弊端的过程中，走向了另一个极端，背离了汉语文教育的传统。可以说，在"西学渐进"文化历史背景下脱胎出来的现代汉语文教育汲取了外来文化的营养，却缺失了对传统文化的继承。其在科学主义理性工具论的视阈中，离弃与语文工具相融同构的文化要素，忽视汉语文的文化特质。其实，切有成效的语文学习不是以单纯的技术性语言训练取胜，不能只停留在"语言"技巧之学的层面，而必须透过"语言"进入其内在"文化"的意蕴层次，领悟语文的文化内涵，体味语文的情思神韵，才能让学生在语文学习过程中吸取内含的文化营养，滋养心灵和精神家园。语文之于文化，主要表现在人的精神底子及运用语言表达交流的本领这两个方面。语文要学得好，就得进入文化的层次，从文化的角度来解读语文。语文学习也才能突出"人本"，体现其特有的"人文关怀"，促进生命的成长和发展。如果教学中抽去语文的文化内蕴，只剩下赤裸裸的"工具"，就会失去语文教育的精气和灵魂。本来能使学生动情动容的语文课堂，会变得单调乏味，使生动的语文变成枯燥的语文，消解了语文的形象性、情感性、审美性、诗意性，显然这不利于学生心性的养成、人格的塑造。所以，语文教育要让学生在语文里感受丰富的文化世界。

三、新时期语文人文观透视

语文教育的人文观，是在新时期特定的时代文化背景下提出来的。即语文工具观被曲解，导致出现"语文纯工具论"的倾向。受西方语言研究及教学的影响，当时语文教育强调语言形式的分析，丢弃"重感悟，重积淀，重吟诵"的优良传统，背离了汉语文的本体特性。特别是有些语文工具论者受到唯科学主义方法论的影响，在科学主义理性哲学的关照下，否定"语言是人生命的形式"，抛掉"语言是存在的家园"，把语言看作是外在于人的客体，可以理性地对其进行解析。20 世纪 80 年代，语文教育改革出现各种流派，但漠视汉语文本体特性的倾向并没有得到匡正，相反，语文教育背离汉语文传统的倾向日趋严重。同时，随着我国现代化建设的推进，科学技术在物质生产中的地位越来越高，有人把自然科学的认知模式和判断标准简单地套用于教育、文化领域，使其背离了原本的属性，人文精神严重失落。

（一）弘扬人文的主要思想

在这种特定的背景下，随着新时期改革开放大潮的到来，人们热切地寻找摆脱危机的办法，真诚地呼唤人文精神的复归。于是，我国语言文学界张扬起人文精神的大旗，语文教育界于 20 世纪 90 年代中期开始审视语文工具观带来的弊端，探讨语文教育的人文内涵，掀起了一场关于语文教育的大讨论。其中呼声最高的是从人文关怀的立场重新阐释语文教育的人文意蕴和实践意向，对语文教育本身的人文特性给予了高度的关注，转向从"工具性和人文性统一"的角度寻求语文教育和课程改革的突破与革新。从达成的认识来看，发掘语文教育的人文特性，把握"二元统一"，成为引领语文改革的重要观点，并写进语文课标的论断阐述。2001 年颁布的《义务教育语文课程标准》中明确指出："工具性和人文性的统一，是语文课程的基本特点。"这就打破了长期以来所坚持的语文工具观的思维框架，确认了语文教育的人文观。从"交际工具"到"文化载体"再到"文化的构成"，这一转化过程说明语文教育的人文观渐渐成为一种主流思想。

在语文教育观的讨论中，提出了不少与人文观相通的观点，主要强调"语文观重建"，即随着语文教育的改革与发展，应当深入探讨语文教育观的新建构，以开启新时代语文教育思想和智慧的大门，传达当代语文教育生活的信息，把握当今时代语文教育精神的内在律动。诸如旨在重建与反思的"新语文教育观"、语文教育的"认识论与存在观"、语文唤醒教育观等，显然从不同角度阐发着人文观的思想内涵。就如"新语文教育观"，即是秉承"五四"新文化精神的教育，是建筑在"语言即人、即存在"的哲学观之上的，以"用语言立人的精神"为语文教育终极目的。韩军用梁启超先生的话对这种新语文教育观的本质进行了揭示：欲新一国之国民，必新国民之精神，欲新国民之精神，必新国民之语言。新语文教育的原理是向着精神着意，向着语言着力，必从能力得益。对这种新语文教育观的建构，能引导我们重新认识和深层把握语文教育的"新质"。再说"语文唤醒教育观"，也是人文观关注的重要课题。唤醒教育观，重在强调语文教育对人格心灵的"唤醒"，认为语文的目的并不在于单纯传授或接纳某种外在的、具体的知识、技能，而是要从人的生命深处唤起他沉睡的自我意识、生命意识，促使其价值观、生命感、创造力的觉醒，以实现自我生命意义的自由自觉的建构。这种唤醒教育观强调，语文教育的过程不仅是要从外部解放成长者，而且要唤醒成长者的人格和心灵，解放成长者的内在创造力。这就是说，语文教育的功能在于唤醒生命成长的觉悟。因此，语文教育的本质就是一种对人的唤醒的过程。

这些语文教育人文观的主要思想是一脉相承的，重在强调培养学生的语言技能的同时，又能使学生陶冶性情、唤醒灵魂、建构情感与精神世界。因为人与文化是语文教育的两个维度，在语文教育过程中人与文化通过互动实现着双向建构。语文教育的终极追求在于实现人的发展，因此，语文教育过程中人与文化互动的最终指向也是人的发展生成。作为我们的母语教育，语文教育的文化过程在建构学生灵魂与人格、促进学生生命成长方面，毫无疑问，担当着尤为重要的责任。因为母语是人在婴儿和幼年间自然学到的第一语言，它决定着人对周围事物的认识。人对"真实世界"的认识是建立在人的语言习惯上的，不同的语言反映人们不同的世界图景。如生活在海边的民族的语言中"鱼"的词汇非常丰富，而生活在寒带的人的语汇中则多是对"雪"的描绘。人的意义世界就是语言的世界，人要认识世界、发展自身就必须借助于语言。人从呱呱坠地就身处母语的世界中，并在母语的萦绕下长大成人，因而，母语对人的生命成长有着非同寻常的作用，这就是语文教育文化过程观建构的基础和条件。

（二）强调人文的教材理念

这种语文教育人文观，对传统的语文教材编写观念形成了强有力的冲击。体现在语文教材编写的探索实践上，即打破语文工具观的知识型体系，强调语文教材的文化品性和人文主题，突出语文教材编写的人本化、整合化、生活化与活动化等文化建设理念。第一，人本化语文教材的编写，要从教材结构到教材内容，由知识本位走向人格本位，由死板的知识形态走向鲜活的生命形态，即以人的发展和促进生命的成长为教材编写的基本点。从教材结构的角度来说，要摒弃过去按照知识能力结构的逻辑组织教材内容的非科学的模式，按照学生心理发展的逻辑组织教材的内容，即打破以知识接受为本位的教材结构，改变原先以掌握学习、讲解文本为中心的组织结构，代之以适合学生身心发展为主线精选、编制教材的内容，注重设计语文体验性活动和应用创新活动。从教材内容的角度来说，必须加强人文因素，突出语文教材的文化特征与文化功能，使语文教材成为学生学习民族文化、理解多元文化，吸收汉民族和其他民族文化智慧的发展平台，强调语文教材要"富于文化内涵"，让学生在教材的自主学习过程中获得情感陶冶，涵养文化精神。第二，整合语文教材的编写，主要是强调教材知识跨学科领域的沟通。就教材文本的选择来说，要力求内容丰富、形式多样，融合多种领域知识。社会生活、自然世界、人生情感、科技艺术等都应是教材整合的内容。这种整合不同学科领域内容的教材，有助于培养学生的人文情怀、生活觉悟、科学意识、现代意识、生命意识、人生理想、科教观念和艺术素养。如有的教材以"人与自然"为主题选择了"人与动物""探索自然"和"珍爱生命"三方面的文本，使教材内容由此沟通了动物学、地理学、生命科学这三个重要的学科领域。语文教材应是一个包罗万象的多彩世界，应让学生在这个多彩世界的相互交流、理解、包涵、默契与认同中，增长见识，开阔视野，丰富心灵，学会创造，升华人格。第三，生活化语文教材的编写，主要强调教材贴近学生的生活，突出语文教材的情感性、开放性。其认为语文教材作为一种文化的存在，与人类的生活有着内在的一致性。丰富多彩的生活其实是语文教材的源头活水。生活既能为学生的言语交际活动提供直接的经验和基本的动力，又能为学生的言语交际活动设置特定的对话情境，激发学生交流的欲望，使学生的言语交流获得一种持续的稳定的内驱力。作为母语的教材，具有直接贴近学生生活的可能性。听说读写活动就属于学生的生活形式，其本身就是学生情感活动、生命活动、心灵活动的主要渠道。这种生活的听说读写可与语文教材中的听说读写合而为一。只有这种与生活密切联系的语文教材，才能唤起学生自主学习、自我探究和发现的原动力，促进学生的主体性发展，帮助学生实现自我建构。

（三）对人文观的认识误区

确认语文教育人文观的思想观点，包含以下几个层次的内涵。首先，语文是文化的载体，又是文化的构成，是人类文化的存在方式，也是人的生命活动的方式。其次，语文教育要以文化的主体——人为对象，打破语文教育局限于语言技术训练的思维框架，转而以学生为主体，真正让学生成为语文学习的主人。再次，语文教育应凸显文化特性，体现文化功能。语文教育在价值选择上可以强调实用性，可把语文学习看作是一种技能性学习的任务，但不可轻视语文教育对人的涵化、建构功能；语文教育不仅是一个文化传递的过程，也是一个文化生成、陶冶人性的过程。

但是，语文教育的人文观在反驳语文工具观中不仅矫枉过正，而且导致语文教育陷入各种误区，使语文教育出现了"非语文"的种种弊端。特别是新课改以来，语文教育的人文化倾向，使语文课不像语文课，语文教学"教无物"的空洞化、形式化泛滥。有的专家把这种人文化教育划分为三个类型：一是教者所教的内容根本上就是错的，以非为是；二是教者所教的内容是对的，但却是毫无用处的，虽教无益；三是教者所教的内容虽是有用的，但是学生自读能会的，虽教而学生无所收获。由此，语文课没有"语文味"了，语文课堂热衷于"搞活动"，看起来"很热闹"，但一堂课下来学生连课文是什么模样也不清楚，语文课被"人文化"了，根本不是学语文，根本学不好语文。还有课堂教学人文化的"伪对话"、花里胡哨的"玩方法"等，再加上语文教材编写的"人文主题"的导引，老师教的不是语文，学生学的也不是语文，使广大师生纠结于"人文世界"里，在困惑中叩问"语文是什么""什么样的课才是语文课"。大家热切地呼唤着"真语文"课的回归，期待"真语文"教学出路的开拓。毋庸置疑，这就要求我们必须重新审视语文教育的人文观，着力于探讨语文教育的语用观。

第二节　语文教育语用观的本体思想

对我国古代、近现代以来各个历史时期的语文教育观加以考察、梳理和分析可以发现，语文教育的教化观、工具观、人文观不同的演化阶段并没有明确的界限，特别是百年语文教育的工具观与人文观，往往此消彼长。但是，工具观被曲解的纯技术主义的教学倾向，人文观所导致的"泛语文化""非语文化"的教学弊端，促使我们必须重新审视和思考，即从汉语文的特性出发，把"语言文字运用"作为语文教育的核心指向与基本立足点，让语文课回归语文本体，使语文教育回归语用本体，语文课就是要教语文、学语文、用语文。这就是说，理清语文教育的教化观、工具观、人文观的不同认识及其发展脉络，把握语文的本体构成，大力倡导语文教育语用观，是语文教育和课程改革与发展的重要途径。

一、语用观的本体根基

语文教育语用观，即"语言文字运用"教育观。这种"语用观"的建构，是以语文本体和语用本体为基础的，实际上语文本体和语用本体是语文教育的根基，这两个"本体根基"是语文教育语用观建构的支柱，能使语文课改切实走在"真语文"的大道上，并不是没有依据的"超语文"的随意空论。如果没有这两个"本体根基"，也就没有真正的语文教育。为此，我们对语文本体和语用本体加以分析，以确立语文教育语用观建构的坚实基础。

（一）对语文本体的根基分析

何为语文本体？简单地说，语文本体即语文本身特有的基质和元素。所以，它构成了语文教育语用观的本体根基。语文本体论是关于语文自身的学问，它要阐释和描述语文的生成构成与存在形态。"本体"是一个较复杂的概念，曾有多种不同的解释和认识。在这里，我们无意于形而上的概念性思辨，只是具体探讨语文的本体问题。但有一点需要强调指出的是，许多本体论专家早就明确地指出，本体问题或存在问题是和语言紧密交织、同构于一体的。"语言是存在的家园"这个众所熟知的名言，说的就是"本体即语言"的道理。"语言是存在世界的现身情态，存在世界是在语言中现身和留驻的"，"世界是人类语言的命名"，"语言的界限就是世界的界限"。没有语言，存在世界的现身形态就难以得到呈现和说明，离开语言，语文本体也就无法谈起。所以，"本体即语言"，"语言即本体"，这是本体论语言学早就有明确定论的。

其实，本体和语言紧密交织同构的问题，是本体论语言学长期争论和探讨而得出的一个结论。"自柏拉图起，关于在语言中指陈非存在物的问题就一直困扰着西方哲学；从中世纪起，关于唯名论与唯实论的争论就十分激烈，一直到当代也没有解决。安瑟伦关于上帝的本体论证明是从语言中使用某种谓词而推出实在的典型，直到康德才证明这种推论是荒谬的，而康德的关于'存在'不是谓词的主张在当代语言学家那里有热烈争论。当代语言学家认为，利用现代语言分析手段，可以一劳永逸地解决本体问题，对古已有之的问题给出崭新的、确切的答案。"语言学界的这种认识分歧与争论，可引发我们对语言与本体的多方面的思考和深层的醒悟，使我们深刻认识到语言和本体原本就"紧密交织"而同构于一体的，谈"本体"就不能不谈"语言"。本体和语言的这种交织同构的关系，启示我们对语文本体的阐释，更应该从本体论语言学的视点出发，来透视语文本体构成的真义，这就是说，谈"语文本体"不可能不谈"语言"、不谈"语言文字"。只有立足于"语言"和语言得以符号化的"文字"，才能真正触摸到"语文本体"，切实把握"语文本体"。

需要指出的是，语言及其文字作为本体和存在世界现身情态的符号，具有其他事物所没有的特质，它是情感的符号、思维的符号、生命的符号。比如说，它作为一种文化的构成物，不同于房子构成的砖头和土木；它作为一种工具，也不同于斧头镰刀之类的纯工具。这就是说，语言及其文字作为特定的符号代码，特别是我们的汉语言文字，其本身就具有形象性、情感性、意义性和审美性等特质。但是，房子构成的砖头和土木，就不具有这种符号性，砖头就是砖头，土木就是土木，只是一种客观存在物。它之所以称为"砖头"和"土木"，也只不过是人类语言对它的命名。"砖头土木"可视为各种"房子"的材料，而"语言文字"却不可视为各类"作品"的材料。所以,"语言文字"和"砖头土木"并非一个逻辑起点上的概念,二者不可同日而语。我们不能走语言学关于"本体争论"的老路,否则,我们就难以弄清楚"语文本体"。在这里,我们从这种特定的本体论认识出发,来探讨语文本体的问题。

1. 语言文字构成语文本体。

长期以来,语文教育界对语文是什么,即语文本体的构成问题,存有多种不同的阐释和认识。概括来说,主要有四种代表性观点:一是语文是"语言文章",认为"口头为语,书面为文,合而言之,称为语文"。这种阐释强调"口头语言"和"书面语言",主张语文课既要对学生进行口头语言的训练,即听和说能力的培养,也要对学生进行书面语言的训练,即读和写能力的培养。也就是说,这种对语文的阐释,寓含着语文教学要对学生进行全面的语文能力训练、提高学生语言素养的思想。二是语文是"语言文字",认为语文课即语言文字课,语文教学应当扎扎实实地进行语言文字训练。这种阐释强调语文教学如果不抓语言文字这个根本,忽视字词语句的教学,尤其讲文学作品,总喜欢大讲人物,大讲形象,大讲思想内容和艺术特色,那么,这样的课就不是语文课,而是文学课了。因此,他们曾提出一个口号,叫作"不要把语文课讲成文学课",要求语文课把着眼点放在字词语句的教学上。三是语文是"语言文学",认为文学是语文固有的因素,语文课应当重视文学性的教学,加强文学教育。这种阐释强调,如果文学作品的教学把文本拆解为单纯的语言文字,忽视文学性教学,那么就会抹杀文学作品的生命和艺术魅力,其语言文字也失去光彩,造成语文教学的失误。四是语文是"语言文化",认为语文是文化的构成,语文是文化的符码,语言和文化血肉同构,融注于一体。这种阐释强调,如果否定语文是语言文化,也就否定了语文课,忽略或脱离语言文化的语文课,就不可能是有"语文味"的"真语文"课,而只能是"非语文"课,因为其道理很简单,没有语言文化,何来语文?何来语文课?

对语文是什么的阐释,之所以存有这样的认识分歧,主要有三个方面的原因:第一,语文是多因素构成的复合体,从不同的角度可以做出不同的阐释。特别是汉语文内涵的多义性、汉语文内容的丰富性、汉语文功能的多重性，容易造成人们不同的认识。第二，对语文的阐释也受时代和社会发展的制约，不同的历史时期对语文有不同的阐释，如 20 世纪 50 年代注重"语言文字"，因为当时强调识字读书学文化；后来注重"语言文学"，语文课分为"语言"和"文学"两科；改革开放以来，随着新文化思潮的涌入，语文又被视为"语言文化"。第三，从对语文的阐释及其认识分歧的形成来看，其与人们研究问题的思路和视角不同有关。如搞语言文学的，往往强调语文是"语言文学"；搞语言文化的，往往强调语文是"语言文化"。这也是造成对语文不同阐释和认识分歧的原因之一。

我们通过以上所述可见，对语文的这些不同阐释和认识分歧，主要表现为两个不同的阐释角度：

第一，是从语文的形式上来阐释语文，认为语文是"语言文章"或"语言文学"，但这二者实际上都是以"语言文字"为基质和构成要素的。因为文章是语言文字构成的语言形式，语言文字是文章构成的基质元素；文学是语言的艺术，是语言文字的艺术构成品，语言文字也是文学文本构成的基质元素。这就是说，文章也好，文学也罢，其实都是语言文字构成的语言形式。如果没有语言文字，就没有文章的构成，也就没有文学文本的存在。为此，有的专家认为语文本体即语言文字及其作品。把"作品"看作语文本体，或许是一种新说法，但加以分析可见，它会对"语文本体"带来误解。语文教材中有各类不同的作品，如果把记叙文、议论文、说明文、诗歌、散文、小说、戏剧等各类"作品"都视为"语文本体"，显然就会造成本体的泛化、模糊化，因为什么都是本体，也就没有什么本体可言了。所以，不可把"作品"视为语文的"本体"。

第二，是从语文的内质上来阐释语文，认为语文是"语言文化"。众所熟知，人类的生存文化，分有饮食文化、服饰文化、居室文化等，语文也就是一种与之并称的语言文化。我们说，语文就是文化，并不是泛指各类文化，而是指语言文化。而语言文化是以语言文字为载体而存在的，语言文字是语言文化的符号和代码，没有语言文字，也就没有语言文化，这就是说，语言文化构成和存在的本体也是语言文字。

由此说来，我们可以得出这样一个肯定性的结论：无论是"语言文章""语言文学"，还是"语言文化"，显然都离不开语言文字，其都是语言文字的本体构成品，是语言文字构成的不同形式、表现形态和存在方式。文章构成的基质元素是语言文字，文学构成的基质元素是语言文字，文化构成的基质元素也是语言文字。所以说，是语言文字构成语文本体，语文本体由语言文字构成，这是不容置疑的。在这里我们还要强调指出的是，切实理清语言文字构成语文本体的基本认识，确立"语言文字"构成的语文本体观，这并不是排斥"语言文章""语言文学""语言文化"等语文构成要素，而是指其三者构成的基质元素都是语言文字，即语言文字构成的语文本体就融合同构着文章、文学、文化的基质和元素，语言文字是语言文章、语言文学、语言文化构成的基质元素和存在的基本方式。

毋庸置疑，语言文字构成的语文本体，是一个复合性概念，它包容着文章、文学、文化、语体、文言等多重性内涵，它不是一个单一性的载体，而是多种要素的构成。但是，需要明确指出的是，语言文字是构成语文本体的基质和主要元素，语文的本体世界是语言文字构成的世界。或许语文也是一个动态性概念，其内涵是不断发展、不断生成的，不同的时代和历史时期，对它会有不同的阐释和解读。但语文本体世界里的一草一木、一山一水，无论在什么历史和时代中，都是语言文字的生成物，都是以语言文字为基质和元素构成的。我们在以发展的、变化的眼光来阐释语文的时候，都应该尊重语言文字构成语文本体这个客观事实，不可以离开语言文字构成的语文本体，对语文进行某种特定角度的"当代性阐释"。

2. 汉语言文字构成的特性。

在确立语言文字构成语文本体的基础上，我们要建构切实体现汉语文特点的语文教育语用观，还必须要把握汉语言文字构成的特性。

汉语言文字的构成具有丰富的内在意蕴和鲜明的文化特质，它具有形象性、情感性、表意性、审美性、象征性等特征。对此，我们可从汉语言文字本体的构成切入来进行认识和分析。汉语言文字有其特殊的构造方式和结构特征，它独特的形体本身就蕴含着丰富的文化意蕴。汉语言文字形体结构具有直观性、象征性等特点，其形体构成与人的思想、情感、生活和行为往往有机地联结在一起，充溢着丰盈的文化意蕴。一个汉字，往往就是有关人的一个故事，一种姿态、行为和情致；一个汉字，常常就是有关人的一种智慧，一种情感智慧、生存智慧、生命智慧或伦理智慧。如"字"的形体结构本身就蕴含着一个有关人的生命延续的故事，即在一个房子里，一个女子生养了一个孩子。实际上汉语言文字形体结构的每一个笔画，一个线条、一个撇或一个点，往往都有其特定的文化含义。汉字的构成就如同一个人的生命完形，它有外形和骨架、有思想和神韵、有情感和精神。汉语言文字的这种特性，主要表现在四个方面：一是汉语言文字是表意性文字，一个汉字往往就是一个特定的意义世界；二是汉语言文字是表情性文字，一个汉字往往就是一个特定的情感世界；三是汉语言文字是象形性文字，一个汉字往往就是一个特定的形象世界；四是汉语言文字是审美性文字，一个汉字往往是一个审美世界。总而言之，汉语言文字是有个性的，汉字会说话，当你在阅读中与汉字接触时，每个汉字都会直盯着你，呼之欲出，和你交流对话。所以，西方人称汉语言文字是"东方魔块"。

对汉语言文字的这种文化魅力，散文家余光中在他的《听听那冷雨》中作过动情的描述："杏花。春雨。江南。六个方块字，或许那片土地就在那里面。而无论赤县也好神州也好中国也好，变来变去，只要仓颉的灵感不灭，美的中文不老，那形象，那磁石一般的向心力当必然长在。因为一个方块字是一个天地。太初有字，丁是汉族的心灵，祖先的回忆和希望便有了寄托。"这段文字的描述，应该说道出了汉语言文字构成的真义：汉语言文字是我们这个民族美丽不灭的灵魂，是我们这个民族一种永恒的向心力，是我们这个民族的生命百科全书。一个方块字，就是一个天地，一个世界，一种历史，一个民族的心灵、记忆、希望和寄托，一个美丽不老的民族形象；一个方块字，就是巍巍泰山、滔滔黄河、茫茫神州的代码，它有如光芒四射的彩霞、震撼世界的雷电、浇灌大地的云雨，有说不尽的美丽。汉语言文字是汉民族文化的精粹和世界语言文化的瑰宝。

汉语言文字作为世界语言中唯一的表意性文字，它与西方拼音文字相比具有完全不同的文化特性。拼音文字是抽象的字母线形排列形态，它唯一的功能就是将语言摹写记录下来，文字和概念有着较大的距离性，与其所指的实物和意义是一种非直接性关系，而无任何形象结构上的内在关联。拼音文字的这种特点，就是先记录语音，后由语音而知意义。文字与意义没有直接的联系，语音是文字和意义的中介，文字对语音有很强的依附性。但是汉语言文字与其全然不同，它所特有的象形性和平面结构方式使它具有鲜明的直接表意性，即可以直接表达概念和意义，其形体结构本身近似实物，或形似，或神似。正如有的专家所说："汉语言文字用它自己的形体来表达人的思维活动、认知活动和情感活动。当人们写一个汉字的时候，目的在写它自己的思想而不仅仅为的是写语言；当人们看到汉字的时候，也只是看到它所包含的内容，不一定把它当作语言；只有把它读出来的时候，才由汉字转化为语言。"汉语言文字的认知方式不是由音到义，而是由形直接到义，不依附于语音。这种字形结构的表意特征使汉语言文字成为独立于语音之外的第二符号系统，使汉语言文字符号系统可以超越语音的羁绊，借助视觉系统进行直接性的文化信息传播，使人们可以超越时空的限制，直接从字形结构中解读出字义来。这就是说，汉语言文字的形体结构保存了远古造字时代的文化背景，人们可以通过其形体来窥视远古社会的生活状况；同时，汉语言文字在发展的过程中又不断地把社会文化凝聚其中，所谓"字里乾坤"说明的就是汉语言文字的这一文化特性。因此，汉语言文字成为汉民族文化的活化石，它切实地保存了汉民族文化的原生态。

　　语文教育的内容是以汉语言文字为中介传递给学生的，如果在语用教学中不能理解和把握汉语言文字的文化特征和意蕴，只将其作为简单的信息来处理，那么汉语言文字丰韵的内涵、灵动的精神就会在教学中枯萎、流失，对字意了解不深，对文意的理解也只能限于浮光掠影，甚至走向误读。相反，如果在语用教学中能够挖掘汉语言文字的文化意蕴，呈现给学生，并能积极地调动学生的兴趣，激发学生的想象、联想，那么，语用教学就会有事半功倍之效。瑞典语言学者林西莉在《汉字王国》一书中谈及她的汉语言文字教学体会，将汉语言文字所反映的文化现象、文化精神给学生解释得越清楚，学生就越容易理解和掌握，并且理解得清楚，掌握得牢固。我国语用教学实践的经验也反映了这一点。但实际上，我们现实的语文教育对这一点的关注和实践却非常欠缺，汉语言文字教学不得法导致的教学质量差更是困扰广大师生的难题。针对这些问题，主要的对策就是重视汉语言文字的文化特性，从汉语言文字的本体特征出发进行语用教学，以切实提高语文教育的效率和质量。

（二）对语用本体的根基分析

何为语用本体？简单地说，就是"语言文字运用"本身构成的语文教育本体。我们已经确认，语文本体是语言文字的构成，语文教育的本体也就是语言文字的运用。实际上，确立语言文字构成的语文本体，就可把握语文教育的本体，即让学生学习和运用祖国的语言文字，对学生进行听、说、读、写的语用技能训练，提高学生的语言文字素养。这就是说，我们要明确"语言文字运用"的语用本体，把"语言文字运用"作为语文教育的主要目的，着力于"语用本体"的教学探讨。如果抛离"语言文字运用"，忽视"语用本体"的教学根基，那么，语文教育就会成为"非语文"教育，语文课也会成为"非语文"课。所以，我们应该切实弄清语言文字构成的语文本体，真正把握"语言文字运用"这一语文教育的语用本体，把语文教育切实作为语用教育。只有这样，才能完成语文教育的任务，实现语文课程的目标。

前面说过，语文是以语言文字为基质和本体要素而构成的，语文的世界是以语言文字为本体构成的世界。没有语言文字，何来语文课？否认语用本体，何来语文教育？这是一个明摆着的客观事实，应该说语用教育的本体根基是不容置疑的。从语言文字构成的语文本体和语用本体的根基切入来进行透视和分析，应当肯定和确认，语文教育本质上就是一种语用教育，即"语言文字运用"的教育。对语文教育的这个语用性定位问题，是语文教育的一个根本性问题，决不能有半点含糊和随意性。因此，我们从语文教育的语用本体出发，倡导语用本体理念，就是要以"语言文字运用"作为语文教育的核心指向和基本立足点，落实语言文字运用的本体理念，让教师实实在在地教语文，学生扎扎实实地学语文，强调"学语文就是为了用语文"的思想，训练学生"语言文字运用"的技能，提高学生的语言文字素养。如果我们切实把握"语文教育本质上是一种语用教育"这个语用性定位，那么，我们就会从"泛语文""非语文""去语文化"的教学困惑中跃起，抓住语文教育的根本所在，给语文教育带来革命性的变化，推进整个语文课改的发展。应该说，这是语文教育和课程改革的重大问题，它直接关系到我们能否正确地把握语文教育的目标和方向。

我们要强调的是，对语文教育的语用性定位，不是标新立异，而是据其固有的本体根基来进行的：一是从语言文字构成的语文本体出发，去除脱离语言文字来空谈语文教育与语文课改的弊端，摒弃离开语言文字来空论语文课堂教学的"非语文"的杂质，把握语言文字构成的语文本体的基质和根本元素；二是从国家在基础教育阶段设置语文课程的初衷和基本点出发，教学生识字写字，学习和运用语言文字，进行听说读写的各种活动，使学生能说会道，善读会写，训练学生的语用基本能力，提高语言文字素养。也就是说，我们有切实的依据，确认语文教育本质上是一种语用教育，倡导语文教育的语用观思想和"语言文字运用"的语用本体理念。

二、语用观的核心思想

在弄清语文与语文教育是什么，明确语文本体和语用本体的基础上，揭示语文教育语用观的核心思想，是我们要探讨的主要问题。因此，我们首先要界定清楚的是何为"语用"？有的专家认为，语用含有"施行"的意思，也有"实效"的含义。从其词源上讲，语用即有"使用"和"实效"的双重意思，研究的就是语言文字的使用过程与实际效果，也就是语言文字运用于实际语境中形成的交际意义。应该说，这是探讨语用教育观要把握的一个基本概念。

语文教育的本体是语用教育。语用教育观的核心思想，就是要求语文教育从"语文本体"出发，以"语用技能"为要，以"语用素养"为本，树立"语言文字运用"的语用理念，从语用的角度把握语文教育的语用观思想，倡导语文课程的语用教学策略，要求语文教育的目标和内容都立足于"语言文字运用"，将"语言文字运用"作为语文课程的一切教学活动与教学设计的核心指向和基本立足点。教师在语文课上要着眼于"语用"教语文，学生在语文课上要着力于"语用"学语文，使语文课的教学过程切实成为"语言文字运用"的训练过程。引导学生与语言文字打交道，和语言文字亲密接触，与语言文字构成的文本对话，让学生在语用文本的字里行间穿行，品味语言，体味文字，学会"语言文字运用"。这就是说，语文教育语用观的基本思想，就是以语用为本体，倡导语用教育的策略，把培养学生"语言文字运用"的技能和提高学生"语言文字素养"作为语文教育的主要目标和任务，以把握语文教育的正确方向。

语用观是工具观的思想发展，语用观的基本思想和工具观是一脉相承的。工具观把语言文字看作一种工具，注重的是语文的工具性，认为语文这个工具可用来表情达意、交流思想；而语用观注重的是"语言文字运用"的技能，强调的是语用性，认为学语文就是为了用语文。所以，二者其实是一脉相承，立足点是一致的。语文工具观的倡导者、我国语文教育家叶圣陶早就明确论述过语用的问题："语言文字的学习，就理解方面说，是得到一种知识；就运用方面说，是养成一种习惯，这两个方面必须连成一贯。就是说，理解是必要的，但是理解之后必须能够运用；知识是必要的，但是这种知识必须成为习惯。语言文字的学习，出发点在'知'，而终极点在'行'；到能够'行'的地步，才算具有这种生活的能力。"[1]应该说，这是对语用观所作的一个很透彻的阐释，可以称之为叶圣陶的语文教育语用观。著名语文教育家刘国正在语文工具观的论述中，曾提出了语文教育"实"与"活"的问题，其实也是对语文教育语用观及其思想特征所作的具体阐释。

所谓"实"，就是语文教育语用观讲求对学生进行扎扎实实的"语言文字运用"的技能训练。技能是在训练的基础上形成的，一切后天习得的能力都需要训练。运用语言文字表情达意和交流思想的技能，也必须靠训练。语言文字如同一种工具，拥有它，并不说明就有运用能力，掌握运用它的技能，把它用于实践，才算真正的拥有。因此，语文教育必须让学生切切实实地在训练中学会操作和运用语言文字，也就是着眼于掌握字、词、句、篇的运用能力，不容许离开这种语用训练去空讲大道理，空讲语言知识。具体地说，就是让学生多动口，多动手。动口，就是进

---

[1]　叶圣陶. 略谈学习国文［M］//叶圣陶. 叶圣陶教育文集：第三卷. 北京：人民教育出版社，1994.

行各种形式的口头表达的语用训练；动手，就是进行各种形式的笔头表达的语用训练。口头语用训练和笔头语用训练，是语文教育中相得益彰、不可偏废的两项基本语用训练。只有坚持这两项基本语用训练，才能使学生达到"入耳能撮意，出口能达辞，提笔能成文"的语用水平，从而使学生获得参与生活的基本语用能力，具有在社会竞争中的生存本领。这就是说，倡导语文教育的"实"，强调语用性功能，其实是从社会的实际需要着眼的，是"学会生存"语用基础教育价值观的体现。

所谓"活"，就是语文教育语用观讲求"语言文字运用"的教学要活起来，引导学生进行生动活泼的语用基本训练。就语文课堂教学来说，就是要拨动学生的语用心弦，激发学生的语用学习积极性，不是我教你学，而是"语用"的教与学双方做到和谐交流，教师得心应手，学生也如沐春风。双方都欲罢不能，其乐融融。达到这个境地，教师稍加点拨，学生就会主动求索，举一反三，收到事半功倍的效果。这就是说，语用教育的"活"，既是对"将语文课的语用简单化、刻板化"，使生动的语用能力训练变成枯燥的技术训练教学现象的反思，更是倡导语用教育的开放性，推举语用教育的现代性和主体观，即语用教育要确立学生的主体性。《学会生存》一书中指出：什么是教育？"教育即解放"，"教育能够而且必须是一种解放"。那么解放什么呢？简单地说，就是解放学生的语用主体性，解放学生的潜在语用能力、语用创造能力和开拓精神。这是我们倡导的语用教育要"活"的基本思想精神。我们必须树立这种"活"的语用教育观念，从而推动语文教育和课程改革的深化发展。

正因为着眼于此，我们强调的"活"十分重要，可以说是搞好语用教育的一个关键。为了切实抓好这个关键，语用教育要把握实现"活"的三个基本原则：第一，要把语言文字看成是"活"的对象。语言文字的运用，有严格的规范，也有很大的灵活性。生活是动态的，反映生活的语文也是活泼的。所以，在教学中要把语文作为"活"的对象，切忌把"活"的语文搞成枯燥乏味的死的训练。第二，要把学生看成是"活"的语用对象。语用教育必须充分尊重学生的主体能动性，把学生语用学习的主动性摆在应有的位置。语用教育的目的是以"提高学生语言文字素养"为指归的，语用教育必须从学生语用技能训练的规律出发，建构自主性语用教育模式和运行机制，以促使每个学生的潜在语用能力得到最大限度发挥。第三，要把语用教育和生活密切联系起来。语用教育联系生活则生动活泼，脱离生活则死气沉沉。这是因为："读（包括听），是通过语用认识生活和学习怎样生活；脱离生活，读就变成无意义的活动，吸收鉴赏都失去辨别优劣美恶的基本标准。写（包括说），是运用语言文字反映生活、表达自己的见解，并服务于生活；脱离生活，就变成无源之水，技巧就变成无所附丽的文字游戏。而与生活相结合，则读有嚼头，写有源头，全局皆活。"[1]语用教育要"活"的这三个基本原则，其实是对语用教育本质规律的深层概括，是我们深化语文教育与课程改革所必须把握的行之有效的重要法则。

"实"和"活"是语文教育语用观建构的两个重要支柱，二者相济并举，相得益彰。"实"中求"活"，"活"中求"实"，使语用功能和教育功能得以充分发挥——不但让学生得到扎扎实实的语用基本训练，形成听说读写的语用能力，而且在语用能力的训练中提高语用素质，使学生的语用创造性得到充分尊重和发展。因此，语用教育要致力于"实"和"活"的追求，即在切切实实的语用基本训练中，把握语言文字运用本身所固有的特性，促进学生语用能力的发展。

三、语用观的基本认识

为明确把握对语文教育的语用性定位和语用教育观的核心思想，我们需要理清以下几个方面的基本认识：

（一）强调语用训练与文化涵养的融合

确立语文教育的语用性定位和语用观，注重"语言文字运用"的技能训练，并非是单纯强调语言文字运用的技术性，而是主张在"语言文字运用"的训练过程中，让学生对汉语言文字特有的内在蕴涵进行体味、领悟，吸取汉语言文字特有的文化内涵与营养，用汉语言文字本体构成的形象性、情感性、诗意性、审美性、象征性等特征，去陶冶学生的情感与心灵，洗练学生的精神与人格，促进学生的生命成长，即使"语言

---

［1］ 刘国正.实和活：刘国正语文教育论集［M］.北京：人民教育出版社，1995：214.

文字运用"的训练过程成为陶冶学生情操的过程。

语用，是运用语言文字进行听、说、读、写的活动，但它不仅是单纯的语用技巧学习和语言技术训练，在强调语用技能训练的同时，还要重视品味语言，体味文字，即感悟、体验汉语言文字本体构成的意蕴内涵，使学生在语言文字运用的技能训练过程中得到情感的陶冶、心灵的洗练、精神的涵养，即学语文、用语文、学做人。语用训练的实践说明，只有当学生在语言文字运用的训练过程中动情动容、激起情感波澜、感受到语言文字背后的丰富蕴涵的时候，才会取得语言文字运用训练的最佳效果。就如品读一个语言文字构成的语用文本，学生在字里行间穿行，和语言文字亲密接触，与文本形象产生情感共鸣，这往往是学生理解文本、把握文本——语用学习效果最好的时候。

但是，长期以来语文训练往往一味地强调语言技术训练，忽视语言文字运用过程的文化蕴涵体味和陶冶感染的特性，把语用训练作为一种文字技巧之学来对待，摒弃语用训练过程的文化涵养功能。其实，真正切有成效的语用训练并不是以文字技巧取胜，而是让学生在语用训练的过程中，既能提高语用技能，又能吸取语言文字内涵充盈的文化精气，感受和体验到汉语言文字本体构成的跃动的内在生命，滋养精神家园。只有感受和体验到语言文字构成的内在蕴涵，才能真正学好语言文字运用，学到语言表现技巧，提高语用技能和语用素养。从这个意义上来说，语言文字运用的训练过程，就是感受和体验语言文字本体构成的文化蕴涵、陶冶情感、塑造心灵的过程。所以，语用训练不能只停留在"文字技巧"的层面，而必须透过"语用"进入陶冶和涵养的层次，在语用训练中建构起一个陶冶和涵养的世界。只有这样，才能真正学好语文、用好语文，提高语用训练的有效性。这就是说，让学生在语言文字运用中涵养性情和心灵，是语用训练不可忽略的重要法则。

从某种意义上说，语言文字运用的过程本质上就是一种陶冶涵养的过程，它能使学生在语用学习中吸取文化营养，获得心灵的洗练，充实生命内容，提升精神境界，即通过语用学习涵养学生的性情与人格，唤醒学生生命成长的觉悟和人生能力。实际上，语言文字运用的过程具有这种鲜明的涵养功能，如记叙文的读写教学——记叙文的形象性、感召力对学生的情感与心灵无疑具有陶冶、感召的作用。好的记叙性文章，往往能使学生在语用读写中感到"心灵的颤动"；议论文的读写教学——议论文的理性美、说服力，对于启迪学生的理性智慧，开发学生的思辨思维，具有不可抗拒的逻辑力量。好的议论性文章，往往能使学生在语用读写中获得"思辨的智慧"；说明文的读写教学——说明文的客观性、科学美，特别是它一就是一，二就是二，从客观存在中寻找真理的求实性特征，无疑有助于培养学生的求实态度、科学精神和尊重科学真理的觉悟。好的说明性文章，往往能使学生在语用读写中得到"真理的启迪"；文学作品的教学——文学作品的形象性、情感性和感染力，对学生具有强烈的感情冲击力，特别是文学作品中跃动的思想与精神、灵魂与气骨、生气与生命、神韵与意境，都会以其强烈的艺术冲击力，唤醒学生的人性与理智、情感与灵魂，启悟学生的生命感和价值感，激发学生的主体性和创造力。好的文学作品，往往能使学生在语用读写中吸取生命的营养。这就是说，语用的过程就是文化涵养的过程，不可忽视语用训练对学生文化涵养的作用。

（二）反对语言文字运用的功利教学

确立语文教育的语用性定位和语用观，注重的是把语言文字运用的过程，既作为语用技能的训练过程，又作为品味、感悟语言文字本体构成的内在蕴涵的过程。所以，要真正搞好"语言文字运用"的训练，切实提高学生的语用技能，涵养学生的情感和心灵，就必须反对语用的功利性教学。

第一，语用过程的技能训练和陶冶涵养不是一种短期性行为，而是基础教育阶段的一个长线规划。它不是可以马上得到回报，所以，我们不能指望立竿见影和短期性效应，而忽略语用训练的规律和它对学生心灵启蒙和文化涵养的功能。特别是要摒弃只重视记忆性和固定格式的语言知识教学模式，反对一切以应试为出发点，一切为应试服务的功利性语用教学行为，将语用技能和语用素养弃置一边，寻语用训练捷径、找语用窍门的教学是急功近利的浮躁之举，既不能提高学生的语用技能，对真正意义上的文化涵养也毫无裨益。这种功利性教学，使学生习惯于浮光掠影，不扎实，常常是仅凭一斑之见妄断全豹，使语用技能训练和语用过程中的文化涵养成为空谈。教者与学者的语用视野越来越狭窄，语用思维方式越来越模式化。语用技能和语用素养的培养需要宽阔的语用视野、语言文化的积淀和语用知识的融会贯通，而这些不是一朝一夕就可以形成的，需要依赖于沉静的语用学习态度和扎实的语用学习积累。我们应当大力倡导这种着眼于扎实的语用积累、语用磨炼、语用涵养的教学思想。语用素养或文化涵养都重在"养"，朱熹曰："养，谓涵育熏陶，俟其自化也。"这是内功修炼的过程，是日熏月陶、不断积累的过程，是不可急功近利的。

第二，语用训练中不能以图像思维模式代替语用思维方式。人类表达媒介的变化，改变了人们的语用习惯和方式。过去，人们以语言文字为媒介进行语用读写的表达；现在，电脑、电视的图像思维模式正逐渐代替语言文字运用的思维方式。人们似乎已经习惯于影像的表达方式，喜欢直接通过图像而不是透过语言文字去思维。在语文课堂上多媒体教学作为一种时尚兴起，用图像画面来解读语用文本，代替语用的读写活动，这也是一种片面追求效果的语文课堂教学功利性表现。语文课的图像化倾向，使语用训练受到严重影响，语文课变得没有"语文味"。实际上，图像教学是不能代替语用教学的，图像教学只能为语用教学服务。语文课是以语用为目标的，语文课就是为了学语文、用语文，离开了"语言文字运用"就不是语文课了。特别是语言文字运用有其特定的规律，语用作品的内在蕴涵也是图像所无法完全表现的。在语言文字运用的思维里，每一个字往往都有它的哲学、历史和文化的特定内容，每一个字往往都是具有不可描述性、不可穷尽性的意义世界，它是图像所无法把握的。所以，语用教学不可以图像教学代之，语用教学必须把握语言文字运用的基本点，否则，就偏离语用的目标，背离语用教育的方向。

当然，我们可以利用多媒体的图像教学优势，辅助语言文字运用的训练与教学，使一些在传统语用学习手段下很难表达的语用内容或无法观察和透视的语用现象形象、生动、直观地显示出来，从而加深学生对语用学习的理解。但语言文字运用的过程实际上是一种"情感的交流过程，是灵魂的对视"，多媒体的图像教学只能是语言文字运用训练与教学的辅助手段。语用教学的关键是要从汉语言文字本体构成的特点出发，引导学生细细地品味语言文字和用语言文字构成的语用文本丰富的内在蕴涵。

（三）坚持语用教学方法的人本理念

确立语文教育的语用性定位和语用观，就是要坚持语用教学方法的人本理念。在语用学习过程中，教学方法是最具创造性和生命力的部分，它是师生生命意识能量交流的支点。因此，对于语用教学方法的操作运用，理应体现和贯彻人本理念。

按照美国教育家威廉·H.克伯屈的理解，教学方法有广义和狭义之分。克伯屈认为："当儿童以具有意义的方式对某一种情境做出一段时间的反应时，他不是做出单一的反应，而是做出多种多样的反应。"[1]这就是说，当儿童有意识地学习某一种东西时，他所获得的收益往往不是单一的，而是多方面的。有效的学习是除了掌握有意要学的某一种对象，还同时获得与这一对象相关的许多方面的收益。克伯屈称这种学习为"共时性"学习，也就是我们所理解的"共振效应"。因为任何一个单一的学习行为的完成都是人的多项心理因素相互作用的结果。心理学研究表明，一种学习行为的进行，一般都会有多种心理因素的参与，当这个学习行为获得成效时，曾经参与的各项心理因素都得到了有益的锻炼。例如，在教学中让学生学习一个生字，绝不只是一种机械的生理运动。学生通过某种方式学会这个字的读音时，会伴随着动机、感知、理解、判断、思考的心理活动，也许还会有信心和兴趣等心理因素。所以，学生收获的不单单是一个字的读音，还会有对这个字的理解和情感倾向，还可能了解尽快学会一个生字的各种方式，并对字词的学习产生浓厚的兴趣。这就是说，学生学习和运用语言文字时的各项心理因素具有"共振效应"。教师对任何学生语用学习情境的处理方式，会从不同方面影响着这种"共时性"学习的成效总和。这里所谓的"处理方式"，即我们所说的语用教学方法。那么，广义的语用教学方法的含义就是关注语用学习的共时性，追求多方面的语用效益，注重学生对语用学习内容的多种反应，如智力的、情感的、兴趣的反应等，引导学生从语用学习中获得更多益处。

当然，我们也不能一概否认狭义的语用教学方法。事实上，每一种

---

[1]　［美］威廉·H.克伯屈.教学方法原理——教育漫谈［M］.王建新，译.北京：人民教育出版社，1991.

特定的语用学习内容都会有其自身的学习特点，语用知识学习的方式就不同于语用能力形成的方式。但是狭义的语用教学方法往往局限于语用知识或语用技能本身，只追求语用学习效果的单一性而忽视语用学习的多功能特征。也就是说，狭义的语用教学方法往往只注重对语用的技术性掌握，广义的语用教学方法持守的是人本理念，关注的是整体的人，即"生命个体的总体生成"。因此，对于任何一种具体的语用教学方法，我们都应该从广义的角度去理解，看到它所带来的共时性效应，看到它的人本价值。可见，我们在这里探讨的不是某种具体的语用教学方法，而是对语用教学方法的理解，即语用教学方法观。

坚持广义的语用教学方法观，对语用教学有着重要的意义，它有助于我们认识和理解语用教学方法的人本内涵。记得有人类学家说过，人类所创造出来的最伟大的文化成果是语言文字。因为语言文字是人类生存和发展的基本工具，是人类的生存状态和生命意识的外化形式，是人类物质生活和精神生活的镜子。还有一些语言文化学家指出，本民族的语言文字是一切智力发展的基础和一切知识的宝库，因为对一切事物的理解要从它开始，通过它并恢复到它那里去。语言文字产生于生活，并服务于生活，以"语言文字运用"为根本的语用教学也就有了与生活割舍不断的联系，生活是语用的根，离开生活，语言文字运用就成了无源之水。生活从来就没有单色调，也从来没有单行线。以生活为依托的语用教学，所获得的绝不可能只是一种语用知识或某种语用技能，而应当是升华了的语用生活状态。因而，语用教学方法关注的应是某种特定语用情境下的生活、生活在其中的人以及人对此种生活的反应。没有什么比生活更多姿多彩，没有什么比生命更神秘莫测，用单一性的、抽筋式的狭义的语用教学方法永远也无法触摸到语用学习的本真状态，也无法达成语用教学的基本目标。

四、语用观的主要依据

语文教育语用观有着深厚的思想、理论和历史渊源。应该说，古今中外的语文教育从来就没有离开过语用教育，其一直注重语用本体思想和理论研究。目前，我们探讨的语文教育语用观倡导"语言文字运用"

的语用教育，就是以我国古代的语用思想和西方的语用理论为基本依据的。根据施麟麒博士对我国古代语用思想的研究及荣维东博士对西方语用学理论的有关探讨，在这里，我们作简要的描述。

（一）古代的语用思想

就古代的语用思想来看，我国古代的传统语文教育早就包含有语言实用主义的语用思想。《周易·系辞》中说："精义入神，以致用也。"这就是要求，学习语文应深入领悟，学以致用。孔子在重视语用主体的道德意义同时，非常重视语言的实用价值。孔子说："诵诗三百，授之以政，不达；使于四方，不能专对；虽多，亦奚以为？"（《论语·子路》）孔子看重"能办政事"与"独立应付"能力。孔子重视言语交际能力，从孔门四科"德行、言语、政事、文学"中也可以看出。孔子赞赏"宰我、子贡善为言辞"，自谦"我与言辞，则不能也"。他的"言语""诗教""雅言"是以交际能力为目标。孔子重视根据不同交际对象选择表达形式，这在《论语》中比比皆是。他认为交际要"听其言而观其行""察言而观色"。他重视言语交际的场合与言语表达形式。孔子"于乡党，恂恂如也，似不能言者。其在宗庙朝廷，便便言；唯谨尔"，注意言语的场合、语境和时机，"时然后言，人不厌其言"。汉代王充在《论衡·超奇》中写道"凡贵通者，贵其能用之也。即徒诵读，读诗讽术，虽千篇以上，鹦鹉能言之类也"，也是强调语言应用的重要。王充还说："为世用者，百篇无害；不为用者，一章无补。"他反对艰深华丽的文风，提出："文丽而务巨，言眇而趋深，然而不能处定是非，辨然否之实。虽文如锦绣，深如河汉，民不觉知是非之分，无益于弥为崇实之化。"（《论衡·定贤》）唐朝韩愈强调"强学力行"。宋朝杨时主张："读书将以穷理，将以致用也。"（《二程粹言·论学》）明代许孚远《原学》指出："学不贵谈说而贵躬行，不尚知解而尚体验。"清代颜元说："读得书来口会说，笔会作，都不济事，须是身上行出方算学问。""实文，实行，实体，实用，率为天下造实绩。"这些古代的语用思想是现代语文教育的重要思想资源。

传承数千年的语文教育语用思想，从其语言实用主义的传统来考察可见，传统教育文化对人的认识和反思基本上限于人自身道德的完善，强调人存在的价值和意义就在于人对自身道德本质的体认、修养和践行，这种德的养成实则是文的熏陶、学习和体悟的语用过程。因而，即有"文以载道""文道统一"的说法，我国古代的道德教育与语用教育是融为一体的。传统语用教育所选择、认可和使用的语言文化和教育内容都是根据道德教育的目的与任务来确立的，呈现出鲜明的道德伦理教化的特征。语用教育的内容等同于"道"，要"传道、授业、解惑"，传授具有道德价值的语用知识学问是根本任务。古代语用教育的内容以经史为基础，形成一个道德教化的网络，其共同特色是泛道德主义。如孔子根据道德价值标准整理了西周的文化典籍，编撰成《诗》《书》《礼》《乐》《易》《春秋》"六艺"，被奉为经典，成为此后语用教育的主要教材。

（二）西方的语用理论

就西方的语用理论来看，其属于一种体系性的系统研究，并形成了多种代表性语用学派，对我们探讨语文教育语用观有多方面的启示性意义。

一是语用学家乔姆斯基提出"语言能力""语言运用"两个概念，是语用学领域中的新探索，也是对语文教育语用观视野和思维的一种开拓。在他那里，"语言能力"是指语言规则内化的体系（internalized system），"语用能力"指人对语言的使用。按照他的理论，人类学习语言的活动就是人类天生的语法系统向特定语言语法系统"转换"，"生成"新的语法系统（也就是"内化"），新的语法系统一旦生成，人就可以创造出无限的句子来，从而能够运用语言。所以，语言的学习过程，就是语言规则"内化"的过程。

二是哲学家奥斯汀和塞尔勒先后提出了"语言行为理论"。奥斯汀在探讨语言与行为之间的关系时，首先注意到了这样一个事实：人说出话语不仅是提供信息，而且是完成许多其他的行为。人们在交际过程中不单单是构造语句，而且是利用语句来完成各种"行为"。也就是说，语言不仅是用来描写和陈述客观世界的，也是一种行为。根据奥斯汀的言语行为理论，当人们说出每句话时，不管其是否含有行为动词，其都包括有"说"的成分和"做"的成分，而且所说的话还会对听话人产生某种效果。也就是说，人们在说出话语的同时实施了三种不同的行为，即言内行为、言外行为和言后行为。

　　三是语言学家海姆斯针对乔姆斯基的"语言能力"概念提出"交际能力"理论。他认为一个人的语言能力不仅指能说出合乎语法的句子，还包括在一定的语言环境中恰当地使用语言的能力，也就是在不同的场合、地点与不同的人成功交际的能力。这些社会交往的能力，包括传递信息、交流思想和表达感情。既用口头形式，也用书面形式；既指听、读的理解能力，也指说、写的表达能力。他阐述了交际能力的四个特征：①能辨别、组织合乎语法的句子；②在适当的语言环境中使用适当的语言；③能辨别语言形式的可接受性；④能知道语言出现的或然性：是现实常用的，还是罕见的个人用语。海姆斯强调的这种交际能力，更全面地反映语言在社会中的使用能力。

　　目前，西方的语用理论研究重在拓展新的应用领域，对我们的语用教育有重要启示。如语用"关联理论"指出，认知环境并非现实存在，而是"交际者共处的世界"，这个"世界"在言语交际中体现为交际双方在某时、某地、关于某事所说的话或所做的事，体现为交际者在说话的时候对现实的某种认知程度。这种关联理论将交际与认知有机结合，从认知的角度对语用交际进行了有益的尝试，为语用研究提供了崭新的思路。

第三节　语用性：语文课程的基本特点

对语文课程的基本特点，长期以来存在着多种认识分歧，如工具性、思想性、人文性、民族性、言语性、实践性、综合性等。特别是 2001 年语文课标提出"工具性与人文性的统一，是语文课程的基本特点"这一定位性说法之后，对此的争论不但没有停止，反而越来越烈，越来越模糊。有的强调语文的工具性，有的强调语文的人文性，形成了工具性与人文性的对立。语文课改的实践也证明，这种对语文课程性质的定位性指向，不但没有切实解决语文课改的问题，反而造成语文教学的迷失和误区，如出现了"泛语文""非语文""伪语文""去语文化"的教学现象，许多语文教师陷入"什么样的语文课才是语文课"的教学追问，给语文课改带来不少困惑。所以，我们很有必要从语言文字构成的语文本体和语文运用构成的语用本体出发，对语文课程的语用性特点加以探讨，以切实树立语文教育的语用观，推动语文课改的深入发展。

语文课程的基本特点到底是什么？要切实弄清楚这个重要问题，应采取的对策就是确定语文课程的逻辑起点和学科基点。语文学科区别于其他学科的特质，在于它以培养学生理解和运用祖国语言文字为核心指向与根本宗旨，语文课程的目标与任务就是提高学生的"语言文字素养"和"语言文字运用"的能力。所以，从语文这个学科基点出发，应当肯定和确认"语用性是语文课程的基本特点"。实际上，语文是以语言文字为基质和本体要素而构成的，语文的世界是以语言文字为本体构成的世界。没有语言文字，何来语文？何来语文课？这是一个明摆着的客观事实，是不容置疑的。语文课程本质上就是一种语用课程，即以"语用技能"为要，以"语用素养"为本，其目标和内容都立足于"语言文字运用"。教师在语文课上要着眼于"语用"教语文，学生在语文课上要着力于"语用"学语文，使语文教学过程成为"语言文字运用"的语用过程。我们切实把握语文课程的这种语用性特点，确认语文课程的语用性定位，那么就会从"泛语文""非语文""去语文化"的教学困惑中跃起，抓住语文教学的根本所在,给语文课程带来革命性的变化,推进整个语文课改的发展。

　　确认和肯定"语用性是语文课程的基本特点",就会冲击"工具性和人文性的统一,是语文课程的基本特点"的原定认识,有利于去除脱离"语言文字运用"来空论语文教学的"非语文"弊端。所以,我们提出在语文课标的修订、教材编写和语文课改中,应重新审视"工具性和人文性统一"论,确立语文课程的语用性定位,以突出语用的基础性,着眼于"语言文字运用"的语用技能训练教学;把握语用的实践性,立足于"语言文字运用"的言语践行活动,重视语文课程的综合性语用学习活动,提高学生现实生活与自我发展的语用能力和语用智慧;强调语用的民族性,突出母语教育的民族性本色,深入了解和感知汉民族的固有文化,唤起学生对汉民族语言文化的理解和认同;讲究语用的科学性,要求语文课程的语用内容和体系结构加强教学的有序性,符合语文教学的语用规律和学生语用学习心理发展的特征;同时,体现语用的时代性,语文课程要顺应时代的潮流,把握时代文化精神的风貌和特质,为时代的发展和社会的需要服务。

　　对语用性这个概念的内涵,有的专家作过具体阐释,认为语用性含有"施行"的意思,也有"实效"的含义。从词源上讲,语用即有"使用"和"实效"双重意思,研究的就是语言文字的运用过程与实际效果,也就是语言文字运用于实际语境中形成的实际意义。[1] 显然,这个阐释意在进一步解说清楚语文课程的语用性特质。还有人认为,语文课程的语用性观点与西方语用学的语用理论研究存有重合,但是,前者并不等同于后者。因为语文课程语用性观点的根本指向是"语言文字运用",即从语言文字构成的语文本体出发,进行听、说、读、写的语用技能训练;而西方语用学的语用理论研究,对我们的语用课程具有借鉴价值,但它是一种语言学理论体系的探讨,不同于语文课程的语用性教学探索。正是基于这种思考和认识,我们提出了"学语文就是为了用语文"的语用性基本思想,确立了语文课程的语用性研究。在这里,笔者从以下几个方面来具体探讨语文课程的语用性特点。

[1]　王元华.语用学视野下的语文教学［M］.北京：北京师范大学出版社,2012：22.

一、语用的基础性

语文课程着眼于"语言文字运用"的技能训练，注重的是语用基础教育。语文学科是一门基础性学科，学习和运用语言文字是一种基础性学习，是学习其他学科的基础，也是学会生活、从事各种工作、进行社会交往活动的基础。因此，语文课程突出的是语用的基础性。它要求语文课指导学生扎扎实实地进行语用基本训练。字词句篇、听说读写，样样都不能马虎，必须严格要求，督促学生下苦功夫，反复地磨炼。"这好比学绘画练习素描，要先掌握准确的摹写物象的本领，有了这个基础才谈得到创作。这个基础不牢，则搞创作如同在沙上建塔，是很不可靠的。"[1]诚如古人所说"操千曲而后晓声，观千剑而后识器"。这就是说，"语言文字运用"是语文课程的基础。同时，我们还要强调，语用教学要真正做到"实"，使学生真正提高语用的技能，必须要注意两点：一是要了解语用的功能和方法。语言文字的学习和运用，各有套路，习得并掌握有关语用的知识，是熟练运用它的前提。二是要进行语用的实际操作。语言文字运用在实际操作中才产生作用，发挥出应有的功能，语言文字也只有在实际运用的操作中才有生命，也才能真正掌握它。既有"知"，又有"行"，知行统一，是掌握语言文字运用的必要条件。这就是说，语文课程的语用性和操作性很强，让学生获得语言文字运用的能力，要靠语用知识加实际操作，实际操作是基本技能。打个比喻说，弹钢琴要懂得乐理，但如果不去实地练习弹奏，永远也弹不成曲调。只有进行实际操作，才能提高语用能力，打好语用基础。

需要强调的是，要打好语文基础就必须加强语文实践。语文课改证明，语文实践是打好语文基础的主要途径，语文的实践性是不可忽视的。众所熟知，语文课程重在语用实践，而非空洞的"说教"。学生语用实践能力不是在课堂教学"说教"的过程中训练的，而是在其具体的语用实践和"言语践行"中形成的，语文课堂应是学生语用"践行"的场所。为此，语文课标对语文实践和语用表达提出了明确的要求：第一，能理解和运

---

[1]　刘国正.实和活：刘国正语文教育论集［M］.北京：人民教育出版社，1995：116.

用祖国的语言文字，具有"在生活和其他领域中"的语用能力，并做到"正确、熟练、有效"。第二，语文运用要结合学生实际，帮助学生形成自己的发展方向。"在语文应用中开阔视野，初步认识自己学习语文的潜能和倾向，根据需要和可能，在自己喜爱的方面有所发展。"这强调的是学生在语文运用方面应有明确的自我判断和自主选择。第三，语用实践中学生要明确自己作为传统文化传承者和先进文化传播者的角色。强调增强学生的文化意识，对待优秀的文化遗产要继承和传播，对待多元文化要"关注""剖析"，要积极参与先进文化的传播和交流。第四，要综合性地运用语文。综合性的语用实践，一方面要做到语用内容的综合，拓展语用学习范围，实现不同学科间的横向沟通；另一方面要做到学习方式的综合运用，实现语用学习能力的横向迁移。第五，应在语文实践中发现和创新。语文实践的语用过程是一个发现问题和解决问题的过程，要引导学生"注意观察语言、文学和中外文化现象，学习从习以为常的事实和过程中发现问题，培养探究意识和发现问题的敏感性"，在语文实践中要"尝试新方法，追求思维的创新、表达的创新"。

二、语用的民族性

语文课程强调语用的民族性，即着眼于我们的母语——汉语言文字运用能力的训练和培养，使学生在语用的过程中深入地了解民族的固有文化，受到汉民族语言文化教育，突出我们汉语文教育的民族性本色。

应该说，语文课程是以汉语言文字运用为基本内容的语用活动，所以，必须充分重视汉语言文字的民族性特点和教学传统，体现出汉民族文化精神和气派。这种"民族文化精神和气派"，应渗透在包括语用主体的语用实践活动在内的语用教学过程中。因为语用教学情境中每一个语用主体，无论是教的主体还是学的主体，无不自产生伊始就处于民族语用文化的滋润和哺育之中，他们的价值观念、情感模式、表达方式等都深深地烙上了民族的印记，呈现出鲜明而独特的民族色彩，洋溢着浓郁而醇正的民族气息。若无视这种民族的精神特征、文化品性，语用主体对民族语言文字运用的感受、体验，对民族文化心理的体认自然就因受到阻滞而逐渐迟钝和漠然，进而语文课程的语用教学厚植民族文化精神的使命与价值将会落空。因此,语用教学必须体现民族文化的特色和意味,彰显民族的情感、精神和气派。

语用是我们民族的母语教育,它传承着我们民族的文化、历史传统,负载着我们民族的情感、思想和哲学,饱蕴着独属于我们的民族精神和民族智慧。"母语教育,说到底,实际就是'人的精神培植',就是'丰富人的精神经验、丰富发展人的生命个性的教育',是一种'本民族文化的教化'——这是母语教育最根本的内在本质。"[1]语文课程是以源远流长的传统文化和博大精深的民族文化为土壤和血脉的母语教育,个性化语用能力、语用的思维素养和民族智慧、民族情感、民族意志当是语文课程语用教学的奠基性内容和终极性价值。洪堡特指出:"语言的所有最为纤细的根基生长在民族精神力量之中;民族精神力量对语言影响越恰当,语言的发展就越合乎规律,越丰富多彩。由于语言就其内在联系而言只不过是民族语言意识的产物,所以,我们如果不以民族精神力量为出发点,就根本无法彻底解答那些跟富有内在生命力的语言构造有关的问题,以及语言的最终大差别缘何产生的问题。"[2]民族精神是一个民族在生成、发展演化过程中积淀下来的民族生存哲学,是一个民族得以存在、生存和延续的灵魂,亦称民族意识。从文化的角度看,民族精神是民族传统文化的历史积淀,是在汉民族传统文化基础之上产生的。民族的语言是民族精神得以发生、生长温润而肥沃的土地,而民族精神则是语言的灵魂。

正是语用母语的这种文化精神内核构成了汉语文教育的精神底色。我们倡导的语用教学的价值体现和实现,并不仅仅在于达成有关"何为语用教学"的学理,还应彰显"如何达成语用教学"的智慧与觉悟,而且更应传达民族的真善美、理想、信仰和情操。语用教学的这种智慧和觉悟,自觉铺展为教学过程中的读、写、听、说等各种具体语用学习行为,在抓好语用训练的同时,唤醒沉睡在汉语言文本内的民族文化精神,更以一种文化本能和文化传统还原、照亮学生的心灵空间,使学生在母语学习和语用的过程中,在精神上形成深沉的文化自觉,一种对文化的认同

［1］ 韩军.一个危险的倾向:重技术,轻精神［J］.中学语文教与学,2001（8）.

［2］ ［德］威廉·冯·洪堡特.论人类语言结构的差异及其对人类精神发展的影响［M］.姚小平,译.北京:商务印书馆,1997：52.

与归属的内在情感和信念。

　　语文课程与其他学科教学相比较，其深厚的民族文化积淀、丰赡的民族文化精神，以及在培养学生的文化素养方面发挥的功能和效力，确是其他学科难以企及的。语文课程的语用教学其实是民族文化阐扬、民族情感认同、民族精神培植的过程与行为。汉语言文字构成的民族文化底蕴、民族性品格为语用教学价值的彰显和实践提供了条件和保证。打开语文课本，汉语文的字里行间跳动着民族文化的脉搏，流淌着民族文化的血液，诉说着民族的生活、经验、思想和情感，显现出汉民族的文化个性和民族精魂。作为书写形态和信息承载的汉字，其"比物取类"，"观照人本"，呈现出汉民族独特的生命意趣和文化心理。从某种意义上讲，掌握一个词语，理解一句诗词，阅读一篇小说散文，就是给人的神智打开一扇窗，为人的精神种下一粒籽。我们读《红楼梦》《阿 Q 正传》《边城》，不仅是一种文字的阅读与接受，更是一种情感的涤荡、精神的哺育。故而学习和运用语言文字并非仅仅是知识积累、能力历练的过程，还是民族文化体认与自觉、民族情感及民族精神建构与生长的过程，其间通过语言文字的内在通约性来呵护每一主体柔软而敏感的智慧和灵性，关怀其基于汉语言文字的学习和运用而萌生的生命激情和澄明的悟性。

　　民族精神的文化表现，构成其表象世界，反映到语文课程语用教学中就是以语言文本形态存在的具体课文。在汉语言文本的表层文字结构下面，潜藏着汉民族文化传统，闪耀的是刚毅奋进、积极进取的人生态度，"天下为公""世界大同"的理想精神，各族一家、协和万邦的宽容精神，忧国忧民、献身祖国的爱国精神，"先天下之忧而忧，后天下之乐而乐"的博大胸怀等民族精神的光芒。这启示着我们这样的认知：语用教学不仅仅是民族母语的习得运用和民族文化的传承，而且是一种民族诗意的拯救、民族情感的激荡、民族精神的厚植。

三、语用的科学性

　　语用作为一种"语言文字运用"的基本技能活动，它要求语用教学的内容和体系结构，既要体现语文学科的特质，又要符合语文课程的语用规律和学生语用学习心理发展的特征。特别是语用教学的体系结构要有其整体贯穿的"纲"，各个构成部分和学段又有相对的独立性，并彼此紧密联系。语用教学的这种科学性基点，包括序化组合、功能整合两个主要方面。

第一，语用内容的序化组合。所谓"序化组合"，就是按照既定目标，有序地设计语用教学内容。有序性是科学性的基本性质。语用教学的有序性，就是根据语文课标的要求，将学生应掌握的语用知识与语用能力按难易程度，结合学生的年龄及心理特征、语用基础设计成台阶式的有序训练过程，使语用教学从无梯度的状态中解放出来，形成有梯度的语用内容体系。这种序化组合的语用教学，能消除各学段教育相互交叉重叠的弊端，使语用教学思路明晰，学生语用学习的每一步，面对的都是新鲜内容，符合青少年学生求新进取的心理特征，容易激发语用学习积极性，从而教得轻松、学得主动，语用效率高，这是语用教学内容序化组合的基本标准。要切实使语用教学内容的建构有这样严整的"序化"，我们必须要注意把握以下几点：一是明确，即以语文课程的要求规定语用内容，语用内容又要划定结构体系。反过来说，就是语用体系要鲜明地体现语文课程要求，包括总的要求，乃至每个学期、每个单元的要求。这样才能建构明确的有序化语用目标体系。二是渐进，即体现由浅入深、由易到难的原则，有步骤地循序渐进。分别来说，就是语用知识的教学要适当，便于学生理解和运用；语用能力的训练应反复进行，不断加深，螺旋式上升，以利于学生获得熟练的技能。三是和谐，即语用体系的制定，要把纷繁复杂的语用内容合理地组织起来，使之成为一个和谐的整体。语用内容的组合要有一条主线，在主线的统摄下，要使各方面的语用内容都有适应的位置，配合得当，相得益彰，而不至于互相干扰。语用教学的实践经验说明，这种语用内容序化组合观，是切实把握语用教学科学性基点的重要保证。

第二，语用教学的功能整合。所谓"功能整合"，主要是指强化语用教学的整体功能性。我们应把语用教学看成一个整体构成，看到其构成要素之间的相互联系和相互作用，并从整体的角度注意协调和处理各要素之间的相互联系，以获得其功能整合的效益。语用教学的科学性，显然就内含着整体性的观点。在每个学段总的语用学习要求的统摄下，每个年级应有自己的语用学习要求和重点，要使其有个"序"，不仅要符合由易到难、由浅入深的原则，而且其中的各个语用学习要求应该有合乎规律的联系。这个"序"要言之成理，但不是固定而不可移的，其仍然可以在语用实践中灵活运用。这就是说，倡导把握语用教学的科学性基点，是以强化语用体系的整合功能为着眼点的。语用教学只有具备这种整合功能，才能既具有集约性与实用操作性，又能提供阔大的张力空间，发挥其整体构成的综合性效能。

语用教学的科学性思想基点，归结起来说，包括三个方面的要义：一是语用教学内容的有序化。即序化语用内容，建构学生获取语用知识和语用能力的内部机制，使语用内容在开放状态下走向有序。二是体现语用规律。要循序渐进，体现教学梯度，以学生语用认知心理状态变化和语用知识的内在逻辑结构为依据，这是建立在认知心理学理论上的科学性观点。三是重视语用的个性特点。根据语用实际对语用的要求和各个学段的重点灵活把握，既可因材施教，又兼及学生个性。这样的语用教学更具有灵活性、开放性，在弹性发挥上也更具有优越性。

四、语用的时代性

语文课程的语用内容来自广阔的社会生活，在一定程度上反映了人类文化精神世界的丰富性及其鲜明的时代特征。社会在发展，时代在进步，语用教学必须顺应时代的潮流，与时代生活的节奏同步，反映时代文化精神的内在律动，表现时代文化精神的风貌和特质，这样才能为时代的发展和社会的需要服务，实现"人的发展"和"完整性建构"的语用目标，完成时代与社会赋予语文课程的特殊使命。

从语文课程的语用主体来看，无论是作为"教"的语用主体——教师，还是作为"学"的语用主体——学生，两者历来是"时代文化精神的体现者"和"时代文化思想的表达者"。在任何一个时代，他们无不以传播特定的时代思想、社会愿望、文化精神为己任。有人说，时代文化精神是无数个体精神理想、价值追求与取向的集中体现与凝聚。因此，常常处于时代文化思想前沿、备受时代文化精神召唤的语用主体，必然对之有更敏锐的感知、更深刻的自主把握，以使自身更自觉、更有效地从时代精神中汲取营养，积蓄和拓展自我的本质力量，促进语用主体的开放性与创造性升华。其实，自觉传播时代文化理想与愿望，反映时代的文化思想情感，开拓时代文化的疆界，弘扬时代文化精神，本来就是语文课程的语用主体不可回避的职责。语用主体如果沉寂于封闭的自我世界中，离开时代生活，在个人的生活小圈子中"不闻窗外事"，那么，就会因为"小我"的枯竭、"见识"的狭窄而缺乏语用教学的创造力和生命活力。而只有时刻感应时代的大潮，积极探索外界的现实，与时代文化精神息息相通，才会开拓自己的语用思维，阔大语用视野和人文情怀，具有旺盛的语用创造力。不仅如此，具备时代文化精神的主体自觉，还有助于加强和拓展语用交流的渠道，在各种新的时代文化信息的接受中，逐步摆脱陈旧语用观念的束缚，摒弃落后的语用思维方式以及僵化的教学模式，使自身的文化意识不断地适应时代文化、社会生活的变革与发展，从而真正成为时代文化精神的"体现者""表达者"与"传播者"。当然，语用主体对时代文化精神的感知把握和表达传播，并非意味着离开语用教学而向某种时代政治、意识形态机械地认同，更非是"以道为主"，去做时代政治的传声筒，而是将时代文化精神融化在自身的语用观念意识里，渗透在语用的创造活动中。这就是说，语用主体主要是凭借自身敏锐的感受力和认识能力，深入时代、社会、人生的底层，在沉隐的文化层面去感悟、理解和把握时代文化精神的本质与流向，将自身放置于时代文化精神的宏观背景中加以反思、拓展与确立，以此来获得自我意识、语用的思想观念和行为方式与时代文化精神的感应和同构。

从语文课程的语用内容来看，拥抱社会生活，感应时代的大潮与脉搏，切入历史的深层文化意识，揭示时代文化精神的美质，传达时代生活的足音，给生活和历史描摹精美的画卷，表现鲜明的时代气质和亮色，是作为语文教材的一系列名篇佳作都富有的一个突出特色。就语文教材来说，无论是现代文课文，如《纪念刘和珍君》《故都的秋》《荷花淀》《灯》等，还是文言文课文，如《邹忌讽齐王纳谏》《赤壁之战》《游褒禅山记》《师说》等，都无不融入时代与历史的潮流，跃动着时代与历史的声息，深刻地发掘着时代生活中的善与美、丑与恶，挚诚地和读者交流着关涉生活、社会、历史和人生的真知灼见，在一篇篇精美的文字底下，无不凝结着深沉的时代情感和厚重的时代精神。有人说,诗是生活的声音,对于时代精神,它是最敏感的水银柱;也有人说,沸腾的时代生活像海洋,散文就像是它的波浪,它最能反映时代生活的声息。就语文教材编选的课文来看,无论是诗歌、散文,还是小说、戏剧,尽管文体品类不同,但无不是一定时代的声音,透射着时代和历史的精神光辉。

从语文课程的发展历史来看,一直存有两种语用价值观:一是语用的社会价值观,即认为语文课程的语用价值在于它能够弘扬时代的文化精神,促进时代的发展和社会的进步;二是语用的育人价值观,即认为语文课程的语用价值在于陶冶人性,促进人的全面发展。其实,这两种价值观不应当是对立的,而应该是统一的,因为无论是社会价值观,还是育人价值观,都要适应特定的时代精神和文化观念的要求。语用教学是以人的培养为目的的,而人的根基在社会和世界中。人在社会中生活,在世界中生存,语用教学必须在人与世界、人与社会、人与生活的关系中展开,即把语用教学根植于人与世界、人与社会、人与生活的关系之中,关注世界的发展、社会的进步与人类的生存命运。国际 21 世纪教育委员会向联合国教科文组织提交的教育报告中,提出 21 世纪世界教育的"四个支柱",即"学会认知""学会做事""学会合作""学会生存",显然就是从教育、人、世界、社会、生活的关系来着眼的,充分体现了 21 世纪社会经济与教育发展的时代精神和价值观念。毫无疑问,这应该是语义课程语用教学文化精神时代性的鲜明体现。

长期以来,我们的语文课程一直不能很好地适应社会与时代对自身的语用要求,封闭性的语文课程观念多是关注"怎么教"的问题,而缺乏对前提"为什么教"的反思。语文教学形式名目繁多,但多数是从不同角度来解释和设计语文课程教学方式本身,没有把语文教学置于"社会与时代"的世界之中,没有着眼于人与世界、人与社会的关系来探讨语文课程的语用性问题。应该说,这是一个重大的失误,它致使语文教学背离了新世纪呼唤创新精神和创造力的时代潮流。语文课程语用教学应该跳出狭隘封闭的小圈子,投入时代和社会的大怀抱,以展示汉语文深厚文化意蕴的特质,给当今时代和社会赋予跃动的语用生机活力。

第二章　　语文教学意义生成观探究

在语文课改的过程中，广大语文教师进行了不懈的教学探索，但是，还依然存在不少争议的问题，归其原因，是教学认识和思路并没有发生质的转变，以理性认知代替语文运用，出现"非语文""假语文""超文本"，抛开语文讲语文，离开文本讲语文的现象。要么一问一答讨论问题，要么在屏幕上列出几个问题，一个一个解决问题，如同做现代文练习题，问题解决完了，这堂语文课也就讲完了，学生根本没有解读文本、接触课文、品味语言。此种教学只是把一篇完整的课文抽取为一个个认知讨论的答案，或分解为一个个支离破碎的"超文本"语言片段，本应形象生动、有血有肉的语文教学被异化为单纯的概念性认知活动。在这样一种理性主义认知教学观的支配下，语文学习和运用的过程"没意思了"，语文所拥有的诗意天地被弱化了，学生对语文的兴趣降低了。因此，本章提出了在语文教学中重建意义生成观的论题，就是针对语文教学存在的这种倾向，即将语文学习和运用误视为理性主义认知教学来对待，忽略语文意义生成的丰富性、诗意性的现象来进行探讨，其指向就是对理性主义认知教学观的颠覆和重建。

为此我要特别指出，我们要达成这个指向目标，真正树立语文教育的语用观，切实把握"语言文字运用"

的语用教学论，就必须深入探讨语文教学意义生成观，以揭示语用教学的特性和本质。

语文意义问题是中西语言本体论研究的核心问题。将语言本体论中关于意义的诸多形而上之思引入语文教学语用理论研究领域，从而用以指导语文教学形而下的语用实践操作，可以说是本论题研究的一个开拓之域。德国著名文化哲学家卡西尔曾经这样说：人是一种符号性的动物，符号与信号之于人的根本区别在于，信号只能引起人单纯的生物性刺激反应，而符号却能赋予人与世界意义。并且，生活在以语言为核心的符号系统中的人，总是能够自觉参与到符号意义的创生和建构当中，从而勾连编织出一个多姿多彩的属于人的符号意义世界。所以说，人不仅生活在一个物质和精神的世界里，更生活在一个意义的世界里。因为意义是在人与符号的动态交往与应用当中创生的，并且人对意义的理解又始终是在人与世界的实践关系和特定文化传统中进行的，这就粉碎了对意义绝对性、确定性的幻想，从而使人对意义的理解由静态的一元定势走向了动态建构的生成运动。应该说，当我们以这样一种带有文化意味的哲学意义观去关注语文教学语用论研究领域，并以一种"生成"的新视野去重新审视语文教学意义世界的时候，我们便可在其中发现许多"新大陆"，获得许多富有意义的启示。实际上，在语文教学活动中，由语言符号所展现的意义天地本是与世界、与文化、与生命圆融一体的存在，语文教学的意义世界本应是广阔而丰繁的；语文教学过程中意义的生成是在教学主体情感的触动、心灵的激荡、生命的体验过程中触发的，有主体能动参与的语文教学活动就应当是一个引发意义无限生成的过程。当我们开拓了这样一种新的教学思路的时候，语文教学活动便可以被看作是一种非对象化的运思，是对学生生命的可能性和超越性发展所做出的永恒筹划。

本论题的研究指向在于，它不仅仅提供给教师一种提高语文教学语用效率的思路和方法，更重要的是它源于对语文教学本体性的深刻认识和把握，是在语言本体论视阈里对语文教学意义问题所做的一种探讨。

第一节　语文教学意义生成观的阐释

对语文教学意义生成观的阐释，是我们首先要弄清楚的基本问题，其主要包括三个方面：一是对意义生成观的内涵界定，意在揭示语文教学语用过程中意义生成的本质。二是对语文教学意义生成观做不同层面的解释，即语义层面的意义生成、文化层面的意义生成、存在层面的意义生成等。三是探讨语文意义生成观的价值，即深化认识语文教学的语用本体，促进语文课改的发展。

一、意义生成观的内涵界定

何为"意义生成观"？要明确认识这个问题，就要对"意义"做出确切的解释。在这里，我们对汉语中的"意义"、英语中的"意义"做具体的分析。

（一）对"意义"的解释

论题中的"意义"，是我们在日常生活中使用频率很高的一个词语。如读一本书，我们会寻求其中语言词汇所表达的意义，做一件事，我们会反思这件事对自我和社会产生的意义；在形而上学中，我们不断探讨着人的生存意义、生活意义，在政治生活里，我们也探讨"实施科学发展观，构建和谐社会"的重大意义……说了这么多，那么到底什么是"意义"呢？它有没有一个明确的"意义"？这个问题恐怕连最著名的语言学家都难以解答，因为它本身就是一个复杂晦涩、充满歧义的概念。结构主义学家列维·斯特劳斯在他的《神话与意义》一书中曾无奈地写道："在语义学里，有一件非常奇怪的事，那就是在整个语言里，对'意义'这个词，你要找出它的意义恐怕是最难的了。"但作为一个论题的核心概念，我们还是有必要在语义层面和众多学者的研究材料中对其进行一下理顺和澄清。

在汉语里：由于古代汉语中的词语多以单音节为主，因此"意"和"義（义）"分别作为两个单独的词存在。《说文解字》对"意"给出的解释是："志也，从心察言而知意也，从心从音。"可见，这里"意"的本意可作为"志向、意愿"来理解，它是与人的内心活动相关联的。再看"義（义）"："己之威仪也，从我、羊。""我"是兵器，又表示仪仗；"羊"表示祭牲。"義（义）"的本义为正义，合宜的道德、行为或道理。我们不知道古人是何时把"意"和"义"合并为一体使用的，但在二者的结合中，我们至少可以看出以下几点：①意义是与个体的心灵活动所密切联系的；②它含有浓重的伦理文化色彩；③它与个体美好的理想愿望有关。这与我们通常将"意义"理解为语言文字的表层"意思"，或是语言的指称对象有着很大的区别。

在英语里："意义"一词有着两种表示方式，一是 meaning，二是 significance。尽管两者都表示"意义"，但在内涵上却截然不同，这在以施莱尔马赫为代表的传统解释学和以加达默尔为代表的哲学解释学对意义的阐释上表现得尤为突出。殷鼎在《理解的命运》中说道："在传统解释学中，meaning 本指作品自身具有的含义，不涉及由作品的理解延伸出来的'意义'即 significance。在施莱尔马赫的解释学中，meaning，即指作品的原意；significance，即指由解释发挥而来的重要意义，这二者的区别是极分明的。"可见，传统解释学将"意义"看作是文本中早已预先存在的，读者的任务只是去复制、还原作品的原意；而加达默尔的哲学解释学把"意义"放在本体论的视阈中去理解，认为"意义"能够在读者与文本的对话和"视域融合"的过程中被无限创造，因此，文本的"意义"总是超越自身，对精确"意义"的追问是荒谬的。加达默尔所说的"意义"，即英语中的 significance，更接近于本论题中所探讨的"意义"。

在中西两种不同思维方式的语言对"意义"做出的界定中，我们很容易发现"意义"和我们通常所讲的"意思"有着本质上的区别：其一，"意思"是固定预成的，而"意义"是动态生成的；其二，"意思"只需要还原确证，而"意义"则能被能动创造；其三，"意思"是逻辑性的，它与人的情感、精神无关，而"意义"是体验性的，它直关人的情感、心灵、生命；其四，"意思"是客观实在的，它指向人的操作层面，"意义"是人文化成的，它指向人的交往实践世界。

（二）对"生成"的认识

"生成"，也是常用的一个概念。何谓"生成"？《辞海》中将其解释为"变易"。《现代汉语词典》将其解释为："（自然现象）形成；经过化学反应而形成；产生。"李文阁在《生成性思维：现代哲学的思维方式》一文中指出，"生成"是一种"重过程而非本质、重关系而非实体、重创造而非预定、重个性差异而反中心和统一"的思维方式，其中"创造是生成的核心"。[1]可见，"生成"具有不确定性、动态性和过程性。所谓意义生成观，就是不以追求客观真理、追求逻辑实证的眼光来规定意义的绝对性与统一性，而是以一种动态发展、能动创造的观点看待意义的呈现。

在中西语言哲学史上，许多语言学家对意义问题的探讨，可让我们进一步对意义生成观形成清晰的认识。如哲学家海德格尔认为，符号逻辑、语言分析和元语言学都是现代技术的产物，这种使语言技术化、符号化、数字化的倾向会导致语言失去生命力而逐渐死亡。语言的本质应是诗，它是神秘的，与词所表达的存在的神秘性相对应，词本身具有多种含义。真正语言的生命就在于其意义的多样性。把活生生的、不断变化的词变形为一个僵硬的、只有单一意义的、机械构成的符号系统，就会使语言死亡，使其凝固和荒芜。加达默尔在哲学解释学中强调：能被理解的存在就是语言。语言不只是工具，还是人对世界的理解与体验，人以拥有语言的方式拥有世界。因此，应创造性地把握语言文本的意义，必须把理解看作意义生成过程的一部分，并且因读者具有不同的前见，文本意义并不是固定不变的，处于"效果历史"境遇下的意义是一个无限生成的过程。美国著名的符号美学家苏珊·朗格强调，艺术中使用的符号是一种暗喻，一种包含着公开的或隐蔽的真实意义的形象；而艺术符号却是一种终极的意象——一种非理性的不可用言语表达的意象，一种诉诸直接的直觉的意象，一种充满了情感、生命和富有个性的意象，一种诉诸感受的活的东西。西方学者的这些理论，在本质上都揭示了意义的生成性特质。

---

[1] 李文阁. 生成性思维：现代哲学的思维方式［J］. 中国社会科学，2000（6）.

在我国，先秦时期的语言学家在探讨"名与实""文与道""言与意"这样一个语言与存在的关系问题时，也有着著名的"言不尽意论"。如庄子在《秋水篇》中认为："可以言论者，物之粗也；可以意致者，物之精也。言之所不能论，意之所不能察致者，不期精粗焉。"《齐物论》中说道："夫道未始有封，言未始有常。""夫大道不称，大辩不言"强调"道"是不可言说的，语言背后蕴藏着丰繁的意义，这种意义是无限神秘的，语言不能穷尽。刘勰在《文心雕龙·夸饰》中也写道："夫形而上者谓之'道'，形而下者谓之'器'。神道难摹，精言不能追其极；形器易写，壮辞可得喻其真。"指出语言不能描摹出事物的绝对意义，意义不是言所能极，意义因其无限生成性而"只可意会，不可言传"。

从以上诸多学者的论述中我们可以看到，生成性是意义的本质特征。我们之所以强调建构一种"意义生成观"，是因为在语文教学语用过程中意义的这种生成性本质最容易被教师忽视，他们往往以一种固定预成或是确定统一的观念看待语文教学语用中的意义问题。

二、语文教学的意义生成观

语文教学的意义生成观，应该说是一种新的教学思想。它是针对语文教学中过分注重理性主义认知倾向，将语文的意义世界看作外在于人的客体，以追求预成性、确定性为目标的理性认知观念所提出的。

语文教学中存在着过分注重理性主义认知的教学弊端，这种理性价值取向表现在语文教学过程中是重认知轻感受、重讲解轻体验、重应试轻陶养。用生硬冷酷的理性解剖之刀将原本意象丰繁、气象万千的语文意义世界雕刻成棱角鲜明、整齐划一的平面图像，遮蔽了语文的情致之美、诗意之美、灵动之美。由此，语文教学中的意义世界往往成为一个"祛魅"的世界，一个"风格凋零"的世界。语用教学的过程也被异化为将一堆毫无生命力可言、毫无魅力可感的语言零部件硬性灌输给学生的"生物性强迫"。面对这样的语文教学，学生怎会不感到倦怠和乏味呢？

就此，我们提出语文教学的意义生成观，这种教学思想强调对构成语文教学本体的语言、文字、文本等符号意义作为语用的体验性理解、文化性理解、审美性理解和诗意性理解。它将主体对语文意义世界的解读看作情感与情感的碰撞、心灵与心灵的交流、生命对生命的感悟；将语文教学中意义生成的过程看作与存在世界的沟通、与民族文化的对话、与主体生命成长的互动。因此，这是一种动态发展的教学思想。总体来说，语文教学意义生成观关注以下三个层面的意义生成：

（一）语义层面的意义生成

语文教学意义生成观的提出源于对汉语言符号特点的深入把握。这里的汉语言符号特指构成语文教学本体的汉语、汉字以及由其构筑而成的文本，它们是语文教学的语用载体，更是学生情感、精神、心灵得以栖居的家园。不同于西方字母符号，汉语言符号最大的特点是它表意的不确定性、多义性、模糊性。勒鲁瓦·古昂指出："汉字在声音与注音符号（一群意象）之间创造了一种象征关系，这就为中国的诗歌和书法提供了很大的施展空间。中国文字在人类历史上代表了一种平衡状态，它一方面相当准确地表达了数学或生物学概念，另一方面又保留了运用最古老的文字表达系统的可能性，汉语符号的并置创造的不是句子，而是一组有意味的意象，意象的张力充满了暗示的意义。"[1]金岳霖先生也指出："中国语言文字的特点是朦胧、模糊，它的涵盖面几乎无边无际，暗示性几乎无边无涯。"[2]汉语言符号的这种象征、隐喻的特征，突出表现在它借助有限的语言符号弥散为一种既澄明又遮蔽着的意义空间，表达着不尽的"象外之象，韵外之味"，因此，它是一种诗性的存在。我们说，任何一种母语教育，都具有比技术性教育更为丰富的内涵，而不局限于个体生命对信息的接受或输出，正如日本教育家小原国芳所讲："汉语教育不只是简单的文字或字母用法和段落句读的问题，除此之外，更重要的是内容问题，汉语不是训诂之学，而是活的思想问题，是川流不息的生命。"[3]语文教学面对汉语言符号这种多义性特征，就不能对其做刻板僵化的肢解，而应引导学生通过感悟、体验、联想、想象的方式深入到

［1］梁一儒，户晓辉，宫承波.中国人审美心理研究［M］.济南：山东人民出版社，2002：353.

［2］郭齐智."重建人文"与语文教改［J］.语文教学与研究，1996（4）.

［3］潘涌.语文教育理念的最新发展——评教育部颁发的高中语文教学新大纲［J］.浙江师范大学学报，2001（1）.

汉语言符号模糊空灵的隐喻情境中，寻求其"不立文字，教外别传"的秘响旁通。

（二）文化层面的意义生成

"一个民族把自己全部精神生活的痕迹都珍藏在民族的语言里。"[1]语文教学是民族母语的教学，民族母语是一个民族情感、思想、智慧的真实写照，是民族文化精神的生动镜像。一个汉字，在其富有"精气神"的形体间，向我们展现的不仅是横竖撇点的框架结构，更仿佛是在讲述华夏民族栉风沐雨的发展历程，彰显着汉民族奋发向上的文化精神。一篇语文课文，在娓娓道来的字里行间，传递的不仅是语修逻文的汉语知识，而更多积淀着汉民族深厚的情感和美丽的灵魂。从这个意义上说，语文教学的意义世界向我们传达的既是由语音、词汇、语法构成的语义层面的意义，也向我们昭示了汉民族独特的文化世界观和思想价值体系。因此，语文教学活动的本体内容当是语用训练，但同时也要透过汉语言文字本身，在汉语言所包容的民族思想、民族情感、民族文化精神等"川流不息的生命"中去厚积学生的语言文化素养，建构起学生的文化精神世界，从而促进个体精神意义的超越和升华，实现语文教学所承载的民族文化教育的使命。

（三）存在层面的意义生成

海德格尔从存在论的视角来解释语言的意义问题，他说："语言是存在的家，人居住在语言的寓所中，思想者和作诗者乃是这个寓所的看守者。只要这些看护者通过他们的道说把存在之敞开状态带向语言并且保持在语言中，则他们的看护就是对存在之敞开状态的完成。"[2]这段话道出了语言意义和人之生命存在的亲密关系。语言的意义是通过人的"道说"不断走向敞开与澄明的，人的"道说"是"对存在之敞开状态的完成"，是对意义的能动建构，因此，语言的意义就是人之生命存在的意义。在语文教学中，对语言意义的建构活动必然是在主体生命的参与下，在主体生命的能动创造中展开的。因此，语文教学意义生成的本质在于消除一切阻碍生命自由发言的权威与障碍，引导学生用生命去理解意义，用

---

[1] 韩雪屏.语文教育的心理学原理［M］.上海：上海教育出版社，2001：79.

[2] ［德］加达默尔.真理与方法［M］.上海：上海译文出版社，1999：59.

生命去体验意义，用生命去创造意义。此外，指向生命完整性建构的语文教学内容提醒我们还"必须从'人的建设'的高度来定位'语文教学'的观念"，"语文教学的'元问题'是我们要建设什么样的人的问题，是通过语文教学使学生对自身的本质真正占有的问题"[1]。这就要求我们充分利用语言文字，运用宏博广阔的人文资源来充分补给生命，滋养生命，发展生命，最终实现生命意义的总体生成。

综上所述，语文教学意义生成观所关注的三个层面的意义生成并不是封闭、孤立的，而是一个相互容纳、相互渗透的循环系统。语义层面的意义生成为文化和存在层面的意义生成提供了基础，同时主体文化和存在层面的意义提升又深化着其对语义层面的意义理解。三个层面的意义生成关系可用下图来表示（箭头表示三个层面的意义生成是一个循环往复的过程）：

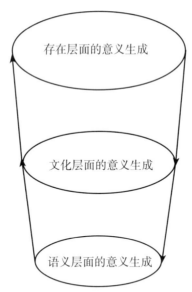

三、语文意义生成观研究价值

对语文意义生成观的研究价值，可概括为两个方面：一是有助于加强对语文教学本体论的深化认识，二是有助于语文课改中摒弃语文的功利性教学，促进学生的全面发展。

---

[1] 童庆炳.语文教学与人的建设［J］.课程·教材·教法，1995（5）.

（一）对语文教学本体论的深化认识

探讨语文教学意义生成观，是对语文教学本体论的深化认识，也是促进语文教学改革发展的需要。中国传统语文教学有着深厚的本体论思想，它强调语文本身所具有的宏博的人文情怀、丰富的文化修养、温柔敦厚的伦理教化和审美性的陶冶功能，体现了语文特有的民族文化特性。我国古代语文深深植根于语文的本体特征，探索出了一套富有民族特色并在教学中卓有成效的教学思想及教学方法，如诵读、感悟、涵泳、体味等。这些与汉民族文化重感性领悟、重直觉表象的思维方式相吻合的教学手段，不仅可以提高学生运用语文的能力，也能滋润学生的情感与心灵，厚积学生的文化素养和文化底蕴。因此，张志公先生曾说："传统语文教学最重要的一条经验就是，教学从汉语汉字的实际出发，并且充分利用汉语文的特点来提高教学的效率。"[1]这句话正道出了古代语文教育充分重视本体论教学思想的优良传统。

在语文课改的过程中，我们越来越认识到，回归语文教学本体性的优良传统、提倡民族文化精神教育是语文教学发展的旨归所在。语文教学要想提高教学质量和效率，"首先必须着力探讨汉字、汉语、汉文的特点以及中国青少年学习、掌握汉字、汉语、汉文的规律。这是一项带有根本性质的基础工程"（顾黄初语）。2011年版语文课标对语文教学本体性的回归也有相当的关注，明确指出语文课程应考虑汉语言文字的特点对识字写字、阅读、写作、口语交际和学生思维发展等方面的影响，在教学中要重视培养学生良好的语感和整体把握的能力。语文丰富的文化内涵对学生精神领域的影响也是深广的，应该重视语文的熏陶感染作用。这些教学理念的确立，是对语文教学理性主义教学观的有力矫正，标志着语文教学中那种以认知为目的、离开语文、超越语文向外着力的教学倾向，将被以语文本体为焦点、注重民族文化素养、促进生命总体生成、向内用功的教学取向所取代。

语文教学意义生成观的提出，正是基于对上述语文教学本体性的深刻认识。一方面，它是语文本体观的回归，另一方面，它为语文课改提

---

[1] 张志公. 传统语文教学的得失 [J]. 中华活页文选（教师版），2008（10）.

供了一条广阔之路。

（二）对语文功利性教学的摒弃

对语文教学意义生成观的探讨，也是对功利性教学的批判与摒弃。我们倡导语文教育的语用观，强调语文教学的语用性，是让语用迈向人之意义性存在的需要，而不是为应试的功利性教育。从当今的社会环境而言，许多人正处在功利和物欲的追逐生活中，许多存在都有着现实的功利性和实证性。在现代社会中，人所生活的丰富意义世界和文化性存在、诗意性存在状态被弱化了，人的智慧灵性与精神力量受到了一定程度的压抑。在当今多元文化合流、全球日趋一体化的激烈竞争中，我们越发感觉到，时代所需要的不是功利欲强、情感贫乏的"动物人"，人不能只是生活在功利与物欲之中，更重要的是能成为一个在生活世界里获得情感慰藉和心灵感动、不断创造生命的意义和价值的"意义性存在"。面对人的"功利性生活"危机，我们更深刻地认识到：倡导语文教学意义生成观，能够塑造人、改变人，填充人空白的心灵，唤醒人的激情与生命。语文教学因其特有的文化内涵和特质，理所当然地在语文学习和运用中培植学生的人文素养，即用语文特有的温情滋润学生的情感和心灵，用语文特有的诗情画意活化学生的思想和灵魂。从这个意义上讲，语文教学意义生成观的提出，会去除功利性的应试教学弊端，使学生带着生命激情去重温"大漠孤烟直，长河落日圆"的辽阔，感动"身既死兮神以灵，子魂魄兮为鬼雄"的壮美，叹服"安得广厦千万间，大庇天下寒士俱欢颜"的慷慨，陶醉"盈盈一水间，脉脉不得语"的缱绻。用语文的意义世界建构起人的意义世界，用语文的意义性存在唤醒人的意义性存在。

第二节 语文教学意义生成观的反思与选择

教育对人的影响是深远的。一种教育理念的反思与选择，不仅意味着教学方式的更替，甚至会改变人的世界观与人生观，意味着人生存方式的转变。因此，反思语文教学理性主义认知的弊端，从汉语言文字运用的文化渗透过程特性出发，重建语文教学本体构成的意义世界，不论是对提高我们的语文运用教学效率，还是促进学生的生命成长来说，都有着重要的意义。

一、从工具到本体

从语文教学的语用性工具认识到语文本体观及其对语文教学意义家园的重建，应该是一个发展的过程，对这个过程有必要做具体深入的分析。

（一）工具观：语文教学意义世界的偏离

语文教学是将语文定义为语用工具，即语文是"语言文字运用"的语用性工具，应当说这并没有错。语文教学就是要通过语言的运用向学生传递知识经验和语文技能。用语用性工具观来看待语文教学，其教学活动注重语言知识的传递，语用的过程与学生的情感、心灵并非隔离，其实学语文、用语文的同时，也使学生得到情感和心灵的洗练与建构。但是，长期以来，人们对语用性工具观存有偏离认识，甚至加以歪曲，将其作为理性主义工具观来理解，扭曲语文运用的实践过程。即让学生做的只是对一些语言信息加工和整理，并通过识记和训练的方式来强化他们对这些信息的认知。因此，在语文教学中仅靠语言知识的单向传递活动就已完成意义的传达。意义是固定守成的，它具有统一性和确定性，通过教师反复讲解或是学生反复地死记硬背，这些意义就可以掌握。这种理性主义工具观，在教学中指导学生进行语文学习的时候常常存在以下两个方面问题：

第一，在语文学习与运用的过程中，过分强调语言的逻辑指称功能，将语言与意义分割开来，认为语言意义只是对客观实物的具体描摹，与现实对象具有一一对应的镜像关系。正如一些英美分析语言学家的观点，词语通过指称外部事物而获得意义，语言表达式的意义即为其所指称的对象，它们具有单一确定性。比如"张三"的意义就是被叫作张三的那个人，而"猫"的意义就是被称作猫的那类动物。我们给一条小狗取名叫"菲多"，那么"菲多"的意义就是这条小狗。维特根斯坦在为准备《逻辑哲学论》的笔记中就曾经宣称："我的全部任务就在于解释语句的性质。这就是说在于指出所有事实的性质，指出语句是什么东西的图画，在于指出全部存在的性质。"以这种观点来学习语言，其意义就被完全单义化、精确化了，语言的文化意蕴也被完全抽离了，语言学习完全被异化为与人的个体生命绝缘的技艺之学：学习一个词语就是认识一个事物，学习一篇文章就是认识一件事情。语言中一切美好的感情因子都被隐藏，一切华美的文化景观都被弱化。正如教育专家郝德永所指出的那样，在一个被平板化了的语文世界里，"令人惊异感奋的语言，化为僵直的图解，盈天地之美的诗意创造，被平面削切。人们步履匆匆，紧张忙碌，文化语境变得苍白，生存体验成为奢侈，思绪不再翻飞，心情不再荡漾，心灵之旗不再猎猎，诗的喉咙不再婉转低回。功利化的读写最终变成了对'自我心灵'的流放，最终标准化的评判，把鲜活灵动的少年变成了刻板单调的'平面人'……教育舍弃了对人的全面发展的追求，变成了简单的劳动力教育，纯工具教育，世俗本位的教育"[1]。显然，这种理性工具观的偏颇，使语文教学的意义世界自此丧失了她固有的灵动与生气，教学过程也成为凭借工具书按图索骥、照搬词义来进行强行识记的训练。

请看下面这个语用学习的案例：

有一天，她问我"灰溜溜"怎么解释。我想了一会儿，问为什么解释这个词。她说是作业。我说这个词你会用吗？她说会，很快造了句子。我说这就可以了，关键是会用。解释"灰溜溜"这种词毫无必要，就像解释"馒头"这个词没有必要一样。女儿不屑，她认为我从没有学好过语文，连小学的问题都答不出来。我不知道这个世界上的每个词是否都

---

[1] 胡孝华.诗意的放逐和语文的苍白——论语文教学的一个"盲区"[J].中学语文教学，1999（2）.

有再用语言来解释一遍的必要，如果不是，就该放孩子们出去玩玩。我想不到"灰溜溜"这类词也要用书面语去说它一遍了，如果必须这样，那在这个世界上我们要学的东西就太多了，我们确实不必在"灰溜溜"面前灰溜溜。[1]

第二，在对语言文本的解读过程中，过分强调意义的孤立性，认为文本的意义可以成为脱离于历史语境、文化语境，脱离于人的情感与心灵而存在的"孤立原子"，对其解读的过程就是对语篇进行机械拆分与装卸，以弄清文本的绝对意义。逻辑原子论的代表罗素在《意义和真理的探究》中说："一直有一种倾向，特别是在逻辑实证主义者当中，把语言当成独立王国来研究不管语言之外的事实，在某种程度上，在有限的范围内，这样把语言和其他事物分割开来是可能的。"以此观点看来，语言文本便是一个个孤立原子、孤立命题的集合，文本中的任何一个句子、任何一个段落都可以形成一个独特的"原子孤岛"，他们之间彼此独立，一切语境、文化的背景都与之不发生联系。我们可以通过组装这些或繁或简的语言原子来表达我们或多或少的思想，或者为了弄清一个明确的意义再将这些原子命题逐一拆卸，直到拆到最小的语义单位为止。就这样，由于理性主义教学观对语用性工具观的偏离，使语言文本中用以抚慰心灵、厚植精神的意义家园被遮蔽了，学生只能被隔离在一个个冰冷的语言原子和客观命题所组成的孤岛上，隔岸望着作品世界里发生的一切生气灌注、灵动曼妙的语文故事。

请看下面这个语文教学的案例：

一次在上海一所小学听一年级语文课《我爱我家》，课文非常简单："我爱爷爷奶奶，我爱爸爸妈妈，我爱我的家。"教师首先向学生出示课文中的生字"奶""爱""爸"，并启发学生思考"奶"的第一笔画是什么。有的学生说是一横，有的说是一撇……教师一一否定，直到有学生说是"撇点"，教师方予以肯定。然后教师让学生将"奶"字的第一笔画反复念五遍。我想，小学低段虽以识字教学为主，但识字也不能仅仅采取机械方法。文章虽简单，但可以引导学生说话，例如可让学生说说如何爱自己的爷

---

[1] 王丽.中国语文教育忧思录［M］.北京：教育科学出版社，1998：7.

爷爷奶奶和爸爸妈妈，在识字的同时让学生感受家的温馨。[1]

（二）本体观：语文教学意义家园的重建

从 20 世纪初开始，近代西方哲学出现了语言的本体论转向，以海德格尔和加达默尔为代表的一批哲学家，将语言的研究从视其为思想交际工具观的视阈乃其偏离中解放了出来，从而投向了更为阔大的研究空间。关于意义，他们反对对语言进行的结构分析和语义逻辑推理，而是将语言、意义、世界、文化、生命看作圆融一体的存在，强调必须在整体世界里才能理解到语言的真正意义。正如海德格尔所说，意义就是世界本身向之展开的东西，意义就是某东西的可领悟性的栖身之所。在领会着的展开活动中可以加以勾连的东西，我们称之为意义。在这样的一种观点中，语言的意义与世界、文化、存在、生命就获得了内在统一性。通常我们将这种观点称为语言本体论的意义观，它对我们在语文教学中进行意义问题的探讨有以下两点启示：

其一，要回到语言本身来探寻语文教学中的意义问题。理性主义工具论的语言观主张意义是语言所摹写的逻辑对象，与现实情境中的实物具有一一对应的认知性关系。而存在主义哲学家海德格尔则认为，语言的本质是"言说"，"言说和心态及领会同源，可理解性总是已被言明了的，甚至在有合适的解释之前亦复如此……解释中可被言明之物，在言说中因而是更加本源之物，我们称之为'意义'"，因此，"在世的可理解性，一种心态相伴随的可理解性，表现自己为言说。可理解性的意义整体进入言词。言词从意义生发出来，而不是给词——物配上意义"。[2] 在海德格尔的哲学里，语言和意义获得了内在统一性，语言不能仅仅作为传达的工具，语言自行"言说"的意义不仅是逻辑的、概念的意义，更是关乎世界的现身情态、关乎民族的文化传统、关乎人之生命存在的意义。而这一切的意义只有在语言里才能找到它的映照和投射。因为语言是存在的家，是现身世界的存在形态，是民族文化精神的持守和投射，是人

［1］苏鸿.迈向意义的世界——生存论哲学视野下的课程诠释［M］.上海：华东师范大学出版社，2007：9.

［2］［德］海德格尔.人，诗意地安居［M］.郜元宝，译.上海：上海远东出版社，2004：59.

之生命形式的表征和展现。只有在语言里，意义才能找到它最完整、最彻底的理解和阐释。

由此可见，在语文教学中，任何单纯从概念或是逻辑的认知方式上来把握意义的教学活动都是枉费心机，任何离开语言本体谈意义，或是架空意义对语言进行抽象分析的活动都是对语言"言说"本性的背离。语言符号的意义彰显于语言自身的"言说"本性之中，生成于主体与语言的交往对话、实践使用的过程中。因此，要想让语文教学在本体论的角度展开，就要让学生融入语言自行"言说"的意义世界里，去充分触摸语言、聆听语言，让语言自行"言说"的存在的意义、文化的意义、生命的意义逐渐渗透到每个学生的心智世界里，让他们真切领会到语言自行"言说"的智慧，体验到语言意义奥古难测的趣味与快乐。

其二，以本体论的观点关注语文教学的意义问题，意味着要打通过去我们将意义与世界、意义与文化、意义与生命隔离的鸿沟，从而以一种整体的、开放的观点来看待语文教学中意义的生成。在语文教学中，主体对意义的理解与建构活动是在特定的文化传统和特定的情境下展开的，意义的生成过程始终是在人与世界的交往实践、人对语言的理解应用以及人与文本的对话活动中进行的，这样也就从根本上颠覆了那种从单一、静态的定势思维中确证意义的理性认知教学思路，从而在一个更为阔大的视角中拓宽主体对语文教学中意义世界的理解渠道，从而密切意义与世界、与文化、与生命之间的缘在关系，使意义在语文教学过程中具有了被多维阐释的可能。

二、从理性到诗性

对语文教学来说，以理性主义代替诗性教学，抹杀了语文教学诗意的特性，显然这不是正道语文。我们对其应当有明确的分析认识，以摒弃理性主义的教学弊端。

（一）理性观：诗意与惊异的遗忘

从古希腊的柏拉图和亚里士多德开始，人们对理性精神的执着探索就从未停止过。到了近代社会，随着以牛顿力学为代表的自然科学的迅猛发展，科学理性成为人类知识的典范，成为一种超越万物的存在。不可否认，科学理性主义的兴起，很好地推动了社会科学技术的发展，增强了人们认知世界的能力，但"因视科学为唯一的途径，我们失去了许多宝贵的东西。我们失去了或至少忽视了故事（我们的文化）与精神（我们作为人的意识）"[1]。正如多尔所言，在过分尊崇理性主义的影响下，呆板的语文教学至少失去了诗意的诉说和灵性生命的跃动，对意义单一性和确证性的求证，也就成了语文教学乐此不疲的价值取向。

以理性主义为指导的语文教学通常只关注语言文本在场的意义。"在场"和"不在场"是近代哲学的一对概念，张世英在《哲学导论》中谈到，所谓"在场"是指当前呈现之意，也就是平常说的出席的东西；所谓"不在场"，就是指未呈现在当前或缺席之意。正如我们欣赏画家凡·高的一幅名画，透过他所画的一双沾满泥土的再普通不过的农鞋，我们仿佛亲见了农夫在田野里辛勤劳作的场景，甚至体验到了穷苦人民对死亡的恐慌，对面包的渴望……在这里，农鞋的画面是在场的，而由农鞋所传达的其他意味却是隐蔽的、不在场的。其实，世界上任何事物都是"在场"与"不在场"的统一，"隐"与"显"的统一，这在由艺术符号所构筑的语言作品里表现得更为突出。如李白的《秋浦歌》："白发三千丈，缘愁似个长。"文本中在场的是表层语言文字所描述的"白发三千丈"，而透过它，我们却能捕捉到诗人心中无限绵延的一腔愁绪，这便是诗歌文本中"不在场"的意义。

我们认为，语文教学中"在场"的意义表现为经语文教材或参考书的直接陈述，师生通过简单认知性学习便可获得的意义。而"不在场"的意义则是文本语言中没有直接呈现，而需要师生共同潜心思虑、调动灵思妙悟才能挖掘出的"象外之象""蕴外之味"，这是需要费一番功夫才能获得的。语文教学中，师生对语言文本意义进行理解的过程，是由语言的语义世界深入语言的精神世界，由"文表"到"文心"的"横向超越"，是要达成语言文本中"在场"与"不在场"意义的内在统一。然而，过分崇尚理性精神的教学在对文本意义进行探寻时，却很少发生对"在场"这道门槛的超越，长期以来，教学活动便是在知识经验的"永恒出场"

---

［1］　［美］小威廉姆·E.多尔.后现代课程观［M］.王红宇，译.北京：教育科学出版社，2000：2.

和学生情感生命的"永恒缺场"中勉强维系的。

在这里，我们试举一例说明，以下是一名教师执教叶绍翁《游园不值》的片段：

指导学习《游园不值》

指导理解诗句意思。

诗题：游园不值。

诗意：诗人去游园，而主人不在，诗人没有能进到园里去。

1. 相机映示："应怜屐齿印苍苔"。

读了这句诗，你知道了什么？

应：大概。

怜：爱怜。

屐齿：木底鞋下的横梁。

诗句的意思：大概是园主人爱惜青苔，怕前来赏园的人的木底鞋把青苔踩坏。

2. 诗人感觉到了这些，他是怎么做的？映示："小扣柴扉久不开"。

细细品味这句诗，你读懂了什么？（诗句意思：我轻轻地敲着柴门，好久也没有人来开）多可惜呀！诗人想进去欣赏园中的美景却未能如愿，因此十分扫兴。（板书：扫兴）

正当他扫兴想回时，他看到了什么？

3. 出示："春色满园关不住，一枝红杏出墙来"。

读这两句诗，边读边想，诗人眼前出现了怎样的情景？

出示答案：阳春三月，沐浴着春光，和煦的春风徐徐吹过脸颊，婀娜多姿的柳条舒展着身姿，与姹紫嫣红的百花翩翩起舞。这样的景色真是与其他季节截然不同呀！难怪诗人发出这样的赞叹："春色满园关不住，一枝红杏出墙来。"

《游园不值》这首含蓄隽永、字字都是"无底深渊"的小诗，本应唤醒多少诗情画意的心灵，触发多少鲜活生命"不遇中的有遇"！一个"怜"字，娓娓道说着的是诗人心灵的温婉与细腻；一个"扣"字，细细流淌着的是春日小园的恬淡与静谧……可惜，大多数语文教师在执教此诗的过程中往往只对教参中出示的"春色满园关不住，一枝红杏出墙来"这句经典名句发生兴趣，机械地照搬教参旨意来引导学生对"表现了春天生机勃勃的景象""诗人对春天的热爱"等这些早已"在场"的陈旧认识进行认可和识记，放弃了对不在场的"春色满园"进行欣赏和品味。在上述这样一个由零碎的语言片段组成的教学过程中，教师死死抓住教参中早已出示好的"在场"概念，生怕学生偶尔的越场会违背了教参的旨意，产生与标准答案丝毫的背离。殊不知，在这样一首歌咏初春美景的小诗里，如此的教学方式完全没有让学生感受到春天里万物复苏的景象，相反，学生感受到的是冰封三尺的封锁与冷漠。钱理群先生说过："因为一部优秀的文学作品的内涵是多层次的、多义的、模糊的，甚至是无法言传的，并且常谈常新，所以不能要求学生每个字、每个词、每句话都弄明白。……这样一来，反而把作品讲死了。而中学文学教育的第二任务是培养学生欣赏语言美的能力和对语言的驾驭能力，因此不能追求清晰，更不能搞标准化分析和标准化考试。"[1]

以理性主义指导的语文教学遗忘了学生的惊异与创造。惊异是人类面对世界的最原初方式，表达了人类由"无知"走向"有知"的渴望。因此，惊异是智慧的开端，人类最早的哲学便是在惊异中诞生的。同时，惊异也是人类的一种诗性存在方式，怀抱惊异之人善用"散文化的眼光"来瞭望世界。因此，即使再过平常的事物，也总会以非同寻常的姿态撞入惊异者的眼帘。叶燮说："凡物之美者，盈天地间皆是也，然必待人之神明才慧而见。"（《集唐诗序》）这种"神明才慧"就是人类面世的惊异感，也就像老子说的超欲望、超知识的高一级的愚人状态，或"复归婴儿"的状态。"惊异感"本是内在于人的生命的。在语文教学中，正值年少花季的中学生心中都溢动着对世界的无限惊异，怀抱着创造自我意义世界的色彩斑斓的梦。然而，理性主义价值取向的语文教学，常常忽视他们对世界天真烂漫的奇思妙想，弱化他们用语言去构建自我意义的过程。科勒律治曾经说："世界本是一个取之不尽、用之不竭的财富，可是由于太熟悉和自私的牵挂的翳蔽，我们视若无睹，听若罔闻，虽有心灵，却对它既不感觉，也不理解。"[2]

我们的语文教学又何尝不是因为"太熟悉"和"太自私"的缘故，

---

[1] 王丽. 中国语文教育忧思录 [M]. 北京：教育科学出版社，1998：60.

[2] 张世英. 哲学导论 [M]. 北京：北京大学出版社，2002：144.

而遗忘了学生对语言意义世界的惊异和想象呢？语言知识的灌输，标准化的统一答案，语文教学的诗性本质被遮蔽，分段、人物分析、概括中心思想等程序化的授课方式，使学生灵动的思想无法被激发起来。于是，他们张口会说："《项链》的主题是批判小资产阶级虚荣心、享乐主义的腐朽思想。"却有谁会惊异于主人公马蒂尔德这类小人物生活的辛酸处境，理解他们的挣扎和被命运捉弄的悲哀？他们提笔写道："今天我扶八旬老奶奶过马路……受到老师的表扬。"却可能不会惊异于一片绿叶在春光中的颤动，一朵小花在秋风中的凋零。一位作家说道："我见过一个孩子的作业，用'好像'造句，他造了两句，一句是'菊花的形状好像火焰一样'，另一句是'枯叶子好像暗黄色的手掌'，我以为这两句造得很有新意，这孩子有些灵气，然而老师却打了两个红叉。大概这孩子写'天上的白云如绵羊一样'这样老掉牙的比喻，教师会欣然打红勾了。"[1]就这样，语文教学成了远离学生惊异和创造的技能之学，本来诗情画意的语言文本也被削弱成了一些概念化的字句。

过于偏执理性的语文教学在忽视惊异与创造的同时，也忽视了人的丰富性与发展性，由此导致的后果是极其严重的。

（二）诗性观：意义世界的非理性本质诉求

"语言常常被看成是等同于理性的，甚至就等于理性的源泉，但很容易看出，这个定义并没有包括全部领域，它乃是以偏概全，是以一个部分代替了全体。因为与概念语言并列的还有情感语言，与逻辑的或科学的语言并列的还有诗意想象的语言。语言最初并不是表达思想或观念，而是表达情感和爱慕的。"[2]我认为卡西尔这番话在道出语言诗性特征的同时，也道出了语文教学的诗性本质。而这一本质正是由其构成本体——汉语言符号的诗性存在方式决定的。

汉语言符号是诗意朦胧的，它以隐喻和审美的言说方式为我们的语文教学提供了一个可供想象纵横驰骋的张力空间，一个可供情感诗意栖居的唯美天地，徜徉在汉语言符号的诗意境地里，语文教学带给学生的应该是一次风光旖旎的精神享受，一次意义瞬间生成的生命之旅。

---

[1] 王丽.中国语文教育忧思录［M］.北京：教育科学出版社，1998：120.
[2] ［德］恩斯特·卡西尔.人论［M］.甘阳，译.上海：上海译文出版社，1985：42.

汉语言符号诗性隐喻的存在方式，为语文教学提供了一个可以用想象和创造来促发意义生成的张力空间。我们说，任何一种语言符号在整体上都是一种隐喻性的符号系统，它们是图式，是密码，字字都是"无底的深渊"，句句都充盈着"诗性智慧"。这就使语言符号的意义世界呈现为一种"澄明又遮蔽"，"在场"与"不在场"、"隐"与"显"圆融一体的诗性空间。正如诗人哥特弗里德·伯恩在《一个词语》中的描述：

一个词语，一个句子——从密码中升起

熟悉的生命，突兀的意义

太阳留驻，天体沉默

万物向着词语聚拢

一个词语——是闪光、是飞絮、是火

是火焰的溅射，是星球的轨迹——

然后是硕大无朋的暗冥，

在虚空中环绕着世界和我。

可见，象征、隐喻特点使语言符号内蕴着一种神秘的、能够召唤万物的力量。海德格尔将语言的这种诗性召唤称为"天、地、人、神四方体的聚拢"，加达默尔将其称为"语言的思辨性"。因此，他们认为语言不是简单地命名，语言是一种召唤。这种召唤把它所召唤的东西带到近旁。汉语言符号作为一种意象思维的产物，可以说它的形象性和隐喻性特征较之西方语言符号有着更为强烈的凸显。

在语文教学中，充盈着诗性智慧的汉语言符号，时时向学生发出召唤与吁请，它们召唤着学生主体的感悟和体验，召唤着他们对语言符号的意义进行能动地想象与创造。想象与创造意味着冲破语言牢笼的封闭与禁锢，弃绝对语言符号逻辑概念的单义阐释，从而迈向一个丰富多彩的意义无限生成的空间。譬如，一个简单的"山"字，如果按照逻辑分析的观点，无非是由三竖一横构成的简单文字符号，但插上诗意想象的翅膀，我们就能看到一种或是安若泰然、向上向善的攀登姿态，或是雄奇险秀、沟壑藏云的自然造化神功；一个"涉"字，学习它时我们不仅认识了它的构成形态和基本含义，更重要的是那崎岖弯转的会意形体让我们想象到一部汉民族栉风沐雨、艰难跋涉的宏大民族史诗。同样，在舒展着生命姿态的语言作品世界里，我们可以想象诗经时代动人心弦的爱情吟唱，想象楚辞世界神秘莫测的巫风神话，想象魏晋世子洒脱不羁的生命意识；想象盛唐时期金碧辉煌的恢宏气度，想象宋元田园山水的显隐之境，想象明清末世清静淡雅的世俗图景……总之，在语文教学中，汉语言符号的"诗性智慧"不断地召唤着师生通过想象进入意义生成的澄明之境，在那里，"语言的意义不是指语言要去表达独立语言的某确定对象或某确定的概念，而是事物从中显现自身的'漂流着的世界'"。[1]

除了诗性隐喻的特点，汉语言符号也是颇具审美性的符号系统，审美精神执着于汉字洒脱不羁的飘逸形体，渗透于汉语金声玉振的天籁细语，镌刻于语言作品中浪漫唯美的诗意铺陈。它使汉语言符号的意义世界展现为一个多层审美的天地，从而为我们的语文教学提供了一个诗质的审美空间。可以说，汉语言符号的诗意审美性主要表现为以下两方面：

一是汉语言符号的音乐美。中国古代汉语是以汉字为本位的，一字一音，一字一词，四声相谐，平仄相生，这很容易在音调自由的组合中搭配出抑扬顿挫、一唱三叹的美的旋律。刘大櫆在《论文偶记》中论述汉语的音乐性时，曾这样说道："一句之中，或多一字，或少一字；一字之中，或用平声，或用仄声；同一平字，或用阴平，或用阳平，同一仄字，可用上声、去声、入声，用法不同，则音节迥异。故字句为音节之矩。积字成句，积句成篇，积篇成章，合而读之，音节见矣，歌而咏之，神气出矣。"可见，汉语是适合歌咏的，其中表现出的"神气"便是一种美的韵味，美的气质。如徐志摩的小诗《再别康桥》：那／河畔的／金柳，是／夕阳中的／新娘；波光里的／艳影，在／我的心头／荡漾。软泥上的／青荇，油油的／在水底／招摇；在／康河的／柔波里，我甘心／做一条／水草。这首小诗中，汉语十三辙中的"言前""江阳"等洪韵响亮

---

[1] 张世英.哲学导论［M］.北京：北京大学出版社，2002：199.

悦耳，表达了欢快愉悦的情感意义，"遥条""怀来"等柔韵缠绵悱恻，表达了忧愁失落的情感意义。就是在这抑扬顿挫得如珠落玉盘的乐律中，我们感受到了作者欢悦与哀愁纵横交织的复杂心绪，从而在一个相对静止的符号世界里真正感悟到了语言的多重意趣。

二是汉语言符号的绘画美。汉语具有整体性、具象性、形象性等特质，这样的语言具有触发人的想象和联想的特点，由这样的语言构筑而成的作品，读者在阅读时头脑容易产生一幅幅"状溢目前"的有情、有景、有人物、有姿态的生动画面，从而敞开了一个语言表层文字未曾说出的富有情趣与理想的意义世界。闻一多先生曾这样说："唯有象形的中国文字可以直接表现绘画的美。西方的文字变成声音，透过想象才能感到绘画的美，可中国的文字，你不必念出来，只需一看见'落霞与孤鹜齐飞，秋水共长天一色'这两句诗，立刻就可以饱览绘画的美。"可见汉语言符号的绘画美不只是表现在描摹物象，更重要的是借助语言符号来"画出"一幅幅绚丽多姿的"大写意"，从而传达出作者所要表达的更深层的意蕴与更宏阔的气象。作为民族母语教育的语文教育，在其教学过程中一定要充分认识到汉语言符号这种独特的诗性审美特质。试想，如果教师只将语言作品当作一堆堆形式枯槁、味同嚼蜡的"概念木乃伊"，或是一座座逻辑概念堆砌而成的"建筑"硬性灌输给学生，学生的情感怎会有所触动？学生的心灵怎会受到涵化？学生的精神境界怎会有所提升？要知道，"教育是人的灵魂的教育，而非理智知识和认识的堆集。在学习中，只有被灵魂所接受的东西才会成为精神瑰宝，而其他含混晦暗的东西则根本不能进入灵魂而被理解"[1]。在语文教学中，汉语言符号的这些诗性特质是单凭逻辑分析不能所及，因为逻辑是界定性的，只能帮助我们更清楚地看到我们已经看到的，而汉语言符号的诗性特质是生成性的，能够帮助我们看到我们所没有看到的。因此，一定要引导学生立足于本民族语言符号的诗性审美特质来学习语文，让学生在诗一样的语言中去解读语文、欣赏语文，用诗人一样的智慧去开启语文的奥蕴之门；教师用诗一样美好的思想来陶冶学生的性情，塑造学生的灵魂，澡雪学生的精神，

---

[1]　[德]雅斯贝尔斯.什么是教育[M].邹进，译.北京：生活·读书·新知三联书店，1991：4-5.

让学生在诗一样美丽的语文世界里尽情地陶醉，"诗意地栖居"……

三、从认识到体验

认识论与体验论是两种截然相反的观点。认识论认为人是认识主体，而世界是外在于主体的客观存在物，"认识"是主体世界通向"客体"世界的唯一桥梁。与此大异其趣，体验论则认为人与世界总以一种"主客消融""物我互赠"的整体性关系存在。体验是一种生命存在方式，在体验的瞬间，人们可以超越此在的束缚而升腾到意义无限生成的彼在世界。在语文教学中，两种不同哲学观的渗透，引发了对意义世界的两种追问。

（一）认识观：二元对立的认知方式

认识观源于古希腊的理性传统，其理论基点是主体与客体的二元对立。认识论者认为：人是认识的主体，世界则是外在于人的被认识的客体对象，二者构成认识与被认识、占有与被占有的关系。为了达到对客观真理本质的掌握，人们不得不剥离自己的情感与精神、远离自己的生活世界，抽离于历史文化、审美价值之外，用抽象的、理性的、概念的认知方式达到对真理世界的绝对把握。长期以来，认识论"主客二元"的对立思想无论是在科学领域还是在人文领域都产生了深刻的影响，无形之中，我们的语文教学在教学设计、教学环节上也总是可以隐约看见认识论哲学的影子。面对一篇完整的课文，教师总是将生字词、句段篇视为学生应该掌握或占有的"知识对象"来对待，指导学生强行分析，机械记忆，致使语文学科本有的人文意蕴、文化意蕴流失，教学中出现了物化的倾向。这种认识论的教学方式主要存在以下两方面弊端：

第一，视觉化的认识倾向。认识论哲学具有传统的"视觉化倾向"，将存在当作早已"出场"的存在者来研究。对于知识，人们只能作为旁观者静默一旁认识与观看，而人的存在与体验却被彻底遗忘掉了。亚里士多德在《形而上学》中说，"求知是人类的本性"，"我们乐于使用自己的感官就是一个明证：即使没有实用意义，我们也爱使用它们，而在诸感觉中，视觉最重要。无论我们在按观点行事时，还是在无所事事时，与其他感觉比较起来，我们更喜欢观看，这是因为能使我们认识事物并洞见它们之间的差异的绝大部分感觉来自视觉"。

在语文教学中，这种视觉化的倾向非常盛行，师生习惯于以观察和逻辑分析的方式来获取语文知识，导致语言中最深奥、最微妙的意义在观看的过程中被消解为最抽象的语面知识。海德格尔说："只要认识世界的现象一被把握，它就被赋予一种'浅表的''形式化'的解释。这种情况的证据是：在（今天仍然惯常的）主张认识是'主客体关系'的做法中，真理却空空如也。"[1]因此，这种视觉化的倾向也遮蔽了语文学科与人文精神的血肉联系，阻断了学生迈向意义世界的通途。以《罗布泊——消逝的仙湖》这篇课文的教学片段为例，这篇文章叙述了罗布泊从绿洲变为沙漠的人为破坏因素，意在唤醒学生对生态环境的保护意识。虽然是一篇科技说明文，但写作并不局限于平铺直叙，作者用饱含情感的语言表达了他对环境遭受破坏这一事实的深刻生命体验："大地在这里已脱尽了外衣，露出自己的肌肤筋骨。站在罗布泊边缘，你能看清那一道道肋骨的排列走向，看到沧海桑田的痕迹，你会感到这胸膛里面深藏的痛苦与无奈。"可见，这些语言本身就是具有生命活力的，遗憾的是，在教学过程中，有的教师没有引领学生对这些鲜活灵动的语言进行体验与欣赏，而是设计了以下几个问题，以旁观的认知方式深化学生在视觉上对语文知识的学习：

①罗布泊原来是什么样子？

②今日的罗布泊是什么样子？

③从文中找出罗布泊消失原因的语句，思考罗布泊消失的深层原因。

④罗布泊消失导致了什么恶果？

⑤同样的悲剧还会发生在哪里？[2]

于是，学生一边读书，一边看屏幕出示的问题，一边在语文课本上按图索骥地勾勾画画，忙得不亦乐乎。这种视觉化、对象化的教学设计，引领学生达到的永远是语文知识的浅显层面，而我们知道，语言文本不只是一个简单的命题的对象，仅靠视觉化的认识难以使学生达到对语言深层意义上的把握。语言文本服从于情感和价值的逻辑，是一个完整的

［1］［德］海德格尔. 人，诗意地安居［M］. 郜元宝，译. 上海：上海远东出版社，2004：11.

［2］朱晓宏，刘秀江. 中学语文课堂：意义世界的缺失［J］. 基础教育，2007（4）.

生命形式，具有意义无限生成的可能。正如加达默尔所说："语言并非只是一种生活在世界上的人类所使用的装备，相反，以语言为基础，并在语言中得以表达的是人拥有的世界。"[1]因此，语文教学的意义世界是一个需要有情感和生命的真切体验才能向我们展开的世界。

第二，占有性的认知方式。17 世纪的泛智主义教育家夸美纽斯曾经高呼："把一切知识教给一切人。"在谈到语文教学时他也多次说道："学习语文，并非因为它们本身是博学或是智慧的一部分，而因为它们是一种手段，可使我们获得知识，并把知识传授给别人。所以不必学习一切语文，因为这是不可能的，也不必学习许多语文，因为这没有用处，而且会浪费许多可能用来获得实用知识的时间，应学的只是必需的语文。"[2]从这种观点出发，语文教学就只是一种手段，学生和语文的关系是一种"占有与被占有"的关系。学生的基本任务就是在老师的指导下真切地获得语文课程所提供给他们的一系列实用经验，并以机械背诵、强化训练的方式迅速占有，以便能在考试中熟练呈现。这样做的结果便导致文采飞扬的语文课变成了生字词的抄写课，真情流动的作文课变成了八股文的模仿课。语文知识被带入远离人的直觉、情感、体验的危机之中，强行造成了人与自然界、自我与他人、身体与心灵之间破坏性的断裂。正如英国诗人但尼在一首小诗中写的那样：

> 花儿在裂开的墙隙中摇曳，
> 我把你连根采下，
> 轻轻地拢在掌心；
> 噢，娇小的花儿哟，
> 倘若我能理解你，全部的你
> ——连同你的根须，
> 我也许就了然于心：
> 什么是人类，

---

[1]　[德]加达默尔. 真理与方法[M]. 洪权鼎，译. 上海：上海译文出版社，2004：574.

[2]　[捷克]夸美纽斯. 大教学论[M]. 任钟印，译. 北京：人民教育出版社，1984：172.

什么是上帝。[1]

透过这首小诗，我们应该对语文教学中那种将知识"连根拔下"的占有式的教学过程进行深刻反思。倘若我们的教学只将语言作为冰冷的概念符号来要求学生掌握，却"连根拔掉"了与学生生命存在息息相关的东西，那么，最终的结果可能是我们占有得越多，随之也失去得越多。倘若我们的语文教学只容许学生带着一套严整的逻辑规则进入知识的殿堂，却遗忘了日常的生活实践与真切的生命体验，那么语文的意义世界就容易与人的意义世界相疏离。因此，"必须突破'特殊认识活动论'的传统框架，从更高的层次——生命层次，用动态生成的观念全面认识课堂教学，构建新的教学观，它所期望的就是让课堂焕发出生命的活力"[2]。

（二）体验观：寻求意义的瞬间生成

"体验"，德语翻译为"Erlebnis"，源于"erleben"，本义为"经历""经验""经受"。但体验却不同于我们日常生活中所说的经历、经验，因为"经验是他的生物的或社会的阅历，而体验是经历中见出个性、深意和诗意的情感。经验是知识的积累，体验是价值叩问。体验具有超越性，带来意义的深刻化"[3]。19世纪70年代，体验最终成为与经验相区别的惯用语，并在狄尔泰生命哲学的研究中逐渐术语化。在狄尔泰的生命哲学中，"体验"特指人的生命体验，是生命存在的一种方式。他认为体验首先是一种生命历程、过程、动作，其次才是内心形成物。因此，生命本身就是一种体验。在语文教学中，我们倡导个体化的生命体验，正是这种心醉神迷的生命体验方式才使教学过程打破知识与个人二元对立的局面，从而表现为个体对意义的多元阐发和动态建构。

语文教学中，我们寻求着语言作品与主体生命交融那一刻所促发的意义的瞬间生成。体验消解了传统认识论主客二元的对立，从而表现为生命主体的整体亲历过程，是从人的全部身心发展，从人的心灵的内宇

---

[1] ［美］埃里希·弗罗姆. 占有或存在［M］. 杨慧，译. 北京：国际文化出版公司，1989：14.

[2] 王攀峰. 走向生活世界的课堂教学［M］. 北京：教育科学出版社，2007：105.

[3] 童庆炳. 经验、体验与文学［J］. 北京师范大学学报（人文社会科学版），2000（1）.

宙出发去叩问生命主体是怎样来感受世界的。因此，体验是一种物我交融的状态，是一种天人合一的境界。在体验中，一切普通的事物都带有了情感的色彩与诗意的光辉。主体也在忘我沉醉的体验中"身与物化"，获得了身心内在与外在的统一。

　　我有时逃开自我，俨然变成一棵植物，我觉得自己是草，是飞鸟，是树顶，是云，是流水，是天地相接的那一条横线，觉得自己是这种颜色或是那种形体，瞬息万变，去来无碍。我时而走，时而飞，时而吸露。我向着太阳开花，或栖在叶背安眠。天鹄飞举时我也飞举，蜥蜴跳跃时我也跳跃，萤火和星光闪耀时我也闪耀。总而言之，我所栖息的天地仿佛是由我自己伸张出来的。[1]

　　作家乔治·桑的这段话表明了处于体验过程的主体物我交融、心醉神往的状态。在体验的世界中，一切客体都是生命化的，都充满着生命的意蕴和情调。在语文教学中，这种融天地万物于一体、抚四海九州为一瞬的生命体验对我们理解语言作品的意义非常重要，因为有体验才有情感的唤醒，有体验才有心灵的震撼，有体验才有意义的生成。

　　在语文学习与运用过程中，我们面对的并不是一堆堆索然无味的语言符号，而是跃动着思想和灵魂、迸发着激情与活力的生命的世界、意义的世界。作家张承志曾经这样说："也许一篇小说应该是这样的：句子和段落构成了多层多角的空间，在支架上和空白间隐伏着作者的感受和认识、勇气和回避、呐喊和难言，旗帜般的象征，心血斑斑的披沥。他精致、宏大、精警的安排和失控的倾诉融于一纸，在深刻和真情的支柱下跳动着一个活的灵魂。"面对这样的语言文本，只有靠"燃烧着的心"才能把"黑暗照亮"，只有靠"流着血的心"才能"把蔷薇染红"。要想使学生真正拥有这样一份生命的体验，就要在有限的课堂境遇内重建学生的体验时间，允许学生将真感情、纯生命真正融入语言作品的字里行间，做一次穿越时空隧道的生命体验之旅。在这样一次美好的旅行中，学生高飞远举的心灵时而融化为郁达夫笔下清丽秋色中的一只驯鸽，时而融化为白居易笔下"犹抱琵琶半遮面"的幽怨乐女，时而融化为舒婷笔下

―――――――――

［1］　童庆炳.经验、体验与文学［J］.北京师范大学学报（人文社会科学版），2000（1）.

挺拓蓝天、自由自爱的一株橡树，时而融化为杜甫笔下鸟儿那一声含恨的悲啼，花儿那一滴感伤的泪水……经历了这样一次次惊心动魄的生命体验，横在学生面前的此在与彼在之间的鸿沟就能够被逐渐消解，他们便能够聆听到彼在对此在发出的最真诚的呼唤，从而乘上通向彼岸意义世界的小舟，去感受生命与生命相逢时的惊喜，心灵与心灵碰撞时的震撼，最终在生命存在与语言文本相互交融的状态下，去感受意义瞬间生成的精彩。

第三节 语文教学意义生成观的多维透视

以本体之思谈语文教学的意义问题,需要我们将语文当作一种非实体的"关系性存在"来理解,如将语文简单归纳为"语言文字""语言文学"或是"语言文化"这样一系列的实体对象加以认识不够恰当,也不可在语文教学中单方面地追究语义层面的概念或逻辑,因为语言的意义本身就具有多层性的特点,它和与之相涉的人的生活世界、生命存在、文化语境等各种因素休戚相关。学者秦光涛在《意义世界》中指出,对于意义,可以分为三个层面来把握:语言的层面,文化的层面,存在的层面。这三个层面并不是完全排斥的关系,而是相互包容的关系。其中"语言是意义最直接、切近的揭示者和表达者,意义只有上升到这个层面才能被理性把握和分析";而文化层面的意义"可以在更深的层次上和更广的范围内揭示出文化活动的社会历史背景";存在层面的意义比前两者意义揭示的范畴更为广泛,它"不仅指人的文化活动中显现的意义,而且指非人的自然存在物对人所显现的意义"。[1]以此观点出发,语文教学中对意义的理解和建构,就不能局限于语言层面概念性分析,而是应以语言为出发点,将其置于更为宏阔的背景之中,来更多地关注意义在存在世界中的延拓、在文化语境中的濡染、在生命世界中的建构。

一、意义与世界:语文教学意义本体的存在论思考

意义与世界是语文本体论探讨的课题。意义生成于人与世界相遇的片刻,即所谓"意义的瞬间生成",而语言则是通往意义世界的入口。因此,这是语文教学本体性研究的重要问题。

(一)语言是通往语文教学意义世界的入口

人总是生活在相遇的世界里,并且正因为与世界的相遇,人才拥有了对生活丰富多彩的经历、对人生个性迥异的体验。因此我们说,意义始于相遇,意义就生成于人与世界相遇的精彩瞬间。那么,是什么触发了人与世界的相遇?又是什么赋予了人与世界相遇的意义?这里我们可

---

[1] 秦光涛.意义世界[M].长春:吉林教育出版社,1998:43.

做出的唯一答案便是语言，是语言为世界命名，赋予了世界意义，使世界由混沌走向了澄明；又是语言将人带入世界之中，使世界与人相互融通，人在拥有了语言的同时也拥有了世界。海德格尔指出："逻各斯即存在，逻各斯也即语言，而处于逻各斯之中的人把语言和存在联系起来了。也可以说，人、语言和存在是一而三、三而一的。"[1]在人与万物融为一体的世界中，语言是世界的意义之寓所，每个人所说的语言也来源于作为世界意义之寓所的语言，人的生活世界、生命世界、意义世界是被语言这条红线贯穿起来的。从这个层面来理解，语文教学的过程就是我们以语言的方式同世界遭际的过程，这不是一个孤立封闭的过程，而是以语言为媒介，且关涉到"人—语言—世界"这样一个三维坐标构成的整体参照系，是师生从语言有限的能指功能不断迈向无限所指的意义世界的过程。这是由语言以下两方面特性所决定的。

第一，世界经验的语言性。语言作为人类理解世界的媒介，是传递历史文化、承载意义信息的手段，是人了解一切知识和经验的入口。加达默尔强调："能被理解的存在就是语言。"这意味着，世界经验的一切表达和意义都能在语言中得以现身和留驻，也只有通过语言我们才能够对自身之外的存在世界加以认识和理解。卡西尔在《人论》中转述了先天聋哑和失明的小海伦初次学习"水"这个词语时惊喜而激动的体验。当凉水喷出来注满杯子时，教师莎莉文在海伦空着的那只手上拼写了"water"，这个词看起来使她大吃一惊。她失手跌落了杯子，站在那里呆若木鸡，脸上开始显现出一种新的生气，新词语的获得则给她以新生般的喜悦。海伦所经历的"新生般的喜悦"正是因为语言符号向她敞开了一个全新的经验的世界、意义的世界，这个活生生的词语唤醒了她的灵魂，给予她光明、希望、快乐，使她获得了真正的生命。可见，语言是对世界经验的揭示，是对意义的敞开，它犹如一道神圣的光，将蒙沌的世界和幽邃的心灵照亮，使万物与人变得相亲相近。它又像是一道人性的光，让人走出昏暗的洞穴，感知世界万物，从此人类智慧诞生。可以说，语言给了我们第一个通向客体的入口，它好像一句咒语，打开了理解概念

---

[1] 徐友渔，周国平，陈嘉映，尚杰．语言与哲学——当代英美与德法传统比较研究[M]．北京：生活·读书·新知三联书店，1996：242.

世界之门。

在语文教学中，语言这道"神秘的咒语"向我们敞开了一扇意义之门，它打破了宇宙时空的界限，向我们展示了古代与现代人类生活的世界图景，引领我们与万仞之遥的大师进行精神的对话，与百家争鸣的学者进行心灵的碰撞，可以说语文世界的一切意义都是基于语言这一本体生成的。在语文学习与运用过程中，要想获得这些关于世界的经验与意义，就势必要回归到语言这一语文教学的本体，正是通过语言，我们才获得了关于世界多元而丰赡的知识和信息，才拥有了一个光鲜亮丽的意义世界。而语言的界限又是意义世界的界限，语言的发展，语言疆域的拓宽，无不丰富着我们所接触到的外部世界和内部世界，促进着意义世界的无限生成。

第二，语言是存在的家。"语言是存在的家"，这是海德格尔的一句名言，关于这句话的理解，我们可以在他另外一段论述中得到启示，他说："词语把一切物保持并且留存于存在之中，倘若没有如此这般的词语，那么物之整体，亦即'世界'，便会沉入一片暗冥之中；包括'我'，即那个把他所遇到的奇迹和梦想带到他的疆域边缘，带向名称之源泉的'我'，也会沉入一片暗冥之中。"从这里我们可以看出，语言是"人"与"世界"两重存在的现身情态。首先，语言"给出"世界，为世界命名，从而开启了世界、敞亮了世界，离开语言，便没有世界，事物也就没有了意义。因此，人们惊呼，"语言的界限就是世界的界限"，"词语破碎处，无物存在"。此外，它也"给出"了人，人通过学习语言的方式长大成人，只有人能够认识世界、理解世界。世界万物或许在人类产生之前就亘古长存，但只有当其与人类相关时才具有了意义。学生学习语言的过程，就是人与世界这两重存在在语言中不断现身和留驻，并不断创造意义的过程。

在语文教学中，语言符号对世界的规定性得到了最为淋漓尽致的体现。汉字符号为我们缔造了这样一个世界："一个方块，就是一个天地，一种历史，一个民族的心灵、记忆、希望和寄托，一个美丽不老的民族形象；一个方块字，就是巍巍泰山、滔滔黄河，茫茫神州的代码，它犹如光芒四射的彩霞、震撼世界的雷电、浇灌大地的云雨，有说不尽的美丽。"[1]语言作品为我们缔造了这样一个世界：它色彩斑斓、包罗万象，将一切关于宇宙的、历史的、人生的真意都纳入其中，写不尽文化意蕴的博雅厚重和世俗生活的人生百态……语言向我们展现的并不是一个客观对象的世界，而是一个"敞开并始终保持其敞开"的世界，它是情感的、形象的、审美的，更是一个意义生成的世界。海德格尔说，"作品缔造了一个世界"，这个世界"绝不是在那里的可数或不可数、熟悉或陌生之物的简单聚拢。世界也并非由我们的表象加在这些给定事物总和之上的一个单纯想象的框架组成"。[2]就像是从棱镜中折射出的一束阳光，语言赋予世界意义，这不仅让我们洞悉了这个世界的敞亮，也让我们惊叹着它绚丽多彩的七色光芒。这是一个具有多面性、不定性的"漂流着"的意义世界，在这个世界里我们不能用单眼的视角对它进行直线性的解释，而只能在"视域融合"的过程中对其进行建构，在"生命体验"的经历中对其进行意义的阐扬。语言赋予学生的意义世界是永远敞开的，借助语言意义的多维张力，每个学生都能够在"山重水复疑无路，柳暗花明又一村"的奇境中领略到属于自己的旖旎风光，每个学生都能在"一粒沙里见宇宙，一朵花里见天堂"的方寸天地采撷到自己喜欢的仙株奇葩。因此，我们就不能把语言仅仅当成如斧头镰刀之类的纯工具来对待，而要把它看作存在的家，语文教学就是人通过语言来理解世界的一种存在样式，是人与世界共同参与建构意义的活动。同时，语文教学的过程也是在密切人与世界的整体联系，学生通过语言去亲近、领悟、追问世界的意义，世界的意义也在学生的理解与建构中不断得以延拓与扩展，从而以更为阔大的姿态呈现在我们面前。

（二）生活世界是语文教学意义生成的基源

在海德格尔的诗化哲学里，有一段关于人与世界关系的描述是动人的："世界就是缘在作为存在者向来已曾在其中的'何所在'，是此在无

---

[1] 曹明海.语文教学本体论［M］.济南：山东教育出版社，2007：134.

[2] ［德］海德格尔.人，诗意地安居［M］.郜元宝，译.上海：上海远东出版社，2004：101.

论怎样转身而去,但纵到海角天涯也不过是向之归来的'何所向'。"[1]在这里,海德格尔意在强调的是人永远无法摆脱他所生存和遭际的生活世界,缘在(此在)生活在周围世界中,不断地与周围世界"打交道",因此一切理解现象以及一切意义的发生都是根源于人的生活世界本身,"一切存在论或本体论问题必须在缘在的生存状况分析中来得到说明。因为,这不仅是一切意义之指归,也是一切意义之根源"。[2]可见,生活世界是人类理解活动赖以存在的语境,也是意义生发的源泉。

语文教学活动是在学生生活世界这个宏阔的生态背景中展开的,从某种意义上说,我们的语文教学就是通过语言向学生展示了一种别样的世界图景和一种特定的生活样式,学习一篇课文就是走近、了解作品在特定生活世界中的情致和意蕴,老师就是用语言来激活学生对生活世界的理解。正如我们在《边城》中领略了湘西秀丽风光中人与自然和谐相处的生活状态,在《胡同文化》中亲见了老北京人安土重迁、逆来顺受的生活样式,在《我与地坛》中深味了生活重压下生命的脆弱与坚强,在《面朝大海,春暖花开》中领悟了海子对幸福生活的珍爱与渴望。语文教学中一切历史的文本、社会的文本都与学生周围所遭际的生活世界密切联系,将文本放入不同的生活情境中去理解,就会生成对意义多侧面、多角度的解读,由此生发出的个人生活意义的脉络也会得到不断的廓清和显现。

陆象山曾经说:"宇宙不曾限隔人,人自限隔宇宙。"语文教学中对作品意义的解读过程本是与学生的生活世界融为整体的,只不过是因为我们通常易受限于一种封闭、自足的教学系统,从而隔断了作品与生活的联系,忽视了作品意义在生活世界中的延拓。海德格尔曾经严格地区分了"应手的东西"和"现成的东西",在语文教学中,我们承认语文是传递知识、文化的载体,但我们只能将其作为"应手"的语用工具来理解,而不能将其单纯地看作一种"现成"的纯工具,因为"现成"的纯工具

---

[1] [德]海德格尔. 存在与时间 [M]. 陈嘉映,王庆节,译. 北京:生活·读书·新知三联书店,1987:120.

[2] [德]海德格尔. 存在与时间 [M]. 陈嘉映,王庆节,译. 北京:生活·读书·新知三联书店,1987:33.

是与主体对立的，它是预先摆在主体面前拿得起、放得下的工具，它所对应的永远是"被使用的世界"，而"应手"的语用工具，才是真正能与人打交道的工具，它总是指向人之交往实践，所对应的才是与人相遇的"生活的世界"。因此，语文教学一定要通过"重返大地的努力"实现对生活世界的回归，"教室的四壁不应成为水泥的隔离层，应是多孔的海绵，透过多种孔道使教学和学生的生活息息相通"。[1]语文教学就是要让学生将生命的触角探入到与己相关的现实生活世界，在语言作品中洞悉生活世界，在生活世界中解读语言作品，让语文教学的人文关怀从对作品意义的阐扬延拓到对生活世界的理解和介入，从而打破概念知识所给出的各种定义和框框，让语文真正成为学生拥有生活世界的方式，使作品意义解读的过程成为学生与生活世界不断交往与实践的过程。

二、意义与文化：语文教学意义本体的文化阐释

19世纪德国语言学家威廉·冯·洪堡特曾经提出"语言世界观"的论断，认为语言与文化具有同构性，民族的语言即民族的精神，民族的精神即民族的语言。一个民族的母语总是天然地与这个民族的文化、精神有着同构关系，像一面棱镜一样折射出一个民族特定的生活习惯和思维方式，使一个民族对世界独特的感觉和看法，即一种世界观和文化精神在语言中得到充分的表达。因此，洪堡特认为，语言是一个民族看待世界的一种特有样式，是一个民族特有文化景观和精神风貌的忠实反映。这种被洪堡特称为能够反映一个民族特有的文化体系和价值体系的"语言世界观"，通常在语言的意义方面有着更为直观的体现。从这个意义上说，语文教学中对语言意义的理解就不单单是字词句篇的简单叠加，也不是对词汇概念的机械背诵，更不是对段落或语法的逻辑分析，而是应在充分尊重汉语言文字所特有的"语言世界观"，在充分认识到母语（汉语言文字）特点的基础上，透过母语这块民族文化的"棱镜"更多地透视蕴藏在语言背后丰富、深厚的文化意蕴，亲近烙印着汉民族特有文化痕迹的思想和精神。

---

[1] 刘国正. 刘国正文集（第1卷）[M]. 北京：人民教育出版社，2000：374.

（一）"语言世界观"下语文教学的意义体系

《圣经·创世纪》记载了这样一个有趣的小故事：挪亚及其后代因事先得到了上帝的警谕，使挪亚方舟躲过了洪水，挪亚及其后代从而在大地上得以继续繁衍生息。许多年后，挪亚的后代富足起来，东迁时在示拿地看到一片平原，就住在了那里。他们想到："要建造一座城和一座塔，塔顶通天，为了传扬我们的名，免得我们分散在全地上。"于是他们开始造塔。在此之前，天下人的口音、语言都还是一样的。而在巴别塔即所谓通天塔快要建成时，上帝下来视察，看到这座即将建成的通天高塔，上帝有了顾虑："他们成为一样的人民，都用一样的语言，如今既做起这事来，以后他们所要做的事就没有不成就的了。"于是上帝就"变乱天下的言语"，使人们无法互相交流，并停止造塔，最后人们分散到了各地，各自生活。那座城和那座塔，从此就叫"巴别"，也就是"变乱"的意思。之后，人们就开始各说各的语言了。

从这则小故事中，我们很难揣测上帝为何不愿人类说一样的语言，成为同一的民族，完成同一事业，但引人注意的是巴别塔停建后，人们被分散到了各地，形成了不同的种族，拥有着自己本民族的语言，于是各具特色的民族心智、民族文化、民族精神也就随之生成了。自此一种民族的语言便内蕴着一种特定的意义世界，成为一个民族看待世界的一种观念方式，语言也就成为了解一个民族文化图景和精神风貌的独特"瞭望塔"。甚至这种由民族文化的差异造成的"语言世界观"成了一个民族理解他族文化的阻碍，导致不同民族文化交流的困难。"每一种语言都包含着一种独特的世界观，正如个别的音处在事物和人之间，整个语言也处在人与从内部和外部向人施加影响的自然之间。人用语音的世界把自己包围起来，以便接受和处理事物的世界。……人从自身中造出语言，而通过同一种行为，他也把自己束缚在语言之中；每一种语言都在它所隶属的民族周围设下一道樊篱，一个人只有跨过另一种语言的樊篱进入其中，才有可能摆脱母语樊篱的束缚。"[1]语文教学是民族母语的教育，而我们的民族母语——汉语作为一种象征表义符号，在其千百

---

[1] 申小龙.汉语与中国文化［M］.上海：复旦大学出版社，2003：8.

年的发展历程中，也形成了汉民族独特的语言世界观，反映了汉民族人民看待事物特有的文化视域和思维方式，这一点在语文教学中是不容忽视的。

中华民族重统一、重融合。"天人合一"的整体价值观念成为统摄整个汉民族思想的哲学精神。这种哲学精神投射在汉语言形式上，体现为语音上平仄相生、流畅悠扬的婉转，句式上整散结合、对仗工整的平衡，语法上道器不离、动静相涵的和谐，修辞上迂回曲折、含蓄隽永的委婉；投射在汉语意义体系中，体现为在几千年重意、重神、重风骨、重凌虚、重悟性、重体验的文化价值观下，形成的一种注重隐含关系、注重模糊关系，善于寻求"意外之味、韵外之旨"的意义诉求；投射在汉语价值取向上，表现为重群体抑个体、重主观轻客观、重辨证避偏执的中庸之气。而这些都是其他民族语言文化（特别是西方拼音文字的语言文化）中所不能体现的，是汉语言特有的意义体系和价值体系。正如海德格尔所说："一些时间以前，我曾粗略地称语言是存在的家。如果人通过他的语言居于存在的宣告和召唤中，那么，欧洲人和东方人也许居于完全不同的家中。"[1] 从这个层面上讲，长期以来语文教学把语言仅仅当作纯工具来对待，在教学过程中套用西方逻辑分析的讲解方式其实是很失败的，它只能导致"方枘圆凿""貌合神离"的教学效果，这样的教学并没有切入汉语言本身的特点，也忽视了汉语言与西方语言在民族文化上"异质"的方面。汉语文教学无疑是让学生学习语言的过程，但同时也是让学生深刻体识到语言中博大厚重的民族文化幽韵，感受到流动在语言中恢宏磅礴的民族文化精神的过程。因此，应将语文看作汉民族文化的构成与存在方式，将语文教学的过程理解为与文化对话的过程，教学中应充分尊重汉语言世界观所持守的汉语言的意义体系与价值体系，透过语言作品的学习让学生理解隐含在语言内面的民族思想、民族情感、民族精神，真正让语言中所蕴含的民族文化流转并铭刻在每一个学生的心头，让其中蕴藏的民族精神内化为学生生命深处最强烈的感召力，用语言的文化力量唤醒每个学生对母语的热爱，唤醒他们对民族文化精神的景仰与认

---

[1] ［德］海德格尔. 人，诗意地安居［M］. 郜元宝，译. 上海：上海远东出版社，2004：76.

同。

（二）语文教学中文化意蕴的探析

长期以来，我们对语言的认识受限于索绪尔结构主义的影响，认为语言无非是音义任意结合的符号系统，语言的意义只是"能指"与"所指"单向对应的封闭结构。因此，我们通常只满足于语言内部逻辑与结构规律的研究，而很少对"内蕴形式"所模铸而成的语言文化意义给予足够的估量和重视。金克木在介绍符号学时曾说："学一种语言符号就必然要学其中的意义和意义所属的文化系统（内含世界秩序）。"美国伊力诺依州立大学内德·希利也强调："如果学生（教师）不了解一个词的文化含义，他就不理解该词的意思（尽管他也能说出或译出这一词），这时这种无知会造成严重的后果⋯⋯"语文教学的载体是各类语言作品，它们凝结着民族的文化智慧，传达着民族的思想与情感，承载着民族的文化精神。因此，语文教学对这些作品意义的解读，应既将其作为一种知识传递过程，也要把它当作民族文化的解读与浸润陶冶过程。

语文教材中蕴含着大量别具汉民族特色的文化信息，它们无不忠实地反映着华夏民族历代人民的生活状态，投射着汉民族人民特有的文化观念、文化心理，为师生对其中文化意蕴的解读和开掘提供了丰厚的资源。在这里，我们可以试举几例来加以说明。如特定民族风俗在作品世界里的展现：小说《边城》描写了"走马路"与"走车路"、唱歌、求爱等一系列的民俗婚恋方式，表现了湘西民众在婚恋问题上给予青年人的宽容和自由；汪曾祺在《端午的鸭蛋》中提到了"系百索子""做香角子""贴五毒""喝雄黄酒"等民俗，表达了人民对彼此的美好祝愿以及血浓于水的挚爱亲情；《背影》中提到父亲为儿子穿道买橘这一场景，是因为扬州一带有着特定的买橘风俗，"橘"与"局"谐音，送橘子给亲人预示着把吉祥如意和好运馈赠给对方。再如汉民族特定文化观念的呈现：在中国的传统文化中龙、凤、麒麟、龟常被寄寓尊贵祥瑞的文化寓意，月亮常被当作"思乡怀人"的文化符号，杨柳通常表达了"依依惜别"的民族情感，"梅兰竹菊"被看作是代表纯真与高洁思想的"四君子"，"红豆""鸳鸯""比目鱼"常常被当作婚姻与爱情美满的象征等。

在语文教学中，重视汉语文形象生动的文化意蕴，不但能让学生了解汉民族对待事物特有的文化心理与思维方式，也能给学生对语言作品的赏读添加几分情趣和醇厚意味，为学生的语文学习与运用提供一个文化审美的空间。因此，在语文教学过程中，我们一定要充分利用教材中的文化资源，引导学生对语言作品中瑰丽而神奇的文化意蕴进行进一步的理解与思考，这样不仅可以避免字词讲解给学生带来的枯燥乏味，而且可以让学生体味到汉民族历史发展的绵长悠远、汉民族文化的博大精深，从而使他们在潜移默化之中受到传统民族文化的感染和熏陶。

此外，洪堡特"语言世界观"的论断还提醒我们，解读语言作品的文化意蕴时还要注重对其中民族文化精神的传承。一种语言就是一种意义世界，是一个民族理解世界的意义形式，一种语言也是一种精神世界，持守着一个民族泱泱不息的文化精神。洪堡特说："语言仿佛是民族精神的外在表现，民族的语言即民族的精神，民族的精神即民族的语言，二者的同一程度超过了人们的任何想象。"[1] 施丹达尔说："语言能唤起人们心灵深处的民族精神，语言的解放就是民族精神的觉醒。"[2] 可见，语言不单是语用工具或信号系统，它也是一个民族文化精神的现身情态。语文学科作为一门以汉语符号学习为主的基础人文学科，最重要的是用汉语符号中内蕴的民族精神力量去感动人、唤醒人、建构人、"文化"人。正如教育家雅斯贝尔斯说："要成为人，须靠语言的传承方能达到，因为精神遗产只有通过语言才能传达给我们。"[3] 从这个意义上说，语文教学不仅要让学生从语言的语音形式、词汇形式和语法规则出发去学习外在的知识概念，因为这种语文教学注重的只是学生的知识结构，而不是整体的精神建构，而真正的语文教学还要深入到语言符号深处所蕴含的文化精神的内髓，博采濡染在语言符号中的民族文化的风采，感受跳跃在语言符号中的民族情感的脉动，传承沉淀在语言符号中的汉民族精神的博大与厚重。

在语文教学中，当我们与流传千载的优秀作品相遇时，我们总能从

---

［１］ ［德］威廉·冯·洪堡特.论人类语言结构的差异及其对人类精神发展的影响［Ｍ］. 姚小平，译.北京：商务印书馆，1997：50.

［２］ 申小龙.语言的民族精神与欧洲语言人文主义［Ｊ］.学术月刊，2000（7）.

［３］ ［德］雅斯贝尔斯.什么是教育［Ｍ］.邹进，译.北京：生活·读书·新知三联书店，1991：84.

中寻觅到汉民族文化精神的芳菲印记，体识到汉民族精神流芳百世的皇皇业绩。如"夸父追日"的执着，屈原"路漫漫其修远兮，吾将上下而求索"的坚韧，廉颇"负荆请罪"的诚挚，陆游"莫笑农家腊酒浑，丰年留客足鸡豚"的热情好客，谭嗣同"我自横刀向天笑，去留肝胆两昆仑"的英勇慷慨……语文教学就是要用语言作品中内在的民族文化营养为学生建起一座精神的城，让他们在臻达知识彼岸的同时也硬朗他们民族精神的脊梁，让汉语言的文化精神与学生的知识经验发生联系，并最终流射为学生内在的精神品质，最终达成语文教学"人格与生命完整性建构"的宏愿。

三、意义与生命：语文教学意义本体的生命追问

我们一直在追问语文是什么，其实说得简单些，语文就是我们所说的话和所写的文。所说的话和所写的文在本质上讲就是人的心灵之声、情感之声、生命之声，是人的思维、意志的直接体现。所以，语文教学并非简单的语言技术训练，而是人的生命存在方式本身，是人的生命本质力量在教学活动中不断得以确认和创造的过程。意义生成观作为一种动态建构的教学理念，就是要在语文教学中实现意义与生命的双向互动，即用生命将静态的语言符号激活，用生命的灵性洞悉语言符号中隐匿的意义世界，并将自己全部的生命情感融入其中去感受生命的流动、生命的激情和生命的欢悦。这样，学生在用全部身心去解读语言作品的同时不仅丰富了作品的意义世界，而且他们的心灵也受到了陶冶与涵化，生命也得到了臻于完善的超越与提升。

（一）意义的生成彰显着生命的律动

与其他学科相比，语文似乎更能凸显出特有的生命本质。语文就是生命的存在方式，语文教学的过程彰显着个体生命活动的鲜活印记。从某种意义上说，语文文本的意义之所以不以固定预成的形式呈现，而是以动态生成的方式无限绵延，便是由语文自身携有的这种生命特质决定的，语文教学中意义的生成过程是与生命的同行之旅，意义的生成不仅彰显着语言符号的生命性存在，也彰显着主体对意义世界能动建构的过程，因此我们将此过程称为一种生命的律动。

首先，在语文教学中，意义的生成彰显着语言符号的生命律动。语言的自我呈现是一种生命讯息的传递，它向我们展开了一个光彩亮丽的生命世界，彰显着生命的激情与活力。一位哲学家说得好：语言是内在于人的，语言是生命的言说，是人性符号的映现。因此，在人与语言相遇之时，便注定了人必然要用一种生命的眼光去打量语言、关照语言、理解语言，用情感与生命赋予语言符号活形，感受生命的气息在语言中的欢腾与跳跃，聆听每一个语言符号在书页翻转间的欢笑与哀叹。正如华兹华斯在他的小诗中写到的那样：

对每一种自然形态：岩石、果实或花朵，

甚至大道上的零乱的石头，

我都给予有道德的生命，

我想象他们能感觉，

或把他们与某种感情相连，

他们整个地嵌入于一个活跃的灵魂中，

而一切我所看到的都吐发出内在的意义。[1]

在语文的世界里，每一个语言形式都内蕴着一个生命形式，是人之智慧、情感的自我赋形；每一篇语文课文都是一种独特的生命景观，张扬着个体特立独行的生命宣言，表征着个体心灵的律动与情感的宣泄。可以说生命的冲动、生命的激荡、生命的困顿、生命的觉醒，生命中所有的悲欢离合、阴晴圆缺都投射在个体的语言之中，因此，绝不能把语言仅仅看成是一种外在于人的语用工具，这个工具本身就是生命意志的体现。从这个意义上讲，学生对语言作品的理解与解读过程，实际上就是生命与生命的美丽邂逅，是用生命感受生命、用生命唤醒生命的过程。在跳动着生命脉搏的语言作品里，我们处处都能感受到生命对我们发出的无声召唤，寻觅到暗藏在语符内部流转不息的生命潜流。"陌上柔桑破嫩芽，东林桑种已生些，平冈细草鸣黄犊，斜日寒林点暮鸦。"桑芽的破土，牛犊的鸣叫，暮鸦的雀跃，这是一群春日里蓬勃向上的生命，它们共同鸣奏着春回大地、万物复苏的欢歌，激荡着春晖中欣欣向荣的激情；"黯乡魂，追旅思。夜夜除非，好梦留人睡。明月楼高休独倚。酒入愁肠，

---

[1]［德］恩斯特·卡西尔.人论［M］.甘阳，译.上海：上海译文出版社，1985：243.

化作相思泪。"这是一个孤独凄凉的生命，他在秋夜的残灯里苦苦追忆着故乡的踪影，借烈酒浇铸心中块垒，杯中满载着他身在异乡的孤寂和对亲人无限的思怀；"人生得意须尽欢，莫使金樽空对月。天生我材必有用，千金散尽还复来。"这是一个踌躇满志、洒脱不羁的生命，他心怀大志，敢于和多舛的命运进行直面的抗衡；"梳洗罢，独倚望江楼。过尽千帆皆不是，斜晖脉脉水悠悠。"这是一个苦苦等待中的生命，那独倚危楼、无语泪流的举止神情怎能不触动你的情思，震撼你的生命？

歌德说："我们都不应该把画家的笔墨或诗人的语言看得太死，太狭隘。一件艺术作品是由自由大胆的精神去观照和欣赏。"[1]当我们将语言当作纯粹工具来对待时，就造成了语言与生命的割裂，无形中这也是对学生生命的扼杀与戕害。唯有把语言作品看作生命情态的舒展与倾诉，将其作为一个个呼之欲出的生命活体来看待时，我们才能真切地感受到语言符号背后的生命律动，才能接受到语言符号向我们发出的特有生命讯息，从而才能与之发生强烈的感应与共鸣。而语言符号内蕴的这种生命品质于无形之中织就了一张充满着活性张力的意义大网，它召唤着生命主体对深层生命意蕴的解读与建构，促发着语文教学中意义永无止境的流动生成。

其次，在语文教学中，意义的生成彰显着学生主体的生命律动。语言符号的生命性特质决定了意义的生成应来自主体生命之间的聆听与应答，是学生主体对语符内部尚未确定的空白点的命名与建构，是学生主体生命活力的释放与凸显。存在主义哲学家萨特曾经认真区分了"自在的存在"和"自为的存在"，他认为"自在的存在"是其所是，没有任何的发展变化，只能是一种僵死的、绝对统一的王国；而"自为的存在"不是存在，而是非存在。只有"自为的存在"才能向着可能性不断筹划，才具有蓬勃的创造力和非凡的超越性。因此，他将人之生命本质规定为"自为的存在"，认为它是人区别于其他物的根本标志。生命学家柏格森也认为人的生命是创造性的存在，是具有"生命冲动"的存在，生命的冲动应是不受任何规范的自由发挥，其以无限的创造性和超越性汇聚成一股

---

［1］［德］歌德.歌德谈话录［M］.朱光潜，译.北京：人民文学出版社，1978：138.

声势强大的"生命之流"，意义就生成于生命之流的无限绵延之中。

以哲人对生命本质的理解来反观语文教学，我们就会发现，在教学中，我们面对的不是一个个任人摆布的木偶，也不是一架架等待号令运转的机器，而是一个个充盈着无限灵性与活力的个体生命，他们是一种"自为的存在"，是带有生命冲动的"生命之流"。他们拥有最为细腻而丰富的情感，可以和语言作品中的人物同悲同乐，同呼吸共命运；他们拥有最为睿智而善感的心灵，可以在语言中捕捉到大千世界瑰丽的景观，体味到芸芸众生生命中的千姿百态；他们拥有最为敏捷而智慧的思维，能够在语言中洞悉到最为隐秘的真理，并以之反观自身，获得生命质量的提升与超越；他们拥有最为旺盛的创造精神，总是能另辟视角地看待问题，让作品中的意义多于意义，自身的生命多于生命。实际上，语文教学的过程就是主体生命的在场和化入的过程，语文教学应该更多地为学生生命之流的交汇提供一个多元开放的空间，让学生始终以一种主体生命的姿态参与到作品意义世界的生成与建构中去，以生命感染生命，以生命启迪生命，以生命创造生命，这样，语文教学本身也不再是一汪波澜不惊的死水，而是一片生命欢腾的海洋。

（二）意义的生成张扬着生命的个性

在《查拉图斯特拉如是说》中，尼采大声疾呼道："不要再把头颅埋进天界事物的沙碛中，要自由地昂起这颗人间的头颅，他为大地创造了意义！"这里尼采充分肯定了人的主体性和创造性，人以其自由而灵动的个性生命存在，意义也就诞生于人之个性言说当中。正如世界上没有两片完全相同的树叶，语文教学中直面的学生生命个体既是生活在群体之中的，同时又是独一无二、不可重复的。他们每个人都有着属于自己的情感天地和心灵世界，每个人都有着异己的生活经历，对事物也常常抱有自己独到的见解。因此，他们对意义的解读就不限于大众化观点的认可和重复，而是张扬着独特个性的生命宣言，是自我意义的理解与建构。对于这些富有个性的生命主体来说，语言作品的意义早已超越了语言原有的符号指称功能，因为"每个人都会施加不同的外在信息，每个人都要寻求与他个人相关的特殊的主题，每个人都会用不同的方式将文本转化为一种令人满意的有意义的经验"。[1]

接受美学认为，作品中存在着大量的意义空白点，从而形成了无数的不确定之域，对读者富有一种"召唤性"，构成了"召唤结构"，而对召唤结构进行填充和确定的过程就是充分调动学生的能动机制，使学生积极地参与文本意义解释和建构的过程，它需要学生渗入自己潜在的人格、气质以及生命意识等个性化信息，对文本符号进行层层解码，调动自己的联想、感悟、体验，将文本由无生命的符号堆积物幻化成生动活泼的生命个体，并带着积攒在生命成长历程中的固有"前见"，去和作品中作者的原初视界积极地交流、碰撞，最终达成一种新的"视域融合"。这意味着在语文教学中，作品的意义必定不是固定预成的，而是歧义百出的，并且每一种意义都深深地打上了学生个性生命的烙印，每一次理解都是学生的自我理解。例如，学生阅读姜夔的"二十四桥仍在，波心荡，冷月无声。念桥边红药，年年知为谁生"，结合自己的感悟和体验就会产生自己独到的理解。按照教学参考的说法，这段话是"感时伤乱，表达对国家昔盛今衰的痛惜伤感之情"。而学生富有创意地理解为："年年岁岁花相似，岁岁年年人不同。风貌依旧的二十四桥与花开花落的红药，历经沧海桑田的变化而没有改变，时代的更替变革也未能给它们刻上历史的烙印，而人却饱受时光风雨的吹打，早已变得面目全非，询问人的归宿在何处，抒发的是心灵的叩问，灵魂的追寻。"在语文教学中这样的理解与阐发更富有个性色彩，是应该得到认可和鼓励的。

总之，生命是独特的，面对生命富有个性的言说，语文教学有责任保护和实现他的主体性和创造性，为他敞亮一个多元开放的空间，为他提供一个自由驰骋的天地，为他打造一个和谐对话的平台，而不是像希腊神话中普罗格拉斯蒂斯[2]那样，用标准化的考试和程式化的训练，削足适履地将一个个鲜活灵动的生命钉死在暴虐生命的铁床上。

---

[1] 潘华琴. "言外之意"——文学言语私有性的化生［J］. 苏州科技学院学报（社会科学版），2007（3）.

[2] 普罗格拉斯蒂斯是神话传说中的强盗，他把捉到的囚徒绑在特定的铁床上，如果囚徒身体比铁床长，就把囚徒多出的身体锯掉；如果囚徒身体比铁床短，就强行把他的身体拉长，以一张不变铁床的长度要求所有的人，使人适应铁床，而不是铁床适应人。

（三）意义的生成寻求着生命的超越

生命是一个不断生成的过程，海德格尔就经常在"存在"的字眼上打上"×"，以表明存在具有无限生成的本质。哲学人类学也认为，人是未完成的存在，人的未完成性决定了人的生命里始终蕴藏着发展的潜能，人是一个永远朝着近乎完美的自我不断前行的"超越性结构"。然而，生命的"生成本质"也好，"超越性品质"也罢，它们都是潜在的，并不会自发地流露出来，而是需要一定的条件去激发和唤醒。弗洛姆说："如果我们说，种子现在已经潜伏着树木的存在，可是，这并不意味着每一粒种子势必长成一棵树。潜能的实现依赖于一定的条件，例如种子在这种情况下，条件就是适当的土壤、水分、阳光等。"[1]语文教学作为一种生命的存在，其中所凸显的对生命的终极关怀和种种对生命意义的阐扬，就是种子生长所需要的阳光雨露、春风化雨，其本质就是对学生生命超越意识的唤醒，它时时召唤着学生"总体生命的生成"。

具体来说，语文教学可以帮助学生实现以下两种形式的生命超越。

其一，便是由"种生命"到"类生命"的超越。"种生命"是一种指向生物性存在的生命，处于这种生命状态下的学生所需要的只是一些简单的知识经验和生存技能，他们的心灵指向一种空洞而虚无的"集体无意识"，并且他们好借助群体力量而存在，因此，在"种生命"的世界里总是存在着某种坚不可摧的"神性"或"权威"，他们需要做的只是简单地应和和服从。而"类生命"则是一种指向超越性和可能性的存在，他们承认生命的自为性和独特性，并且这是一种可被"文化"的生命，语文教学中一切情感的、伦理的、道德的因子都能触动他们的情感和心灵，以此引发他们对自身生命的反思与重建。语文教学就是要指引学生由"种生命"走向"类生命"，用语文教学中意义世界的多义性、建构性、超越性去唤醒学生敢于突破传统认识经验的意识，赋予他们张扬个性的勇气与智慧，从而让他们在学习语文的过程中得到自身生命本质力量的确认，成为一种真正意义上的生命存在。

其二，语文教学始终催发着学生生命意义的总体生成。人不能忍受

---

[1] 冯建军. 生命与教育［M］. 北京：教育科学出版社，2004：282.

无意义性的存在，人在一生中始终追问着生命的意义，以实现自身生命的价值。从这个层面上说，如果教育没能触动一个人的灵魂，未能实现对灵魂的陶冶与净化，未能使心灵深处受到洗涤濯浣，那就不能称之为一种本真的教育。语文教学在满足学生语用知识技能的同时，也时时在引领学生对生命意义做形而上学的思考，他们对语言作品的每一次解读，他们和历代大师、精英的每一次对话，都是在寻觅各种伟大生命在历史上的显迹与留痕，并在此中发现他们生命意义的高贵与尊严。当学生读到《离骚》"路漫漫其修远兮，吾将上下而求索"，他们就会领略到屈原坚持理想、特立独行的生命姿态；读到《报任安书》"人固有一死，死有重于泰山，或轻于鸿毛。用之所趋异也"，就会和作者一同探讨生命的真谛以及人要实现的生命的价值；读到《归园田居》"采菊东篱下，悠然见南山"，就会让生命在浮世中变得洒脱与超然，从而用一种恬静的心态在喧嚣的尘世中生存。正如雅斯贝尔斯所说，教育不只是知识的简单堆积和灌输，而是一种"唤醒"，教育本身就意味着一棵树摇动另一棵树，一朵云推动另一朵云，一个灵魂唤醒另一个灵魂。语文教学就是要让学生在"川流不息"的生命中去领悟生命、理解生命、反思生命，只有在对生命意义的深度理解中，学生这颗"思想的芦苇"才能逐渐地茁壮成长起来，才能拥有坚强的生命意志，获得高妙的生命智慧，化育出超凡的生命气度，真正在现实生活中担当起生命的重量。

第四节 语文教学意义生成观的践行

通过以上论述，我们在理论上建构起了这样一种语文教学意义生成观：语言文字的背后是一幅幅海阔天空、诗情画意的生命图景，因此，语文的意义世界是无穷无尽的。语文教学的价值在给予学生语用知识和技能的同时，还要引领学生走进语言文字背后所隐藏的多彩的意义世界去促发意义的生成。在这里，一方面我们要始终站在语文本体的视域去更多地关注意义与世界、意义与文化、意义与生命之间的多维联系，拓宽各种渠道去把握语言符号背后的文化内涵以及其与生活世界的关联；另一方面我们要在意义生成的过程中尊重学生独特的生命，语文学习与运用的过程，就是让学生带着自己鲜活的生命体验在能动创造中激活语文的意义世界，在精神的滋养中建构意义，在意义的建构中发展精神的过程；学生要在生命的解读中拓展意义，在意义的生成中超越生命。下面，我们就重点讨论语文教学意义生成观在语用教学活动中的践行，看看教师如何揭开语文意义神秘的"红盖头"，并引领学生走进它的本体世界。

一、通透：在语文本体的对话过程中

对话是引发语文教学中意义生成的一种极好方式。柏拉图在《第七封信》中就真理传达问题曾提出自己的看法：怎样接触学习的对象呢？事实上，语言不可能把握对象，而是要经过长时间与对象进行科学的交往，并在相应的生活团体中，真理才突然出现在灵魂中，犹如一盏被挑起来的活性点燃的油灯，然后再靠自己供给燃料。从广义上说，人学习和运用语言的过程就是人与世界不断对话的过程，世界以语言编码的方式与人相遇，每个人对意义世界的理解都是在不断地和语言、和世界平等自由的对话中生成的。然而，值得注意的是，并不是所有的相遇都足够能引起对话，也不是所有意义上的对话都能促发意义的生成。仔细考察我们语文教学的现状，就会发现这样的教学问题，即课堂上虽然在时时践行着新课标的对话理念，但这些对话却没有落脚在语文本体上，只是在形式上贯之以"对话"的名称，并没有抓住语文教学中对话的本质与精神，从而将之演化成了毫无意义的"公众意见"或是哗众取宠的"闲谈"。我们认为，语文教学中真正能够促发意义生成的对话是围绕语文本体展开的多维立体的交流，是在主体心灵处于极度虚静状态下不断"倾听"与"言说"的过程中展开的。在这种对话过程中，"倾听"表现为对他者（如课文作者、教师、教材编者）言说和自我言说的倾听，它是对语言细节的密吟酌虑，是"一字未宜忽，语语悟其神"的倾心涵泳，而"言说"则表现为建立在倾听基础上的自我意义的阐释，是深入文本内髓的心灵意义的解读与表达。

　　由"倾听"与"言说"所引发的对话，必然是"一种在灵魂深处激动、不安和压抑的对话"[1]，语文教学中的意义便生成于多向度的倾听与言说的对话之中。在这里，我们将要谈到的"亲近语文本体的对话"，便可称为一种真正意义上的"倾听"与"言说"。在语文课堂教学活动中，语文教师应有把握这种对话的能力与责任，卸下一身的叹息和迷茫，剔除心灵的浮华与躁动，用一颗稳重澄明的心灵来叩问，用一种厚重而灵动的智慧来应答，只有这样，学生才能倾听得到语言在"寂静处的轰鸣"（海德格尔《人，诗意地安居》），从而真正通透语言符号的意义，并引发新意的生成。具体来说，这种亲近语文本体的对话有如下几方面特点：

（一）对话点立足于语言本身

　　说到底，语文学习就是"语言运用"的语用活动，是学生透过语言去认识世界，从而掌握语言的学科课程。在语文教学过程中，一切意义的触发从根本上讲都是在学生与语言交流与对话的基础上实现的。而许多教师在对话中选取意义生成的"触点"时，却往往绕过了"语言"这个最本质的内核，远离了语文本体，于是，对话要么成了言语平淡无深度的"杂谈"，要么成了内容开放无尺度的"乱谈"。而我们说，语言是构建学生知识系统的根基，是一个人生命成长中与外界交流、沟通的物质材料，也是滋养一个人精神与心灵成长的"微量元素"。因此，对话理应是在师生共同亲近语言的行为中展开的。试想，静谧之中，寻找一些

---

[1]　［德］雅斯贝尔斯.什么是教育［M］.邹进，译.北京：生活·读书·新知三联书店，1991：11.

深藏灵性和感悟的语言与之展开对话，在此过程中"认真听它的声音，辨辨它的色彩，掂掂它的分量，摸摸它的体温，把它摆在和它整体的关系之中，摆在它和语境的关系之中反复审视、掂量、咀嚼、玩味"。[1] 这样的对话该是一个多么有趣的过程！如此亲近语言的对话能够让平躺的文字从纸面上站起来和我们展开热烈的论辩、交流，能够让语言符号在激烈的意义之流对撞之中燃烧起来，从而照亮学生的困顿与迷茫，使他们"心灵从朦胧的黎明转到真正的大白天"（柏拉图语）。

许多特级教师语文教学的成功不在于花样翻新的多媒体课件，也不在于课堂上热热闹闹的合作研究活动，而就在于他们用一颗真挚的心灵去亲近触摸语言，引领学生在与语言寂静而睿智的应答中展开了一场"到心灵"的对话，在此过程中，不仅通透了语文的真意，更走进了意义生成的多维天地。以下让我们来看特级教师孙双金的一个教学案例：

《赠汪伦》片段

师：我来读诗。你们能不能再发现一些问题？"李白乘舟将欲行，忽闻岸上踏歌声。"李白这时已经来到哪里了？你的问题是什么？

生：为什么在李白要走的时候才来送别呢？

师：（兴奋地）听到没有？为什么要在李白离开汪伦家，上路之后，来到桃花潭，坐到船上，要走的时候，汪伦才来送呢？为什么早不送，晚不送，偏偏到这个时候才来送呢？送客你会这样吗？

生：（齐）不会。

师：你肯定在家里就送了，是不是？你们这时候就做汪伦，猜想一下，展开想象的翅膀，有哪几种可能？

（生分小组热烈讨论，然后交流。）

生：因为这里有汪伦和李白的美好回忆。

师：什么回忆？

生：可能因为他们在这里相遇。

师：汪伦是从桃花潭把李白接来的，所以故意到桃花潭来送他，让李白留下难忘的印象。你叫什么名字？

生：冯松。

---

[1] 盛新凤.盛新凤经典课堂与创新设计［M］.太原：山西教育出版社，2006：17－18.

师：这是冯家的观点，了不起！

生：有可能是李白没有告诉汪伦，而后来汪伦知道了，就急匆匆赶到桃花潭送他。

师：说明李白不辞而别。你叫什么名字？

生：徐畅。

师：这是徐家的观点，我就喜欢听到不同，看你们的小脑袋聪明不聪明。

生：我的观点是，我们一般送亲人是在家里送，汪伦故意不在家里送，特别安排走的时候送，这样给李白留下非常深刻的印象，让他记住汪伦这个朋友。

师：你叫什么名字？

生：我叫殷涛杰。

师：殷涛杰，这个想象超出一般。

孙双金老师这堂课中精彩意义生成，就是在引导学生围绕"忽闻"二字的不断咀嚼与推敲的对话中触发的。

（二）对话的主题是深刻的

对话不是简单意义的叠加，也不是浮光掠影的闲谈，而是生成真理的活动。戴维·伯姆认为："每个人都认真地倾听他人的意见和想法，每个人也都彻底地表达出他内心深处最真实的想法和看法，然后让不同的观点和意见彼此碰撞、激荡、交融，从而让真理脱颖而出。"[1]语义教学是一门"到心灵"的学科，语文教学的本体——语言作为一种简单的符号，承载了太多的情和义、理和趣。因此，在语文学习中，师生与语文的对话必定是深层次的、刻入精神内髓的对话，是直抵人的内心的交流。在主题深刻的对话中，语文一切情感的、审美的、文化的营养汁液都能迅速汇入学生生命的溪流，由此生发出来的意义也犹如一汪生命的甘泉，能够渗入人的心灵，使对话双方实现精神上的交往与共享，从而让学生的头脑睿智起来，心灵丰盈起来，精神深刻起来，从而在对话中拓展了生命的宽度，锻造了生命的厚度，发掘了生命的深度，在对话中提升了生命境界。

---

[1] 刘云生. 对话，开启了教育的"潘多拉魔盒" [J]. 四川教育，2005（2）.

许多优秀的语文教师，他们的教学就是在主题深刻的对话中展开的。也许在普通教师眼里，《游园不值》无非是一首平淡无奇的小诗，然而特级语文教师窦桂梅却能引领学生围绕文中"怜""出""来""值"等语言展开主题意义深刻的对话，在品、读、悟、辨、思的对话过程中让孩子们发挥想象，听弦外之音，会言外之意。更可贵的是，在课程的最后，窦桂梅老师在引导学生和作品的反复对话中巧妙地引出了"不遇中有遇"这样一个颇具哲理的主题——"人生啊，可遇而不可求的事太多了，就像我们所感觉到的，可是在不遇中往往会有不可知中的可知，不能中的可能，不遇中依然有遇"。由此，学生的心肺被红杏滋润了，生命被春天唤醒了。这句话给予了学生很多人生启示，它交给了学生一颗坚强的心灵和一种坚持不懈的精神，在人生漫长的道路上，总会有各种各样的缺憾和不完满，但不论如何我们都应勇于面对，不能轻易放弃，因为人生中总是充满着带给人无限力量与希望的"不遇中有遇"。

（三）对话的语言是诗意的

汉语言以意为胜，以境为美。然而，在现实教学情境中，有的语文教师却容易忘却这一点，只注重在语言表层做做文章，仿佛一切课文都是说明文或新闻报道，在阐明基本含义时很少去触碰语言文本的诗性华质，更不用说用诗意浪漫的语言去讲解它、阐释它了。自然，由此而引发的学生对语言文本的理解也是刻板的、苍白的，因为没有美的语言去打动情感，没有美的语言去激活生命，就不会有意义的动态生成。为此，我们应该意识到：语文的课堂应成为诗意的课堂，诗意的课堂应寻求着诗意的对话！语文教学在承载着让学生掌握语言这种世界交际技能使命的同时，不能缺少了落叶飘飞的诗情与风花雪月的美丽。语文是陶冶心灵、滋养精神的学科，语文教学中师生与文本、与编者对话的过程就应当是教师用诗性的语言为学生营建一个温馨浪漫的小家，并能够让学生在这里诗意地栖居、诗意地倾听、诗意地对话。正如阿尔卑斯山上的石碑镌刻的那样："慢慢走，欣赏啊。"语文教学的过程也应该是教师与学生共同在诗意的对话中享受语文的过程。在此过程中，教师应用看山看水的眼睛和孩子一同捕捉沿途绚丽的风景，用诗意流畅的语言一路导引、一路叩问、一路聆听、一路应答，和孩子们共同接受美的语言带给灵魂深处的洗涤与濯浣，从而用一颗超越世俗喧嚣的心灵去共同追慕语文意义世界的胜景……

（四）对话的主体是自由的

义务教育语文课标指出，语文教学应在师生平等对话的过程中进行。就阅读教学而言，"阅读是学生的个性化行为，不应以教师的分析来代替学生的阅读实践"。这里，我们可以看到，语文课标所标举的"对话"应包含有如下几层内涵：①对话双方是平等的、具有独立意识的主体，双方都有表达自己思想的愿望、权利和机会，他们之间是马丁·布伯所强调的"我—你"关系，而不是"我—他"关系，任何一方不得以自己的权威压制另一方；②对话是主体间的交流互动，而不是单向的独白，对话任何一方都要积极主动地参与，各自敞开真实的自我，把"我"的思想、"我"的感受用恰当的方式传达给对方，达到双方心灵的契合；③对话意味着相互理解与融合，意味着意义的生成与创造。可见，对话教学理念凸显的是语文学习中学生地位的主体性和平等性，讲究的是意义的生成性。而这些只有在自由开放的学习环境下，在和谐的课堂人际关系下才能发生。

诗人华兹华斯曾经这样描绘：一帮真正的孩子，不那么聪颖，不太有学问，不太乖，但任性而动，生机勃勃，他们理应像阵阵微风四处转悠，在岩下的湖畔，沙地的河边，在白云下的大山……生命本身是自由的，语文教学中，教师就应该还给学生一个自由之身，把实现对话主体的自由当作课堂的灵魂。要知道，在引领孩子们与语言文本的每一次对话中，教师对异己之见的每一次宽容、对懦弱生命的每一次扶助、对创新精神的每一次鼓励，甚至每一个微笑、每一个亲切的眼神都是在为自由生命的表达增强自信，都是在为自由生命的放飞搭建和谐的生态平台。为此，许多语文教师也一直在努力，他们所追求的就是让学生的心灵在语文课中都在场，并且整齐地在场，在自由、平等、和谐的课堂环境下必然会引发意义的精彩生成。在教学《去年的树》时，特级教师盛新凤引导学生对话的形式是独特的，她让学生自由地选择读书方式，甚至"也可以把小凳子搬到讲台边上读"。读完课文后，教师的引发语是"你想说点什么吗"，并让学生"喜欢扮演什么角色就扮演什么角色"，依据自己的感受相互"对话"，其至在教学收束时，她也并没有为文章主题急于作结，而是让学生"带着不一样的想法离开课堂"，学生在此过程中情绪一直保持高涨，他们在对话中证明了自我存在的价值，表现出了积极主动参与的热情，由平等对话所引发的精彩意义也就在这样自由开放的空间中如约而至了。

二、创造：在官能全纳的意象思维中

意象思维是中华民族的一种传统思维方式，它突出表现为以象表意，"立象以尽意"，即用视觉上生动易解的"象"来表述主观心智中抽象繁复的"意"，从而达到人的主观想法与客观物象的融合。《周易·系辞下传》曾对这种思维方式进行具体的描述："古者包牺氏之王天下也，仰则观象于天，俯则观法于地，观鸟兽之文与地之宜，近取诸身，远取诸物，于是始作八卦，以通神明之德，以类万物之情。"可见，古人以天地万物之"象"为摹本，将心中各种深沉细腻、交织错综的情和意，以及各种复杂含蓄的主观心智体验，都描绘于形象鲜明的"象"符号中，从而赋予了"象"极其丰富而生动的意蕴。

从总体上看，意象思维作为一种形象性很强的思维方式，其本身具有整体性、直觉性、开放性、不确定性、多维性、审美性等特征。这里我想主要谈谈它的不确定性、多维性和审美性。

首先，意象思维的不确定性。作为表情达意的思维方式，意象思维也力求表意的简约明快、准确鲜明，然而这种确定性却是相对的。意向性思维因其凭借表意的是"象"这种特殊的图画性符号中介，在运用符号表意的过程中，使表意符号自然而然地完整保留了物象的整体性、丰富性和流动性。因此，"象"与其所传达的"意"之间从来都不具备确定性的关系，而是具有发散性和隐喻性，从而营造出"一显多隐"的效果。以意象性思维方式呈现的符号系统也总是在"象"处给人留以足够发挥想象和联想的空间，从而触发"象外之象"的追问和"意外之意"的动态生成。

其次，意象思维的多维性。阿恩海姆指出，意象思维"最大优点是它用于再现的形状大都是二度的（平面的）和三度的（立体的），这要比一度的语言媒体（线性的）优越得多。这种多维度的空间不仅会提供关于某些物理现象或物理事件的完善三维模型，而且能够以同构的方式再现出理论推理时所需的各种维度"[1]。也就是说意象思维能够调动人的视觉、听觉以及心智体验"内觉"等多种官能因素，将一个平面的符号世界转变为一个多维立体的意象空间，从而能够让人们多侧面、多向度去把握一个色彩纷呈的"站起来"的意象世界。

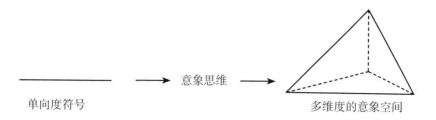

单向度符号　　　　　意象思维　　　　多维度的意象空间

最后，我们来谈谈意象思维的审美性。意象思维是一种诗性思维。在以象表意的过程中，它始终关注的是以画面的构筑、意境的营造来表意，这样一种"图画"或"境"的营造，使象所表达的意本身就带有了一种灵动的气韵，像在欣赏一幅图画那样，人们在触象通意的过程中也享受到了美的意境、美的意蕴。

以上简要论述了意象思维的一些特征。我们知道，语言和思维总是融于一体的，一个民族有什么样的思维方式必定创造出相应特性的语言符号系统。汉语以及汉字的创造过程就很好地体现了汉民族的"意象思维"特征。拿汉字来说，每一个汉字都是一幅精巧细致的图画，一处唯美浪漫的风景，构造独特而意蕴丰富：

还有那一个个正方的形状，美丽的单字，每个字的构成，都是一首诗；每个字的沿革，都是一部历史。"飙"是"三条狗"的"风"：在秋高草枯的旷野上，天上是一片青，地上是一片赭，中疾的猎犬风一般快地驰过，嗅着受伤之兽在草中滴下的血腥，顺了方向追去，听到枯草飒索地响，犹如秋风卷过去一般。"昏"是"婚"的古字：在太阳下了山，对面不见人的时候，有一群人骑着马，擎着红光闪闪的火把，悄悄向一个人家走近。等到了竹篱柴门之旁的时候，在狗吠声中，趁着门还未闭，一声喊齐拥而入，新郎从打麦场上挟起惊呼的新娘打马而回，同来的人则抵挡着新

[1] 梁润生，朱云汉.意象与语言探析 [J].理论导刊，2006（7）.

娘的父兄，做个不打不成交的亲家。[1]

一个"飙"字，一个"婚"字，汉族人民在造字的过程中完美地渗透了意象思维的诗性创造，从而将之演绎成了一个个绚丽奇幻的故事。不独汉字，由汉字符号所构筑而成的语言作品，也往往利用多种意象的组接、跳转构筑成一幅幅诗情画意的画，从而或隐或现、或虚或实地表达着作者的独特情感和生命体验，引人联想，意味无穷。在语文教学中，学生所面对的就是运用意象思维构筑而成的语言作品，因此，我们决不能把由"象"所传达的"意"看得太死，而是要充分调动学生的意象思维，让他们把一个汉字、一首诗、一篇文章都当作鲜活灵动的画像、图示来对待，充分激发学生的形象思维能力以及想象力、创造力，让他们在对"象"的解读中生成意蕴，生成美，也生成文化。以下我们便列举几种调动学生的意象思维以促发意义生成的策略：

（一）观象悟象

就像亚里士多德所说的那样："惟妙惟肖的图像看上去能引起我们的快感。"[2]在生活中，一幅画是美的，它能够带给人以视觉上的冲撞和刺激，从而诱发人的情感，触发人的审美体验，使人对其形成个性迥异的理解。在意象思维的统摄下，语文学习中的每一个汉字、每一篇文章都可以被看作一幅幅多维立体的图画，向我们传递着除了抽象概念以外各种文化的、审美的讯息。因此，教师可充分把握汉语言文字的意象性特征，以"象"为触发点，充分调动学生的视觉、听觉、悟觉等多种感官能力，让学生在"观象""悟象"的过程中尽情地陶醉于意象符号带给他们的感官享受，并激发他们想象联想的创造力，从而让平躺着的语言符号站立起来，使学生在多维立体的意象空间之中去品悟象之易、把握象之道、欣赏象之美。特级教师薛法根在教授《卧薪尝胆》时就巧妙地抓住了"奴仆"两个汉字的意象，让学生在观象、悟象的过程中充分体会到了越王勾践被吴王俘虏后的耻辱生活：

师：（在黑板上写"女"字的象形文字。教师侧身站着，低头，俯身，双手前伸，交叉在胸前）这是什么人哪？（生笑）这是女人！古代的女

[1] 朱湘.书[M].北京：人民文学出版社，1985：187.
[2] 贾军.汉字意象思维特征与古典诗歌审美意象的关系[J].阴山学刊，2007（5）.

人见了男人就要这样，一副温顺的样子。（再写"奴"字的象形文字）尽管女人已经很听话，很温顺了，男人们还是用一只大手一把抓住女人，想打就打，想骂就骂，这样的女人就是"奴"！这个字就是"奴仆"的"奴"。

……

师：在现代社会，人与人是平等的，所以没有"奴"。

生：还有"仆"吗？（众大笑）

师：（在黑板上写"仆"字的象形文字，边写边解说）这是一个侧身站立的人，有人在他头上戴了一个"羊"的标志，表示这是一个战俘或罪犯，在他的屁股后边还要插上几根尾毛，让他走在大街上。（边说边笑）如果是你，会觉得怎么样？

生：只有动物才有尾巴，很难为情。

师：不把人当人！

生：我会觉得屈辱。

生：这是对人的侮辱！

（师板书：耻辱、屈辱、侮辱、羞辱、欺辱。归类，并引导学生齐读）

师：不仅这样羞辱他，而且要他整天干重活！（师画图形）这样的人过着怎样的生活？

生：过着悲惨的生活！

生：过着猪狗不如的生活！

生：没有任何人身自由，很痛苦！

生：他的命不值钱，说不定什么时候就被杀死了。

……

师：（脸色凝重地）这样的人就是"仆"！这个字就是奴仆的"仆"！

师：勾践夫妇到吴国当"奴仆"，他们又会遭到怎样的磨难呢？

（生自觉地拿起课本读起来）

通过意象思维的激发，学生在对"奴仆"二字形象的品悟中展开了自由畅达的创造和想象，一个奴仆的形象仿佛倏然从纸上站了起来，它那副受尽欺辱的可怜相儿也深深地触动了学生的情感和心灵世界。同时，通过对汉字字形的讲解，学生也深切地品味到了汉字符号背后浓厚的文化意蕴。就这样，符号世界在学生的意象思维中鲜活了起来，意义世界在学生的想象与创造之中蔓延开来，学生的心灵也在汉字优美的意象中尽情地陶醉、快乐地成长。

（二）立象品象

英美现代诗的宗师艾略特在评论莎士比亚的《哈姆雷特》时就指出：表情达意的唯一方式，便是找出"意之象"，即一组物象，一个情景，一连串事件，这些都会是表达其特别情意的方式。如此一来，这些诉诸感官经验的外在事象出现时，其特别的情意便马上给唤引出来。汉语所具有的意象思维这一独特特征，使其可营造出拼音文字所不可比拟的审美意象，表现在语言作品中，这些或是由只言片语、或是由句段篇章构成的审美意象，可以通过各种有序或是无序的组合转换，拼接成一个个类似于电影中的蒙太奇镜头，从而很容易在人的头脑中幻化成一幅幅具体的图像，引发人在其留有的暗示处或空白处进行想象和联想。我们在这里谈到的调动学生的意象思维，使其在语言文本处"立象品象"的过程，就是让学生在阅读语言作品的同时，结合作品内容，抓住个别词或是词组、一句话、一篇文章所营造的意象，在头脑中创造性地组接成各种形象可感的画面，有了画卷在学生心灵深处的展开，学生便可根据自我体验对语言作品进行进一步的品悟、解读，对作品意义所形成的颇具个性的理解也就在这一幅幅学生用想象编织、描绘的画卷中如潮汹涌般地铺展开来了。《春晓》是山水诗人孟浩然的作品，诗语中所描绘的响彻春日的鸟鸣、瓣瓣花絮的飘飞，以及人们初春时节的慵懒与困倦，很容易使人在头脑中构筑一幅水墨诗情的春景图，给人在视觉和听觉上造成一种虚幻而新奇的冲击力，从而让人品悟到诗中的春韵、情韵、语韵。

有一位语文教师，在教这首古诗时，抓住了诗文的意象特点特别设计了以下教学环节[1]：首先，引导学生评画，就课本诗边上插入的图画让学生一边读诗，一边观察这幅画，然后让学生来评评这幅画，看看它画得怎么样，有没有画出这首诗的意思，最好能提出批评的意见，并说明理由。于是，有的学生说："'处处'闻啼鸟，画面上只画了两只鸟。"有的说："只画了三两片花瓣，体现不了'知多少'之意。"有的说："这一

---

[1] 盛新凤.盛新凤经典课堂与创新设计[M].太原：山西教育出版社，2006：224.

切都是诗人看到的,画面上应出现人。"在评画的环节中,学生的情绪高昂,意象思维随着对插图画面的品评渐入佳境,于是教师又趁热打铁地设计了以下环节:启发学生构画。教师引导学生凭想象力和创造力构画,为这首诗配一幅插图。于是学生在老师的启发下构筑了一幅幅绚丽奇瑰的画面。学生 A:满河的花瓣正随波飘向远方,上空是一群群翩翩飞翔的鸟儿。学生 B:画一个花圃,花枝上停着数不尽的鸟儿,下面是满地沾着露珠的落花。学生 C:画一扇窗,窗里是正懒散地倚在床上吟诗的诗人,窗外是花香鸟语、落红满地。而那诗人正在叹气,因为他觉得那些花瓣飘落很可惜……在评画构画的过程中,教师一直认真倾听,并引导学生描绘画面,互相评论。这样,学生在品评一个个自己运用意象思维构筑而成的诗性画面的同时,创造思维、发散思维都得到了极好的发挥和锻炼,几行简短的诗句,在他们眼前呈现的却是一幅幅鸟语花香、落红满阶的春景图,学生在对诗中审美意象的品悟、解读之中,心里也生成了春景各异的"自我镜像"。因此,我们说立象、品象的过程不仅引发了学生对作品意义的创造与生成,也引发了学生对美的创造。

（三）因象续象

语文教学中,篇篇文质兼美的教学文本都是用美丽的语言符号——"音律的、绘画的符号"来表达作者思想情感的。这些在纸面上欢舞跳跃的精灵又通过各种组合、聚合等语法关系群群落落粘结在一起,形成比单个文字符号更大的意象单位,就好像是构筑绘画的各种线条和颜色等微小元素,在作者"画笔"的侍弄下尽情地跳转衔接,纵横捭阖,从而在"画布"上叠聚为更为宏阔的、更为绚丽奇特的景观,直至整幅"图画"作品创作的完成。

其实,从文学审美的角度来讲,一篇悦情悦意、悦心悦智的作品,就是通过优美意象的组合叠加构建而成的,这种意象的叠加并不是杂乱的语言堆砌,而是按照一定艺术原则营造而成的张力系统。它的独特之处在于:意象与意象之间并不是边界清晰的板块式组合,而是以立体叠加的方式构置成的意象空间,以至于使意象与意象之间留有足够的"空白"和"断裂",从而在平面的符号间拓开了一片内隐外秀的奥区。当我们停留在这里注目观赏的时候,总是一度对这些流动、闪烁、飘忽不定的意象组合产生朦胧之感，并能够自觉地调动自我的想象力和创造力去努力填充它、完善它，在此之中，我们也寻着意象的芳踪触摸到作者真实的情感和心灵，领略到作品内层的情韵和深层的奥韵。这里，我们将这种填补空白、补充断裂意象的过程，称为"因象续象"的再创造活动。

在语文教学中，这种抓住意象在组合过程中呈现的断裂或空缺，并引导学生运用意象思维对作品所传达的"言有尽而意无穷"之处进行因循接续的过程，是锻炼学生自主创造能力的极好方式。同时，"因象续象"的过程也能更为直接地激发和唤醒学生独特的内心体验，从而能够深化学生对文本的理解，促发自我意象的生成。如，一位教师在教学李煜《虞美人》时就巧妙地设计了以下几个问题：①"春花秋月何时了，往事知多少"中，作者心中的"往事"有哪些？他心中的"春花秋月"又是什么？②"小楼昨夜又东风，故国不堪回首月明中"，月明之下的故国究竟是一番怎样的情景，为什么就不堪回首？③"问君能有几多愁？恰似一江春水向东流。"愁情怎么恰似"一江春水"，又是为何而生呢？循着这些意象衔接处留下的空白点，学生真正走进李煜，用心去揣摩公元978年七月初七那个晚上南唐后主的所感所想、所作所为。以下是一个学生的"续象"结果：

　　小楼东风，深院梧桐，那一个静谧的夜晚却凌乱了一地的月光。你站立于孤独的深夜，我实在不知道哪里的江山有你不愿看见的朱颜和玉砌雕栏。你独立在风中，是否在回忆昔日的金炉次第，是否在凝望远方的故国？笙箫声断，午夜梦回，你又何尝不知道自己只不过是亡了国的囚徒。亡命他乡、与世无争的你啊，为什么就学不会勾践的卧薪尝胆，为什么就不能从诗词中寻一个逃亡心灵的出口，却让漫溢的离恨肆意流淌。你难道不知道残酷是追随失落而来的绵延尾音，阴谋正在玉樽中酝酿。或许你过于天真的双眸看不清命运的背后，现实是怎样的面目狰狞，终于，清酒掩藏着剑光，在这个难忘的七夕之夜，一个单薄却又伟大的生命永远落幕，一江诚挚而又绵长的血泪千年流长……[1]

苏霍姆林斯基曾经说，在学生的脑力劳动中，摆在第一位的并不是

---

[1] 戴麟. 用诗歌空白打开学生审美的天眼 [J]. 新作文——中学作文教学研究，2008（Z1）.

背书，不是记住别人的思想，而是学生本人进行思考，也就是说进行生动的再创造。在以上案例中，教师巧抓文本意象空白恰到好处的三个问题的引导，仿佛用一炬神奇的火把点燃了学生头脑中的智慧之光，他们的想象在李煜的世界里纵横驰骋，从而生成了自己的"春花秋月"和"一江春水"，课堂中流淌着的是学生心灵中最美丽的诗意，吟唱了千载的古诗在学生创造性的解读之中又重新绽开了新鲜亮丽的花朵。

三、融通：在整体参照的语境体验中

语言哲学家弗雷格有一句名言："决不孤立地寻问一个词的意义，而只在命题的语境中寻问它的意义。"[1]这句话告诉我们，对意义的理解不能采取孤立的、逻辑分析的方法，而应该在一种整体思维的关照下，在"解释的循环"这一意义生成的本体论框架中去澄明和建构意义。这里，重视与意义相关的各类语境的体验和感悟就显得尤为重要了。

语境，指人们在利用语言进行信息传递时所处的特定语言环境，它制约和影响着传递过程中言语意义的确立。中国哲学以崇尚"天人合一"的整体性思维方式著称，在此思维方式的统摄下，汉民族在对语言意义的阐释过程中似乎把与之关联的语境因素看得尤为重要。季羡林先生在《〈神州文化集成〉序》中指出："西方印欧语系的语言，特别是那一些最古老的如吠陀语和梵文等，形态变化异常复杂，只看一个词，就能判断它的含义。汉语没有形态变化，只看单独一个词，你不敢判断它的含义，必须把它放在一个词组或句子中，才能判定它的含义，习惯使用了这种语言的中国人，特别是汉族，在潜意识里就习惯于普遍联系，习惯于整体观念。"从某种意义上讲，与汉语言相关的各种语境因素构成了其意义生成的庞大的整体参照系统，从而为意义的生成营造了一片阔大的"意义场"。在语文教学中，我们也要注意用这种整体性的思维方式关注意义的生成，在对字词、篇章的意义进行探讨时，不要急于去对一个个毫不相干的字词进行孤立的理解和解释，而要充分关注到语境的功能和作用，

---

［1］　徐友渔、周国平、陈嘉映、尚杰. 语言与哲学——当代英美与德法传统比较研究［M］. 北京：生活·读书·新知三联书店，1996：770.

在对与文本意义相关的各类语境的感悟和体验中去寻求意义的生成。这里，我们所谈到的语文教学中的"语境体验"，就特指学生借助心灵的触角探入与文本意义关联的语境当中，在此进行细腻的体察和感悟，从而全面深刻地把握其深层内涵。

由于各家学者对语境的研究视角不同，对于语境的分类也是形彩各异，但在大体上都涉及两类语境：言语语境与非言语语境。言语语境特指上下文语境，它是影响和制约意义生成的"小语境"，而非言语语境指语言交际中所包含的情景氛围以及社会、历史、民俗文化在内的社会环境等。非言语语境又可细分为文化语境和情景语境两类。受此启示，我们也可把语文教学中的相关语境分为以上几个类别。下面，我们就谈谈在语文教学中如何引导学生对各类语境进行感悟体验，从而促发文本意义的生成。

（一）言语语境的体验

言语语境，是在语文教学中最常接触的一类语境，它就是我们常说的上下文语境。一个词语或是一段话，只要是融入了与之编织成一片的上下文语境，原有抽象性概念意义便会随之淡出，表现为一种光彩流离、气象万千的"变身"状态。正如尤里·梯尼亚诺夫所言："它是变色龙，其中每一次所产生的不仅是不同的意味，而且是不同的色泽。"[1]语文教学中我们要注重对这种上下文语境的体验和解读，从而实现一种"整体—局部—整体"的解释的循环，犹如欣赏一幅山水画，单看其中的一处房屋、一溪清泉，是难以领略到画家匠心独具的艺术手法和画面丰厚的意蕴的，只有从整体着手，将画中的每一处风景都融入画面构图的整体结构当中，细细品读，用心涵泳，才能了解到画家每一处运笔的旨趣所在，从而融入"绿水绕青黛，相看两不倦"的愉悦情景。

例如，高中语文人教版教材选用的孙犁的《荷花淀》，其中有一个场景的描述是非常有意思的，当四个青年妇女商量去探望在战斗前线的丈夫时，她们的语言鲜明地显示出了各自的性格特征："听说他们还在这里没走。我不拖尾巴，可是忘下了一件衣裳。""我有要紧的话，得和他说

---

[1]　［俄］什克洛夫斯基，等.俄国形式主义文论选［M］.方珊，译.北京：生活·读书·新知三联书店，1989：41.

说。""哪里就碰得那么巧，我们快去快回。""我本来不想去，可是俺婆婆非叫我再去看看他——有什么看头啊。"照字面意思理解，每个人都有不得已的原因才去见丈夫，而如果教师引领学生结合整篇课文的上下文语境去体验其话语意义，"忘下衣服"，"婆婆"的授意，不过是想念、担忧丈夫的借口罢了，实际上她们是非常想念自己丈夫的，都迫不及待地想去探望丈夫。再如鲁迅的散文《秋夜》的开头："在我的后园，可以看见墙外有两株树，一株是枣树，还有一株也是枣树。"此段文字看似普通平常，不将之放到上下文语境中仔细体验难以察觉其妙。从文本整体结构来看，这篇散文重在歌颂枣树，在作者眼里，枣树是在"秋夜"对奇怪而高的天空进行战斗的英雄，开篇用修辞重复格为的是突出强调，使其形象更为鲜明，鲁迅研究专家、日本大阪市立大学教授片山智行认为："如此重复的叙述，是使'枣树'的形象更鲜明，更具有存在感，从而引起读者的注意。同时，分别表述两株枣树，也自然地流露出作者当时的'寂寞'与孤独感。"

在语文教学中，我们要注意引导学生对此类上下文语境进行整体的感知和体验，不要急于去对文本进行零散的、支离破碎的字词讲解，而要给学生对语境进行整体感悟的环节留下足够的空间，让学生在语言文本珠联璧合的整体语境中，享受到汉语广博优雅的动人情韵，进而再对语言的局部精华处进行具体的品读与鉴赏，从而实现对意义整体与局部融会贯通的理解，在文本广阔的语言环境中领略到"我醉君复乐，陶然共忘机"的意趣。

（二）非言语语境的体验

除了上文提及的上下文语境，非言语语境虽然不是以文本言语的形态出现，但对文本意义的理解也起着推波助澜的作用。文化语境有助于学生对文本文化意蕴的整体感知和解读，而特定教学情景的创设也深化着学生对文本意义的理解与建构，我们将其称为语文教学中的一种特定的情景语境。因此，在语文教学中，我们也要对其引起足够的重视，让学生在与语言交往发生间接联系的文化语境和特定的情景语境中去体验和建构意义。

第一，文化语境体验。在前面的论述中，我们曾强调语言意义与文化之间的关系。由语言符号连缀而成的整体语境，会或多或少地折射出一定社会、民族特有的文化传统和文化心理，对这种文化背景的体验和阐释会影响学生对整篇课文意义的把握，这要求教师采取多种方法，引导学生融入文化语境，使学生已有的文化心理与语境特有的文化背景相契合，让学生获得文化性意义的理解和把握。如鲁迅的《祝福》里有一句话容易被人忽视。祥林嫂捐了土地庙门槛后的一次祭祖，"她便坦然的去拿酒杯和筷子"。可是四婶却慌忙大声说："你放着罢，祥林嫂！"祥林嫂听了这句话，"像是受了炮烙似的缩手，脸色同时变作灰黑……第二天，不但眼睛窈陷下去，连精神也不济了。……不半年，头发也花白起来了，记忆尤其坏，甚而至于常常忘却了去淘米"。后来终于被"打发走"，成了乞丐，死于风雪之中。无疑，"你放着罢，祥林嫂"是一个标志祥林嫂人生转折，且加速祥林嫂悲剧命运发展的关键语句。从这句话的语面中，似乎难以获得其语义的真正价值，倘若通过语境的文化背景诠释，就能体味到作者通过语句背景所表现出来的深层文化心态和创作的艺术匠心。

祝福，是鲁镇的年终大典，是用来迎接福神、拜求好运的庄重礼仪。自然，祝福用的礼品和祭器是至高无上而神圣的。祥林嫂丧夫又失子，在封建卫道士鲁四老爷的眼中，她是最晦气而不洁的女人。她不能布置福礼、搬动祭器，否则有辱祖宗。尽管祥林嫂用血汗钱捐了一条门槛做替身，尽管她对自己的生活燃起了一线新的希望，可是她一插手"祝福"，就听到了一句致命的话："你放着罢，祥林嫂！"这等于宣告祥林嫂希望的破灭。根植于中国封建传统文化背景语境的这句话，尽管出自鲁四婶之嘴，却是反映鲁四老爷的思想意识，严格说，它反映的是半封建半殖民地旧中国的社会观念，是地主阶级为维护吃人的旧礼教而对勤劳朴实的劳动妇女所宣判的极刑。这也正是作者心中的郁愤和作品"反封建礼教"主题的凸现。如果在阅读教学中，忽略了对这句话文化背景的语境体验，无疑就失去了一次把握作品深层意蕴的机会。

第二，语文教学中的情景语境体验。语文教学过程是一种特殊的言语交际活动。在此过程中，教师和学生往往在特定的场景确立特定的主题，并借助特定的媒介，采用特定的手段来制造某种特定的情景和氛围，从而完成语言信息的传达和意义的交流活动。我们认为，这种由师生共同创设的特定情景和氛围可被广义地理解为语文教学中的一种特定情景语境，无形之中，它为学生对语言文本意义的认知和把握营造了一片"理解的场"，学生只有置身其中，身临其境，才能更深入地把握文本要义，并创造性地生成新意。以下我们便简要地选取这种情景语境中的三个要素，看看教师应如何引导学生对其进行感悟和体验：

首先，我们来谈谈语文教学中情景语境的审美因素体验。在教学中，教师经常利用一些富有美感的事物和情境来营造某种教学氛围，我们将其称为语文教学情景语境中的审美因素。我们说，"美"是教育的磁石，大自然中美丽的虫鸟、传奇的人物、动人的故事生动地向学生们展现着美的人、美的理念、美的公式、美的图形……教师优美的语言描绘与音乐、绘画、戏剧等丰富教学手段的完美结合，如同一股轻松愉悦的空气，吹进了学生的心灵，吹开了学生的审美天眼，学生身临其境地体验、感悟，从而快乐地学习，快乐地收获。在讲《渔歌子》时，魏书生老师对学生说："这是一首景色极其鲜艳美丽的词，我们应该认真品味，在大脑的荧光屏上放映，请大家打开大脑电视机。"这时同学们闭上了眼睛，进入想象状态。他接着说："先勾勒形态，请同学们先在脑子里放映西塞山、白鹭、桃花、流水、鳜鱼的轮廓，再染上色彩；请把黑白电视变为彩色电视，看谁脑子里的色彩更鲜艳美丽。"这时同学中有了反应："脑中出现了青色的山，粉红色的桃花，碧清的水……"魏老师说："好，使画面动起来。白鹭在山前自由自在地飞来飞去；小溪叮咚流淌，欢快跳跃；鳜鱼则不时跃出溪流汇积而成的深潭。然后让画面更细致、更逼真。在大脑里放映几个特写镜头——白鹭身上洁白细密的羽毛，鲜艳的桃花上带着花粉的花蕊……"[1]就这样，学生的情感和心灵在教师营造的美的情景中尽情欢悦，流连忘返，语文课堂也成为学生快乐学习的乐园。

其次，我们来谈谈语文教学中情景语境的情感因素体验。在语文教学中，"情"常常成为学生理解文本意义的触发点，教师也常常利用课堂中的情感因素创设一种课堂情景，在这里我们也将它理解为一种情景语境。课堂中一曲情意悠绵的乐曲、一段饱含深情的朗读、一幕入情入境

[1]　崔秀兰. 语文教学情景美的创造[J]. 佳木斯大学社会科学学报，1996（3）.

的表演，甚至教师一个期待的目光、一句激励的话语、一丝亲切的微笑、一个会意的手势都能和学生慧质的内心世界和丰富的情感空间达成对话，从而触动学生幼小的心灵，产生强烈的情感共鸣。在语文教学中，我们要注意引导学生对这种情感语境进行感悟和体验，努力营造一种以情感为纽带的传递和互动，从而让学生更深刻地理解文本意义，领悟其中蕴含的情韵与理趣。

最后，我们来谈谈语文教学中情景语境的智趣因素体验。智慧的生成永远是语文教学的核心。然而智慧的生成是微妙的，干瘪刻板的语文课堂氛围根本不能让学生产生兴趣，更谈不上智慧的生成。因为智慧的生成往往表现为学生在能够带动起其兴趣的情境下，在入情入境一刹那间所闪现的灵光，因此，它需要"趣"的诱导，"趣"的激发。教学中，以激发学生的想象力和创造力为旨归的各种富有智趣的情景创设，给学生的自主学习留下了广阔的空间，让他们的心灵在轻松愉悦的氛围中自由呼吸，让他们联想和想象的风筝在蓝天下自由地放飞。

在教学《落花生》一课时，特级教师李吉林创设了如下这个教学情境：

师：在我们的日常生活中，有哪些事物或人物也像落花生一样，不喜欢外露，而喜欢内藏，样子不好看，却对人有用？那画面想象得到吗？

（学生一下子列举十多例）

生1：藕。它虽然埋在乌黑的淤泥中，但它可以供人们食用。

生2：煤。虽然埋在深深的地里，它却可以燃烧，带给人们热量和温暖。

生3：石灰。生在山里，但对人的用处很大，经过千锤百炼，把清白留给人间。

生4：骆驼。虽然样子丑陋，但是它能长途跋涉，行走在干旱的沙漠上，为旅行者服务。

生5：蚕。吃的是桑叶，样子并不好看，但是它把体内所有洁白的丝全部献给人类，所谓"春蚕到死丝方尽"。……

可见，富有智趣的情境体验，不但深化了学生对文章主题和意蕴的理解，而且拓宽了学生对事物的认识，在此情境中，学生智慧的火花相互碰撞，生成了比教参和老师的讲解精彩千百倍的意义！

四、延拓：在触类旁通的语言游戏中

在语文教学中，语言的学习与运用从来就不是在静态的课堂教学环境中实现的，任何对语法规则的生搬硬套或对词典中词条的机械识记都是枉费心机，因为语言不是一堆僵死机器上的零散部件，而是一个个充斥着生命智慧的思想片段，只有在具体的实践运用中，在灵活多样的生活情景下，才能焕发出生机和活力，编织成一篇篇轻盈流畅的华美乐章，奏出悦耳怡人的旋律。奥地利伟大的语言哲学家路德维希·维特根斯坦曾在他后期的哲学思想中提出了著名的"语言游戏"论断，这个实践性和生活性很强的语言观，启发我们在语文教学中始终关注以下两个问题：

（一）把语文教学视为学生对语言灵活运用的"游戏"

把语文教学视为学生对语言灵活运用的"游戏"，意义就生成于学生对语言的运用过程之中。"语言游戏"是哲学家维特根斯坦在其后期的哲学思想中亮出的一个有悖于以往逻辑分析范式的重要研究成果，在其著作《哲学研究》中他指出："我们可以设想，第二节里使用话语的整个过程是孩子们借以学习母语的诸种游戏之一。我将把这些游戏称为'语言游戏'，我还将把语言和活动——那些和语言编织成一片的活动——所组成的整体称作'语言游戏'。""语言游戏"强调的是语言意义诞生于人对语言的运用活动。维特根斯坦用下象棋这一场景作喻，"如果有人不懂象棋中'王'是什么意思，你把这个棋子拿给他看并告诉他'这就是王'，这是毫无意义的，因为你没有告诉他王的走法，而任何形状的棋子在象棋中充作王都是可以的，只有知道了王的走法，他在棋盘上的位置，活动范围，如何吃掉别的棋子以及可能被对方将军，等等，这时说'这样的棋子就是王'才有意义"。[1]因此，他指出"意义即使用"，一个词的意义就是他在语言中的使用。

在语文学习中，词与连接在一起的运用行为构成了语言游戏，游戏的多样性决定了语言意义生成的多样性。譬如一个"花"字，如果放弃讨论它在生活场景中的使用，单看它在字典中的静态意义，就有六种阐释：

---

［1］徐友渔，周国平，陈嘉映，尚杰. 语言与哲学——当代英美与德法传统比较研究［M］. 北京：生活·读书·新知三联书店，1996：70.

1. 种子植物的有性生殖器官；2. 供观赏的植物；3. 颜色错杂；4. 用掉；5. 姓；6. 模糊不清。但在语文教学中，对诸种词条的机械识记根本算不上语言学习，也容易引起语言的混乱，只有当我们引导学生将"花"运用到"这块布花了点儿""今天买肉花了20元钱""奶奶的眼睛花了"等带有具体情景的语言运用当中，它每一个含义的轮廓才会自然而然地在学生的头脑里明朗清晰，学习起来也更便捷有趣。因此，在语文教学中我们应积极引导学生对语言的灵活运用，让学生在续写、对对子、造句等丰富多彩、轻松愉悦的"语言游戏"中，达到对语言意义的灵活掌握。

此外，维特根斯坦告诉我们，使语言拥有"家族相似"特征的语言规则，也不是一成不变的僵化教条，而是在游戏的过程中被使用者习得、遵守并灵活创设的。"我们一边玩，一边制定规则"，"甚至还有这种情况，我们一边玩，一边改变规则"。[1]因此，我们可以把语文教学中诸如词类、语法等规则的学习过程也看作是趣味盎然的游戏过程。例如"中国"这个词语本带有专指对象性很强的名词性特征，但在"过春节了，悬挂在美国街道两旁的大红灯笼显得很中国"这句话中，"中国"一词却表现出形容词特点，强调美国街道被中国古老浓郁的民族文化气氛所笼罩的"中国化"特色。再如语文教材中的"春风又绿江南岸""知否，知否，应是绿肥红瘦""红了樱桃，绿了芭蕉"等这些词类活用现象，都是语法规则在游戏中的灵活变通，从而使语言的表意更加形象生动，跃动着鲜活的生命气息。这些都应唤起学生在日常语言表达和写作活动中的广泛关注。

（二）把语文教学置于真实广阔的生活场景中

把语文教学置于真实广阔的生活场景中，为学生的语言学习创设自由灵活、富有情趣的生态环境。"语言游戏"这个平易近人的语言观，不仅使维特根斯坦本人放弃了前期关于语言"精确性、唯一性"这一"图像化"理想王国的执着追问，也使我们的母语教学从生冷强硬的传统逻辑线条中跃出，倏然置身于灵动而广阔的人文生态场景，拉近了语言学习者与其生存环境的距离。正如维特根斯坦所说，想象一种语言就叫作想象一种生活方式，生活为学生的语文学习提供了广泛而又真实的运用

---

[1] 徐友渔，周国平，陈嘉映，尚杰. 语言与哲学——当代英美与德法传统比较研究[M].北京：生活·读书·新知三联书店，1996：76.

背景，语言在生活环境中设定自身用法和意义。以"语言游戏"面貌呈现的语文教学，决定了其意义的生成过程不会被钳制在狭小的语言环境中，而必然植根于广袤辽阔的生活沃野，为"语言游戏"编织出一片能够容纳更多学生参与其中的生态环境。

叶圣陶曾经指出"课文无非是个例子"，真正的语文学习应肇始于学生流光溢彩的生活运用场所，"你可以试着想象各种不同的语言游戏，词语的意义就会在它们的实际使用中体现出来，进而进行语言游戏的人们的生活形式也就在你的想象之中了，一个词语就像一滴水，只有融入大海才能永存，一种表述也只有在生活之流中才有意义"。[1]因此，我们的语文教学注定要和生活结缘，将各种鲜活的课外学习材料，包括书面的、口头的、影像的语言作品，渗透到课内的语言学习中，增强各种言语信息对学生感官的刺激，在课内开展各种丰富多彩的模拟现实生活场景的综合性学习活动，在迁移练习的言语行为中不断将书本中学到的语言知识内化为自身拥有的语言能力。

北京小学特级教师吉春亚就在她的语文教学中让学生用造段的形式，将摘抄的内容运用于现实的生活情景中，学生的语言学习取得了很好的效果。例如古诗句的运用：爷爷七十大寿，亲朋好友都前来祝贺。大家祝爷爷"福如东海，寿比南山"，可爷爷却叹息道："夕阳无限好，只是近黄昏。"我赶紧把爷爷的话打住："霜叶红于二月花，爷爷，你的身子骨比年轻人还壮实。"爷爷笑了，摸摸我的头："就你会耍贫嘴！"这种对语言情趣盎然的学习方式，不仅使学生在轻松愉悦的游戏氛围中掌握了古诗词语言的含义，而且在书本上的语言知识学习与现实生活运用之间架通了一座桥梁，达到了活学活用、举一反三的教学目的。可见，语文教学中促成意义生成的方式从来就不是对一个个凝滞在书面上的符号的简单记忆，语文学习也从来不是一个自足封闭的系统，正如维特根斯坦著名的"象棋"隐喻，只有让学生将语文学习融入现实生活这个硕大无比的棋盘中，他才能真正懂得每个棋子所代表的具体意义和走法，才能运用自己的语文智慧在今后的人生道路上走好每一步棋。

[1]　李郁.论维特根斯坦语言哲学的影响力——语言哲学与日常语言[J].学术交流，2006（5）.

第三章　语文课程目标的语用把握

　　课程目标是按照国家的教育方针，根据学生的身心发展规律，通过完成规定的教育任务和学科内容，使学生达到的培养目标。基础教育各学科均有其课程目标，语文课程目标就是从语文学科的角度规定的语文课程人才培养的具体规格和质量要求。它是语文课程编制、课程实施和课程评价的准则和指南。语文课程目标是语文教学全部工作的出发点和归宿，指导和制约语文教学的一切活动，所以，要保证语文教学的质量和效率，必须全面准确地把握语文课程目标。在这里，我们主要从"语言文字运用"语用观出发，通过深入认识分析语文课标规定的"三维目标"，对语文课程目标的语用取向加以透视。

第一节　语文课程三维目标的设计

我们要深入具体探讨语文课程的语用目标，就必须首先透彻分析并切实把握语文课标中所规定的"三维目标"。为此，我在这里从知识和能力、过程和方法、情感态度和价值观三个维度作分析，以明确认识语文课程的语用性目标指向。

一、语文课程三维目标的分析

教育部颁发的《基础教育课程改革纲要（试行）》在阐述"课程标准"时指出：国家课程标准"应体现国家对不同阶段的学生在知识和技能、过程和方法、情感态度和价值观等方面的基本要求，规定各门课程的性质、目标、内容框架，提出评价和教学建议"。[1]其中国家对学生的基本要求，实际上就是制定课程目标的依据，并且这一基本要求直接表现了课程目标的基本结构。各门课程都如此，语文课程当然也不例外。《义务教育语文课程标准（2011年版）》就阐明："课程目标从知识和能力、过程和方法、情感态度和价值观三个方面设计。三者相互渗透，融为一体。目标的设计着眼于语文素养的整体提高。"高中语文课程标准中也曾指出：根据新时期高中语文教育的任务和学生的需求，从"知识和能力""过程和方法""情感态度和价值观"三个方面出发设计课程目标，努力改革课程的内容、结构和实施机制。新课程目标采用了全新的设计思路，即突破了以往课程体系注重单一的知识技能取向的束缚，而同时关注过程和方法、情感态度和价值观方面的要求，亦即从知识和能力、过程和方法、情感态度和价值观三个维度进行目标设计。下面对语文课程的三维目标作具体分析。

（一）知识和能力

知识和能力目标是整个目标结构中的基础元素。因为只有掌握最基

---

[1] 朱慕菊. 走进新课程——与课程实施者对话［M］. 北京：北京师范大学出版社，2002：225.

本的知识和技能，学生的综合素质才能得到整体发展。过去之所以一直把掌握基础知识和基本技能作为教学的首要任务，原因也在于此。在新的课程目标中，知识和能力仍是重要目标，但从现代社会对公民素质的要求看，对语文的"知识和能力"应有新的理解。当今是信息时代，信息的多样性和信息传播的多渠道性是这一时代的显著特点；人际交往日益重要，对人的实践能力和创新能力的要求也越来越高。因此，在教学过程中，我们仍要加强适应学生发展的基础知识和基本技能的教学，并努力引导学生逐步独立地运用已学的思考方法去学习新知识，使学生在不同的内容和方法的相互交叉、渗透和融合中开阔视野，获得现代社会所需要的适应其可持续发展的语文实践能力。

（二）过程和方法

过程和方法是课程目标中最具动态性的元素。学习必须掌握方法，这已是中外教育者的共识。"授人以鱼，不如授人以渔"也为广大教师所熟知。之所以把掌握方法作为目标，是因为人们认识到，与掌握知识相比，掌握方法具有更为积极而广阔的意义。

把掌握过程作为课程学习目标，这在我国的教育活动中是一种新的提法。学习过程是一个包含学习时间的推移、学习方法的演进、学习活动的展现、学习内容的把握等多种因素的动态系统。掌握过程，就是要掌握这一动态过程中的基本规律，以及丰富各种具体的学习过程的体验。其实质，就是要使学生形成和发展学习策略意识并运用学习策略驾驭学习过程的能力。

语文课程要求学生掌握的过程和方法，不仅是听、说、读、写这些言语活动各自的过程和方法，而且要特别掌握好综合性学习活动的过程和方法。强调掌握过程和方法，有助于改变以往过分重视知识传授而导致的学生被动接受的倾向。

（三）情感态度和价值观

情感态度和价值观，是作为对人品人格的一个概括性定义来使用的。在基础教育中提出培养学生健康正确的情感态度和价值观，不仅是对我国长期以来育人内容及其经验的高度概括，也反映出当前我国社会对人才品质的客观需求。

教育从来就不仅仅只是传授知识的活动。教育作为一种社会性活动，总是在传授生产与生活经验的同时渗透着生产与生活的规矩与范式的教育，从而保证社会的联系与秩序。在教育目标结构中，情感态度和价值观是具有绝对人格导向的元素，因而是目标元素中最重要的元素。

语文课程是一门人文性很强的课程，其丰富的人文内涵必然对学生的精神世界产生广泛而深远的影响。因此，在语文课程的目标结构中，情感态度和价值观这些元素就具有更为特别的意义。培养学生高尚的道德情操和健康的审美情趣，帮助他们形成正确的价值观和积极的人生态度，不仅不是一种外在的附加任务，而恰恰相反，它是语文课程的重要内容。[1]

二、语文课程三维目标的实质

三个维度目标的设计是新课程最具创新意义的内容之一，之所以这样说，是因为它体现了学生学习活动中的三个"统一"。深入理解三个"统一"，才能真正把握语文课程三维目标的精神实质。

（一）过程与结果的统一

对语文教学而言，过程表征语文学科的探究过程和探究方法，结论表征语文学科的探究成果。两者是互相作用、互相依存、互相转化的关系，什么样的探究过程和方法论必然对应什么样的探究结论和结果。一方面，语文学科的知识体系的获得依赖于特定的探究过程与方法论。任何知识体系，不论暂时看起来多么完备，它总是一种过程性、开放性、生成性的存在，总是一种需要进一步检验的假设体系，总是需要进一步发展为更完善更合理的知识框架。另一方面，探究过程与方法又内在于知识体系之中，并随着知识体系的发展而不断变化。探究过程和方法具有重要的教育价值，语文知识体系只有和相应的探究过程和方法结合起来，才能使学生的理智和精神世界获得实质性的发展和提升。从教学的角度讲，重结论、轻过程的教学，把生成结论的生动过程变成了单调刻板的条文背诵，从源头上剥离了知识与智力的内在联系；它排斥了学生的思考和

---

［1］陈建伟.中学语文课程与教学论［M］.广州：暨南大学出版社，2003：24–26.

个性，实际上是对学生智慧的扼杀和个性的摧残。正因为如此，我们既注重结果，又强调过程，强调学生探索新知的经历和获得新知的体验，强调过程与结果的统一。

（二）认知与情意的统一

学习过程是以人的整体心理活动为基础的认知活动和情意活动相统一的过程。认知因素和情意因素在学习过程中是同时发生、交互作用的，它们共同组成学生学习心理的不同方面，从不同角度对学习活动施以重大影响。所以，学习的心理过程一方面是感觉——思维——知识、智慧（包括运用）的认知活动过程，另一方面又是感受——情感——意志、性格（包括行为）的情意过程。作为完整的心理过程的学习活动，总是在认知因素和情意因素相互交织、共同作用下进行的。

根据系统论的整体原则，各要素孤立的特征和活动方式及其总和都不能代替整体的性质和运动规律，因此，片面地、过分地强调某一要素或忽略、轻视其他要素，都会有损于整个系统的功能。认知因素与情意因素同是学习系统不可或缺的要素，语文教学如果只重视认知发展，不重视情意因素的培养，不仅是不完善的，而且也有悖于学生学习的客观规律。

语文课标把情意因素提到新的高度，突出强调情感态度和价值观这一要素。在这里，情感不仅是指学习热情，更指内心体验和心灵世界的丰富感受。态度不仅指学习态度、学习责任，更指乐观的生活态度、求实的科学态度和宽容的人生态度。价值观，不仅强调个人的价值观，更强调个人价值与社会价值的统一；不仅强调科学价值，更强调科学价值与人文价值的统一，人类价值与自然价值的统一，从而使学生从内心确立起对真善美的价值追求以及人与自然和谐相处的理念。语文课程与教学重视情意与认知的统一，不仅符合语文学习的规律，也体现了现代社会对人才的规格要求。

（三）接受性与体验性的统一

学生主体参与教学活动包括接受性参与和体验性参与两个层面。接受性参与是接受主体的求真活动，指向逻辑认知层面，旨在生成人的知识性、技术性、实用性；体验性参与是体验主体的趋善活动，指向情感态度和价值观层面，以形成人的道德人格为价值归宿。无论求真还是趋善，都是学生主体性的体现。对二者任何一个层面的片面强化都意味着对学生主体性的遮蔽和异化。教育的功利主义、技术主义的泛滥，正是长期以来对学生主体接受性单向度强调的结果。新课程纠正了这一偏失，语文课程标准多处提到了体验性目标，在不排斥学生主体接受性的同时，强调学生主体体验性，以接受为基础，通过体验升华精神境界，使有意义、合规律的接受性与合目的的体验性相统一，有利于全面提高学生的语文素养。[1]

[1] 倪文锦.初中语文新课程教学法［M］.北京：高等教育出版社，2003：79-82.

第二节　语文课程语用目标的构成

对语文课程的目标历来存有认识分歧，人们一直在争论而达不成共识。特别是近年来对"工具性与人文性的统一"问题有不同的说法，有的强调"语言文字学习"的工具性目标，有的倡导从人文关怀的立场着重阐释语文课程的人文意蕴和实践意向的人文性目标，还有的对"知识和能力、过程和方法、情感态度和价值观"的三维目标提出质疑，认为这是其他学科诸如数学、历史、思想品德等课程的共性目标，是对语文课程目标的泛化、虚化、"非语文化"的一种偏向。因此，造成了语文教学中语文课程目标和方向的迷失，出现了"泛语文""伪语文""教学形式化"的现象，使许多语文教师陷于"什么样的课才是语文课"的教学追问和困惑之中。所以，我们认为很有必要切实理清上述语文课程的目标问题，从语文本体出发，对语文课程的语用目标加以探讨。

语用，即"语言文字运用"。语用目标就是以"语言文字运用"作为语文课程的核心指向和基点，让学生学习和运用祖国的语言文字，训练学生"语言文字运用"的技能，提高学生的语言文字素养。这就是说，语文课程目标是以"语用技能"为要，以"语用素养"为本，要求语文课程的目标立足于"语言文字运用"。因此，对语文课程语用目标的探讨，我们把握两个原则：一是从语文本体出发，摒弃一切"非语文"的东西，切实把握语文教育的语用本体，不可离开"语文本体"和"语用本体"来谈语文课程的目标和内容。二是从"实"着眼，重在"求实"，探讨实实在在的、可以抓得住摸得着的、好实施和可操作的语文课程目标和内容，着力从语文本体构成要素切入。所谓语文本体构成要素，主要是指语文本体所固有的要素，是语用本体所规定的语文课程目标，它不是外加的，不是超越语文本体和语用本体的规定性而强加的"非语文"的东西。具体来说，语文课程目标的本体构成要素有两个方面：一是"语用能力目标"，即培养学生语言文字运用的基本能力；二是"语用素养目标"，即提高学生的语言文字素养。这两个构成要素，不是各自独立的，而是同构融注于一体的。前者是基础，重在"语言文字运用"的基本能力训练；后者是升华，重在提高"语言文字素养"，促进学生语文素质的整体发展。

一、语用能力目标：培养语文运用能力

语用能力目标，即培养学生"语言文字运用"的基本能力，是语文课程的基本目标。作为母语的汉语言文字本体构成内隐着民族的思维脉络，体现着民族的思维逻辑和特征，语言文字运用和民族思维方式是分不开的。所以，强调语用能力的训练必须与思维能力的培养结合起来。同时，语用的过程也是审美的过程，语用与审美有着血脉相承的关系。这是因为汉语言文字具有形象性、情感性、诗意性、审美性等特征，所以，语用能力的训练和审美能力的培养也是密不可分的。这就是说，语文课程的语用目标，是由语用基本能力、语用思维能力和语用审美能力构成的。

（一）语用基本能力

语文课程的主要目标和任务，就是培养学生听、说、读、写的语用基本能力。对此，我国许多语文教育家做过透彻的论述，近现代以来一系列有关语文教育的章程和文件也都有明确的阐释。对学生进行听、说、读、写的语用能力训练与培养，是语文课程必须把握的基本目标。叶圣陶曾经反复强调："听、说、读、写四个方面不可偏废，必须一把抓。"随着国际交往活动空间的扩大，现在有些专家强调要拓展汉语文教育的国际视野，提出了汉语言文字"译"的能力，即加强汉语言文字翻译能力的训练，这也是应该重视的"语用目标"。

语用能力的训练教学与生活相联系，是语文课程实现"语用目标"的重要法则。语用与生活是密切相关的，语用源于生活，在生活中才会有语用的生成。我们要从这种语文生活观的认识出发，来把握语文课程的语用目标。刘国正曾经指出："语文天然是与生活相联系的，它产生于生活，服务于生活。人们用它来反映生活中获得的知识、印象、思想、感情等。语文的实际运用，不能脱离生活，脱离了就会黯然失色，'江郎才尽'。"[1]他还曾经多次强调，语文的运用与生活密切相关是它的特性，

---

[1] 刘国正. 语文教学与生活［J］. 中学语文教学，1993（2）.

离开了生活,语用也就没有意义了。语文与生活所具有的血肉一体的关系,决定了语用训练只有与生活相联系,才能使语用教学生动活泼,取得好的成效,达成语用目标,否则就会枯燥乏味,劳而寡效。

语用与生活相联系体现了语文教育的客观要求,符合学生语用学习的内在规律。在语用目标的实施过程中,我们要充分认识到语文教育的社会性决定了语用训练必须与生活相结合。所谓"社会性",包括两层意思:一是语用学习在整个社会生活中几乎是无所不在的,语文课堂、课外生活、家庭和社会活动构成了语用的广阔空间。"凡是有人的地方,都要运用语文。只要运用语文,就给学生以影响。"[1]二是语文天然是与生活联系在一起的,语文是反映生活又服务生活的。语文离开生活,就没有了实际内容。因此,语文课程的语用目标要求语用学习不可脱离生活,否则语用学习也就丧失了生活价值。总的来说,这两层意思说明语用与生活相联系的空间有着普遍性,也说明语用学习与生活相联系的过程有着天然性。二者叠加,语用教学与生活相联系也就成为达成语文课程语用目标的必然选择。

(二)语用思维能力

语用的过程是思维的过程。在这个过程中学生的思维能力起着重要作用,它与语用学习的质量有直接的关系,语用能力的形成与思维能力的发展是分不开的。所以,要达成语文课程的语用目标,语用教学就必须与思维能力的培养结合起来,把思维能力的训练作为语用目标构成的重要方面。

思维能力是概括地、间接地认识事物本质规律的能力,它通过语言(第二信号系统)对观察、记忆、想象等能力起着调节作用。就思维形态来说,思维能力包括形象思维能力、灵感思维能力、批判和创造思维能力。而语用学习活动则具有发展思维能力的特有条件,实际上,发展思维能力是汉语言文字特点和语用本体的内在规定。在语用教学的过程中,切实把握好语用训练和思维训练的关系,会取得二者双赢的教学效益,这是在深入认识汉语言文字特点的基础上得出的结论。因为,汉语言文字

---

[1]刘国正.语文教学与生活[J].中学语文教学,1993(2).

具有象形性、情感性、诗意性、审美性等特征，这决定它具有广阔的联想、想象的天地。汉语言文字是民族文化的高度体现，潜存着深厚的意蕴和思维空间，凝结着民族丰富的思维创造积淀；以形表意使汉语言文字具有不受时空限制的可理解性，最能拓展人的思维想象空间，有利于思维智能与创造力的开发；汉语言文字所具有的"一词多性""一词多义"的表意灵活性，也有利于多层次、多角度、立体交叉的语用思维的发展；汉语言文字的结构及其声调变化的丰富多彩，使汉语言艺术（如诗歌）的形式美、含蓄美、音韵美达到顶峰，极易引人吟咏和诵读，启发思维联想和想象；汉语言文字既具有适于艺术表现的写意特性，又具有极强的理性化和逻辑化特性，有利于多种思维结构的合成。汉语言文字构成的思维创造魅力，在语用学习活动中自然会成为活跃学生思维、发展学生思维的触发点。

语用思维能力的训练是提高语用教学质量、达成语用目标的重要一环。语文课改的实践也充分证明，只有加强学生的语用思维能力，才能抓住语用教学的根本。学生在语用学习的过程中具备了这种语用思维品质，那么，他们就会以这种语用思维来把握语用规律，解决语用的问题，从而实现语文课程的语用目标，提高语文教育的效率和质量。

语用思维能力的训练和培养，达成语文课程的语用目标，是从"两个需要"出发的。第一，它是弘扬人的批判思维、创造思维本性的需要。批判思维和创造思维能力并不神秘，它不是少数天才人物的专利，而是任何人都具备的思维品质，批判和创造是人类的最高本性。德国心理学家恩斯特·卡西尔在《人论》中论证了这样一个命题：人性本不是一种实体性的东西，而是人自我塑造的一种过程，真正的人性无非就是一种人无限的批判与创造性活动。德国人类学家兰德曼也说过，如果人有某种不可改变的东西的话，那么这个东西就是人的批判与创造本性。心理学家亚历山大·纳乌莫维奇·鲁克也曾经指出：批判、创造思维能力的素质是每一个人、每一个正常儿童所固有的，需要的只是把它们揭示出来并加以发展。这些论述说明，所有的人都具有批判、创造的思维能力。人作为活动的实践的文化生物，具有一种未确定的、未完成的特性，它不会停留在某种已经形成的东西上，不会满足于某种已经获得的规定性，人总是通过实践和批判来创造自己新的存在状态，批判和创造是人的本质所在，因此，培养学生的语用思维能力，特别是创造性思维和批判能力，是语文教育弘扬人的批判、创造本性的需要。第二，它是当今时代经济社会发展的迫切要求。语用教育作为基础性教育，是为未来培养人才的事业，我们的目标就是培养强国富民、奋力实现中国梦的创造性人才。这就是说，创新型经济社会的发展赋予了基础性语文教育以新的生命，即其必须以创造性人才的培养与批判能力作为重要目标和任务，在语用教学中加强批判能力和创造思维的训练，以完成语文教育担负的使命。

语文教育培养学生的语用思维能力，特别是创造性思维和批判能力有着得天独厚的优势。因为语文教育的语用本体包含了严密的科学性和鲜明的艺术性，其听、说、读、写的语用目标要求，蕴含了丰富多样的批判性、创造性思维因素。紧紧把握语文教育语用本体构成的这一特点，寓批判性、创造性思维训练于语用教学的过程，指导学生以批判性、创造性思维去进行听、说、读、写的语用学习活动，就更有助于实现语文课程的语用目标。

（三）语用审美能力

语用的过程也是审美的过程，语用训练和审美能力的培养是融注于一体的。或许有人认为语文课程的主要目标是语用教育，应当着力于听、说、读、写等语用能力的培养，强调什么审美能力，只能造成语文课程目标的多元化，顾此失彼，无助于语文教育质量和效率的提高。这是对语用审美能力培养的一种偏狭认识。它的偏颇就在于把语用训练和审美能力培养分割开来，对立起来。其实，语用训练和审美能力培养是一个整体中的两个方面，是有机同构的。鱼有两鳍、鸟有两翼、车有两轮，去掉其一，鱼不能游泳、鸟不能飞翔、车不能启动。只有在抓语用训练的同时进行审美能力的培养，把语用训练和审美能力培养有机地结合起来，使学生具有一定的审美能力，才有助于学生语用能力的培养，加快语文教育质量和效率的提高。

语文教育家叶圣陶先生早就指出，进行美感（即审美）教育，培植学生的审美能力，是"语文教育悬着的明晰目标"，并且强调说明，学生具有了审美的本领，"岂但给你一点赏美的兴趣，并将扩大你的眼光，充实你的经验，使你的思想、情感、意志往更深更高的方向发展"，达到"接受美感的经验，得到人生受用"的目的，使自己能够辨真伪、识善恶、分美丑，自觉地投身到按照美的规律去创造新生活的事业中。叶圣陶还曾把语文教学中对课文的鉴赏 (审美实践) 比作采矿，"你不动手，自然一无所得，只要你动手去采，随时会发现一些晶莹的宝石"[1]。这就更加形象地说明，语用教学与审美能力培养有着不解之缘，审美能力不仅是语文课程所不可忽视的目标之一，而且加强审美能力培养有助于提高语文教育质量，深化语文教育的效果。

语用训练与审美能力培养有着难解难分、血脉相承的特别关系。语文教材中编选的课文，大都是"依照美的法则创造出来的"文质兼美的典范佳作，是集中反映自然、社会、艺术、科学、语言等客观美的结晶。它们不仅是语用教学发现"晶莹的宝石"的丰富矿藏，而且说明审美能力培养和语用训练一样，是语文教育语用本体所决定的不可推脱的分内任务。尤其是在文学作品的教学中，审美能力的培养不仅是其特有的教学本分，而且它和语用训练的关系，更是互为依傍，不可分割的。文学文本精美的语言，展示出美的艺术境界；而美的艺术境界本身，又丰富并加强了语用的艺术表现力。在教学中，教师一方面可以抓住精彩传神的关键性字词语句，把学生引入优美境界，使学生在美的艺术享受中得到熏陶，提高审美能力；另一方面，可以抓住使人心灵颤动、令人迷醉的意象、情景和形象，引导学生深入体味、领悟文本的语言艺术技巧，提高运用语言、表情达意的能力。不言而喻，这种所谓"披文入情"的过程，也就是语用教学和审美能力培养密切结合、有机统一的过程。这样把语用训练和审美能力培养融于一体的教学，才是高质量而有生命力的。如《荷塘月色》，这篇课文的教学如果把语用训练和审美能力培养有机地结合在一起，就会取得两全其美的教学效果。在认真品味文本语言的基础上，把学生引入文本的艺术境界，诱发学生联想探求、观察体验，就既可以对学生进行审美能力培养，又把审美能力培养和语用教学有机地交融在一起，使学生深入理解课文，提高了教学效果和质量。

---

[1] 叶圣陶.叶圣陶语文教育论集 [M].北京：教育科学出版社，1980：259.

就普遍的语用教学现象来看，审美能力培养能够深化语用教育，二者互为依托、相互促进，是不容否认的教学事实。如诗歌中的意境美（《望天门山》"两岸青山相对出，孤帆一片日边来"，气势开阔，意境高远），散文中的构思美（《海市》以假衬真，构思奇妙新颖），小说中的形象美（《荷花淀》里的水生夫妇），议论文中的说理美（《崇高的理想》逐层论证，说理透辟），说明文中的情趣美（《蝉》在说明中兼用文艺笔调，风趣形象）等。在教学中，从这些不同的审美角度、不同的审美层面，引导学生深入地分析和理解，既可以使学生得到审美能力培养，又有助于学生对课文从表层性的体味感知到深层性的领悟理解，达到从艺术审美这个更高的层次上把握课文，从而深化语用教育，提高语用教学的效率和质量。总之，语用训练和审美能力培养不是对立的，而是统一的。

加强语用审美能力的培养，对语用教学有多方面的促进作用。

第一，在语用教学中进行审美能力培养，能够使学生对语用学习产生肯定性的、积极的情绪和体验，诱发学生语用学习的强烈欲望和热情，激发他们学语文、用语文的主动性和积极性。学生的语用学习态度及与之相应的语用行为，属于心理学中"意志行动"的范畴。依据心理学原理，任何意志行动总是由一定的动机引起的，而构成意志动机的，除了理性的认识因素，还有非理性的感情因素。一般地说，那些在语用学习中表现出极大热情、善于克服各种阻力的学生，大都与特定情感的强大推动力分不开，并非仅仅出于对语用学习目的的理性认识。语用教学的实践证明，加强审美能力培养之所以能够激发学生学习和运用语文的兴趣和积极性，对语用学习具有推动作用，就是因为审美是一种富于情感的精神活动。作为审美主体的学生，在语用的审美过程中，美的发现必然会激起他们学语文、用语文的欲望和热情，从而使语用教学收到事半功倍的效果。

第二，在语用教学中进行审美能力的培养，能够促进学生思维的科学性发展，产生发现和识别真理的灵感。"以美启真"发生作用的机制，是审美感和理智感的内在联系。人类主要的三种社会性情感——理智感、道德感和审美感是相互联系、相互制约的。这种联系和制约，归根结底反映了客观存在的真、善、美的一致性。由此，语用教学过程中的审美感就可以指引学生按照"美"的法则去探索"真"的知识。"真"和"美"的联系，在语用教学中是处处可见的。如散文教学中关于结构精巧、意境深远等知识的有序性形态的艺术分析，就能使学生产生巨大的审美感，利于他们发现、分辨和掌握这些散文的语用知识。在其他文体的教学中，文本构成的形象世界、情感世界和意义世界，都能在学生脑海里打上"美"或"丑"的印记，并相应地影响到学生对语用知识"真"或"假"的分辨与吸收。据此，在语用教学中，把"真"的知识所固有的"美"的形式充分表现出来，具有重要意义。

第三，在语用教学中进行审美能力培养，能够使语用教与学双方沟通心理意向，产生相互理解、相互信任的情感，密切师生关系，从而创造和谐的语用教学氛围和富有生气的语用教学环境。师生关系对语用教学的重要性是人所共知的。良好而融洽的师生关系有赖于师生心理情感上的沟通，而师生双方对语用知识的共同审美感，是实现其心理情感沟通必不可少的条件和渠道。这是因为审美感能使师生产生心灵上的共鸣与和谐，把师生日常垒筑的鸿沟化为夷地，在自觉的审美引导下，师生共同进入课文所描绘和创造的美的境界。在这种特定的美的境界里，学生徜徉于轻松愉悦的精神活动中，使审美个性得到最大限度的张扬。而教师则依照一定的审美理想、审美规范来自觉地启发和塑造学生美的感应能力和审美判断能力，从而使学生审美的精神活动向一定的目标贴近。这样，师生之间就会随着精神上隔阂的消除，产生和谐的语用教与学的情绪氛围，进而打开学生语用思维的大门，使语用教学在愉悦中取得最佳效果。语用教学的实践表明，要对学生进行这种切实有效的审美能力培养，使学生所学的语用知识产生审美感，教师就必须首先有这样的审美感。在语用教学过程中，只要教师具备了一定的审美感，那么他对语用知识的审美愉悦会以各种形式表露出来，并且产生强烈的审美感染力，打动学生的审美情弦，激起他们对语用学习的浓厚兴趣。语用教学经验充分证实，凡是学生有兴趣的语文课，学得扎实的语文课，几乎都是教师倾注了强烈的审美感情的施教课。所以，语用教学过程中师生的情感交流，在很大程度上是对语用知识的美感交流。这种语用审美情感的交流以语用知识为纽带，沟通了师生双方的感情，密切了师生关系，使师生双方自然萌发出相互理解、相互热爱、相互信任的情感。这种情感又反过来强化了师生对语用知识的兴趣，形成语用教学过程中的良性循环。

二、语用素养目标：提高语言文字素养

语用素养目标，即提高学生的语言文字素养，是语文课程的主要目标。致力于学生语言文字素养的形成与发展，实现"提高语言文字素养"的目标，应是语文课程一切教学活动的立足点和出发点。这是因为语言文字素养是学好其他学科的基础，也是学生全面发展和终身发展的基础。学生能熟练地运用祖国的语言文字，丰富语文的积累，培养语感，发展思维能力，具有适应工作和生活实际需要的识字和写字能力、阅读与写作能力、口语交际能力，无疑是语文课程的主要目标和任务。

（一）语言文字素养的构成要素

语言文字素养，与语文课标中提出的"语文素养"，是有着重合与交叉的概念。但它们又有显然的区别：前者限定于"语言文字"，是一个内涵较明确的、具有规定性的概念；后者是没有限定的、内涵具有模糊性的概念，可作多种不同的阐释。为避免语文课程目标的虚化、泛化、非语文化，我们从语文本体的构成着眼，认为"语言文字素养"更适应于语文课程目标的确定性表述。

那么，何谓"素养"？"素"，有"向来"之意；"养"，有"养成""修养"之意。所以，"素养"，主要是指平时的训练、养成或修养，包括学识、技艺、才能、品格等方面形成的气质状态。语言文字素养是人的这种整体素养构成的重要方面，它就是指对语言文字有较扎实的基础和修养，通俗点说，就是能说会道，善读会写，具有稳固的言语基础和文字水平，具有能够适应生活和社会需求的语用能力和语用学识水平。

语言文字素养的构成要素，是由语文本体决定的。作为母语的汉语言文字本体构成是一个多元素的复合体，是由语用、文章、文学、文化等内容构成要素融注同构而成的。因为语言文字运用知识是语言文字素养构成的基础，文章是语言文字的构成形式，文学是语言文字构成的艺术品，文化是以语言文字为载体。所以，语言文字素养的本体构成要素，

包括语用知识素养、实用文章素养、文学艺术素养、语言文化素养等。

语用知识素养。是指具有一定语言文字运用的知识水平，不仅掌握语言文字的基本知识，而且能够在实践中运用有关的知识进行听、说、读、写的活动，把握语言文字运用的普遍性规则。如遣词造句的语用技巧，表情达意的语用方式（叙述、描写、议论、说明等），以及对语言文字运用的态度与习惯等。需要强调的是，语用的过程是动态过程，从语言文字运用的动态过程来评价学生的语用知识素养，是语文教育必须重视的问题。如把词组成句、把句组成段、把段组成篇的语用过程，就可考查学生语用知识水平。实际上，掌握富有汉语言文字特点的字与词、词与句、句与段、段与篇的语用活动知识，把握体现汉语言文字特点的遣词、造句、布局、谋篇的语用活动规律，是语用知识素养形成和发展的重要方面。

实用文章素养。是指在平时工作和生活中能熟练地读、写常用的各类实用文章，如记叙文、议论文、说明文、应用文等，具有这类实用文章的读写能力。按叶圣陶的说法，就是"吸收文章和倾吐文章的能力"。这是实用文章构成的基本要素，也是实用文章语用实践的基本技能。在叶圣陶实用文章能力素养的研究中，一直贯穿着"读写同等重要"的思想。他一方面从"读"的角度谈文章的吸收，一方面从"写"的角度谈文章的倾吐。他不是孤立地静止地就文章成品论文章，而是从文章流程研究文章。一个是文章的吸收、意化流程，研究"读"的实践技能，把握"读"的行为规律；一个是倾吐、物化流程，研究"写"的实践技能，揭示"写"的行为规律。显然，这是对实用文章的语用技能和素养形成所作的透彻阐释。

对如何提高学生的实用文章素养，叶圣陶作过许多探讨和论述，揭示了实用文章的语用规律，并明确指出实用文章素养的提高，必须着眼于实用文章能力的培养。一是实用文章阅读能力的培养，主要包括阅读力、研读力、鉴赏力。"'阅读'两个字不妨分开来用：阅——只要从文字求得内容就够了；读——不仅要了解内容，而且要研究文章的结构、词句的式样、描写表现的方法等。"[1]二是实用文章写作能力的培养，主要包

---

[1] 曾祥芹.实用文章学研究［M］.北京：高等教育出版社，2010：330-332.

括眼力、腕力、斟酌力。所谓"眼力",即观察力、识别力、判断力。"写文章要训练出明澈的眼光,唯有这样,写成的东西才不至于糊涂无聊。"[1]所以,眼光是实用文章写作素养构成的重要因素。所谓"腕力",即表现力,写文章要训练出熟练的手腕。要力求熟练、规规矩矩地去写。"写信、写日记、写随笔,遇见可以写的材料都不放过,随时把它记下来;在写的过程中,莫说全段、全篇都得斟酌,就是一个句子、一个字眼,也要经过推敲。这样训练过来的手腕才是最能干、最坚强的手腕。"[2]所谓"斟酌力",即思谋、构制文章蓝图的能力。诸如"聚材取事""命题炼意""谋篇布局""定体选技"等。在这些方面,光照搬所"知"不行,关键要活化能"行",把文章写得最妥帖,这才是实用文章写作素养提高的根本所在。

提高实用文章素养,其实就是养成读、写的良好习惯。习惯是稳定、持久的行为方式,养成良好的实用文章读、写习惯,就会形成实用文章素养。因为习惯就是能力,是实用文章的语用纯熟自然的表现。叶圣陶有关实用文章素养的论述,明确透彻,应当是我们把握语文课程语用目标的法宝。可惜的是目前的语文教学把这些宝贵的东西给丢弃了,忽略了,被"非语文"的目标取而代之。

文学艺术素养。是指具有阅读、鉴赏文学艺术作品的习惯,掌握文学艺术作品解读的基本特点和规律,能够从不同角度和层面阐释、评价或质疑文学艺术作品的问题;能够深入感受文学文本的形象世界、情感世界和意义世界的美,富有文学艺术眼光、文学艺术情趣和文学艺术审美的能力;能够具体理解文学艺术作品的"多层次结构",体味含义丰富的词句和精彩语言的表现力,把握文学艺术作品的生命和魅力。张志公指出:"语文课的特定任务无疑是培养和提高人们运用语言文字的能力。不过它身上背负的东西比较多,有思想意识,有文学艺术的修养,有逻辑思维能力等。"[3]这说明文学艺术素养是语文课程不可忽视的目标之一。

---

[1] 曾祥芹.实用文章学研究[M].北京:高等教育出版社,2010:330-332.

[2] 曾祥芹.实用文章学研究[M].北京:高等教育出版社,2010:330-332.

[3] 宁佐权.语文教学"自有它独当其任的任"[J].河南师范大学学报,2000(1).

　　文学是语言的艺术，语言的表现力在文学之中发挥到了极致。世界各国的母语教育几乎无一例外选用优秀的文学作品，因为它所表现出的规范、优美的语言是进行母语教育的理想版本。有的专家指出，让学生读文学艺术作品，读的是文学，学的是语言，文学艺术作品跟其他作品（如一般的议论文、说明文等）有差别也有共同点。最明显的共同点，都是用语言来表达的。而好的文学艺术作品在运用语言方面更讲究，更富于艺术性，其中包含着大量运用语言的范例，这些范例可以提供给学生学习和鉴赏。如鲁迅的小说，学生从中可以学到一般记叙文的写法，可以学到一般的遣词造句的方法。小说同一般的记叙文比较，有一点是不同的，那就是作者在创作小说的过程中是要进行艺术概括的。他要体验生活，在生活中提炼典型，然后进行艺术的概括。而写一般的记叙文则要求写真人真事，艺术创作这一部分可以让学生暂时不学。文学艺术作品的语言最富有感染力，学生喜欢学，学起来也容易见效。这就是说，中学的文学艺术教育是以"学语文、用语文"为基本立足点的，如果离开了"学语文、用语文"这个基本点，单纯追求"学文学、学艺术"，那就会不符合语文教育的实际，使学生既学不好文学，也学不好语文，因为"学文学"必须以语文为基础，没有好的语文基础是不可能学好文学的。特别是中学的文学艺术教育与大学的文学艺术教育并不相同，所以在语文教育的背景下，文学的一般属性更多的是学习语文的实例和训练语用能力的情境，它的特殊属性才是文学艺术素养教育。

　　总之，我们应把文学艺术素养视为语文教育范畴之内不可或缺的重要任务和语文课程目标构成要素之一，要充分估计文学艺术素养教育的作用，切实把握语文课程中文学艺术教育的特性，按照语文教育的规律和特点来进行文学艺术教育，即文学艺术教育必须遵循语文教育的语用观法则，不可将中学的语文课教成大学的文学课，离开语用训练而进行纯文学性分析，把文学性分析架空于语用教学之上。

　　语言文化素养。是指富有语言文化的底蕴和民族文化的积淀。语言是民族文化的形成物，语文教育情境下学生语用知识的积累、语用学习活动既是发挥传递、选择和创新文化功能的过程，同时也是学生民族情感涵化、民族意识觉醒、民族思维拓展以及民族精神建构的过程。语言和文化的统一，情感和智慧的和谐，才是语文教育的全部内涵。语言文字的构成本质就是母语及其所负载的民族文化传统和民族文化精神。所以，语言文化素养教育是语文教育独当其任的"任"，是语文课程必须把握的重要目标。

　　语文教育是民族的母语教育。民族的母语是民族经验、民族思想和民族情感的历史记录，是民族文化思维与文化精神的真实写照。诚如洪堡特所讲："语言使人逐渐上升到他所能企及的智力高度，与此同时，蒙昧的、不发达的感觉领域便渐渐趋向明朗。作为这一发展过程的工具，语言自身也获得了十分确定的性质。与风俗、习惯、行为、活动相比，语言的特性能够更好地说明民族的特性。"[1]任何语言都与它的民族具有某种文化通约性，民族性使语言获得一种独有的色彩和情调、声响和精妙，语言因为蕴蓄着民族的气息和精神而呈现特有的气派和品质。因此，母语的学习必须依据母语所发生和存在的民族文化语境和民族思维模式。就汉语言文字来说，无论是作为语文教育凭借的语言客体，还是作为语用学习主体的语用行为，无不体现汉民族的文化内涵和文化特质。所以，语言文化素养教育是母语教育本体所决定的。

　　母语教育所凭借的语言客体，具体到语文教学情境中，就是以汉语言文字为呈现形式的一篇篇文本。从汉语言文化来说，这一篇篇的文本，从古到今，时间纵横跨越几千年；诗词文赋，戏曲小说，文体各样，摇曳多姿；豪侠郁拔，风流天然，风格迥异，相映成趣；文旨意理，情趣理趣，人生万象，各显其妙。它既是语言文字知识的载体，又是民族文化的荟萃。《故宫博物院》介绍了中国古代的建筑文化，《鱼我所欲也》讲的是汉民族的道德文化，《信陵君窃符救赵》体现了中国古代的礼仪文化，《归园田居》蕴含着丰富的隐士文化。即使同为体现中国古代政治文化的文本，有注重仁义、强调德化的《季氏将伐颛臾》《得道多助，失道寡助》，有纳谏用贤、取信于民的《出师表》《曹刿论战》，有以史为鉴、明乎得失的《过秦论》《六国论》，有严明法纪、依法治国的《五蠹》《察今》，有忠君爱民、清正廉洁的《屈原列传》《庄暴见孟子》等。这里，

---

[1]　洪堡特.论人类语言结构的差异及其对人类精神发展的影响［M］.姚小平，译.北京：商务印书馆，1997：52.

有"庄周梦蝶"的浪漫，有"塞翁失马"的哲思，有"精卫填海"的执着，有"飞舟三峡"的潇洒，有"紫色丁香"的愁怨，亦有"硕花木棉"的奔放和"六月飞雪"的悲愤。在这里，你可以穿梭时空，跨越国界，与人类的文化大师们进行思想的交流和情感的拥抱，在主体间性澄明而敞亮的生命对话中，使自身的个性获得张扬，灵魂得以"诗意地栖居"。总之，作为语言客体的这些文化典籍是哲学的，也是文学的，其无不积淀着丰富、深厚的民族文化传统。正是文本潜在的这种文化特质和文化品性，使得语文教育活动中学生对文本的阅读，就不单单是民族文化知识的掌握或民族语言的习得，也是民族文化思想的涤荡、民族文化情感的涵化以及民族文化精神的振奋，而这就是语言文化素养教育。

前面曾经说过，不仅汉语言文字构成的文本呈现形式深蕴民族文化精神，而且作为民族文化载体的汉语言文字本身，也体现了汉民族文化思想信息。[1]汉语言文字始于象形，与绘画相通，虽几经变化，却仍然保留着合具象和抽象于一体的艺术特质。鲁迅在《汉文学史纲要》中说，汉语、汉字具有"三美"："意美以感心，一也；音美以感耳，二也；形美以感目，三也。"[2]正是汉语言文字的这种审美特征，使得我们可以透过"外形"直观古人的造字观念、审美心理，进而透视民族文化语境和汉民族独特的思维方式和文化意识。如"家"和"冢"。"家"，《说文解字》言："家，居也。"在甲骨文中像"屋内有豕（猪）"，以此表示猪与史前先民生活的密切关系。"冢"则体现以猪随葬的习俗，说明猪与人死后"生活"的关联。考古也证明，在新石器时代，猪以其肥胖多脂成为地母的动物化身，象征着生命力和繁殖力。而且，考古学家对我国新石器时代半坡、姜寨、柳湾遗址的考察也表明，当时的穴居与墓穴形制差不多。可见，"家"和"冢"，显现了汉族先民追求生殖、丰产和生命力的审美文化心理。再看"美"字，《说文解字》云："美，甘也。从羊，从大。羊在六畜主给膳也。美与善同意。"日本学者笠原仲二认为，"美"源于对"羊大"的感受，它表现出那些羊体肥毛密、生命力旺盛的强壮姿态，"意味着摄魂

---

［1］梁一儒、户晓辉、宫承波.中国人审美心理研究［M］.济南：山东人民出版社，2002：349-351.

［2］鲁迅.鲁迅全集（第九卷）［M］.北京：人民文学出版社，1981：344.

动心的激烈的官能性感受，并且最初是体现在对'食''色'这种人生最重要的本能的自然欲求的满足方面"[1]。同样，"美"的字源取象的深层历史和文化背景也当是初民对生殖的渴望、对繁衍的崇拜。由此看来，汉语言文字不仅是简单的记录语言的符号，更是一个个活生生的生命单位，是信息丰富的文化代码；既是一个民族历史文化传统得以延续的主要手段，也是一个民族民族性和民族认同的核心内容。所以说，语言文化素养教育是语文教育不可忽略的特有的目标和任务。

因此，汉语文教育应该对汉语言文字及其构成的文本的文化品格和文化特质加以透视和阐扬。然而在教学实践中发生的却往往是"买椟还珠"现象：教师在向学生"说文解字"时，只要求学生背字典上的解释，并不重视积淀在汉语言文字中的民族文化内涵；师生在阅读课文时，更看重的是文章的思想内容和写作特色的剖析，而忽略了其中蕴含的文化的质点、文化的精髓；对文本的理解不是文化角度的阐述，多是意识形态层面的剖解，弱化了原本灵性飞扬的个性解释和文化意蕴。我们认为，汉语文教育不同于一般的语言习得，不能以意识形态来统一文化的领地。语文即语言文化，语言文化的底蕴、民族文化的精神是语文教育应有的品性和特质。所以，汉语文教育无论是内容还是方式都应当体现汉民族语言文化素养教育的自觉。

（二）语言文字素养的构成特点

语言文字素养在基础教育各个阶段的目标是有层次差别的。我们要把握语言文字素养"后天的教养效果"和形成过程。据此，我们认为，语言文字素养的各构成要素具有如下的结构特点：

首先"语言文字素养"是一个复合性概念。从上述可知，语言文字素养的内涵和构成要素是十分丰富的，而且，各要素之间不一定是并列、平行的，而是分层次的构成体。表现在个体的人身上，语言文字素养也是一种复合性结构。

我们对语言文字素养的阐释，把"能力"仅仅作为"素养"的一个重要构成要素。更为重要的是，从我们这一解释中还可以看出，"语言文

---

[1]　梁一儒，户晓辉，宫承波. 中国人审美心理研究［M］. 济南：山东人民出版社，2002：351.

字素养"的要素显然不是处于一个层面上的，它们在构筑一个人的语言文字素养中的职能也不是等同的。我们把它大致分为四个层级：听、说、读、写——形诸于外的显性语用行为（操作层）；支配这些行为的知能因素——语用知识、语用技能和语用思维（实施层）；参与和支配这些行为的直接心理因素——语用态度、语用习惯和语用行为意志（动力层）；语用行为的背景要素——语用主体的语言文化知识积累和修养、人格个性以及具体的语用环境（基础层）。

其次，语言文化素养是一个动态实施过程。当语用主体面临一项具体的语文任务时，主体对这项任务是否具有积极的态度和热烈的情感；在投入这项任务时，能否调动起既有的认知结构和良好的语用习惯，这不仅是主体完成一项语用任务的动力源泉，而且关系到一个人立足社会的根本态度。在完成这项语用任务的过程中，主体对于这项任务的具体感悟和思维水平如何，是能否顺利完成这项任务的前提；主体是否具备与任务相关的语用知识和技能，是能否顺利完成任务的基础，这些因素构成了主体实施言语运作的具体机制。只有这些隐性的因素都调动起来了，都发挥作用了，人们才能看到形诸于外的、千姿百态的主体的听、说、读、写的语用行为。这样，我们就可以把语言文字素养的动态实施过程大致划分为"启动—执行—操作"这样三个阶段。

再次，语言文字素养是一个逐渐养成和持续作用的过程。上述语言文字素养诸要素的形成都不是一蹴而就的，需要经由一个逐渐培育、逐渐发展的养成过程。另外，各个要素之间又是相互浸润、互为营养的。例如，开拓了知识视野，有助于语言的积累和文化品位的提高。语用知识可以为语用技能定向，有助于形成熟练的语用技能。再者，语言文字素养的形成和发展还是一个无止境的过程，它既不以学生入学之时为起点，也不以学生毕业之日为终结。语言文字素养的不断提升将伴随人的终身语用学习过程；它作为可持续发展的有"后劲"的学习动力，将在人的终身学习中发挥作用。

钟启泉在《学科教学论基础》一书中指出，任何一门学科教学的目标，大体有四个组成部分：①关心、动机、态度；②思考力、判断力；③技能；④知识、理解。这四个视点作为一个整体，反映了一种学力观。有人借助"冰山模型"清楚地说明了这种学力观的特色。假如有一座冰山，浮在水面上的不过是"冰山的一角"。这个浮出水面的部分可以比作"知识、理解"及"技能"，而隐匿于水面之下的不可见部分（占冰山总体的80%—90%）才是支撑浮出部分的基础。这就是"思考力、判断力"和"关心、动机、态度"。正如冰山由浮出水面与未浮出水面两部分组成一样，"学力"也由显性部分和隐性部分组成。"显性学力"是靠了"隐性学力"的支撑才能存在与发展的。韩雪屏先生也提出了语言文字素养的"冰山模型"，认为语言文字素养作为语文课程的目标理念，其实质在于倡导学生全面和谐的语言文字素养发展，我们应关注"冰山"隐匿于水中的部分，树立以学生语言文字素养发展为目标的语用教育观将是语文课程的不懈追求。

第一，语言文字素养的"冰山模型"作为语文课程的目标理念的形象展示，它的实质在于倡导语文教育应促进学生语言文字素养全面和谐的发展。这一目标理念要求语文教师不能只看到语文教育浮出水面的表层行为，而应当指导学生深入广泛地打好隐匿在水下的基础，练好支配语用行为的内功。这一目标理念要求课程注重语用知识教学和技能训练，强调学生在获得语用知识和基本技能的同时，形成主动积极的学习态度和语用习惯。这一目标理念也说明文学艺术素养和语言文化素养的培育，不是语文教育的分外之事，而是语文教育的分内之事，是多种因素综合、一体化的必然结果。

第二，语言文字素养的"冰山模型"必然会促进语文课程的改革和教学实践的深入探索。一门课程目标理念的变化，必然会带来课程实施过程和方法的更新。语言文字素养的"冰山模型"所显示的各种要素及其间的关系，很难在以语文课本为中心、以语文课堂为中心、以语文教师为中心的传统教学过程中实现。换言之，肤浅的池水，难以负载巨大的冰山。语言文字素养的形成和发展，要求语文课程的内容能够提出基于生活真实情境的语文问题，能够提供需要解决的具有一定复杂性的语文任务，并以此启动学生的思维，帮助学生在解决问题的过程中活化语用知识，变语用性的知识为听、说、读、写的语用能力和素养。语言文字素养的形成和发展，还要求语文教育设计重要任务或问题以支撑学习者积极的语用学习活动，帮助学习者成为语用学习活动的主体；设计真实、复杂、具有挑战性的开放的语用学习环境与问题情境，诱发、驱动并支撑学习者的探索、思考与问题解决活动；提供机会并支撑学习者同时对语用学习的内容和过程进行反思与调控。总之，语文课程与教学的改革应基于语用本体和语言文字素养的形成与发展。

第三，"冰山模型"还启示我们：语言文字素养的形成和发展绝不是一朝一夕之事，也不一定具有明显的阶段性界限。因此，需要各个学段的语用教育协同一致，连续贯一地努力。语文课程是基础教育阶段各门学科学习的基础，语言文字素养的形成和发展，必将促进各个学科课程的综合发展。

三、语用建构取向：注重生态文化涵养

从"真语文"研究角度来考察透视，语文教育根本上是一种语用教育，其语用的基本取向是培养学生的语用能力和语用素养。但要指出的是，语用教育并非是单纯强调语言使用的技术性，片面进行语言技巧训练，而是主张在语用教育中让学生品味、体悟汉语言特有的内在涵蕴，吸取汉语言特有的文化营养，用汉语言特有的形象性、情感性、诗意性、审美性、象征性等丰厚的蕴含内质，去陶冶学生的情感与心灵，洗练学生的精神与人格，使语用的过程成为陶冶学生心灵情操的过程。这就是说，语用教育注重的是语用训练与文化涵养的融合。我们切实把握语文教育的语用本真意涵，强调语用的建构取向和生态追求，有利于实现"真语文"语用教育的指归，促进学生的整体发展，确立对学生进行"完整性建构"的根本取向。

（一）语用的本真意涵

"语用"，说得简单些，就是运用语言进行听、说、读、写的活动。人们用语言所说的话，所写的文，本质上就是人的心灵之声，生命之声，是人的愿望、情感、思想、意识的直接表达，是人的追求、理想、思维、判断的直接体现。语言的世界不仅仅是语言符号，它还是鲜活的生活画面，跃动的思想与情感、生命与灵魂。所以，语用教育不仅是单纯的语用技巧学习和语言技术训练，在强调语用技能训练的同时，还要注重品味语

言，体味文字，即感悟、体验汉语言构成的意蕴内涵，使学生在语言运用的技能训练过程中得到情感的陶冶、心灵的洗练、精神的涵养，帮助学生建立起一种做人的基本信念和准则，给学生构出一道生命的底线，筑起一座巍巍的精神长城，即学语文、用语文、学做人。语文教育的语用实践说明，只有当学生在语用过程中动情动容、激起情感波澜、感受到语言背后的丰富蕴涵的时候，才会取得语言运用的最佳效果。就如品读一个语言构成的语用文本，学生在字里行间穿行，和语言文字亲密接触，与文本形象产生"情感共鸣"，这往往是学生理解文本、把握文本的语用学习效果最好的时候。因此，语用教育不可忽视语用过程的文化蕴涵体味和陶冶感染的功能，不应把语用训练作为一种文字技巧之学来对待，摒弃语用训练过程的文化涵养功能。其实，真正切有成效的语用教育并不是以语用技术取胜，而是让学生在语用过程中，既能提高语用技能，又能同时吸取语言充盈的蕴涵精气，感受和体验到汉语言构成跃动的内在生命，滋养精神家园。所以，语用教育不能只停留在"语言技术"的层面，而必须透过"语用"进入陶冶和涵养的层次，在语用教育中建构起一个陶冶和涵养的世界。只有这样，才能真正学好语文、用好语文。

语用教育并非功利性教育。语用过程和陶冶涵养不是一种短期性行为，而是语文教育的一个长线规划。我们不能指望立竿见影、只热衷于短期性效应，而忽略语用训练的规律和它对学生心灵启蒙和文化涵养的功能。特别是要反对一切以应试为出发点，一切为应试服务的功利性语用教学行为。将语用技能和语用素养弃置一边，寻语用训练捷径、找语用窍门的教学是急功近利的浮躁之举，既不能提高学生语用技能，对真正意义上的文化涵养也毫无裨益。这种功利性语用教学，使学生习惯于浮光掠影，不扎实，常常是凭一斑之见妄断全豹，使语用技能训练和语用过程中的文化涵养成为空谈，教者与学者的语用视野越来越狭窄，语用思维方式越来越模式化。语用技能和语用素养需要宽阔的语用视野、语言文化的积淀和语用知识的融会贯通，而这些都依赖于沉静的语用学习态度和扎实的语用学习积累。我们应当大力倡导这种着眼于扎实的语用积累、语用磨炼、语用涵养的语用教育思想。语用素养或文化涵养都重在"养"，朱熹注曰："养，谓涵育熏陶，俟其自化也。"这是内功修炼的过程，是日熏月陶、不断积累的过程，是不可急功近利的。所以，语文教育要把握语用的建构意涵以及语用生态意义。

对语用的建构意涵，有些语言学家认为语言与世界是相融而不可分离的，而且强调人是以语言及其使用（即语用）的方式拥有世界。就本质且言，语言的构成和语用的方式，既是传递信息、促进交际或思维的手段且具有特定的建构功能，而它的本体也是存在本身，与世界有着同构关系。语言的确起源于对"物"的命名，即具有词与物的关系。如萨丕尔所言："有了一个词，我们就像松了一口气，本能地觉得一个概念现在归我们使用了。没有语言符号，我们不会觉得已经掌握了直接认识或了解这个概念的钥匙。"[1]显然，作为媒介存在的语言及其使用，也就是所谓的"语用"，在传递信息、承载意义的过程中，使其特定的认识、思想、情感、经验等都可以在其语用中得以妥帖安放，并促使主体拥有的意义生成和内化。实际上，语言作为存在世界的现身情态，语用作为载体和呈现方式，无时不向我们传达、消解并生成着生活的、社会的、世界的、自然的多元而丰赡的认识、情思、意义、经验与信息等多维质素，这可以说就是语用的动态建构意涵，它并不是纯指语用的静态价值概念。

对语用的生态意义，有些学者认为语文教育的语用基点，是让学生掌握语言基础知识和语用的基本能力。这一点是由语言特别是语用的特有功能决定的。布龙菲尔德指出，"在本质上和语言传递密切相关的是语言的抽象性"[2]。萨丕尔则认为语用是"经验的联合"，他强调语言的主要功能在于把习惯的、自觉发出的声音分派到各种经验成分上去。"语言成分，标明经验的符号，必须和整组的经验，有一定界限的一类经验相联合，而不只是和各个经验相联合。只有如此才可能传递、交际，因为单个的经验位置在个人的意识中，严格地说是不能传达的。要想传达，它必须归入一个整组的经验相联合所默认的共同的类。"[3]从这个意义上说，所

---

［1］［美］爱德华・萨丕尔.语言论［M］.陆卓元，译.北京：商务印书馆，1985：15.

［2］［美］布龙菲尔德.语言论［M］.袁家骅，译.北京：商务印书馆，1980：30.

［3］［美］爱德华・萨丕尔.语言论［M］.陆卓元，译.北京：商务印书馆，1985：11.

谓语言及其使用"经验的联合",其实就是强调语用经验交际意义的生态场域。为此,语文教育要立足于指导学生在语用实践中进行有效的言语交际,拓展学生的生活世界和语用的生态场域,以切实培养学生的语用能力和语用素养。而且通过语用的经验过程,要注重提供给学生鲜活的生活世界,灵动的情感、心灵和精神空间,使语用能力培养与语用生态陶冶、情感精神的建构相辅相成,和谐发展。应该说,这就是语用的生态意义。

(二)语用的建构取向

语用,对于我们的语文教育而言,首先是一种理解、表达的媒介和手段,它同时还昭示存在世界的意义,表现我们生活、社会与自然的界限和范围。语用不仅使每个人互相交流,而且是每个人遭遇历史、世界甚至自我的方式。人永远以语言及其使用的方式拥有世界,世界是语言的命名,语言的界限就是世界的界限,而语用也就是人的本真存在。海德格尔说:"唯有言说使人成为人的生命存在。"[1]加达默尔指出:"我们用学习讲话的言语方式长大成人、认识人类并最终认识我们自己。"[2]这就是说,语言及其使用(即语用)构成了我们的生活世界,我们以语用的方式去把握、拥有世界,并完成自己的生命成长和精神提升。所以从这个意义上说,语文教育语用的建构取向,就是既要建构语言意义世界,又要建构自我心理世界。就语文教材的语用文本来说,在理解和建构文本意义世界的同时,也要理解并建构自我世界。从其本质上透视,在语用的过程中寻求理解和自我理解,建构文本也建构自我,就是语文教育的语用基本建构取向。

语用的本体特质为语文教育提供了参照和依据。语文教育的语用对象是学生的语用技能和语用素养,其主要任务就是通过语用阅读、语用思考、语用实践和体验,让学生扎扎实实学好语用,同时在语用中获得一种对于世界的特定的态度和关怀,即在帮助学生建立起与语用所包蕴

---

[1] [德]海德格尔.诗·语言·思[M].彭富春,译.北京:文化艺术出版社,1991:165.

[2] 金生鈜.理解与教育——走向哲学解释学的教育哲学导论[M].北京:教育科学出版社,1997:62.

的历史、传统和文化的意义关系基础上，建构其情感与精神、人格与灵魂。但是，现实语文教育的价值取向却越来越偏离语用的根本与方向，而滑向了纯应试教育的泥潭。语用与人的精神和心灵、语用与人的生命和生活越来越疏远，语文教育的语用建构特质被遮蔽、被扭曲，语文教育成了纯粹的应试技巧训练。对语文教育的语用取向加以审思，可给语用的拓展以启迪，使我们重新认识语用的建构价值——既是对学生语用能力和语用素养的训练与提升，又是对生命个体心灵和精神的洗练与陶冶。对语用的这种建构取向，我们可从以下两个方面来做理论与认识的透视。

第一，在语用中对语言意义世界的建构。这是一个师生个体以语言与语用的方式遭际、拥有世界的过程，如海德格尔所言，"语言是存在的家园。人居住在语言的寓所中，思想者和作诗者乃是这个寓所的守用者。只要这些守用者通过他们的道说把存在之敞开状态带向语言并且保持在语言中，则他们的守用就是对存在之敞开状态的完成"[1]存在彰显并凝结于语言的形态，对语言形态的解读和语用方式就是海德格尔所谓以名喻道意义上的"澄明"，其含义也就主要呈现为对存在的敞开或解释。这是一个语用学习主体自主建构的过程，即"受教育者的精神世界是自主地、能动地生成和建构的，而不是外部力量模塑而成"[2]。选入语文教材的课文，其意义是非自明性的存在，它澄明而遮蔽的语言言说，向读者的解读建构发出了无声的吁请，诚如斯坦利·E.菲什所言："作品的客观性仅是一种假象，而且是一种危险的假象……印在纸上的一行字，一页字，一本书，都是显而易见地存在那里——可以拿起放下，可以拍照，可以置于一边——因此，它仿佛是唯一能够容纳我们与它联系起来的任何一种价值和意义的贮存库。这当然也就是隐藏在'内容'一词后面的那个不言自明的观点。一行字，一页字，或者一本书，包含着——一切。"[3]语言与语用的遮蔽性构成教学文本的张力之维，要求学生的参与和个性化建构。在教学中对学生自主的语用学习做出保证之后，学生会把自己

［1］［德］海德格尔.关于人道主义的书信［M］.路标，孙周兴，译.北京：商务印书馆，2000：366.

［2］肖川.我们究竟需要什么样的教育［J］.教育参考，2000（5）.

［3］［美］斯坦利·E.菲什.文学在读者：感情文体学［M］//陆梅林，程代熙.读者反应批评.北京：文化艺术出版社，1989：114.

的情感和灵魂安置到课文当中,用自己全部的生命激情去拥抱它、点燃它、同化它,在与课文的开放性结构相互融浸、相互作用中,达成对课文的理解和建构,从而生成无限延伸的语言意义世界。

第二,在语用中人对存在世界意义的建构。以人自身发展的历史与现实的需要为依据,语言同时多方面地制约着人的存在,从另一个意义上展示了语用对人的规定性。在个体的层面,语言与语用对人的影响首先在于它以特定的方式参与了个体精神世界的建构。"唯语言才使人能够成为那样一个作为人而存在的生命体。"[1]"我们在语言上取得的经验将使我们接触到我们此在的最内在构造,这种经验会在一夜之间或者渐渐地改变说着语言及其使用的我们。"[2]这就是因为社会、历史、文化的传统和成果,往往以语言为载体和传播手段,特定民族的习俗、经验、思想、情感与文化等都会在其民族的语言和语用中得以传承、内化。诚如索绪尔所言:"语言史和种族史或文化史之间可能存在一切关系。……一个民族的风俗习惯常会在它的语言中有所反映,另一方面,在很大程度上,构成民族的也正是语言。"[3]因此,个体在掌握语言、历练语用能力的同时,也潜移默化地内化着其中蕴含的价值观念和民族文化特质。凝于语言中的文化的传统、民族的因素不仅随着语用的掌握化为个体的存在背景,而且在社会历史等诸多层面影响与制约着个体精神世界的形成。个体认知能力的发展、道德意识的培养、审美趣味的提升等莫不与此相关。

其实,在语文教育的语用过程中,"语言参与个体精神构成的作用,并不仅仅表现为对个体或自我的外在塑造。个体的'在'世过程,往往伴随着某种'独语',即认识论意义上的默而识之、德性涵养层面的自我精神的净化和提升等,都包含着不同形式的'独语'"[4]。在宽泛的意义上,"独语"以自我为语用对象,如读和写都是语用的"独语",可以视为无

[1] [德]海德格尔. 在通向语言的途中[M]. 孙周兴,译. 北京:商务印书馆,2004:1.

[2] [德]海德格尔. 在通向语言的途中[M]. 孙周兴,译. 北京:商务印书馆,2004:146.

[3] [瑞士]费尔迪南·德·索绪尔. 普通语言学教程[M].高名凯,译. 北京:商务印书馆,1980:43.

[4] 杨国荣. 本体论视阈中的语言[J]. 江海学刊,2004(2).

声的言说。以"思"或反省为形式，"独语"既意味着化外在的社会文化成果为个体的内在精神世界，尤以自我人格理想的实现和潜能的完成为指向。面向自我的语用"言说"或反思，每每使个体逐渐扬弃自在的形式，由存在的自觉走向自为的存在。语文教育的语用本质并非止于知识和存在世界意义的建构，而是通过语用对当前事物意义的创意性占有达成对主体自身的改造和转换，使其在自觉审视、反思、内化社会文化传统的过程中实现个体心智和灵魂的完整性建构。清王夫之曾从成德的角度，肯定了这类语用独语的意义："圣人见道之大，非可以言说为功；而抑见道之切，诚有其德，斯诚有其道，知而言之以著其道，不如默成者之厚其德以敦化也。"[1]对"道"，固然要以理性的方式加以把握和表述，但如果仅仅停留在"知"与"言"的层面，则依然是外在的，唯有以审思和反省的方式把见到的过程和自身的涵养结合起来，才能真正成其德。这种"独语"之于语文教育的意义正在于此。它能促使学生在语用学习过程中领会母语蕴含的民族情致和民族精神，吸收民族文化营养和精华的同时，去反思、去探究、去建构，使自身的潜能、天赋、个性、创造力得以显现，并使自身在新的历史情境下完成生活世界和精神领域意义的把握，充分体现语文教育的语用建构性价值。

（三）语用的生态追求

我们的语言学专家认为，语言是传承载体，语用是人的一种能力，同时它还构成人的行为本身，是人的存在方式。"说话能力标志着人之为人的特性，人就基于语言之中。"[2]语言其实是对人的首要的规定性，"我们在语言中所感受到的并不仅仅是对我们自身和一切存在的'反映'，它是生活，由于生活而与我们相关——不仅在劳动和政治的具体的相互关系中，而且在构成我们生态世界的所有其他关系和依赖性中"。[3]从这个意义上说，我们所说的语文教育的语用生态追求，就是语用活动中给学

---

[1] ［明］王夫之. 读四书大全说：卷七［M］//船山全书：第六册. 长沙：岳麓书社，1991：870.

[2] ［德］海德格尔. 在通向语言的途中［M］. 孙周兴，译. 北京：商务印书馆，2004：238.

[3] ［德］加达默尔. 哲学解释学［M］. 夏镇平，宋建平，译. 上海：上海译文出版社，1994：32.

生揭示一种特定形态的生活样式和生活态度，引导学生深入语用活动去追踪个体鲜活的生活印迹，去体认个体独特的生态体悟，特别是通过语用活动激活他们的智慧并引导他们敏锐地品味当下的个体生活意义，突出语文教育的语用生态价值。

"生态"是生态学研究的一个概念，其基本含义被赋予"生态平衡""可持续发展的生态场域"等，有的专家用生态学的视角透视我们的语文教育，认为语文教育是一个由多种因素构成的生态场域和系统。这个生态场域系统的营造，能促使教师、学生、教材构成的教学整体和语用场域环境之间和谐发展、共同提升。所以，有很多学校倡导并构建语文的"生态课堂"。从语文教育过程来说，依托"语言"对人的存在的本体规定性，在语用与生活世界之间建立起普遍而实在的联系，既是对语用特质的正确把握，也是语文教育语用生态发展的要求使然。语文课程标准中指出，学生应"能具体明确、文从字顺地表述自己的意思"，"具有日常口语交际的基本能力，在各种交际活动中，学会倾听、表达与交流，初步学会文明地进行人际沟通和社会交往，发展合作精神"。语用是人学习、交际的凭借，也是培植智慧、濡染情感精神的方式，语言也好，语用也罢，显然都是赋予人生活的情感和智慧的场域与手段。从另一个方面来看，语用有其特殊性，把握语言、学习语用，需要遵循一定的规律：一是语用的生态拓展，特别是语文"生态课堂"，与语用思维的发展紧密相关，而语用思维的发展源于语用活动，是一种语用经验的参与；二是语用的习得必须借助于特定的生活情境和生态场域，特别是语用能力不是一种抽象的形式，它必须包含实质性的生活经验和语用体验；三是语用学习是实质性的，它的途径不应局限于语文生态课堂教学，而应面向语用生活实际和阔大的生态场域，因为生活世界的变化、生态场域的拓展，对语用学习具有直接的影响。同时，在语用活动中学生对各种文化知识的掌握、对价值观念的认同、对精神世界的体悟等方面都要求学生有深厚的生活经验、开放的生态场域作为基础，这不仅能积累语用学习的知识与能力，还能孕育语用的直接兴趣与心理动力，培植学生语用的基本生活态度与价值观念。因此，语用与生活互为借助、相互融浸是语文教育的语用生态追求的必然选择。

　　语言不单是存在世界的呈现方式和现身情态，人还以掌握语言、学习语用的方式成长并存在于世，与生活世界和生态场域相融。因为"世界本身体现在语言之中"[1]，"进入这种语言的解释就意味着在这个世界中成长。在这个意义上可以说语言是人的有限性的真实标志"[2]。洪堡特也指出："人同事物生活在一起，他主要按照语言传递事物的方式生活，而因为人的生态感知和生活行为受制于他自己的表象，我们甚至可以说，他完全是按照语言的引导在生活。"[3]从这个意义上说，语言就是生活世界，语用就是寻得一种独特的生活体验，探究一种人世的生态场域。就语用课文来看，无论是现代文课文，如《荷塘月色》《胡同文化》《雷雨》等，还是文言文课文，如《师说》《孔雀东南飞》《长恨歌》《项脊轩志》等，无不跃动着特定时代与历史的生活声息，潜隐着特定人世生态场域生成的情感和精神的底色，无不发掘着生活世界和生态场域的善与美、丑与恶，诚挚地与读者交流着关涉生活、社会、历史和人生的真知灼见，这些语用课文为教学主体达成自身与时代文化生态的感应提供了保证。在具体的语用实践中，无论教师，还是学生，无疑都以主体的身份参与语用过程，将自身置入现实生态世界来扩大生活感悟和人文情怀。

　　语言是对生活世界的投射，语用是对生态场域的敞开，这为语文教育显现了一种特定的鲜活的生态。语言是人在世的现身情态，语用是人生活的表达方式。人拥有了语言，掌握了语用，也就拥有生活，拥有对世界的一种态度和关系。"语言从我们生命伊始，意识初来，就围绕着我们，它与我们智力发展的每一步紧依为伴。语言犹如我们思想和情感、知觉和概念得以生存的精神空气。在此之外，我们就不能呼吸。"[4]应该说，这也就是语文教育语用追求的生态场域。因此，我们在学习语言、掌握语用的过程中，要将其放在生态学的背景下去思考和对待，语用活动就

［1］徐友渔，周国平，陈嘉映，尚杰. 语言与哲学——当代英美与德法传统比较研究［M］. 上海：生活·读书·新知三联书店，1996：179.

［2］［德］加达默尔. 哲学解释学［M］. 夏镇平，宋建平，译. 上海：上海译文出版社，1994：64.

［3］［德］威廉·冯·洪堡特. 论人类语言结构的差异及其对人类精神发展的影响［M］. 姚小平，译. 北京：商务印书馆，1999：72.

［4］［德］恩斯特·卡西尔. 语言与神话［M］. 于晓，译. 北京：生活·读书·新知三联书店，1988：127.

是人的一种生活样态，就是人与世界生态场域的联系，而语用能力就是一种基本的生活手段和生活能力。要认识到"教室的四壁不应成为水泥的隔离层，应是多孔的海绵，透过多种孔道使语文教学活动和学生的生活息息相通"[1]，将语用活动的触角延伸到生活世界和生态场域的方方面面，使语用与学生的生活世界、生态场域豁然贯通。

语文教育的语用本身固有一种生态追求，即关注个体的生活世界、生态场域、人生境遇与人的发展。它能催生语用个体的生活理念，使语用成为个体生活的有机组成；引导学生从语言的能指走向生活实践的所指，使其获得生活的智慧和实在的意义。这是因为"语言符号使得人具有不同于其他生物的超越性。'人'的'意义'在活生生的生活之中。'人'生活在'世界'之中，自从'人'有了这个'世界'之后，'人'就有了'意义'，所以'人'的'意义'并不完全是自身产生出来的，不是自身'创造'的，而是从生活、从'世界'体会、领悟出来的，是'生活的世界'（而不是'概念的、对象的世界'）'教'给我们的"[2]。这就是说，语言特别是语文教育的语用以其阔大的生活世界和生态场域而承载的历史、文化、传统在一定层面上改造与引领着人的情感、心灵，对当下语文教育重在促进人的整体发展来说，它可使主体精神与潜隐在语用符号下的文化、历史、传统等产生意义交流，从而使主体获得生命愉悦和生活意义的全面唤醒。

［1］刘征. 刘征文集：第1卷［M］. 北京：人民教育出版社，2000：374.

［2］叶秀山. 美的哲学［M］. 北京：东方出版社，1991：55.

第三节　语文课程阶段目标的确定

对以上所述的语文课程"语文运用能力目标""语言文字素养目标"的多层阐述，无疑也要按照语文课标确定的阶段目标来进行具体实施。为此，在这里颇有必要对各个学段的目标设计内容加以具体化阐释。

一、义务教育语文课程目标

《义务教育语文课程标准（2011 年版）》在"总体目标"之下，按 1~2 年级、3~4 年级、5~6 年级、7~9 年级这四个学段，分别提出"阶段目标"，体现语文课程的整体性和阶段性。在目标设计的结构框架上，纵向是知识和能力、过程和方法、情感态度和价值观三个维度，这是隐性线索；横向是识字与写字、阅读、写作、口语交际、综合性学习五个方面，这是显性的呈现。据此我们对义务教育阶段目标作评析。[1]

语文课程"阶段目标"按照四个学段，每个学段分为识字与写字、阅读、写作（写话、习作）、口语交际、综合性学习五个领域，五个领域分别提出阶段目标。

（一）关于识字与写字

识字写字是阅读和写作的基础。教学生识字与写字，是为了使学生掌握交际工具，同时，工具是被人使用的，使用工具的人必定有一个情感态度的问题，而语言文字本身就是一种文化，尤其是我们的汉字，其中蕴含着丰富的文化信息，所以在识字写字方面，同样应体现语文的工具性与人文性的统一。新课程标准加强了情感态度方面的要求，重视识字写字的姿势和良好习惯的培养。第一学段提出"喜欢学习汉字，有主动识字、写字的愿望"，"努力养成良好的写字习惯，写字姿势正确，书写规范、端正、整洁"；第二学段提出"对学习汉字有浓厚的兴趣，养成主动识字的习惯"；以此为前提，第三学段强调有较强的独立识字的能力，到第四学段实现"能熟练地使用字典、词典独立识字，会用多种检字方法"。

---

［1］方智范. 关于语文课程目标的对话［J］. 语文建设，2002（1）.

为了落实总目标关于美育方面的要求，注重通过识字写字提高学生的审美情趣，第一学段提出"初步感受汉字的形体美"，从第二学段开始要求"用毛笔临摹正楷字帖"，通过书法练习，第三学段要求"在书写中体会汉字的优美"，第四学段要求"体会书法的审美价值"。

（二）关于阅读

阅读是语文课程中极其重要的学习内容。阅读教学是学生、教师、文本之间对话的过程。在对话理念观照下，阅读教学必须注意：

1. 要重视学生在阅读过程中的主体地位。在阅读教学中，存在着多重对话关系，如学生与作者（文本）的对话，教师与学生的对话，学生与学生的对话，教师与作者的对话，但对话的中心是每一个学生。必须强调阅读的自主性和独立性，文本的意义是学生在阅读过程中自行发现、自行建构起来的，要让学生自己阅读、学会阅读。

2. 要重视学生的独特感受和体验。鼓励学生对阅读内容做出有个性的、富有想象力的反应甚至是突发奇想，将自己的阅读感受与作者的意图进行比较，为文本的内容和表达另作设计等。在文学作品阅读教学中，不要追求标准答案。

3. 教师是课堂阅读活动的组织者、学生阅读的促进者，也是阅读中的对话者。教师作为文本与学生的中介，其思想深度、文化水准、人生经验、审美水平要高于学生，可以起到向导的作用，但绝不能取代学生在阅读中的主体地位。

阅读目标在情感态度方面强调养成阅读的兴趣和习惯，第一学段的第一个阅读目标就是"喜欢阅读，感受阅读的乐趣""养成爱护图书的习惯"；到第二学段则要求"养成读书看报的习惯"。除强调阅读兴趣和习惯这些主观方面的因素外，阅读目标还把情感态度和价值观的要求渗透到阅读的内容和方法之中。如，在第一学段的阅读目标中，第四条是："阅读浅近的童话、寓言、故事，向往美好的情境，关心自然和生命"；第二学段提出"关心作品中人物的命运和喜怒哀乐"；第三学段提出"说出自己的喜爱、憎恶、崇敬、向往、同情等感受""受到优秀作品的感染和激励，向往和追求美好的理想"；第四学段则从欣赏文学作品的角度，要求"有自己的情感体验，初步领悟作品的内涵，从中获得对自然、社会、人生的有益启示"。

在阅读的过程与方法方面，课程标准特别强调要加强朗读，而且将其贯穿于各学段的目标之中，即要求用普通话正确、流利、有感情地朗读。"正确、流利、有感情"这三个要求，不能互相分割、分别要求，但在不同阶段可以有所侧重。

突出学生阅读行为的自主性，重在感受体验、整体把握，而不是纯理性地、机械地分析。在阅读目标上强化感受性、体验性阅读，如目标在第一学段提出"对感兴趣的人物和事件有自己的感受和想法"，阅读诗歌要"展开想象，获得初步的情感体验，感受语言的优美"；第二学段提出"初步感受作品中生动的形象和优美的语言"；第三学段阅读叙事性作品要求"能简单描述自己印象最深的场景、人物、细节"，阅读诗歌要求"想象诗歌描述的情境，体会作品的情感"；第四学段则提出了综合性的要求："对作品中感人的情境和形象，能说出自己的体验；品味作品中富于表现力的语言"。从感受性阅读出发，逐步加强理性成分，强调探究性阅读。如第三学段要求"在交流和讨论中，敢于提出看法，做出自己的判断"；第四学段要求"对课文的内容和表达有自己的心得，能提出自己的看法，并能运用合作的方式，共同探讨、分析、解决疑难问题"。

在语文知识的要求和表述方面，新的标准确有较大变化。学习语文知识是为了运用，应该促使知识向能力方面转化，要重视培养学生的语感能力，而语感能力只有在大量阅读中才可能获得发展，课程阶段目标尽可能将知识要求转换成能力要求来表述。如关于标点符号，第一学段的目标是"在阅读中，体会句号、问号、感叹号所表达的不同语气"；第二学段是"在理解语句的过程中，体会句号与逗号的不同用法，了解冒号、引号的一般用法"；第三学段是"在理解课文的过程中，体会顿号与逗号、分号与句号的不同用法"。如理解词句，注重不脱离语境，各学段目标中分别提出"结合上下文和生活实际了解课文中词句的意思"，"能联系上下文，理解词句的意思"，"能联系上下文和自己的积累，推想课文中有关词句的意思，辨别词语的感情色彩，体会其表达效果"，"体味和推敲重要词句在语言环境中的意义和作用"等。如关于表达方面，从第三学段开始，提出"在阅读中了解文章的表达顺序，体会作者的思想感情，初步领悟文章的基本表达方法";第四学段要求"在阅读中了解叙述、描写、说明、议论、抒情等表达方式",将有关知识与阅读过程的展开和阅读能力的培养紧紧联系起来。对语法修辞知识和文学知识,课程标准不主张系统地讲授,所以在各学段都未提出具体的目标要求,在第四学段提出一条总括性的目标:"随文学习基本的词汇、语法知识,用来帮助理解课文中的语言难点;了解常用的修辞方法,体会它们在课文中的表达效果。了解课文涉及的重要作家作品知识和文化常识。"

课程标准还特别强调加强积累。总体目标中就强调"有较为丰富的积累",然后在各阶段目标中再对此加以具体化,导向十分明确。落实这一目标,首先是从阅读的数量着手。一是提倡扩大阅读面,要求学生"养成读书看报的习惯,收藏图书资料,乐于与同学交流""扩展阅读面""扩大阅读范围""广泛阅读各种类型的读物";二是规定课外阅读量,第一学段课外阅读总量不少于 5 万字,以后逐渐增加,第二学段不少于 40 万字,第三学段不少于 100 万字,第四学段不少于 260 万字,九年课外阅读总量应在 400 万字以上。其次是提出积累各种素材、加强背诵的要求。要求"在阅读中积累词语""积累自己喜欢的成语和格言警句""积累课文中的优美词语、精彩句段,以及在课外阅读和生活中获得的语言材料"。

（三）关于写作

写作的阶段目标,第一学段称为"写话",第二、第三学段都称为"习作",到第四学段才称为"写作",这是为了降低义务教育阶段写作的难度。低年级不过于强调口头表达与书面表达的差异,鼓励学生把心中所想、口中要说的话用文字写下来,让学生敢写。所以在低年级用"写话"来淡化作文意识,在中高年级用"习作"来初步体现作文意识,到初中阶段才称为"写作"。

在写作初始阶段的目标设定中,特别强调情感态度方面的因素,把重点放在培养写作的兴趣和自信上,第一学段的要求是"对写话有兴趣";第二学段的相关表述是"乐于书面表达,增强习作的自信心";到第三学段,才过渡到要求具有初步的写作意识,"懂得写作是为了自我表达和与人交流";第四学段则提出"写作时考虑不同的目的和对象",要求具有比较自觉的写作目的。写作的兴趣和自信,还来源于在写作的合作和交流中所产生的成就感，"标准"对此有意作了强化，在不同学段分别提出"愿意与他人分享习作的快乐""能与他人交流写作心得，互相评改作文，以分享感受，沟通见解"等要求。

对写作能力的培养，课程标准特别重视鼓励自由表达，在写作中培养学生的创新精神。在第一学段的目标中提出"写自己想说的话"；第二学段提出"能不拘形式地写下自己的见闻、感受和想象"；第三、四学段分别作了这样的表述："养成留心观察周围事物的习惯，有意识地丰富自己的见闻""多角度观察生活，发现生活的丰富多彩，捕捉事物的特征，力求有创意地表达"。

课程标准还倡导写作的个性化，如在第二学段强调"注意把自己觉得新奇有趣或印象最深、最受感动的内容写清楚"；在第三学段提出"珍视个人的独特感受"；第四学段提出"写作要有真情实感，力求表达自己对自然、社会、人生的感受、体验和思考"。强调这些方面，有利于学生克服写作"假、大、空"的毛病。

课程标准把注意力放在了写作实践上，在各学段提出了写作次数、字数的量化要求，同时就写作提出一系列能力要求。为切实提高学生的写作水平，课程标准设计了一些具有可操作性的环节。一是重视修改以及修改中的合作，如第二学段要求"学习修改习作中有明显错误的词句"；第三学段要求"修改自己的习作，并主动与他人交换修改"；第四学段要求"根据表达的需要，借助语感和语文常识，修改自己的作文，做到文从字顺。能与他人交流写作心得，互相评改作文，以分享感受，沟通见解"。二是重视在写作中运用已积累的语言材料，如第一学段要求"在写话中乐于运用阅读和生活中学到的词语"；第二学段提出"尝试在习作中运用自己平时积累的语言材料，特别是有新鲜感的词句"；第三学段进而要求"积累习作素材"。

（四）关于口语交际

口语交际方面的要求主要体现在以下三方面：

第一，强调情感态度。关于口语交际，核心的意思是"交际"二字，所以情感态度十分重要，表现为人际交往的文明态度和语言修养，如自信心、勇气、诚恳、尊重对方、有主见、谈吐文雅等。第一学段要求"有表达的自信心""与别人交谈,态度自然大方,有礼貌";第二学段要求"学会认真倾听,能就不理解的地方向人请教,就不同的意见与人商讨";第三学段要求"与人交流能尊重和理解对方""注意语言美,抵制不文明的语言";第四学段要求"注意对象和场合,学习文明得体地交流"。

第二,重视实践。课程标准强调以贴近生活的话题或情境来展开口语交际活动,重视日常生活中口语交际能力的培养,重在参与。第一学段要求"积极参加讨论,敢于发表自己的意见";第三学段要求"乐于参与讨论,敢于发表自己的意见";第四学段要求"讨论问题,能积极发表自己的看法"。

第三,注重技能要求。课程标准注重交际技能要求,如第二学段要求"听人说话能把握主要内容""能清楚明白地讲述见闻""讲述故事力求具体生动";第三学段要求"听人说话认真、耐心,能抓住要点,并能简要转述""表达有条理,语气、语调适当";第四学段要求"能根据对方的话语、表情、手势等,理解对方的观点和意图",说话"做到清楚、连贯,不偏离话题","注意表情和语气,根据需要调整自己的表达内容和方式,不断提高应对能力,增强感染力和说服力",讨论发言"有中心、有根据、有条理"等。

(五)关于综合性学习

综合性学习是一种新型的学习方式,它重在学习过程,注重激发学生的创造潜能,能较好地整合知识和能力,尤其有利于在实践中培养学生的观察感受能力、综合表达能力、人际交往能力、搜集信息能力、组织策划能力、互助合作和团队精神等,它对培养学生的创新精神和实践能力,培养他们终身学习的愿望和能力,具有重要意义。综合性学习与上述四个方面不在同一层面,正因为它特别重要,所以课程标准专门列出,加以强调。综合性学习阶段目标主要包括四个方面:

1.培养探究意识。培养学生对事物的好奇心,使他们具有探究的兴趣和意识。第一学段要求"对周围事物有好奇心,能就感兴趣的内容提出问题";第二学段要求"能提出学习和生活中的问题";第三学段要求"为解决与学习和生活相关的问题"或"对自己身边的、大家共同关注的问题"进行探究;第四学段要求"能提出学习和生活中感兴趣的问题","关心学校、本地区和国内外大事，就共同关注的热点问题"进行研究。

2.学会自主学习。主要由学生自行设计和组织活动，特别注重探索和研究的过程。强调观察周围事物，亲身体验，包括自然、生活、社会等各个方面，做到有感受，有发现。所以在第二学段要求"结合语文学习，观察大自然，观察社会"；第四学段要求"自主组织文学活动"等。

3.具有合作精神。要求学生主动积极地投身活动之中，善于与他人合作。所以在第一学段要求对提出的问题"共同讨论"，"热心参加校园、社区活动"；第二学段要求"在活动中学习语文，学会合作"；第四学段进一步提出"体验合作与成功的喜悦"。

4.形成综合运用能力。综合性学习主要体现为综合运用、整体发展，能在多学科的交叉中体现语文知识和能力的实际运用，促进学生素质的全面提高。所以第一学段要求在活动中"用口头或图文等方式表达自己的观察所得"；第二学段要求"在家庭生活、学校生活中，尝试运用语文知识和能力解决简单问题"；第三学段要求"利用图书馆、网络等信息渠道获取资料，尝试写简单的研究报告"，"策划简单的校园活动和社会活动，对所策划的主题进行讨论和分析，学写活动计划和活动总结"；第四学段要求在选出研究主题、制订简单的研究计划后，"能从报刊或其他媒体中获取有关资料，讨论分析问题，独立或合作写出简单的研究报告"，还有"搜集资料，调查访问，相互讨论，能用文字、图表、图画、照片等展示学习成果"等，所有这些都体现出通过综合性学习培养学生实际综合运用能力的目标追求。

二、普通高中语文课程目标

在我国，高中被称作"义务后教育"阶段，但普通高中依然是与九年义务教育相衔接的、面向大众的基础教育。因此高中语文课程"应进一步提高学生的语文素养，使学生具有较强的语文应用能力和一定的审美能力、探究能力，形成良好的思想道德素质和科学文化素质，为终身学习和个性发展奠定基础"。高中语文课程标准仍由纵向和横向两条线索构建课程目标框架，纵向线索依然是"知识和能力""过程和方法""情感态度和价值观"三个维度，这是隐形的线索，是课程改革最本质的体现；

横向线索则是必修课程目标和选修课程目标，这是显性的线索。两条线索纵横交错，贯穿于整个目标体系当中。为此我们从必修课程目标和选修课程目标两方面来把握高中语文课程目标。[1]

（一）必修课程目标

必修课程包含"阅读与鉴赏"和"表达与交流"两方面的目标。

1. 关于"阅读与鉴赏"

课程目标中关于"阅读与鉴赏"共有十二条要求，综合起来看，认识"阅读与鉴赏"目标，应把握以下几点：

（1）把"鉴赏"提到前所未有的高度

过去虽然也曾提出应使学生"初步鉴赏文学作品的语言、形象和技巧"，但要求是"初步"的，鉴赏的内容也规定了方向。新课标将鉴赏与阅读并列，把鉴赏提到前所未有的高度，体现了高中语文教育的新高度。鉴赏就是审美，目的是陶冶性情，涵养心灵。课程标准提出四项鉴赏要求：第一，要有"积极的鉴赏态度"，具备一种探新求异的精神；第二，鉴赏中外文学作品，"能感受形象，品味语言，领悟作品的内涵，体会其艺术表现力，有自己的情感体验和思考"；第三，鉴赏文学作品应有广阔的社会时代背景，使文学鉴赏的过程成为探索民族心理和时代精神，以及了解人类社会生活和情感世界的过程；第四，在鉴赏活动中了解一些文学作品的基本特征、表现手法以及有关作品的背景材料，"了解"的目的是"用于分析和理解作品"。其中，应高度关注"有自己的情感体验和思考"一项，它是鉴赏的最本质要求，也是鉴赏必须达到的高度。

（2）高度重视阅读过程和方法

课程标准中提出了一系列的阅读方式和方法，并就阅读过程中的学生行为提出了新的要求：一是要求"发展独立阅读的能力"。强调在阅读过程中要"善于发现问题，提出问题，对文本能做出自己的分析判断，努力从不同的角度和层面进行阐发、评价和质疑"。二是要求"注重个性化的阅读"。强调最终要"获得独特的感受和体验"。三是要求"学习探

---

[1] 秦训刚，蒋红森. 高中语文课程标准教师读本［M］. 武汉：华中师范大学出版社，2003：40-65.

究性阅读和创造性阅读"，目的是发展想象能力、思辨能力和批判能力。四是要求"灵活运用精读、略读、浏览、速读等阅读方法"。运用这些阅读方法要针对不同的阅读目的，针对不同的阅读材料（阅读文本），目的是提高阅读效率。五是要求"能用普通话流畅地朗读"，朗读的效果是"恰当地表达文本的思想感情和自己的阅读感受"；对古代诗词和文言文，要求能"诵读"，并强调要"背诵一定数量的名篇"。六是要求转变学习方式，"注重合作学习，养成相互切磋的习惯"，同时要"乐于与他人交流自己的阅读鉴赏心得，展示自己的读书成果"。七是要求"学会灵活使用常用语文工具书，能利用多种媒体收集和处理信息"，以便能及时有效地解决阅读中的问题。以上七项要求都是针对阅读的过程和方法提出的。过程和方法是当前课程内容改革的一大追求，强调过程和方法表现出了语文学科阅读与鉴赏方面的新要求。

（3）重视文化传承，提高"文言"要求

与过去对古代诗词和文言文学习的要求相比，新课程标准中的要求向前迈进了一大步。

一是提升了古代诗词和文言文的学习目的。课程标准指出："学习中国古代优秀作品，体会其中蕴含的中华民族精神，为形成一定的传统文化底蕴奠定基础。"

二是加大了学习古典诗词和文言文的难度。要求"从历史发展的角度理解古代作品的内容价值，从中汲取民族智慧；用现代观念审视作品，评价其积极意义与历史局限"。这一要求意味着要进一步扩大高中文言文学习的范围和高度，把高中文言文教学由过去的"以落实字词句为目的的串讲式教学"转变为全面落实"三个维度"目标的整体教学。

三是调整了文言实词、文言虚词和文言句式的教学方向。2000 年的教学大纲要求把常见的 150 个文言实词、18 个文言虚词和主要文言句式的用法作为教学的重点，而课程标准对文言实词、虚词和句式的用法仅要求"了解"，但强调"注重在阅读实践中举一反三"。这就意味着要调整过去将文言文教学异化为文言词法、句法教学的倾向，将文言词法、句法与具体的阅读实践结合起来，在阅读实践中学习并运用词法和句法。

四是继续强调"诵读古代诗词和文言文"，把诵读确定为学习古代诗词的基本方法；同时强调背诵一定数量的名篇，并制定出《关于诵读篇目和课外读物的建议》。

语文课标关于古代诗词及文言文学习要求方面的变化，可以用"高""宽""活"三个字来概括。"高"是指要求高，把古代诗词和文言文的学习目的上升到传承文化、形成底蕴的高度；"宽"是指学习文言文的范围越来越宽，对中国古代优秀作品，要从"历史发展的角度"去理解，"用现代的观念"进行审视；"活"是指文言文学习的过程要活，重视阅读实践，在实践中举一反三。

（4）将语文阅读能力的培养置于一个更广阔的学习背景之中

过去的阅读教学存在空间过于狭窄的缺陷，这表现在两个方面：一是阅读学习的内容过于限定在"课文"上；二是阅读学习的天地过于局限在课堂里。

在新的语文课程标准中，不再使用"课文"二字，这是一个巨大的变化。这一变化是基于对教材地位和价值的重新认识：过去教材是学习对象，现在是"凭借""通道"；过去教材是作为学习内容，现在是作为学习手段；过去教材是终极裁判者，现在是审视对象；过去教材是学材的唯一，现在是学材的"首选"等。对教材地位和价值的重新认识，必然造就语文学习的新天地。

"课文"的替代者是"文本"。教材中的课文是文本，但作为文本的决不只是教材中的课文。这就意味着，作为阅读学习的内容，不仅仅是作为文本的课文，还应包括课文之外丰富多彩的文本。这同样意味着，阅读教学要打破过去课文一统课堂的局面，将大量的有价值的充满生命力的文本引入课堂，使之成为学生阅读实践的沃土。

语文课标还强调课内学习与课外阅读的有机统一，强调扩大阅读空间，"努力扩大阅读视野"。标准要求"学会正确、自主地选择阅读材料，读好书，读整本书，丰富自己的精神世界，提高文化品位"，同时强调"课外自读文学名著（五部以上）及其他读物，总量不少于150万字"。与教学大纲相比，课程标准在课外阅读的要求上更具体、更细化，目的是使课外阅读真正进入阅读学习的程序，使学生有一个更广阔、更丰富的阅读空间。

2. 关于"表达与交流"

课程目标中关于"表达与交流"共列出九条要求，包括过去所说的写作和口语交际两个方面的内容。这些目标反映着表达与交流的新理念。

（1）强调学生的思想者角色

过去的写作教学，尽管也在一定程度上强调学生在写作中的创造性行为，但总体说来，是把学生的身份定位在学习者的角色，教学过于强调写作知识的灌输，过于强调写作方法和技巧的训练，学生的写作过多地受"规范"约束，学生的个性、想象力、联想力等受到一定限制。人们越来越认识到，写作学习的过程，不是简单地模仿，也不是被动地学习，而是思想参与的过程。因此，不少国家在新制定的语文课程标准中提出，写作是思想者和学习者双重参与的过程。也就是说，学生写作已经不再仅仅是被动地按照教师的要求，机械地进行写作能力的训练，以掌握各类文体的写作。确切地说，学生在活动中既是一种按照教师教学目标进行的学习行动，同时也是学生运用自己的思想进行独立创造的行为。学生学习者的角色已受到足够关注，关键是在作文活动中能否最大限度地张扬学生作为"思想者"的角色。课程标准强调"学会多角度地观察生活，丰富生活经历和情感体验，对自然、社会和人生有自己的感受和思考"，就是强调在高中作文活动中要强化学生作为思想者的角色，强调在作文教学活动中教师要引导学生深入地观察并思考社会、人生和自然，逐步形成对社会、人生和自然的认识，为作文提供强大的内驱力。

（2）兼顾"为自己写作"和"为不同读者写作"的双重目标

在过去相当长的一段时间内，作文教学过于注重作文传达社会信息的功能，过于强调作文的社会意义，忽视了学生作文是"为自己而写"的一面。最近几年，在教育民主化思潮的影响下，对作文之于个体的精神生活的充实、改进，表现出新的认识和观念，其表现之一就是在作文教学中十分强调作文对于个体的价值，注重强调写作对于学生本身的作用。

课程标准"表达与交流"的第二条指出："能考虑不同的目的要求，以负责的态度陈述自己的看法，表达真情实感，培育科学理性精神。"这一项要求强调作文要考虑不同的对象，也就是要考虑文章是写给谁看的，同时强调要"负责任"，强调要有科学理性精神。这项要求是就"为不同的读者写作"而言的。另一方面，课程标准的第四条指出："力求有个性、有创意的表达，根据个人特长和兴趣自主写作。在生活和学习中多方面地积累素材，多想多写，做到有感而发。"第三条也说："在表达实践中发展形象思维和逻辑思维，发展创造性思维。"这里强调的是鼓励个性化的表达，激发创新精神，使学生在作文活动中不断地审视自己，校正自己的精神航向，使自己的精神健康发展，促进自我不断升华。这些要求是就"为自己写作"而言的。课程目标强调写作活动要实现"为自己写作"和"为不同的读者写作"的双重追求，这反映了在作文功能认识问题上的巨大进步，意味着高中学生作文价值取向的重大调整。

（3）强调在作文活动的宏观过程中培养写作能力

作文活动是一个宏观的过程，是积累、表达、交流几个方面互相融合、互相依托，不断提高发展的过程。作文活动与学生的学习过程是统一的，与学生的生活是统一的，学习和生活是学生作文广阔的活动空间。基于此，课程标准强调构建学生作文的宏大背景，强调将作文与学生的学习和生活统一起来，使学生养成良好的作文习惯。

一是要养成积累生活的习惯。"学会多角度地观察生活，丰富生活经历和情感体验，对自然、社会和人生有自己的感受和思考。""在生活和学习中多方面地积累素材，多想多写，做到有感而发。"

二是要养成与他人合作的习惯。"能独立修改自己的文章，结合所学语文知识，多写多改，养成切磋交流的习惯。乐于相互展示和评价写作成果。"

三是要养成课外练笔的习惯。课程标准中规定"45分钟能写600字左右的文章"，这是就作文速度上的要求，要达到这样的作文速度，课外练笔就必须加强。课程标准中规定"课外练笔不少于2万字"，这是训练作文基本功的必然要求，同时，这一要求将具体的写作行为（动笔）由课堂延伸到课外，使作文行为贯穿于课堂内外。

（4）将口语交际上升到一个新的高度

与过去大纲中的要求相比，高中语文课程标准在"口语交际"方面的要求更多，更高，也更明确。这表现在以下几个方面：

第一，强调口语交际中的情感态度。既然是交际活动，交际双方在应对中的情感态度就十分重要。健康的情感和良好的态度是交际双方形成良好的交际环境的基础，这包括文明态度和语言修养等，如有自信心、有勇气、诚恳、尊重对方、有主见、谈吐文明等。课程标准中要求"在口语交际中树立自信，尊重他人，说话文明，仪态大方"，正是强调在口语交际中要有良好的情感态度。

第二，重视口语交际效果。"注意口语的特点，能根据不同的交际场合和交际目的，恰当地进行表达。借助语调和语气、表情和手势，增强口语交际的效果。"这里强调了两点：一是表达的"恰当"，而恰当与否是根据不同的交际场合和不同的交际目的而言的；二是充分发挥口语的优势，使语调、语气、表情、手势等有声语言和形体语言在交际中锦上添花。这两点所讲的实际上是增进口语交际效果的途径和要注意的问题。

第三，突出公开演讲式的交际能力。在口语交际中，说话能力包括日常说话式和公开演讲式两个方面。公开演讲式的交际方式包括演讲、辩论、报告、朗诵等。课程标准明确提出要"学会演讲"，对演讲的要求是"观点鲜明，材料充分、生动，有说服力和感染力，力求有个性和风度"。对演讲的要求明显高于九年义务教育语文课程标准中的要求，后者的要求是"能作有准备的主题演讲，有自己的观点，有一定说服力"。课程标准还就辩论、朗读提出了具体的目标，要求在辩论中"积极主动地发言，恰当地应对和辩驳"；朗诵文学作品"能准确把握作品内容，传达作品的思想内容和感情倾向，具有一定的感染力"。

在众多的公开演讲式口语交际项目中，课程标准特别提出演讲、辩驳、朗读三种交际方式，并就三种交际方式提出较高的目标要求，这是口语交际发展到高中阶段的必然选择，也是着眼于学生未来发展的必然选择。

（二）选修课程目标

课程标准规定了五个系列的选修课程内容，即"诗歌与散文""小说与戏剧""新闻与传记""语言文字应用"和"文化论著研读"，并就五个系列的选修课程分别提出了课程目标。

1.关于"诗歌与散文"

　　"诗歌与散文"作为五个系列的选修课程之一，其总的目标是："培养鉴赏诗歌和散文作品的浓厚兴趣，丰富自己的情感世界，养成健康高尚的审美情趣，提高文学修养。"围绕这个总目标，该部分的课程目标着重强调以下几点：

　　（1）重在"鉴赏"。"鉴赏"是学习"诗歌与散文"这一选修课程的基调。鉴赏什么？鉴赏到什么程度？课程标准指出："阅读古今中外优秀的诗歌、散文作品，理解作品的内涵，探索作品的丰富意蕴，领悟作品的艺术魅力。用历史眼光和现代观念审视古代诗文的思想内容，并给予恰当的评价。"并要求"初步把握中外诗歌、散文各自的艺术特征"，"不断获得新的阅读体验"。

　　（2）讲究方法。鉴赏是以一定量的积累为基础的。课程目标要求"背诵一定数量的古代诗文名篇"，并要求"学习古代诗词格律基础知识，了解相关的中国古代文化常识"，其目的是丰富学生的文化积累。同时，要学习并运用恰当的方法。对"不太艰深的古代诗文"，应"借助工具书和有关资料"进行阅读；要"学习鉴赏诗歌、散文的基本方法"，"注意从不同角度和层面发现作品的意蕴"。其中"学习古代诗词格律基础知识"是过去没有提出过的要求。

　　（3）重视创作实践。在鉴赏诗歌、散文的过程中尝试诗歌与散文的创作，有利于加深了解，增进体验，获得诗歌散文方面的综合性学习效果。课程标准提出"尝试诗歌、散文的创作"这一要求，并提出"组织文学社团"，要求在创作活动中注重"展示成果，交流体会"。

　　2.关于"小说与戏剧"

　　本系列的课程总的目标是："培养阅读古今中外各类小说、戏剧作品（包括影视剧本）的兴趣，从优秀的小说、戏剧作品中汲取思想、感情和艺术的营养，丰富、深化对历史、社会和人生的认识，提高文学修养。"

　　与诗歌散文系列的课程目标要求相同，学习小说与戏剧这一选修课程的基调仍然是"鉴赏"，强调恰当运用阅读鉴赏的方法以及重视创作实践。所不同的是，"小说与戏剧"的鉴赏取向更多的是指向"评价"。课程标准指出："形成良好的文化心态，学会尊重、理解作品所体现的不同时代、不同民族、不同流派风格的文化，理解作品所表现出来的价值判断和审美取向，做出恰当的评价。"这里强调的首先是两个"理解"，但最终要落脚到"评价"。课程标准还指出："注意从不同角度和层面解读小说、戏剧作品，提高阅读能力和鉴赏水平。学写小说、戏剧评论，力求表达出自己的独特感受和新颖见解。""解读"的最高追求，就是对作品有自己的独特感受和新颖的见解。把这些"独特的感受和新颖的见解"表达出来，形成文字，就完成了对作品的评论。"学写小说、戏剧评论"，就是要求以书面表达的形式对小说、戏剧进行评价。

课程标准还就小说、戏剧的鉴赏方式提出了要求，有"朗诵""表演""比较研究""专题研究"等。这些方式的鉴赏活动是一种综合性学习的过程，有利于培养学生阅读鉴赏的兴趣，提高阅读鉴赏的效果。

3. 关于"新闻与传记"

对于"新闻"，课程目标强调以下几点：一是强调养成阅读新闻的习惯。二是要明确阅读新闻的要求。阅读新闻既要"能准确、迅速地捕捉基本信息，就所涉及的事件和观点作出自己的评判"，又要"了解其（新闻、通讯）社会功用、体裁特点和构成要素，把握语言特色"。三是要落实写作实践。新闻的社会实践基础广泛，空间广阔，学习新闻最终应该也必须落实到新闻写作上。尝试新闻写作，要"广泛搜集资料，根据表达需要和体裁要求，对资料进行核实、筛选、提炼"。

对于"传记"，课程目标有两个方面的内容：一是围绕"读"提出的目标，要求"阅读古今中外的人物传记、回忆录等作品，能把握基本事实，了解主人公的人生轨迹，从中获得有益的人生启示，并形成有一定深度的思考和判断"；二是围绕"写"提出的目标，要求"认识传记作品的基本特征，尝试人物传记的写作"。

4. 关于"语言文字应用"

"语言文字应用"作为一个系列的选修课程，其鲜明的不同之处就是强调"应用"，目的是在生活和跨学科的学习中学语文、用语文，在学习和运用的过程中提高语言文字应用能力。课程标准中列举了语言文字应用的领域，并就每个领域的语言文字应用方式和程度提出了要求：

一是在阅读领域应用语言文字。要求"能综合运用在语文与其他学科中获得的知识、能力和方法，读懂与自己学识程度相当的著作"，在此基础上"运用多种方式展开交流和讨论"，把交流和讨论作为一个重要的语言文字应用途径。

二是在应用文领域应用语言文字。阅读应用文，要求"能把握主要内容和关键信息"；写作应用文，要求"能根据需要，按照有关格式和要求"，"力求准确、简明、得体"，并注意培养"对事负责、与人合作的精神和严谨细致的作风"。

三是在交际领域应用语言文字。在交际领域应用语言文字，主要是增强口头应用能力，要求能"根据交际的需要，选择恰当的时机和场合，提出话题，敏捷应对"，并要求学生积极参与演讲、辩论、演出、集会等活动，在活动中应用语言文字。

课程标准还强调要关注语言文字应用中的现象和问题，"思考语言文字发展中的新问题"，"尝试用所学的知识和方法作出解释"，努力在语言文字应用过程中有所创新。在语言文字应用方式上，课程标准提出要"拓展运用语言文字交流的途径，学会用现代信息技术辅助交流"。

5. 关于"文化论著研读"

"文化论著研读"系列课程总的目标是"拓宽文化视野和思维空间，培养科学精神，提高文化修养"。在开展文化论著研读活动过程中，对待传统文化、外来文化以及当代文化，要有"发展的眼光和开放的心态"，文化论著研读活动要通过多种途径以"文化专题研讨"的方式进行。

关于文化论著的阅读，课程目标提出了两个方面的要求：一是阅读程度方面的要求。要求"整体了解论著内容"，"把握论著的主要观点和基本倾向，了解用以支撑观点的关键材料"，对论著中的疑点和难点"提出自己的见解"。二是阅读方式方法上的要求。"借助工具书、图书馆和互联网查找有关资料"，"选读其中的重点章节"，这是就论著阅读方法上的提示；"在阅读过程中注重反思，探究论著中的疑点和难点"，"乐于和他人交流切磋，共同提高"，这是就阅读方式提出的要求。课程目标要求"参考有关论著，学习对当代社会生活中的问题和中外文化现象作出分析和解释"，并要求"积极参与先进文化的传播和交流"，所以，从更深远的意义上讲，"文化论著研读"课程应使学生在文化论著研读过程中提高自己的思考、交流能力和认识水平，成为先进文化的传播者。

第四章 语文课程内容语用性建构

　　语文课程标准规定了义务教育和高中语文课程目标，也就为语文课程内容的确定和选择明确了方向。根据语文课程目标确定和选择课程内容，是语文课程与教学要切实把握的根本所在，直接关系到"教什么""怎么教"的问题。一般认为，课程内容是"各门学科特定的事实、观点、原理和问题，以及处理它们的方式"[1]，但作为母语教育的语文学科，语文课程应更为关注母语的语用能力及其内在的文化内涵和人文素养教育内容，不能只是限于单纯的语文技术性训练。因而，我们应当从语文学科自身的特点出发，对语文课程内容做具体而深入的探究。

---

[1]　施良方．课程理论——课程的基础、原理与问题［M］．北京：教育科学出版社，1996：108．

第一节　语文课程内容的语用性确定

对语文课程的内容，一直存在着不同的认识和争论，由此造成了语文课程内容确定、教材内容选择的不少误区，偏离了语文教学的本体。有人认为语文课程内容的构成要素，应分为语文学科知识要素和语文活动内容要素。有人提出语文课程应包括实质性知识（语文基础知识与基本技能），方法论知识（方法性知识、过程性知识），价值性知识（有育智、育德、育美价值的知识）。还有人提出把语文课程的知识内容划分为社会的语言（言语规律）、他人的言语经验、个体的言语规则、人类的语言文化。很显然，产生这些认知和分歧的原因是多方面的。第一，与语文教育依赖于语言学、文学、文学理论、文章学等多种学科有关，倚重的学科不同，人们对语文课程内容的选择也就不同。第二，与人们对语文课程理解的多元，或者说与人们的语文本体观及语文价值取向不同有关，不同的语文本体观选择不同的语文内容。第三，与人们对语文课程内容的分类标准不同有关。从不同的角度对语文课程内容进行分类，人们可得出不同的语文内容。第四，与传统语文教育的影响有关。传统语文教育注重写作、注重思想教育、强调文以载道等，这也对语文课程内容的选择产生了一定的影响。第五，语文课程编制和教材编写存有的随意性、无序性，也导致语文课程内容的不确定性。[1]

对于语文课程内容确定这个难题，我们认为，应采取的对策是依据语文教育的语用观，把握语文课程的语用目标和素养目标，注重对语文课程内容的语用性建构，确定语文课程的三项基本内容：语文知识、语文能力、人文素养。在这三个方面的构成要素中注重汉语文民族文化教育内容，品味感悟汉语文丰厚的文化内涵，加强学生对汉语文民族文化的理解和认同。同时，在语文课程标准的修订、教科书编写和语文课改中，切实把握语文课程的语用性内容，即语文知识、语文能力和人文素

---

[1] 余虹. 从教材语言看语文课程内容的不确定性［J］. 天津师范大学学报（基础教育版），2011（3）.

养构成的语用内容要素，切实从语文学科自身的特点来理解语文课程内容，让学生学习和运用语文知识，培养语言文字运用的能力，提高语用水平和人文素养，以真正实现"立德树人"的汉语文民族教育目标，更好地体现语文课程的语用本体特色，发挥语文课程特有的育人功能，也使语文课程的语用目标与语用内容具有一致性。《义务教育语文课程标准（2011年版）》提出的三维目标——知识与能力、过程与方法、情感态度与价值观，指向的语文内容与本课题确定的语文知识、语文能力和人文素养的语用内容要素也是一致的。

作为母语教育的基础学科，语文课程的语用本体内容构成，既应包括语文知识、语文能力，也要包括母语内在的文化内涵与人文营养。这就是说，语文课程的内容实际上是语文学科关于听说读写的语文知识、语文能力和人文素养（即情感、态度、价值观）等语文本体内容要素的总合。这些语文本体内容要素是以语文课程的语用目标和素养目标——语文运用能力和语言文字素养为依据来整合并确定的。对此，有的专家早就指出："广义的知识观把知识、技能和策略都统一在同一个'知识'概念里了。这种知识就是所谓的'真知'，不仅包括了'知'，也包括了用'知'来指导'行'。"[1]我们这里所说的语文知识是狭义上的知识，是指关于听说读写的事实、概念、原理、法则之类的陈述性知识，即一种"是什么"和"为什么"的知识。语文能力，是指运用有关听说读写的概念、规则、原理执行某项任务的复杂的言语操作系统。语文知识与能力构成语文课程内容的基本要素。语文方法，是指语文学习的思维方式与操作方法，符合语文学科特点和规律的学习方式与方法，也是语文课程学习的重要内容之一。态度、情感、价值观是最能体现语文课程人文内涵与文化特质的内容要素，一方面是指同其他学科一样渗透在知识、能力、方法中的情感体验与心理倾向，另一方面特指言语作品与言语实践中含有的情感态度、文化特质与精神价值，它们直接构成了语文课程的内容。

应当指出的是，对语文知识、语文能力和人文素养这三项语文课程内容的确定与把握，要注意明确和落实两点：一是从语文学科自身的特

---

[1] 皮连生. 智育心理学［M］. 北京：人民教育出版社，1996：57.

点来理解语文课程内容。作为具有丰富的人文内涵与很强的实践性特征的汉语文课，不能像其他学科那样刻意追求完整系统的学科知识体系，而应当通过言语实践活动让学生自行获得、积累和运用语文知识，锻炼和提高语言运用的能力，丰富和充实自己的人生体验。二是从不同的层面来把握语文课程内容。第一个层面，是国家基础教育课程方案与课程标准规定或建议的语文课程内容；第二个层面，是语文教科书在特定的编排中所呈现出来的语文课程内容；第三个层面，是教师和学生通过对有关语文课程资源的接触与开发所理解的学习内容；第四个层面，是师生在具体的语文课堂实施中所生成和实现的教学内容。因而，从不同的层面来理解语文课程内容，我们就会发现，"教什么"与"学什么"绝不只是语文专家与教科书编写者的规定或建议，也是师生参与选择和编排的结果。

根据以上所述原则，我们对语文课程内容的确定，既要贯彻语文教育的语用观，又要以此为出发点，实施培养学生语言文字素养和语文运用能力的总体目标，即切实确定语文课程的三项主要内容：语文知识、语文能力和人文素养。

一、语文知识的内容要素

语文知识是语文课程内容的基本构成要素，是提高学生语文运用能力和语言文字素养的重要基础。近几年语文课改以来，语文教学中出现了淡化语文知识的趋向，甚至普遍存在刻意回避语文知识教学现象。这也许是为了矫正过去传统教学中只注重语文基础知识传授的倾向。但是，对此应当明确指出，这是一种背离语文本体的教学偏颇和误区。或许语文课程可以不去刻意追求语文的系统知识，可必须要重视和加强有用的语文知识教学。实际上，语文知识是语文课程内容不可或缺的，没有语文知识，哪来语文课？哪来语文教育构成的本体根基？所以，语文课程应从实把握语文知识内容，重新认识语文知识教育的作用与价值，切实解决语文知识"学什么""怎么学"的问题，以"语用"为语文课程的核心指向和基本立足点，把掌握语文知识作为语文课程内容语用性建构的重要任务。

语文知识内容的构成要素包括语言知识、阅读知识、写作知识和口语交际知识等。这些语文知识是语文课程本体构成的重要内容，我们对此做简要的阐释和探讨。

（一）语言知识内容

语言知识的内容十分丰富，不可能所有的语言知识都成为语文课程的内容。那些对学生的语用学习与发展具有基础性的、有用的语言知识，才能成为语文课程的内容。其中，语音与汉字知识、词汇、语法与修辞知识等是语言基本知识的内容要素，是语用教学不可忽略的构成部分。

第一，语音与汉字知识。先就语音知识说，掌握语音知识可以使学生正确地发音、诵读、口语表达。学生要知道错误的发音会影响交际。对语音知识的学习，要了解语音在语文学习中的意义，了解汉语语音包括发音、重音、连读、语调、节奏等内容，在日常生活会话中做到语音和语调基本正确、自然、流畅，根据重音和语调的变化理解和表达不同的意图和态度，根据读音拼写单词和短语。语音知识，并不是仅仅让学生知道读什么音就可以了，而在于让学生知道这种读音的意义、表达效果及其与内容之间的联系。

语音即语言的声音，是语言的物质外壳。与其他语言的语音比较，汉语的语音有两个显著特点：一是没有复辅音，元音占优势。元音和辅音的区别之一是，发元音时声音较为响亮，而发辅音时不响亮。二是有声调。汉字读音的声调，是比西方文字读音多一级即高一级的读音规则。所谓高一级，就在于汉字的声调是汉字成为孤立语或分析语言文字典范的基础。因为正是声调的区别，强化了汉字单音节的形成和发展。也就是说，正是汉字读音的声调及其所强化的汉字以单音节词为语言基础的特性，使汉字成为世界上极具表现力的、最明确而又最简约的文字。正如语言学家袁晓园、徐德江所指出的："以汉语而论，由于有声调，就使汉语单音词发达，加上汉族祖先很善于科学性思维，主要采取以单音词为基础层合成构词的方法发展词汇，以至整个汉语和中文，都成为世界上最明确而简约的词汇、语言和语文。可以说，汉语的声调，是汉语言文字既明确而又最简约的第一位的物质基础。"[1]声调可以使一个个的音

---

［1］王树人，喻柏林．传统智慧再发现（上）［M］．北京：作家出版社，1997：28.

节界限分明，又富于高低升降的变化。语音的这两大特点使汉语言呈现出鲜明的音乐特质，表现出独特的节奏韵律之美。苏联著名诗人吉洪诺夫曾这样赞誉说："只有用音乐才能传达出中国语言的声音，只有用音乐才不会把它损伤；从这声音里可以隐约地听到钢铁的沸腾，猛虎的低啸，奔流的浩荡。"[1]

汉语语音的音乐性特点决定语文课程要加强诵读教学，而"用普通话正确、流利、有感情地朗读课文"是语文课标的一项基本要求。古人把诵读看成是读者进入文本意义世界的一种重要方式。清代桐城派文学家学古人文章时特别重视诵读，用意在于揣摩声音节奏，姚鼐指出："诗、古文各要从声音证入，不知声音，终为门外汉耳。"只有熟读涵泳才能从文句中抓住声音节奏，从声音节奏中抓住文本的情趣、气势或神韵，把握诗文中的微言精义。同时，诵读是我国语文教育生生不息的一个传统，以读为重、以读为上、以读为美，是语文课堂的基本内容，也符合中小学生"多记性、少悟性"的年龄特点，符合重整体感悟的东方思维方式。在古代蒙学教育中，"老师不做任何解释，就让学生大声朗读经文，在抑扬顿挫之中，就自然领悟了经文中某些无法（无须）言说的神韵，然后再一遍一遍地诵读，把传统文化中的一些基本的观念，像钉子一样锲入学童几乎空白的脑子里，实际上就已经潜移默化地融入了读书人的心灵深处。即使暂时不懂，已经牢记在心，随着年龄的增长，有了一定的阅历，是会不解自通的。"[2]由于受到近代技术理性思想的影响，诵读被忽视甚至抛弃了，古代童蒙教育以"日诵万言"为美德，而"不闻琅琅读书声"却是当代语文课程司空见惯的现象，课堂上的大部分时间被老师的烦琐分析和频繁提问占去。快捷而简便的逻辑分析方式只能使学生"占有"知识，不可能使学生真正地体味到汉字汉语的生动优美，不可能使学生真正进入语言文字构成的文本世界。其原因就在于：语言文字就像一粒粒种子，只有经过学生自己心灵之水的浸润，才能逐渐饱满膨胀；文本的意象与意境就如一枚枚茶叶，只有学生自己用心灵之水浸泡，才能慢慢泛出新绿和香浓。因此，继承并发扬传统语文教育的宝贵经验颇为必要，

---

[1] 倪宝元. 语言学和语文教育［M］. 上海：上海教育出版社，1995：111-112.
[2] 钱理群. 以"立人"为中心［J］. 语文学习，2000（1）.

从汉语言的音乐特质出发，切实把握语文课程内容的要义，加强诵读教学势在必行。

再就汉字说，汉字是语文教学的本体构成，也是语文课程的基本内容。学好汉字的基本知识，有助于培养学生的语言表达技能和语言文字素养。汉字知识内容主要包括掌握汉字形、音、义三者的融注构成特质，汉字的部分造字法，汉字发展演变的简史，汉字的正确书写法则，学会使用规范的汉字，规范地使用汉字等。

汉字由于其特殊构造方式和结构特点，在传递文化方面有特殊的功用，汉字独特的形体本身就蕴含着丰富的文化资源，积淀了古代的文化现象和不同时代的文化内容，它可以引导我们重返古代华夏民族动态文化的生存圈。比如透视以"羊"作为偏旁的一系列汉字，我们能够深刻感受到古人的认知态度、道德理念和审美观念等深层次的文化蕴含，它和人的经济生活密切相关，由此产生羊的图腾崇拜。所以古人认为"羊"是吉利、高贵的动物，从而使许多褒义字的构成跟"羊"有缘："祥"字从示从羊，《说文解字》曰："羊，祥也。"古代鼎品铭文"吉羊"即"吉祥"。"善"字从羊从言，《说文解字》注："美与善同意。"群，从羊从君。羊是好群居的动物，孔子曰"君子群而不党"，"群"字从羊也体现深刻的道德内涵，由羊群而人群，再引申到合乎礼仪的群体观念，里面渗透着汉民族的道德标准和审美情趣。显而易见，每一个汉字都富有丰厚的文化意涵和教学内容。

有不少专家指出，汉字具有文化性特征和诗意性品质。对中小学生来说，学好汉字是传承中华文化的重要起点，是语文课程学习的基本内容，对他们未来的学习和发展会产生深远的影响。但是，以往的汉字教学，只是把汉字当作简单的信息符号来处理，对汉字的文化意蕴认识不到位，导致语文课程的教学内容往往是一种非文化形态的机械识记或趣味识记，没有把汉字生动、丰富的文化意味显示出来，导致汉字丰韵的内涵、灵动的精神在教学中枯萎与流失，学生对识字写字不感兴趣，对字意的理解限于浮光掠影。其实，在汉字文化视野中，汉字是汉语言文化的基石，是汉语言的微缩景观，以形表意的特点使汉字成为一种可直接"视读"的"活化石"文字，这种表意性体现了汉字"以意赋形、以形写意"的造字规律，它使每一个汉字都蕴含着丰富的思想文化信息。因此，在汉字教学中充分尊重和挖掘汉字的文化意蕴，是切实把握语文课程内容的重要方面。瑞典语言学者林西莉在《汉字王国》一书中谈汉字教学时说，将汉字所反映的文化现象、文化精神给学生解释清楚，学生更容易理解和把握文字，并且理解得清楚，掌握得牢固。教学内容应重视开掘汉字的文化因素，加强识字与道德教育、文化教育、审美教育等内容的多元整合。

第二，词汇、语法与修辞知识。词汇知识是语文学习的基础。词是具有一定的意义、具有固定的语言形式、可以独立运用的语言单位。词汇是语言的建筑材料，是语言中词和词的集合体。基础教育阶段的学生要掌握一定数量的词汇和成语、习惯用语、固定搭配等，了解词汇构成，了解词汇的核心部分是基本词汇，了解词汇的发展包括旧词的消失、新词的产生和词义的演变等知识。

在语言的诸多要素中，词汇和文化的关系最为密切。美国语言学家萨丕尔认为：“语言的词汇多多少少忠实地反映出它所服务的文化，从这种意义上说，语言史和文化史沿着平行的路线前进，是完全正确的。”国际社会语言学早就提出“语言的词汇同社会的发展共变”的词汇文化理论，我国语言文化学也提出“词汇是社会文化的镜像”的词汇文化学说。这些都是对语言词汇文化的深入论述。由于中国历史漫长悠久，汉语词语的文化积淀尤为浓厚，它们从不同的角度反映出中国人的宗族观念、心理倾向、文化习俗、审美情趣、时代风尚等诸多文化层面。

词汇所蕴含的文化信息，为语文课程提供了一份多姿多彩、丰厚而壮美的文化资源，注重对词语文化意义的发掘，是语文课程保持活泼生动、富有人文气息的重要方面，既可以增加教学情趣使学生摆脱枯燥的学习状态，又可以深化学生对词义的理解，窥探到中国文化的深奥，加深对民族的思维方式、文化心理结构、社会制度和生活习俗等的认识，使学生在潜移默化中受到传统文化的熏陶和感染。同时，词汇文化知识是语文基础知识的一项重要内容，在语文课程中加强对词汇文化知识内容的把握，有助于丰富学生的语言文化积累。学习语言，一定要让“词深入到儿童的精神生活里去"[1]，"词在儿童的意识里活起来，欢蹦乱跳"[2]。任何一门语言中的字词，都含有既定社会中社会关系建构的意识形态痕迹。理解词语，在一定程度上意味着对这些词语所蕴含的社会生活的理解，学习语言的过程也就是认识社会生活、传承传统文化的过程。我们的汉语词语有着鲜明的民族特征，很大一部分词语具有文化含义。应该说，汉语词语记载了中华民族几千年灿烂的文明，记录着中华民族的历史，反映着历朝历代的生活，透视着中国人的文化心态、思维方式，关涉社会的礼仪习俗、衣食住行等诸多文化内容。因此，词汇是语文课程不可忽略的教学内容。

语法与修辞是语言系统中客观存在的法则和规律。从语法来看，不同的语法结构使语句所表达的意义和情感不同。掌握语法知识，恰当地运用语言内部的法则和规律，才能准确地表情达意。语法主要包括词法和句法。就词法而言，学生要了解实词与虚词的具体类型及其用法。就句法而言，学生要掌握句子的分类，如单句复句，特别要掌握复句的类型与复句间关系的划分等。从修辞来看，修辞是运用恰当的语言手段，以期实现更理想的表情达意的效果。如果说语法管的是"通不通"，逻辑管的是"对不对"，那么，修辞管的就是表达效果的"好不好"。对于修辞知识要掌握三个方面的内容：词语的恰当选用、句型句式的恰当运用、多种修辞格的运用。

语法内容"教什么""怎样教"是语文课一直存有争议的问题。自我国学者引进西方语法并写出语法专著《马氏文通》之后，汉语语法研究逐渐被中国学者认识，语法教学也渐渐走入语文课堂。但是，长期以来，汉语语法研究或多或少地模仿着西方的语法，而没有找到切实符合汉语特点的汉语语法。语言学家张志公曾经指出，语文课语法难教，根本原因在于语法系统中无论哪个流派、哪个学派都是从西方引进的。实事求是地说，到现在为止，还没有任何一部书是真正关于汉语的语法的。因此，加强语法教学研究是一个重要课题。

---

[1] ［苏联］苏霍姆林斯基. 给教师的建议［M］. 北京：教育科学出版社，1984：43.
[2] ［苏联］苏霍姆林斯基. 给教师的建议［M］. 北京：教育科学出版社，1984：22.

　　汉语是一种非形态语言，不像印欧语那样有丰富的词形变化，汉语的词语组合重意合不重形合，这使汉语成为一种"人治"语言、心灵的语言，正如德国语言学家洪堡特在对梵语和汉语比较后所说的，在所有已知的语言中，汉语与梵语的对立最为尖锐，因为汉语排斥所有语法形式，把它们推给精神劳动来完成，梵语则力图使语法形式的种种细微的差别在语音中得到体现。这两种语言的区别显然在于前一种语言缺乏语法标记，后一种语言有明确显示出来的语法标记。同时，语序和虚词对于其他语言来说不是那么重要，而对于汉语来说二者却是表达语法意义的主要手段，语序不同所表达的语法意义不同，虚词不同也会表示出不同的语法关系。汉语语法的这些特点与汉民族所擅长的重整体把握、直觉体悟、笼统感受的思维方式是一致的，体现出鲜明的文化特征。

　　汉语语法鲜明的民族特点和文化特性，决定了在语文课的教学中不能只重以教师为主导的理性分析，而且应强调以学生为主体的感悟体验；不应只重系统的语法知识传授，而且应加强学生的言语实践；不能对文本进行孤立的理解，而应结合语境加以整体观照。当然，加强学生的言语实践并非淡化乃至抛弃语法教学。因为"一切语言通过实践去学比通过规则去学来得容易"，"但是规则可以帮助并强化从实践中得来的知识"[1]。叶圣陶先生特别强调语法学习的重要性："从前人读书，多数不注重内容与理法的讨究，单在吟诵上用功夫，这自然不是好办法。"他主张要"经常留心自己的语言，经常揣摩人家口头说的、笔下写的语言，哪些是好的对的，哪些是不好的不对的，都仔细辨别，这样可以提高对语言的敏感"。在 20 世纪 80 年代，枯燥、难学、没用是人们对汉语语法的普遍认识，因此"淡化语法"的呼声甚高。然而"淡化语法"思想使近些年语法教学呈现出这样的面貌：语法知识内容过简、轻视术语教学、语法知识缺乏系统性和准确性。因此，优化语法教学当为大势所趋。具体来说，教师要注意把握最基本的两点：第一，学习语法知识应重在运用。语文课标认为，语言知识是语文素养的重要组成部分，是语文能力

---

［1］［捷克］夸美纽斯. 大教学论［M］. 任钟印，译.北京：教育科学出版社，1999：159.

形成的基础，学习语言知识是为了运用，应该促使知识向能力转化，而不是为了了解和掌握一个个知识点。就如同张志公多次强调的那样：语言知识要精要，好懂，有用，管用。第二，不追求语法知识的系统和完整。语文课的教学具有实践性特点，其目标指向学生的语文实践能力，而非要帮助学生掌握一个由若干概念、规则、原理构成的理论系统。因此，语文课程"不宜刻意追求语文知识的系统和完整"，语言知识的传授只能是语文教学的凭借和手段，是为培养学生的能力服务的。在语文课的教学中，我们一定要正确认识培养能力和传授语法知识之间的关系，掌握好传授语法知识的"度"。只有这样，才可能及时地将学生对语言的感性经验上升到理性思维的高度，提高他们正确理解和运用祖国语言文字的自觉性和规范性。

（二）阅读知识内容

阅读知识是语文课程内容构成的基础。掌握阅读方法知识、实用文章知识和文学基本知识，就可提高学生的文本阅读和语用能力。从语文本体和语用本体来说，阅读方法知识、实用文章知识和文学基本知识，是语用教学需要切实加强的重要内容。

第一，阅读方法知识。阅读方法知识是以提高阅读速度和效率为指归的，主要包括朗读、诵读、默读、浏览、速读、精读、略读等知识。朗读，是将书面语言化为清晰、响朗的有声语言的活动。朗读要注重停顿、重音、语调、节奏等方面的控制。诵读，是在理解的基础上，用疾徐有致的声音节奏，富有感情地朗读或背诵。诵读是朗读和背诵的最佳境界。默读，是一种不出声的阅读，也是人们生活中最普遍、最常用的阅读方式。默读的标准在于"懂、快、化（用）"。浏览，是以获得读物的大体印象或迅速找到所据知识信息为目的的阅读。浏览主要是从材料中发现有价值的信息，不求仔细和深入地理解。速读，也称快速阅读，是从文字材料中快速汲取有用信息的阅读。其核心在于在准确地把握文本内容的前提下尽可能地提高阅读速度。精读，是熟读精思，对读物进行反复、深入、细致地阅读。略读，是粗略的、观其大要的、不进行深究的阅读，要求在阅读中略去枝节，抓住关键，在短时间内掌握读物的主要内容。在语用活动教学中，要让学生学会阅读，并能根据不同的阅读目的，选择恰当的阅读方法，达到阅读目的、阅读材料与阅读方法的匹配。

第二，实用文章知识。长期以来，语文课程注重文学教育，教材选文多以文学作品为主，教学内容也以文学鉴赏为主，所以，实用文章所占比重偏少。学生虽然学了语文，但不会或不能很好地读、写日常实用文章。这在一定程度上背离了语文教育的初衷。语文教育要实现语用转向，必须重视实用文章的教学。

从语文课程的语用实际来说，对实用文章知识内容要注重以下几个方面：一是把握实用文章的表达意图。实用文章行文的目的明确，针对性强。因此，读、写实用文章要明确写作目的，即为什么写这篇文章，想达到什么效果。语文课一直有这样一个写作教式，即"写了什么""怎么写的"，且已成为一种套路。对这个套路不能说不好，但还应该加上"为什么写"（写作目的或意图）和"写给谁的"两个方面。因为实用文章一般有特定的读者对象、表达意图和想要达到的表达效果。因此，实用文章读、写教学要把"为什么写""写给谁的""写了什么""怎么写的"作为主要的语用内容来考虑。二是把握实用文章的实用意义。我们强调的实用文章，顾名思义，是求"实用"的，它直接关系人们的思想和行为、生活与社会的效益。如有的实用文章具有法规性，规定了人们在有关活动中应该遵循的法则；有的实用文章具有指令性，它告诉人们应该做什么，不应该做什么，对人们的思想和行为进行直接的规范与约束；有的实用文章具有传递各自信息以供人们参考的作用；有的实用文章具有告知的作用等。读、写这类实用文章就要把握其实用性，以实用为目的服务于生活实际和社会发展。三是把握实用文章的惯用款式。实用文章在长期使用过程中渐渐形成惯用的款式，或比较固定的程式。比如，新闻消息须由标题、导语、正文三部分组成；书信函件必须有称谓、信文和落款等成分。款式之所以形成并惯用，是因为它们不可或缺，具有重要的实用性价值，如果没有这些款式规则，实用文章就会缺失其实用性意义。因此，实用文章读、写必须重视其款式教学。四是把握实用文章的表达方式。实用文章的目的，多是适用于直接的社会与生活的需求。因此对语用表达的准确性要求严格，必须准确地将内容表达清楚，要字斟句酌、咬文嚼字，不能产生歧义和误解，倡导实用文章准确、简洁、实用的文风。

此外，实用文章主要包括记叙、说明、议论等几种文体。一是记叙文，是写真人真事的，要把握记叙的"求真"特点，即人物、事件的真实性，弄清"叙述"表达方式、记叙的要素、记叙的顺序、记叙与描写的知识。二是说明文，是介绍、解说客观事物的，要把握说明的"求实"特点。依据说明对象与说明目的的不同，说明文可分为事物说明文和事理说明文两大类。事物说明文通过对具体事物的形状、构造、性质、特点、用途等做客观而准确地说明，使读者了解、认识这个或这类事物。事理说明文则是将抽象事理的成因、关系、原理等说清楚，使读者知其然并知其所以然，明白事理。从说明语言、表达方式来看，说明文又可分为平实说明文和科学小品两类。平实说明文把抽象、深奥的科学知识通俗生动、深入浅出地介绍给读者，达到普及科学知识的目的。与平实说明文相比较，科学小品短小精悍，表现手法灵活多样，它常采用拟人的手法或漫话的方式娓娓而谈，吸引读者，或用引人入胜的故事、优美的诗句引入正文，然后解说事理。三是议论文，是说理论证的，要把握议论的"求证"特点。议论文以议论为主要表达方式，运用概念、判断、推理来阐明作者的观点和主张，论述道理。议论重在辨别事物、逻辑推理，开拓抽象思维。同时，要注意掌握议论文体构成的知识，包括议论的类别、议论的要素、议论的结构、论证的方法等，考查它的论证逻辑是否严密，议论说理是否有力，以提高论证说理的思辨性、深刻性。

第三，文学基本知识。文学基本知识主要包括文学史、文学文本结构和文学文体知识。文学史知识是指文学发展的简要历史，古今重要的作家、作品知识。特别是中外文学史上出现的重要文学思潮与事件、产生重大影响的作家作品，应成为语文教育文学基本知识的重要内容。如果学生不了解有关的文学基本知识，那么文学史的教育就会失误。如果学生不知道李白、杜甫与唐诗宋词，不了解曹雪芹的《红楼梦》，或现代文学的鲁迅、巴金等大家的作品，那么中国文学教育就会丧失人文素养丰厚的资源；如果学生不知道莎士比亚、巴尔扎克、托尔斯泰等人及其代表作品，那么外国文学教育也就成为人文素养干枯的沙漠。文学文本结构不只是所谓内容和形式、思想和形象的统一。任何一个文本都是一个"多层次结构"：一是"语体形态"，也称"语体层"，即由语言组合而形成的句群、语段到篇章结构及其整体营构的秩序与节奏形态；二是"语象世界"，也称"语象层"，即文本用语言构出的气象与画面、意象与境界、"形"采与"神"韵，也就是情与景、意和象、人与物相互交织而形成的艺术图像和审美空间；三是"语义内蕴"，也称"语义层"，即文本的情感与理思、精神与境界、灵魂与风骨、思想与生命，也就是文本构成的深层意蕴，它是文本内含的情思与义理的总和。在语文教学中，深入把握文本构成的多层次结构，才能揭示文本构成的真义和规律。文本的文体知识，即指不同的文学体裁、各种文学样式，主要包括小说、散文、诗歌和戏剧，应了解这些不同文体的构成特点。文学文体知识是语文课程的重要内容，掌握文学文体知识，才能解读文本，理解文学，并学好语文、用好语文。"文体淡化"说是一种教学偏颇论，直接影响文本的有效教学。"文体是语用的根"，没有文体，何来文本？何以进行文体的语用教学？

（三）写作知识内容

写作知识重在阐释读写文章的方法技巧和规律性知识，具有较强的写作实践性意义。因此，文章学知识应该是写作知识的构成内容。写文章有各种不同的类型，掌握文类写作的知识对写作实践也具有直接的指导性意义。因此，文类写作知识也应是写作知识的构成内容。

第一，文章学知识。文章学知识的内容，包括选题立意、材料组织、结构安排、写作手法等要素。文章选题要新颖、恰当，立意要从"小我"走向"大我"，从"个体"走向"全体"，从"个别"走向"一般"。材料组织与结构安排密切相关。材料组织要有序，文章的思路、结构、层次是否清晰，材料安排是否妥当，脉络是否分明，关键在于组织材料能否找到一个恰当的次序。先写什么，接着写什么，最后写什么，应按一定的顺序进行。结构安排是谋篇布局的重要环节，不同的结构形式会产生不同的表达效果。写作手法属于表现技巧，常见的有悬念、照应、插叙、倒叙、补叙，点面结合、动静结合、叙议结合，托物言志、比喻象征、卒章显志，以及烘托渲染、动静相衬、虚实相生等。掌握一定的写作手法，有助于写好文章，取得更好的表达效果。

第二，文类写作知识。文类写作知识是根据不同的写作目的，选择不同的文类进行写作的语用内容。记叙文、议论文、说明文和应用文是语文教育的四大语用文体。这些不同文体的写作知识，是文类写作内容的主要构成要素。掌握不同文体的写作知识及其要素，能提高学生各种文类写作的基本能力，使他们适应社会、学会生存、创造生活，与时代发展的节奏同步，做实际有用的人。这是语文教育的一个重要任务。

文类即约定俗成的各类文章的表达体例，写文章要有文体感。文体知识教学就是训练学生掌握各类文体写作的具体技能。指导学生训练应力求做到记叙清清楚楚，说明准确无误，议论鞭辟入里，应用切切实实。（1）记叙文写作知识。首先要找材料来源，指导学生观察生活，从日常生活中认真收集材料、积累材料、选取材料。记事要符合生活的实际，不能描摹失真、夸张失度，切忌空洞无物。其次是弄清叙述人称，即明确作者叙述的观察点、立足点。叙述的人称有第一人称、第二人称和第三人称，要指导学生根据表达的需要选择运用。同时，把握叙述的顺序。记叙文在材料安排上常用顺叙、倒叙和插叙的方法，要交代清楚记叙时间和空间顺序的变换。再次是叙述的线索。线索是事件发展的脉络，它反映作者组织材料的思路。文章的线索有单条线索或多条线索，要注意主线和副线、明线和暗线的安排。（2）说明文写作知识。先是要抓住事物的特征。说明文是为了准确地说明事物，要讲求客观性和科学性，给事物以准确的定义和解说。再是要掌握说明的顺序。说明的顺序应根据事物的规律、特点和表达的需要来决定。一般来说，说明的顺序有时间顺序、空间顺序、逻辑顺序、程序顺序等。还要选择适当的说明方法。说明文的实用性很强，为把事物阐释清楚，常用的说明方法有下定义、打比方、分类别、作比较、举例子、列图表、引用、诠释等。（3）议论文写作知识。先是确立论点。要做到论点正确、新颖，明确自己对论述问题的见解和态度，敢于发表自己的观点。再是选择论据。要选择典型而有说服力的材料为论据，或证明自己的论点，或反驳错误论点，做到论点、论据一致。常用的论据有事实论据、理论论据等。还要运用恰当的论证方法。议论文要有说服力，不仅要掌握"摆事实、讲道理"的基本论证方法，还要学会其他几种论证方法，如归纳法、演绎法、喻证法、类比法、对比法和归谬法等。（4）应用文写作知识。首先要对应用文写作的重要性有深刻认识。应用文的使用范围非常广泛，已经深入到生产活动、经济交往、法律生活和科技领域等方面。再是强化应用文的惯用格式训练。具有特定的文章体式是应用文的一个鲜明特点，应通过典型实例，帮助学生掌握应用文的体式和格式特点。还要把握应用文的语言特点，应用文的语言要求严谨、平实、得体、准确、简明，便于进行交流和应用。

（四）口语交际知识内容

口语交际知识，也是语文课程语用本体不可忽视的构成要素，主要包括正音、表述、交流等知识内容。

第一，正音知识。语音正确，要求使用标准的普通话进行表述。普通话是规范语言，要做到发音标准，吐字清晰，字正腔圆。要避免使用方言。个别字的发音不准，表现为声母不准、韵母不准、声韵母皆不准、声调不准等情况。在口语交际的过程中，要明确是哪种情况发音不准，有针对性地准确正音。

第二，表述知识。表述知识要求做到语音准确，语流连贯，语调起伏，语速适中，语词准确。语流连贯，要求表达具有流畅性。语流连贯，要注意适当的停顿，使表达充满节奏。语调起伏，要求恰当地运用语调的抑扬、轻重、缓急来传情达意。讲述时的语调，有先抑后扬、先扬后抑、扬抑交错，或先轻后重、先重后轻、轻重交错等。只有运用多种语调来表达，才能够避免讲述的乏味，使讲述表现出明显的节奏性。语速适中，要求单位时间内所发出的音节适量。语速太快或太慢都会影响讲述的效果。语词精确，需要所使用的语词具有明确的指向性，避免使用模糊性语词表达。

第三，交流知识。交流知识要求掌握交际应遵循的一些原则。这些原则主要有合作原则、礼貌原则、话语规则、交际者规则等。一个总的要求是：交际者必须切合具体语境，选择话语，表达意思，完成交际任务。口语交际是多种因素的复合，交际双方既要注重语音、语调、语态、语气和节奏等言语表达要求，又要注重人际礼貌、身份协调和跨文化冲突等交际规则。口语交际要求临场对特定的语境进行准确判断，即说话要看人、时、地，合乎分寸，运用语用策略，提出、控制、转变、理解、把握话题，培养适应语境的能力。交际双方应用语简略，语用结构精练，多用短句、省略句、隐含句，停顿多，关联词少，话题随机，语流时断时续。交际具有特定的时空性和实践性，要考虑对方的接受性话题和现场的应对反应，表现出口语交际的生成性。交际的目标多样、不划一、非预先设定，交际的内容选择随着个体社会经验的不同而变化，交际的评价标准因个体活动的个性化而多元化。

二、语文能力的内容要素

通常说来，语文能力包括听、说、读、写这四项基本内容。语文课标中把"听"和"说"合称为口语交际。所以，也可说语文能力有阅读能力、写作能力和口语交际能力这三个方面的构成内容要素。

（一）阅读能力构成内容

阅读能力主要是指对具体文本的认读、理解、鉴赏和运用的能力。这四种阅读能力具有四个不同层次：一是认读能力，即识别、辨认字与词的能力。只有通过对文字符号的辨识，认读才能对文本初步感知。认读的内容包括字词的音、形、义三个方面，要结合具体语境揣摩语句含义，运用所学的语文知识，理解含义丰富的语句，体会语句的表现力。二是理解能力，即从整体上把握文本内容，理解文本的思想和感情，对文本做出自己的分析判断，从不同的角度和层面进行解读、评价。理解能力的构成主要包括：（1）理解词语的能力，既要理解词语的本义、比喻义、引申义、形象义以及感情色彩和语体色彩，还要在具体的语言环境中，利用已有的知识和经验，推断出词语在此情此境里所表达的特定内涵。（2）理解句、段的能力。词语是文本的血肉，句、段是文本的筋骨。句段理解的表现形式是对句、段的解释和阐释，即用自己的话表述出句或段所表达的内容。（3）理解篇章的能力，即从文本构成整体出发，对文体、段落、结构、表达方式及内容进行分析、综合和概括，是对文本的整体把握。它要求深究文本的情感和思想，品味文本的真义和妙处。三是鉴赏能力，即对文本的情意内容、表现形式和风格特点等方面进行鉴别、欣赏和评价的能力。理解和鉴赏往往是同步完成的，鉴赏能力的高低，直接关系到阅读理解的质量和效果。要指导学生注重审美体验，陶冶性情，涵养心灵；能感受形象，品味语言，领悟作品的丰富内涵，体会其艺术表现力。四是运用能力，即阅读者能够把经过阅读理解、鉴赏、评价而储存起来的各种文本知识和信息，根据需要灵活提取运用的能力。这种运用能力贯穿于阅读活动的整个过程，渗透于认读、理解、鉴赏各个环节，因此要加强培养学生阅读运用能力。上述的认读、理解、鉴赏和运用四种能力，既是阅读能力结构的基本内容，体现了不同层次的阅读能力相对独立的特点和要求，又表现出相互之间的交叉与重叠。因此，要重视这些能力之间的独立性和阶段性，注意它们之间的交叉重叠和连续性，以保证学生的阅读能力在稳步有序中形成。

（二）写作能力构成内容

写作能力，从不同的角度可划分为不同的内容要素。从写作过程的角度，大致划分为以下几个方面：一是观察能力，包括直接观察能力和间接观察能力。前者指对现实生活环境及人事进行有目的、抓特点的观察的能力；后者主要指阅读、理解和认识能力。二是思维能力，即对观察中搜集到的感性资料进行分析、比较、综合、判断，再进行审题、立意、谋篇布局的能力。三是想象（联想）能力，即在原有记忆形象或眼前的人事景物形象的基础上，创构出新形象的一种心理活动能力。四是方法运用能力，即学习和掌握叙述、描写、说明、议论、抒情等表达方法，并能恰当综合运用的能力。五是表达能力，指用准确生动的语言把精辟的见解、真挚的感情、深刻的感受精确地表达出来的能力。一般要求：内容清楚明白，合乎规范；用词丰富生动，句式锤炼，修辞运用灵活；准确使用标点符号。六是修改能力。按照准确表达、艺术审美的标准，对写作中的字、词、句到篇章内容、结构进行修改的能力。

（三）口语交际能力构成内容

口语交际能力的构成内容，主要包括听话能力、说话能力及听说礼仪三个方面。口语交际能力是学生应具备的基本能力，是适应社会发展所需要的基本素养，我们应充分认识到口语交际能力的培养是语文课程的重要使命，切实把握口语交际能力的构成内容。

第一，听话能力。听话能力训练的内容主要包括：（1）注意能力。注意分为有意注意和无意注意两种类型。专注的倾听就是一种有意注意的表现。在听话过程中，只有专注地倾听，才能准确、高效地捕捉到语音信息。（2）辨音能力。口头语言是语音、词汇和语法三个要素组成的统一体。语音是语言的物质外壳，词和句子都要通过语言来表达，语言的交际功能基本上是由语音来体现的。在听别人讲话的时候，只有听准别人的语音，才能领会其讲话的意思。（3）理解能力。理解能力是口语交际能力的核心因素。听话，要在感知语音的基础上，凭个人的经验，通过思维去理解话语的内涵，因而理解能力变成了衡量听话能力的一个基本尺度，也是口语交际能力训练的基本内容。理解能力分表层理解能力和深层理解能力：表层理解能力是指对话语的字面意思的理解能力；深层理解能力是对言外之意的理解能力。（4）记忆能力。一切知识、经验都是靠记忆来积累的。外界信息输入大脑的通道有很多条，其中最重要的是眼睛和耳朵。听课、听报告、听朗诵都是在输入信息，输入的信息有的不需要保存，可以随听随忘，有的则要长久保存。将获得的信息长久保存，是听话能力训练的一个重要内容。

第二，说话能力。人们说话的目的就是为了准确恰当、生动形象地将自己的思想情感表述出来，使听者正确理解自己的思想观点，进而产生情感共鸣。说话的过程是由三个方面的要素构成的动态语码信息传达系统：首先要有正确的语言能力，即将文字符号或交际意旨以语音形式传送的能力。其次要有丰富的语汇能力，包括词语、句式和口语修辞技巧等。要想拥有丰富的语汇能力，一方面必须掌握丰富的词汇语汇，另一方面也要具备运用这些词汇语汇的能力，即运用多变的句式和丰富多彩的口语修辞技巧来表情达意的能力。再次要有一定的思维能力。思维能力其实是口语表达能力的核心驱动力，因此必须重视说话的思维训练。训练学生说话思维的逻辑性，做到条理清楚，思路清晰。训练的内容要有一定的思维深度，要使学生多动脑筋，使他们的思维活动能够深入下去，要使他经过仔细而慎重的分析、比较、判断、概括等思维过程，将思维成果转换成蕴含丰富的外部语言，真正体会到思维的乐趣和说话的乐趣。

第三，听说礼仪。口语交际中的听说礼仪规范虽然不直接构成交际能力，但它对交际的效果影响很大。文明得体的听说礼仪规范，也是构成口语交际能力的一个重要因素。不同的民族在交际礼仪方面虽有不同的规范,但是它们都大同小异。如对长辈说话要恭敬,对晚辈说话要亲切,跟陌生人说话则要有礼貌。一般性的谈话,说话者最好面带微笑以及时沟通双方的情感。微笑是人际交往中最好的"通行证"。同时,服饰仪表也要充分考虑交际环境的特点,不能在随意的场合穿着严肃刻板,在严肃的场合穿着邋遢怪异。听人谈话时要神情专注,不要东张西望,也不要摆出"昂首称帝""俯首称臣"的姿势。要注意礼貌,耐心地听人把话说完,不要轻易地插话或打断别人的话题,在公共场合听演讲要遵循公共道德,不要大声喧哗。总之,文明得体的听说礼仪能使人们的口头表达更美丽、更动人,从而形成良好的口语交际能力。

三、人文素养的内容要素

人文素养,是语文课程本体构成的重要内容,是语文教学得天独厚的意义载体。我们汉民族语言文字蕴含着丰富的人文信息和文化底蕴,语文课程担负着传承祖国语言文化、培养和提高学生人文素养的重任。需要特别指出的是,人文素养培养与离开语文、超越语文的"泛人文化"教学不同,它是在语文知识与语文能力基础上生成的语文涵养,包括语文与生活、语文与情感、语文与思想、语文与生命、语文与人生等多种内容要素。因此,人文素养是在语文课程语用训练过程中形成的,不是超越语文而外加的。汉语文具有形象性、情感性、审美性、诗意性等文化特质,学生在语用学习的同时,就能吸取文化营养,丰富情感心灵,获得人生经验,充实生命内容,提高人文素养。所以,语文课程的人文素养内容,是语文本体固有的,是语文教学本体构成的。这就是说,我们提出的语文课程的人文素养教育内容,是语用形成的语言文字素养、情感态度和价值取向等语文的本体特质。如在语文课的教学中,老师除了讲语词、语句、语段与语篇外,还需对课文的语义涵蕴加以阐释,让学生通过具体的课文学习获得心灵陶冶、生命营养、情感体验和正确的价值观,这就是学语文也是学做人。所以,这里强调的"人文素养内容",不仅不是语文教学的泛化,反而恰恰是语文本体构成的功能最大化。因此,我们要紧紧把握和切实确定语文课程的人文素养内容,培养和提高学生语文运用过程中的人文素养。语文是以"语言文字运用"为本的语用教育,把握语文与人文素养的内质同构特征、明确语文与人文素养内容的本体构成要素，是我们在这里要探讨的主要问题。

（一）语文与人文素养内容的内质同构

语文向来与人文血脉相连，语文是人文的载体，更是文化的构成。语文与人文素养内容根本上是内质同构、融注于一体的。没有"语文"，何来"人文"？

第一，要充分认识到语言文字属于文化符号系统。语文是文化的载体，它作为一种最为重要的文化符号，是人类进入文化世界的主要向导。符号因意义而存在，离开意义，符号就不成其为符号。语言文字与它所承载的人文内容、文化因素形影不离。我们不可能把语文系统和文化系统断然分割开来，语言文字符号首先是文化的忠实记录者。海德格尔有一个著名的命题，即"语言是存在的家园"。伽达默尔在此命题上提出"能理解的存在就是语言"，他认为语言表达了人与世界的一切关系，人永远是以语言的方式拥有世界。我们所感知、体认和理解的世界形式是通过我们自己的语言形式呈现出来的。从这个角度来看，不同的语言文字就代表了不同的精神风貌、认知体系、价值观念和世界观，它必然塑造不同的思维方式、情感特征和文化心理。就母语而言，造字、构词、组句、布局谋篇、描景达情等这种看似纯语言形式的构造，实际也深埋了民族的文化心理结构，直接塑造着民族的文化心理。

语言文字不仅仅是交际工具或符号体系，它本质上是一种意义体系和价值体系。无论谈及何种语言文字，我们都不可回避的一个问题就是它蕴含的人文内容和文化精神。特别是我们的汉语言文字不是单纯的符号系统，它有深厚的文化历史积淀和独特的文化心理特征。它虽是一种工具，但这个工具本身就是一种文化的构成、文化的存在。从语用主体角度看，语言文字运用和学习的语用过程，也是为了传承其语言文化内容，获得一种人文思想和精神，即接受一种语言文化中基本的、整合的、历史发展的价值观念和行为范式。因此，为了凸显人的生命意识和价值因素，人们通常将语言文化的教育及文化精神的提升作为语文课程的人文素养教育内容。

第二，要从人文内涵来切实把握语文课程的人文素养内容。"人文"

包含"人"和"文"。前者是关于理想的"人"、理想的"人性"的观念，后者是为了培养这种理想的人（性）所设置的学科教育与课程教学。因此，语文课程的人文素养内容教育，一是借助语文本体的文化构成对学生进行"人文"的塑造，二是在语文的"人文"塑造的过程中促进学生的完整发展，提高学生对汉民族文化的理解力与认同度。这两个方面的人文素养内容要素应该交互作用，和谐统一。对此，有些专家结合语文教学实际做过具体论述：（1）接受和理解语文本体所承载的各种民族历史文化信息。（2）体验和吸收汉语文所包含的民族文化思想认识、历史文化和民族感情。（3）开掘汉语文本身的人文价值，注重体验汉民族独特的语文感受。（4）在语文世界里追求自由精神和独立意识。强调每个学生的自由与尊严，培养学生的独立思考、质疑、批判精神。（5）尊重学生的独特性、差异性和多样性，重视学生独特的语文感悟、体验和理解。总而言之，语文课程的人文素养教育，就是强调语文学习和运用的过程，是提高学生人文素养、实现自我成长的过程。尊重学生语用的人文思想意识和独立精神，强化学生的语言文化感受和人文素养的个性，是语文课程人文素养教育的重要内容。

第三，要从语用本体来实施语文课程的人文素养教育内容。一是语文内容及语用主体对人文素养内容的理解。语文课程的人文素养教育，主要通过我们历来关注的课文内容进行，在语用过程中进行，或者说是由读什么、写什么、听什么、说什么中的"什么"来确定的。二是言语内涵。即通过语言（言语）本身所蕴含的"人文内质"——汉语文民族文化内容来实施人文素养教育。汉语言文字本身就是一种文化构成。一个汉字就是一个丰富的意义世界，它有情有义，有血有肉；一个汉字，就是一幅美丽的画，一首优美的诗，汉语言文字能让我们感受到博大精深的文化内容。三是言语行为及言语态度。通过读、写、听、说的行为及态度，即怎么读、怎么写、怎么听、怎么说的行为方式（方法、技能、策略）和态度来实施人文素养教育。一个人的行为方式实际上总是折射着他的思维方式、认知方式、情感倾向及价值取向。因为语言（言语）实质上表现为不同形式和不同状态的话语，话语不单是把我们的想法和需求变成声音或文字的译码程序，还是一种形成的动力，它通过提供表达的习惯用法，预先安排好人们以某种方式观察世界，从而引导人们的思想和行为，一旦我们习惯了某种话语方式，也就习惯了某种思维状态，乃至生命状态。

（二）语文与人文素养内容的本体构成要素

人文素养是语文本体构成的重要内容，它是语文知识素养与语文能力素养生成基础上的一种升华，对应于"情感态度与价值观"的培养。汉语言文字背后蕴含着丰富的人文信息——情感的、思想的、科学的人文内容要素。因此，语文课程人文素养教育内容也是一种情感教育、思想教育、科学教育的多种构成要素的整合。正如前面所说，倡导语文本体构成的人文素养教育，不是语文课程内容的泛化，而是语文课程本体功能的最大化，因为语文课程的语用根本在于学生人文素养的提升。

语文是关于语言文字运用的教育，而语用本体不仅仅是语文工具，还是人本身，是人的一部分。人们在运用语文的同时，也是在建构自身。特别是面对汉语文本体的求真求美求善的人文精神生成性和个体生命唤醒性，我们应给予语文课程的人文素养建构充分的认识和肯定。实质上，人文素养是语文本体构成的重要内容。真正的语文教学，需要师生共有一种植根于汉民族语文的特有的人文情怀、人生体验、人性感受，充分激活本来凝固的语文本体，充分施展个性，使情感交融，营造一种如痴如醉、回肠荡气的人文化情境，并从中体悟语用的妙处。只有这样，学生的心灵空间和人文视野、人生价值取向和精神旨归，以及人文胸襟和审美情趣等，才能以此为基点稳定和发展起来。因此，我们要从语文构成的本体要素切入，紧紧把握语文的人文素养内容，这就是语言文化素养内容、语文审美素养内容、人文情意素养内容。

1. 语言文化素养内容

从历史和现实的综合维度来看，一个国家和民族发展的根基在于民族文化，即具有一种可以发挥创造潜能的民族文化凝聚力，一种可以不断承续传递的民族文化吸引力，一种可以沟通和影响世界的民族文化通约力。而民族文化的底座是语言文字，它是汉民族文化的全息性存在，饱含着民族文化的精神情感，渗透着民族文化的心理积淀，蕴藏着民族文化的价值和观念，能够形成国家和民族的发展力量。

汉语文课程的文化性存在阐释了汉语言与文化血肉同构的特质。面对汉语文的文化性存在，语文课程应该对此进行深入的思考。语用学习的最终目的不仅仅在于掌握语文运用的技巧，还在于通过语用的过程感受民族文化，体悟民族精神，进而历练文化人格，培养人文情操，提高人文素养。在中小学教育阶段，语文在民族文化传承方面的作用及功能是其他任何学科都无法比拟的。然而，具有丰富文化内涵的语文学科却常常成为所谓"科学分析"的牺牲品。对于传统文化，语文课中有两种基本态度是应该检讨的：一是一味地固守传统文化本位，坚持着保守主义的文化观；二是一概否定传统文化，把守着虚无主义的文化观。这两种文化观都是语文课程不可取的。应把握的正确态度是对汉语言文化继承发展，重视和促进汉民族文化教育，加强语文课程的人文素养教育，引导学生在汉语文的感悟中理解和认同民族文化，在语文的积累中丰富汉语言文化知识，在语言文化的熏陶中得到人文素养的提升。

第一，汉字文化素养内容。汉字是汉民族几千年文化的瑰宝。汉字蕴含着民族的文化基因，民族的文化密码。因此，语文课程要把汉字文化作为一项重要内容，让学生体会汉字在造字、流变中蕴含的文化密码和民族的思维方式。汉字文化蕴含在汉字的形体和本义之中。解释汉字的形义来源，必然涉及该字的文化特点，如方正字形、单音字位、四声字韵、内向字义、多能字容等。对于能够发掘字源识字的汉字，可以考虑运用字源识字法，让学生在对字源的了解中把握我国古人造字的思维与方式，把握汉民族文化蕴藏在汉字里的文化密码。汉字的形音义里都有文化。因此，在语文课程的语用教学过程中，要让学生体会到汉字文化的丰富性与独特性。做到这一点，就会使学生获得对祖国语言文化的认同感和自豪感。

第二，汉语文化素养内容。汉语文化是汉字组合，即汉语的组词、造句、谋篇等各种内容构成因素形成的独特的汉语言文化现象。汉语文化内容丰富，如实词、虚词的用法使得词语具有了不同的性质；汉语具有极强的象征功能和取象思维；汉语成语四字成句，妙不可言；汉语对联工整对仗、言简意丰、平仄相间、音韵铿锵、虚实相对、两相呼应；汉语歇后语前有言、后有对，巧妙无比；谐音双关与语意双关，一语二意或一语多意，妙意无限；楚辞、汉赋、唐诗、宋词、元曲，无一不是汉语文化的精粹。文言文中的语法与现代汉语中的构词法、句法、语法、篇章结构等也都各具特色。此外，汉语自由组合的能力特别强，新生的媒介语言、媒介文本（超文本）等也是汉语文化的构成部分。总之，汉语具有超越时空、沟通古今的特点。汉语文化的学习意在让学生体会汉语的魅力。语文课程的人文素养教育，应当包括这些语用内容。汉语文化的素养教育，既可以专题形式来实施进行，也可结合语用训练教学实践来完成。

第三，汉文文化素养内容。汉文，即汉语言文本，主要是指各类语文教材文本特别是文学类文本，即实用文章和素有定评的名家名篇。这些不同体类的文本富有深厚的文化蕴含和文化张力。解读这些文质兼美的文本特别是经典名作，在切身感受和体悟中将其积淀为文学、文化素养，为学生"打下精神的底子""扎下文化的根基"。实际上，各类文本既是语言文字知识的载体，又是民族文化的荟萃。如《故宫博物院》介绍了中国古代的建筑文化，《鱼我所欲也》讲的是汉民族的道德文化，《信陵君窃符救赵》体现了中国古代的礼仪文化，《归园田居》蕴含着丰富的隐士文化。从时间的维度，文本可以划分为古代和现当代两种类型。这些不同类型的文本都历经时间积淀，穿越历史时空，透射着时代与生活的思想和智慧光芒，能够给人以生命力量和精神内涵。从优秀的经典文本中，让学生学习"天行健，君子以自强不息"的精神，"地势坤，君子以厚德载物"的品德，阔大"先天下之忧而忧，后天下之乐而乐"的胸襟，"位卑未敢忘忧国"的情怀，具备"天下兴亡，匹夫有责"的担当，"横眉冷对千夫指，俯首甘为孺子牛"的品行。

2.语文审美素养内容

语文审美教育就是借助各种语文审美媒介，注重和加强语文审美学习，培养学生的审美素养。语文审美教育历来被视为语文课程的重要内容。因此，把握语文本体构成的审美素养内容要素，探讨语文审美素养教育的特点和规律，无疑是语文课程的重要课题。语文课程的审美素养教育内容，是语言文字的学习和运用所形成审美感受力、审美想象力、审美鉴赏力、审美理想等多种构成要素的总和。我们要把握汉语文本身的平衡和谐的审美倾向，充分感受隐藏于语言文字精美修辞之中的深厚情感和产生于语言文字符号之中的丰富形象，以深入解读和鉴赏把握汉语文特别是各类文学文体的审美内容。

首先，对审美感受力的培养，是语文审美素养内容构成的基本要素。语文教材中的文学佳作名篇是作者对人生、生活敏锐感受的诗意描绘，是我们用以启迪学生心灵的良好材料。我们要深入发掘隐藏于文学文本背后鲜活的内心世界，体味充溢于文本字里行间的深厚感情，感触文本对语用主体心灵的唤醒与碰撞的力量。[1]对语文审美的感受是一个极为个性化的过程。因此，教师应充分利用语文教材文学文本丰富的审美因素，从词语的色彩格调、语言的节奏、情感的起伏等方面入手，有意识地营造氛围，让学生充分投入审美活动中，充分自由地进入情境，细致体验，并尊重学生的个性化表达。

其次，审美想象力的培养，也是语文审美素养内容构成的基本要素。美学家王朝闻说："没有想象就没有审美。"在语文教学过程中，过于清晰的理性分析会将学生的想象牢牢地束缚在僵硬的大地上。没有了想象，学生就无法体验"人闲桂花落，夜静春山空"的闲适；没有了想象，学生也无法领略"大江东去，浪淘尽，千古风流人物"的豪迈；没有了想象，学生就失去了对未来自由畅想的依托；没有了想象，学生就熄灭了对未知事物的探索之火。想象是人从现实世界到达理想世界的桥梁，是学生回归自我、体验自我的一种途径。语文教材中许多篇目都舍弃了日常生活的逻辑判断，而按照作家的情感逻辑，大胆想象，从而塑造出震撼人心的情感形象。在学生阅读时，教师必须启发学生进行想象和联想，将语言符号具体还原为带有情感色彩的画面，带领学生去感知、理解，这样学生才能获得美感。如在《听潮》的教学中，教师需要引导学生从视觉、听觉、嗅觉等角度想象海潮的气势、声音、气味等，想象海潮人喊马嘶、刀枪相鸣般的场面，感受大海的伟力，品味那种吞没一切的壮美。[2]

再次，审美鉴赏能力的培养，更是语文审美素养内容构成的基本要

［1］曹明海.语文教育智慧论［M］.青岛：青岛海洋大学出版社，2001：110-111.

［2］曹明海.语文教育智慧论［M］.青岛：青岛海洋大学出版社，2001：110-111.

素。鉴赏是主体对艺术作品进行感受、理解和评判的审美思维活动。它是在较为深刻、独特的审美感受、想象、体验等基础上，理性因素相对突出的高层次审美活动。[1]同时，审美鉴赏力是个性化很强的实践能力。施教者应利用教材中的美文，展开自由式鉴赏讨论，为学生自由表达自己的审美感受、理解美、评判美创造条件，培养学生的审美意识、审美趣味及审美理想，也为学生审美能力的发展提供基础依据。在讨论过程中，教师要淡化自己的评判权威，更多地给学生以自由，鼓励学生发表有创意的意见。学生鉴赏的角度及深度都带有他自身审美能力的特性，而审美能力本身就是一种创造能力。语文教学应引导学生在具体形象的审美感受、鉴赏中理解生活，把握人生，促进学生审美创造力的发展。

应当指出的是，语文审美素养的内容，还是它特有的审美视觉、听觉美感效果构成的颇具感性魅力的要素。在感叹汉语文的诗情画意中，我们也许应该认真反省时下"非语文"的现象。长期以来，语文课程对于汉语文的审美性，它的诗意本质、暗喻的功能、视觉的造型美、听觉的音乐美，以及它所蕴含的汉民族的审美智慧，都陷入一种审美麻木、心灵粗糙的状态，致使被著名学者安子介誉为"中华民族第五奇迹"的汉文字在我们手中日渐颓败，丝毫没有对外国语的那种狂热。21世纪中华民族的审美文化，必经一次汉语文审美性的再认识和重新评价，汉民族审美文化的载体就是汉语言文字，需要语文课程以特有的审美敏感来爱护它。汉语文审美的衰微，意味着一个民族生命力的衰退，它被轻视对待，会是对汉民族语文教育的挫伤。每一个语文审美教育者，都应以把握汉语文特有的审美性为基点，发掘汉语文听、读、视、写的美学价值和审美素养内容资源。

3. 人文情意素养内容

情意素养，是情意教育和情意课程的概念。情意素养教育的基本内容：一是学生的态度，如何处理自己的情绪和与他人交往相处，建立自我形象。二是学生的信念，如何建立价值观念和关注社会及承担责任、义务。三是学生的学习，如何学会认知、思考与生活，如何面对逆境中的压力提

---

［1］曹明海. 语文教育智慧论［M］. 青岛：青岛海洋大学出版社，2001：110-111.

高抵抗力。概括来说，这种情意素养教育的核心内容，就是"情感态度和价值观"。香港、台湾和内陆早有不少学校开设情意课程，倡导情意素养教育。显然，这与我们探讨的语文课程的人文素养内容是一致的。在这里，从语文本体出发，对构成语文课程人文素养内容的情感思想素养和科学精神素养等几个要素做简要分析。

第一，情感思想素养内容。情感和思想素养是构成于一体的，都是语文课程人文素养教育内容的构成要素，二者又各有千秋，具有不同的内涵和特点。

首先，要明确语文课程情感思想素养教育的内涵。情感素养，是语文教学过程中学生借助语言文字的学习和运用所形成的态度、情绪、情感及信念。"情者，文之经。"大凡流芳百代、经久不衰的经典之作，无一不是词真意切、饱含深情的。而现行的语文教材，多是古今中外名篇精粹，贮藏着大量的情感因素，可以说是一个情感的大千世界。文艺理论家刘勰说："缀文者情动而辞发，观文者披文以入情。"一语道出了语言与情感的关系。语文课程要充分发挥课文的情感优势，既"传道"又"传情"，既"解惑"又"解情"。品味语言有助于揣摩流露在字里行间的思想感情。通过品味语言揣摩作者情感，学生才能真正"披文以入情"。语文教学就是要在学生"披文入情"的过程中，培养他们的社会性情感品质，发展他们的自我情感调控能力，促使他们对学习、生活和周围的一切产生积极的情感体验，形成独立健全的个性与人格特征。特别要重视"培育热爱祖国语言文字的情感"，这是语文教育区别于其他情感教育的重要特征，让学生在爱语文、学语文、用语文的过程中，提升爱国家、爱人民、爱家人、爱他人、爱自己、爱自然等多种情感素养，使学生成为富有爱心、对社会和生活充满热情的有情人。

思想素养是一个人的思想水准、意识及思维活动的状态、品性和行为等所显示的本质表征。语文教育中培养学生的思想素养，就是借助语言文化的学习和语言文字运用，使学生提高积极向上的政治观、世界观、人生观、价值观、道德观、法制观等综合性素养。

语文课程的这种思想素养教育，不同于思想政治课中的思想素养教育，它不能脱离语言文字的学习与运用，而是在语用训练过程中，借助语文的品味进入文本世界，感悟其中蕴含的思想内涵。特别是通过对语文教材中名家名篇的解读，理解其丰厚的文化蕴含，使学生切身体会文本所具有的思想智慧的魅力，为学生"打下精神的底子""扎下思想的根基"。古代经典文化是历经时间积淀、穿越历史时空，仍然透射着思想智慧光芒，能够给人思想和生命力量的作品。比如，儒家的经典，道家的《道德经》《庄子》，佛家的《六祖坛经》，兵家的《孙子兵法》，墨家的《墨子》，法家的《韩非子》，医家的《黄帝内经》等，都是人文思想素养教育的重要内容。从优秀的古典文化作品中，可让学生学习"天行健，君子以自强不息"的精神，"地势坤，君子以厚德载物"的品德，学习"先天下之忧而忧，后天下之乐而乐"的胸襟，培养"位卑未敢忘忧国"的情怀，"天下兴亡，匹夫有责"的担当。现当代思想文化的经典，也是思想和精神素养教育的对象。比如，鲁迅的作品，朱自清的《背影》《荷塘月色》等作品，毛泽东的诗词作品等，都能使学生理解"横眉冷对千夫指，俯首甘为孺子牛"的精神，感叹"红军不怕远征难，万水千山只等闲"的气概，在学语文的同时习得思想素养，提升思想境界。

其次，要把握语文课程情感思想素养教育的特点。情感思想素养教育是语文课程的重要内容，但它不是语文外在的附加任务，而应该通过语文的熏陶感染、潜移默化，贯穿于语文运用的过程中。语文运用与情感思想素养的有机融合是语文课程的重要特征，必须把握住这一特征来进行人文素养的教育。

语文不仅是语用技能训练的场所，也是学生体验人生的地方。有的专家就曾对语文课教学做过这样的描述：你将在有声有色有思想有韵味的语言世界里流连忘返，透过美的语言你窥见的是美的情感思想、美的心灵世界，你将在不知不觉中发现自己变了，变得更复杂更单纯，更聪明也更天真，你内在的情感与思想智慧——被开发出来了，你的精神自由而开阔了，你的心灵变得更美好了。[1] 从这种语文感受来说，语文教育其实就是为学生提供一个广阔的、自由的心灵高飞远举的精神空间，语文学习的本质就是情感世界的开拓、精神空间的建构。从语文情感思

---

[1] 钱理群. 语文教育门外谈 [M]. 桂林：广西师范大学出版社，2003：3.

想素养内容来说，语文学习是一种陶冶性学习，是一种陶冶心灵、建构人格的过程；语文学习是一种开放性学习，"世界即课本"，它可以实现课本与生活的对话和沟通；语文学习也是一种发展性学习，即让学生既获得知识与能力，同时，还得到情感态度和价值观的提升。所以，语文课程应当持守这样一个追求与信念：让语文点亮情感、思想与生命。

有不少学者从生命哲学的角度对"唤醒"做过阐释，认为"唤醒"能够使主体的人在灵魂震颤的瞬间感受到从未体味过的内在敞亮，使其因主体性空前张扬而获得一次心灵的解放。就语文课程来说，这种"唤醒"就是通过语文学习唤醒学生的人性与灵魂，唤醒学生生命成长的觉悟，唤醒学生的人生能力和创造精神，从而把语文学习与学生的生命成长和完整性建构联结起来。实际上，语文学习具有这种强烈的唤醒功能：记叙文的形象性、感召力，对学生的情感与心灵无疑具有陶冶、感召的作用，好的记叙性文本，往往能使学生读来"心灵颤动"；议论文的理性美、说服力，既能启迪学生的理性智慧，又可开发学生的论辩思维，它常以不可抗拒的逻辑力量征服读者；文学性文本的形象性、情感性和感染力，对学生更具有强烈的感情冲击力，特别是文学性文本中跃动着的思想与精神、灵魂与气骨、生气与生命，都会以其强烈的艺术冲击力唤醒学生的人性与理智、情感与灵魂，唤醒学生的责任感和价值感，唤醒学生的主体性和创造力。语文学习应当充分发挥语文的唤醒功能，以涵养学生的思想与人格，建构学生的情感与心灵世界。

第二，科学精神素养内容。任何一门学科都有其特定的科学性，语文课程的科学性与其他学科不同，它不是体现在知识的有序化排列上，而是体现在对汉语文本身的人文内容感悟与独特理解上，这种特性是由汉语文象形表意的特点决定的。语文实践，让学生学语文、用语文、学做人，既得到语用技能训练，又获得科学精神的陶冶和科学素养的提升。应当说，这也是语文课程人文素养教育内容的本体构成要素。

第一，语文课程人文素养教育对科学精神的体认。语文学科是最富文化内涵和人文精神的学科，但其从来就不否认科学精神以及科学的力量。而且，语文课程应大力宣扬的就是具有人文底蕴的科学精神。如《火刑》中布鲁诺对自己观念的执着，对科学、真理的不懈追求；《为了周总理的嘱托》则宣扬对科学实验的不懈努力。这种生命不止、探索追求不息的韧性精神，在与旧的观念和常规的对抗中，才迸发出耀人眼目的生命光彩。还有语文教材中的科学教育文本，如说明文的客观性、科学美，特别是它那种从客观存在中寻找真理的求实性特征，无疑有助于培养学生的求实态度、科学精神和尊重客观存在与科学真理的情感思想觉悟。语文课程人文素养教育，也正是通过这些具体的教学内容，点燃学生寻求真理、信仰的火把，唤醒学生的人文情感。

第二，语文课程人文素养教育对科学方法的把握。科学的方法，是指教学生掌握真理的方法和技能，其着重点在于培养学生的文化思考和创造意识。汉语文的象形表意的形象性思维，为学生的发展提供了广阔的空间，是最能体现创造性和发展学生的文化个性的。因为语文的形象性思维不仅有利于学生思维的发展，而且还是重要的思维手段。特别是在语用实践活动中，它首先就能突破学生正在形成的习惯，使学生借助语文对生活的深刻体验进行展示，回归到生活的原始状态，张开自己心灵的眼睛，去感受生活。其次，形象的感知有利于把抽象的概念具体化，使之在自己的知识库存中保有鲜活的生命力。只有将抽象的、固定的概念和定义转化为视觉的、听觉的形象，我们的思维才能长期处于活跃的状态，才能有效地进行创造活动。另外，形象思维也有利于开拓学生的思路，使想象力更为丰富。且不必说我们写作要靠创造性的形象进行思维，就是在科学实验与推理过程中，也离不开形象的参与。所以，汉语文的科学精神教育是人文素养教育不可忽略的。

第二节 语文课程内容的原则性选择

课程内容的选择，是根据特定的教育价值观及相应的课程目标，从学科知识、当代社会生活经验或学习者的经验中选择课程要素的过程。

第一，从语文课程内容选择的主体来看，教师与学生应当成为课程内容选择的主体，担当起课程内容选择的使命。建构具有时代性、基础性和选择性的语文课程是基础教育改革的一项重要任务，时代性与基础性体现了语文课程的共同价值取向与面向全体学生的共性要求，选择性体现了对教师个性化教学、对学生个性化学习的重视。教师与学生只有参与课程内容选择，才能在真正意义上成为课程的研制者与实施者。赋予师生课程内容选择权，实际上是语文课程的一场文化革命。选择的依据、选择的内容以及选择的方式，一度被认为是课程专家的事，教师与学生基本没有发言权，教师与学生的任务就是等待他人的选择，然后接受他人的"馈赠"。教师为了传承他人所选择的课程内容，要揣摩他人的选择意图，然后力求原封不动地传承给学生，这样，教师和学生都缺失了课程内容选择的自主精神与自觉意识。只有赋予师生课程内容的选择权，让师生作为课程的主人行使选择的权力，才能打破这种被动局面，才能把语文课程从权力控制与他人视域中解放出来，从而形成语文课程多样化发展的态势，个性化的"师本课程""生本课程"和具有地域文化特色的"校本课程"也才会应运而生。在这个意义上，语文课程才能焕发出它应有的生命亮色。

也许有人担心，学生能不能承担起课程内容选择的重任。其实，只要我们从教育的深层意义上来理解这一问题，就会发现这一担心是多余的。教育是为未来社会培养人的活动，培养的是具有自主、自觉意识的人，说到底，是为未来社会培养主人。一个从小就习惯于等待他人奉献课程内容的学生，从小就被剥夺了课程内容选择权力的学生，是不太可能具有自主、自觉意识的。只有充分赋予学生自主选择权，才能真正唤醒和激发他们内在的自尊与自主意识。而当学生在行使他们的权力并真正自主地选择自己所需要的学习内容的时候，他们也将自己的情感与智慧倾注其中，因而他们所选择的课程内容也就带有了他们的个性色彩，显示了他们的本质力量。于是，在这样的选择中，他们会生发出作为主人所应有的兴奋与自豪。

当师生被赋予课程内容选择自主权的时候，他们所面临的一个实际问题就是他们应具有怎样的选择力、如何培养自己的选择力。我们知道，语文课程内容是非常丰富的，而这些丰富的内容大多通过言语作品（选文）、言语活动呈现出来，因此，选择语文课程内容在很大程度上就是选择具有价值、适合学习的言语作品，就是选择一种行之有效的言语活动方式。然而，言语作品浩如烟海，文化的海洋博大精深，语文的外延与生活等同，没有敏锐的洞察力、果断的判断力，很难做出正确的选择。说到底，课程内容的选择不同于物品的选择，它本身是一种价值的判断与文化的思考，这就需要我们对课程内容的选择做深入的内在价值观念层面的思考。

第二，从语文课程内容选择的价值取向来看，课程内容的选择是一种具有价值取向的行为。学科知识取向的课程观认为，语文课程的内容应是关于听说读写的事实、概念、原理、方法等语文基本知识，它追求的是科学的、完整的语文知识体系；活动取向的课程观认为，语文课程应侧重语文活动，力求在丰富的语文活动中呈现相关的听说读写的知识、技能、方法与态度；学生经验取向的课程观认为，学生个人的言语知识与言语经验以及他在言语交往中所形成的社会经验是语文课程内容的基本构成，任何外来的课程内容，都需要经过学生自身经验的整合；社会生活取向的课程观认为，学生学习语文就是为了适应社会的发展，语文课程内容理应符合、适应社会的需要。

实际上，不同的价值取向为我们提供了不同的选择视角，我们不能拘泥于某一取向，而要辩证看待，综合分析，取长补短，做出我们自己的选择。我们要看到，以学科知识为体系建立科学化的语文课程内容，注重了学科自身的知识体系，但是忽略了语文课程内容特有的文化特质；以言语活动和学生经验为中心选择课程内容，体现了语文课程的实践性要求，注重了学生的主体地位，但学生在活动中所获得的内容是千差万别的，学生的经验也往往是一些直接的感性经验，因此不利于判断学生掌握了哪些内容，掌握程度如何；以社会生活为取向的内容选择观，将语文课程看成了对社会亦步亦趋的反映与附庸，致使语文课程缺少了自主意识与个性特点。

语文课程内容的选择根本上是一种文化选择，也就是对某种文化的自动撷取或排斥，因而选择本身具有内在的价值取向和价值追求。在传统的工具论课程观看来，语文课程是作为社会文化的载体与器具而存在的，它所选择的课程内容往往是社会伦理、教化所需要的内容，因而在很大程度上语文课程是作为社会文化的附庸而存在的。选择什么、怎么选择并不是语文课程的事，而是社会的、伦理的、政治的需要，因而，在内容的选择上，语文课程缺少了应有的个性。实际上，语文课程本身即是一种文化的存在，它应具有内在的、自主的文化品格，选择什么样的课程内容，如何选择，是语文课程自主自觉的行为。《普通高中语文课程标准（实验）》在课程内容选择的要求上，强调了两个方面的内容：一是学习个体身心发展的需要；二是语文课程自身的规律与特点。《普通高中语文课程标准（实验）》指出："高中语文课程应遵循共同基础与多样化选择相统一的原则，精选学习内容，变革学习方式，使全体学生都获得必需的语文素养；同时，必须顾及学生在原有基础、自我发展方向和学习需求等方面的差异，激发学生的兴趣和潜能，增强课程的选择性，为每一个学生创设更好的学习条件和更广阔的成长空间，促进学生特长和个性的发展。"这样的课程内容选择取向体现了语文课程的文化本体地位与文化自觉意识，它表明，语文课程在内容选择上已经走出了那种单极的思维模式，正以一种开放的文化心态进行着多元的文化选择。无疑，这样的文化选择能够让学生在立体的言语实践中，在具有丰富文化内涵的语言世界里，得到语文素养的整体提高。

从以上所述的"选择主体""选择价值"两个角度出发，语文课程内容的选择要把握好以下几个方面的原则。

一、发展性要求：课程内容的基础性与典范性

语文本身是一门基础性学科，它是学习其他学科的基础，也是学生持续发展、终身学习的基础。就知识和能力要素说，语文课程内容的选

择必须考虑课程内容的基础性，即选择学生适应未来学习、生活和工作所必备的基础知识、基本技能；就选文要素说，它应该选取具有启发意义和典范价值的言语作品，为学生的终身发展打造一个精神的底子。

语文知识，实际上是正确反映了听说读写活动规律的言语经验，是人类在言语实践中积累下来的宝贵财富。就广义的知识分类来说，语文技能和狭义的语文知识都可看作语文知识，它们是语文课程的重要内容之一。由于语文课程具有很强的实践性，所以我们并不刻意追求知识体系的完整性、科学性，而是在言语实践中让学生自行掌握，融会贯通。但是，这并不意味着知识的选择不重要，对于课程研制来说，很重要的一项工作就是精选学生终身受用的知识，而且巧妙地呈现在言语活动之中。

陈述性的语文知识只是知识的一种，它是"个人有意识的提取线索，因而能直接陈述的知识"[1]，它主要回答"是什么"或"为什么"的问题，比如"什么是记叙"这一类的知识；而在语文课程中还有大量的程序性知识，即"个人没有意识的提取线索，只能借助某种作业形式间接推测其存在的知识"[2]，它主要解决"怎么办"或"如何做"的问题，如"如何进行记叙"等知识。实际上，语文程序性知识就是语文技能，它包括语文的智慧技能与认知策略两个方面。我们认为，在语文课程内容的选择中尤其要突出程序性知识，这是因为：一方面，言语实践活动是语文学习的主要途径，它需要通过亲历性的操作与应用形成学生某项语文智慧技能，即一种语文智力活动方式；另一方面，作为语文实践活动的听说读写，听什么、说什么、读什么、写什么，这"什么"是无穷无尽的，而关于如何听、如何说、如何读、如何写的知识，即认知策略，却是有规律可循、"有法可依"的，所以要引导学生主动修正、调节和控制自己的学习活动，让他们获得一种方法的、策略性的知识。

理解和掌握语文知识与语文技能的目的在于形成和发展学生的语文能力。所谓语文能力，就是成功完成听说读写的言语任务所必需的个性心理特征。选择课程内容，不只是要关注语文知识与语文技能的习得，

---

[1] 皮连生. 学与教的心理学［M］. 上海：华东师范大学出版社，2003：129.
[2] 皮连生. 学与教的心理学［M］. 上海：华东师范大学出版社，2003：129.

而且要关注语文能力的形成。"所选择的课程内容应该包括使学生成为社会中一名合格公民所必备的基础知识和基本技能，同时也要包括学生以后继续学习所必需的技能和能力"。[1]《普通高中语文课程标准（实验）》也指出："通过对语文知识、能力、学习方法和情感、态度、价值观等方面要素的融会整合，切实提高语文素养。"语文课程的一项重要任务是培养学生正确理解和运用祖国语言文字的能力。就语文课程内容的选择与呈现来说，语文能力不应是抽象的目标达成，而应落实为具体的知识与技能要素，也就是说，每一项语文能力的发展目标都应化为具体的课程内容。如"阅读应用文，能把握主要内容和关键信息"，这既是对能力目标的要求，也是对课程内容选择的要求，我们可选择相应的言语作品作为载体，把"把握主要内容和关键信息的方法与技能"确立为课程内容。语文课程标准在"识字与写字""阅读""写作""口语交际""综合性学习"等领域都提出了能力目标，相应地我们要把这些能力目标化为具体的课程内容，即某一种具体的知识与技能要素，使学生在学习某一具体的内容中形成和发展自己的语文能力。

选文，是关系到选择何种课程内容问题的重要因素，无论是知识的获得、能力的发展，还是精神的陶冶、情感的体验，都离不开选文这一载体。选取具有典范意义的言语作品是课程内容选择的重要原则。就文学经典来说，它是在文学发展的历史长河中经大浪淘沙所流传下来的具有不朽精神内涵和艺术价值的典范之作。能被称得上经典的，一般应具有独创性、示范性，且经得起时间考验，为不同时代的读者所喜爱，是为不同阶层、不同地域的读者所喜爱的文本。刘勰在《文心雕龙》中说："经也者，恒久之至道，不刊之鸿教也。"超越历史时空，对不同时代、不同地点的人说话，可见经典对人影响之深。因而选取这样的经典之作，也就选择了它可供阐释的广阔空间，它所内含的知识、能力、方法以及情感、态度、价值观等要素都可以依据现实的需要确立为课程内容。就实用文体的选文而言，它也应当是依据典范性标准精选的可供学生学习、模仿和借鉴的篇章。这不仅是指它在言语内容上内含了育人、化人、启迪智慧的因素，

---

[1]　施良方. 课程理论——课程的基础、原理与问题［M］. 北京：教育科学出版社，1996：111.

而且也指它在言语形式上就是某种典范，是学生学习"怎么读"和"怎么写"的范本。

二、内涵性要求：课程内容的文化性与生命性

语文是一种文化的构成，是人类文化的重要组成部分。语文与思想、语文与情感、语文与生活、语文与生命是一个有机融合的综合体，呈现的是一种互生同构、共生共变的系统协同关系。语文课程内容选择的主要标准之一就是要在所选的课程内容的思想内容、审美规范（即文化内涵）与学生现有的知识、情感、文化发展水平之间形成一种适当的张力，使文本中的思想驱动力、审美张力与文化诱发力成为促进学生精神发展的动力。说到底，语文课程是一种以价值判断和意义阐释为目的的价值活动或文化活动，它具有教育学意义上的文化品格。任何将语文课程内容视为价值中立、客观存在的东西的工具性意图，都是不符合语文课程的本质特性的。在语文实践中，学生掌握事实性、原理性知识，学生对语言的运用，对篇章的解读，对文化事实的分析、判断与思考，都是在特定语言情境中的文化行为与生命活动。从某种程度上说，学生作为学习的主体，要与他所学的内容融为一体，使其成为他生命中的一种体验。也就是说，学生是在一种存在论意义上理解生命，提升生命。学生的语文学习不是那种主体认识客体的纯粹的认识活动，而是学生在语言的世界里展现和延续自身的生命。学生学习语文，实际上就是在实践一种文化，是外在于学生的客体文化内化为学生心灵的过程，也是存在于学生主体的文化外化为客体文化的过程。在这种双向的运动过程中，主体文化与客体文化得以融合。此时，客体的文化作用于主体的心灵，主体的力量显现在客体文化之中，于是，彼此获得一个扩大了的文化视野。这与那种工具倾向的、技术理性的内容取向是完全不同的。在那种工具性、技术性目标取向的支配下，语文课程成为绝对主义、客观主义的代名词，它用知识的、逻辑的、理性的框架结构来建立语文课程的体系，以语言的某一知识点、技法的某一训练点作为课程的内容，试图建立"科学化""体系化"的语文课程结构。其实，这种貌似"科学化"的内容选择与呈现方式，是不符合语文学习的内在规律的，因为语文课程被当作了一种技

术训练的工具，人被看作了批量生产的产品。这种做法，忽略的恰恰是人置身其中的生活世界与语言世界，忽略的是人的言语实践的自由与自我建构的自由。实际上，语文课程要求选择主体以文化的眼光，精选具有文化内涵与生命活力的课程内容，以此来建设开放、富有魅力、具有生命形态的语文课程，以一种文化整合的目标将知识与能力、过程与方法、情感态度与价值观融为一体，在一种融合实践的活动中实现学生语文素养的整体提高。

三、建构性要求：课程内容的过程性与经验性

课程，不应作为静态的"跑道"来看待，而应突出沿着跑道"跑"的过程。就课程的内容选择来讲，它不同于物品的选择，不是把物品从一个地方挑选出来并搬运到另一个地方的那种选择，语文课程内容选择本身就是一种课程建构，它表现为一个动态的发展过程。

语文课程所选择的知识内容，不是那种静态的、封闭的知识体系，而是开放的、变动的、情境化的言语经验及其规律、规则的总结，而人类的言语经验是永远开放的、不断经由否定之否定的经验；言语作品的意义，也并非是作品本身所固有的，而是读者与之共同建构生成的。所以语文课程的内容，无论是关于听说读写的言语经验以及在此基础上总结形成的语言的规律与言语行为的法则，还是言语作品内在的意义，都是一个发展形成的过程，它并不是唯一的、永恒的"真理"。所以，关注语文课程内容的过程性，有两个方面的含义：一是选择语文课程内容必须考虑到所选择内容的复杂性、变动性，并要呈现出这些内容自身发展的过程；二是关注课程内容在具体教学情境中的生成过程，就某些课程内容来说，选择的过程其实就是课程内容生成的过程。就第一个方面来看，在选择课程内容时，如果仅仅是选择那些现成的结论让学生掌握，那么语文课程的内容是不完整的，学生的发展也是不健全的。"学科的探究过程和方法论具有重要的教育价值，学科的概念原理体系只有和相应的探究过程及方法论结合起来，才能使学生的理智过程和整个精神世界获得实质性的发展与提升。"[1] 所以，选择课程内容，就要关注课程内容的过

---

[1] 张华. 课程与教学论 [M]. 上海：上海教育出版社，2000：199.

程性，让学生知道，学习的内容并不一直都是现在这个样子，它与过去不同，而且将来也会与现在不同。它现在的这个样子，也只不过是人们对它的众多认识中的一种，或是不同认识相协同的结果。要让学生知道，有许多要学习的内容是有争议的，它不是一个定论。就第二个方面来看，某些特定情境中的课程内容选择，其实也是课程内容的创生，例如在言语实践中所形成的某些新的言语经验与言语规则，在教学情境中所生成的言语作品的新意义等，这些带有境域性、个体化特点的内容在这种特定的学习过程中生成、被选择并为学生所理解和掌握，最终转化为学生的语文素养。

过程性的语文课程内容总是要转化为学生的言语经验的，学生的言语经验本身就是语文课程内容的重要组成部分。这是因为，过程性的课程内容本身就处于不断的延续发展之中，过去的、他人的言语经验总是要与学生当下的言语经验融合成为一个新的意义整体，构成新的课程内容，并最终形成学生自身的语文素养。而学生的言语经验总是融过去与现在、他人与自身的经验于一体。所以说，从经验的角度看，课程内容就是一个不断运转、变动、处于过程中的经验统一体。这一过程明确地告诉我们，语文课程内容的选择必须关注学生的言语经验，"学习者的个人知识和经验、学习者在与同伴交往和其他社会交往中所形成的社会经验是课程内容的基本构成"[1]。具体说来，有以下三个方面的原因：第一，学生既有的言语经验构成了他语文学习的预期和指向，学生学习语文的过程就是在既有言语经验的基础上，同化、融合、改造他人的言语经验，并形成自己新经验的过程。第二，学生是学习的主体，也是课程的开发者，他在口语交际、阅读、写作、综合性学习的任何一个领域都有可能存在独特的认识、体验和见解。换言之，他不仅在接受他人的经验，而且也在创造着自己的经验，即一种知识和文化。因此选择学生的经验作为课程内容，是形成"生本课程"的重要环节，也是尊重学生主体地位、重视学生个性差异的表现。第三，学生的言语经验融入了社会生活经验，它本身也是对社会生活的体验、思考与表达，因而选择学生的言语经验

---

[1] 张华. 课程与教学论［M］. 上海：上海教育出版社，2000：208.

能与广阔的社会生活和丰富的人生意义相联系，起到了对知识与能力、过程与方法、情感态度与价值观的统整作用。

四、方向性要求：课程内容的未来性与超越性

课程的根本使命在于为未来社会培养主人，它要引领学生反思和超越现实的存在，追求一种理想的、面向未来的新文化。语文课程是面向未来的课程，它所培养的学生是未来社会的创造者与未来文化的建设者，它应帮助学生获得较为全面的语文素养，以适应未来学习、生活和工作的需要，以开拓和建设理想的新生活。因而，在语文课程内容的选择上，要充分考虑选择那些能激发学生主体意识、创造人格与反思精神的课程内容，以达到为未来社会培养主人的目的。

国际 21 世纪教育委员会报告《教育——财富蕴藏其中》这样说：这个世纪将为信息的流通和储存以及为传播提供前所未有的手段，因此，它将对教育提出乍看起来近乎矛盾的双重要求。一方面，教育应大量和有效地传授越来越多、不断发展并与认识发展水平相适应的知识和技能，因为这是造就未来人才的基础。同时，教育还应找到并标出判断事物的标准，使人们不会让自己被充斥公共和私人场所、多少称得上是瞬息万变的大量信息搞得晕头转向，使人们不脱离个人和集体发展的方向。可以这么说，教育既应提供一个复杂的、不断变动的世界地图，又应提供有助于在这个世界上航行的指南针。[1]

那么，语文课程为学生提供的那种复杂的、不断变动的"世界地图"是什么呢？我们认为，所谓"世界地图"就是语文课程所包含的复杂的、不断变动的"知识"——一种广义的语文知识。从本质上讲，这些语文知识是一种人文性知识，即通过认识者个体对于历史上所亲历的价值实践的总体反思呈现出的认识者个体对于人生意义的体验。作为一种反思性知识，人文知识具有非常明显的"个体性"（指个体独特的人生境遇和内心经验的结果）、"隐喻性"（指非逻辑非实证的人生意义体验）和"多

---

［1］ 国际21世纪教育委员会. 教育——财富蕴藏其中［M］. 北京：教育科学出版社，1996：75.

质性"（指对于同样意义的问题会出现多种多样的体验和回答）。[1]

　　为学生提供这样一个复杂的、不断变动的"世界地图"无疑是重要的，但更为重要的是，要为学生提供有助于在这个世界上航行的"指南针"。语文课程所提供的这样的"指南针"是什么呢？我们认为，那就是学生的独立思考与价值判断的能力，即一种文化反思力与创造力。也就是说，语文课程的内容不仅要包含某种知识与技能要素，而且要呈现出一种引领发展的要求，它让学生有所追求，有所创造，有所批判，有所超越。就与每一个个体自我发展的关系来看，语文课程要引领学生的发展，让学生超越自身的实然状态，向着一种应有的状态发展；就与社会的关系来看，语文课程要通过培养人引领社会的发展，具体来说，就是让学生成为具有未来意识、主体思想与创造精神的人，从而开拓和建设一种新文化。关注语文课程内容的超越性，就要关注它的未来意义（为未来社会培养主人）与建构本质（建构新的自我与新的文化）。因而，语文课程就是要从关注"教什么"与"学什么"开始，追求一种超越的品质，让学生在语文学习的过程中超越个体，超越社会，从而达到人的"类特性"的境界，即"作为人类的一员真正地体会到人的尊严、人的价值、人的局限，在社会生活中肩负并实现人的使命"。[2]所以，语文课程所要传承给学生的一项重要内容就是在那错综复杂的"世界地图"中引领航向的"指南针"，即让学生拥有一种反思批判的精神，一种独立自由的人格，一种超越自我与现实的智慧。

　　[1]　石中英．知识转型与教育改革［M］．北京：教育科学出版社，2001：281．
　　[2]　石中英．知识转型与教育改革［M］．北京：教育科学出版社，2001：312．

第三节　语文课程内容的相关性问题

为了切实把握语文课程内容的语用性构成，我们很有必要对其密切相关的语文教学内容与教材内容及其文化内涵等问题做论述分析。

一、语文课程内容与教学内容的关系

对语文课程内容与语文教学内容的关系问题，存在不同的看法。有学者认为"语文课程内容，也就是平素说的语文教学内容"[1]。也有学者认为，二者是不同层面的概念：语文课程内容是课程层面上的概念，是为了有效达成语文课程标准所设定的语文素养目标，语文课程研制者建议"一般应该教什么"；而语文教学内容则是语文教学层面的概念，是指针对具体情境中的学生，为使学生达成既定的课程目标，"实际上需要教什么"和"实际上最好用什么去教"。[2] 其实，课程与教学并非两个独立无涉的领域，它们是彼此交叉融合在一起的，"课程不再只是一些于教育情境之外开发出的书面文件，而是师生在教育情境中共同创生的一系列'事件'，通过这些'事件'，师生共同建构内容与意义"[3]。正如课程与教学的关系一样，语文课程内容与语文教学内容也是不可以截然分开的，课程层面的"教什么"与教学层面的"实际上需要教什么"具有内在的一致性：都是课程专家、教科书编写者与师生对"教什么""学什么"的一种设想或方案。当然，这种对"教什么""学什么"的设想或方案，在实际的教学情境中会发生不同程度的改变，因而我们把在实际教学情境中发生的教学内容也看作语文课程的内容。所以，课程内容不是一种制度化的可供师生执行的外部要求和规定，同样，教学内容也不是制度化的课程内容在具体教学情境中的执行和呈现。实际上，语文课程内容既包括课程研制者（师生也是课程研制者）对"教什么"与"学什么"的构想，也包括师生在具体的教学情境中对"教什么"与"学什么"的创生。

［1］王尚文. 中学语文教学研究［M］. 北京：高等教育出版社，2002：108.

［2］王荣生. 新课标与"语文教学内容"［M］. 南宁：广西教育出版社，2004：20-21.

［3］张华. 课程与教学论［M］. 上海：上海教育出版社，2000：88.

二、语文课程内容与教材内容的关系

语文课程内容要通过语文教材呈现出来，但我们不能据此认为，语文教材内容就是语文课程内容，也就是说不能认为语文教材上呈现什么教师就应该教什么，学生就应该学什么。语文课程内容要解决的是"教什么"与"学什么"的问题，而教材要解决的则是"用什么教"的问题。教材是以文本形式存在的课程内容的载体，它以特定的编排方式与线索将提示语、选文、注释、练习、综合性学习活动等一些材料要素即教科书的内容组织在一起，它体现了编写者对"教什么"与"学什么"的建议或设想。但是，由于教材的使用范围较广，对教材的使用不可避免地存在地域的差别，因而教材对课程内容的建议或设想不可能也不应当具体化、确定化，它需要一定程度的灵活性，以留给师生根据实际的教学情境确定和生成课程内容的弹性空间。此外，作为具有丰富人文内涵的语文学科，语文教材所给出的材料尤其是那些选文，在某种程度上呈现出意义的"不确定性"，即便是专家的导读、导学，也只能是对师生教学的一种启发和提示，而不能代表权威性的结论。也就是说，语文教材仅仅是提供一种有待激活的原生材料，而不呈现具体的意见和结论。所以，学生可以借助同一语文教材获得不同的内容，而同一内容也可以在不同的教材里获得。在这个意义上说，教材不过是一种凭借，教师是"用教材教"而不是"教教材"，而"用教材教"则意味着要从语文教材里确立"教什么"与"学什么"的具体内容，这显然向语文教师提出了更高的要求。

此外，语文课程内容与教材选文及其内容存在两种关系。语文教材中的选文是专门用作教学的对象，是学生进行言语实践的依据和载体，具有重要的教学意义，但是教材选文本身并不是课程内容，选文的内容也未必就是课程的内容。在课程实施中，任何一篇选文都可以根据不同的目的、用途从不同的角度加以解读。从理论上讲，这些从不同的角度解读出的有关听说读写的概念、原理、事实、方法、态度及选文本身的意义等都可以确定为课程内容，所以，一篇选文为另一篇选文所替换，而课程的内容却未必更换，选文的内容即选文自身所负载的信息或意义能不能看作课程内容，要根据课程目标与实际的教学情境来确定。有的选文就是要学生去感知、理解、鉴赏和评论它的内容，以此来扩大视野、提升境界、净化思想、丰富感情，所以它的内容就是课程的内容；而有的选文则是为有关听说读写的知识、技能、方法等服务的，因此它的内容就不是学生需要学习的课程内容，而通过它所要掌握的知识、技能、方法等要素才是课程内容。辨清语文课程内容与选文及其内容的关系，可以让我们从一个更高的层面理解叶圣陶"语文教本只是些例子"[1]这一句话，从而把精力从"教课文"转移到"用课文教"上来。

三、语文课程内容的文化内涵与特质

就内涵来讲，语文课程内容具有浓郁的文化品格与文化特质，它是一种意义和价值体系。它蕴含了民族的精神、价值观念与思维方式。它对于学生具有非同寻常的影响与陶冶作用。因而对语文课程内容的掌握绝不单纯是知识接受、技能训练和信息获取，也是在丰富的语言世界里浸润、熏陶、感染民族的精神，认同和超越民族的文化，为人一生的发展奠定精神的底子。

听说读写的言语活动是语文课程内容的重要载体与呈现方式，它表现为汉语言世界里的文化呼吸运动。学生的听与读，从总体上看是一种文化的输入过程，也就是将民族的、传统的、他人的文化内化为自己的精神世界。同时，我们也要看到，这种文化输入过程，不是单纯的被动吸收，它也包含了言语主体的选择、反思、评判与改造，即言语主体在文化的反思中也重组和改造了旧有的、他人的文化。说与写，是一种言语表达行为，从总体上看是一种文化输出过程：将自己的内在的精神展示给世界并试图改变自己居于其中的世界。同时，他也在改变着自己，逐步使自己内在的思想系统化、条理化，以实现自己情感与思想的丰富和发展。

选文，既是课程内容的载体，也是言语活动的凭借，它包含了丰富的文化内涵，学习选文的过程实际上就是学生汲取文化营养、建构精神

---

[1] 中央教育科学研究所编. 叶圣陶语文教育论集［M］. 北京：教育科学出版社，1980：182–183.

世界的过程。当然，对于任何一篇选文，我们都可以从不同的角度来确定其中的课程内容，比如，选文本身的意义、选文本身的写法特点、选文含有的学法知识等都可以成为课程内容。但是，无论选取哪一方面作为课程内容，都不可忽略这样一点：从关注选文"写了什么"开始，直指其内在的精神价值层面，从而让选文起到对学生精神陶冶与文化涵养的作用。即便是对于一些实用性文体的选文，我们所确立的关于"读法""写法"一类的课程内容也并不是与选文的内容相脱节的，也需要从关注选文的内容开始，然后进入到语文知识与技能的学习之中。这样在掌握知识和训练技能的过程中，始终伴随了一条不易察觉的潜流：选文内容所呈现的民族智慧、文化观念、科学精神与思维方式等精神价值层面的东西所起到的对学生的终身的文化影响。

事实、概念、原理等语文知识，是语文课程的内容要素之一。作为语文学科的特定知识，它们呈现出汉语文特有的文化现象与文化特征。语文知识总是与人的气息、人的生活、人的生命紧密联系在一起，我们不能单纯地将其视为一种静态的知识体系，而应看到其内在的生命意蕴、文化价值。有学者认为，汉语的所有特点都是它浓郁的人文性的体现。"汉民族从不把语言仅仅看作一个客观、静止、孤立、在形式上自足的形象，而把语言看作一个人参与其中、与人文环境互为关照、动态的内容上自足的表达与阐释过程。"[1]

从语文课程内容的文化内涵来看，对语文课程内容的学习和掌握，并非单纯的语言知识学习和语言技术训练，而是要感悟、体验和理解它内在的精神意蕴和它所包含的文化精神。在听说读写的言语实践中进行情感的陶冶、心灵的建构和文化精神的涵养，这就是语文课程的文化使命。

四、语文课程内容与教学的不断生成

与其他学科的课程内容不同，语文课程内容往往并不呈现为一种静态的知识体系，而是与我们一起处于一种变动的关系之中，也就是说它不是那种我们可以直接把握的外在客观对象，而是与我们交互作用的。

---

[1] 申小龙. 汉语与中国文化·前言［M］. 上海：复旦大学出版社，2003：1-2.

这体现出了语文课程内容预设与生成的统一。说语文课程的内容是预设的，是因为在课程实施之前，课程方案、课程标准、教科书都会对"教什么""学什么"做出相应的规定与建议，教师与学生也会对此有一个大体的计划或安排。说语文课程内容是生成的，是因为从国家课程方案、课程标准等文件所规定的课程内容到教科书所建议的课程内容，并不是始终同一的课程内容，尽管它具有方向上的一致性，但总体而言是变化的，处于不断生成的过程之中。

对于语文学科来说，内容的生成性更能体现出语文学科的性质和特点。我们知道，国家的课程方案、课程标准及据此编纂的教科书，以文本的形式规定或建议了语文课程内容，但这只能是一种宏观的方向性的规定或建议，它应当富有弹性，留有空间。正如多尔所说："一般的指导思想无论来自何处——课本、课程指导、州教育部、专业组织或过去的传统——都需要具有如下特点：一般性、宽泛性、非确定性。"[1]这就为师生对课程内容的改造、增删和重构提供了空间，从而让师生成为课程内容选择和重构的主体。首先，就教科书中的选文来讲，它所包含的知识、技能、策略、态度、价值观等要素都有可能是课程内容，但究竟选取哪一方面作为课程内容，不同的教师很可能会依据课程目标、学生的实际以及自身的特长做出不同的选择。其次，语文课程的有些内容，如对某些言语作品的阐释，本身就具有不确定性，"一个好的故事，一个伟大的故事，诱发、鼓励、鞭策读者去阐释，与文本进行对话""好的故事应具有足够的不确定性以诱使读者参与到对话中来"[2]。一旦进入课程实施，对言语作品的多种阐释就有可能发生，因为言语作品的意义在很大程度上是师生在与之对话交流中发现和建构的，这实际上就是师生共同创生了课程内容。此外，像事实、概念、原理等实质性的语文知识，虽然可以直接确定为课程内容，但作为语文学科来说，它既然是在丰富的言语实践中抽取提炼出来的，就理应在丰富的言语实践中加以理解、掌握和发展。"任何概念原理体系，不论暂时看起来多么完备与周延，它总是一

［1］［美］小威廉姆 E. 多尔. 后现代课程观［M］. 王红宇，译. 北京：教育科学出版社，2000：232.

［2］［美］小威廉姆 E. 多尔. 后现代课程观［M］. 北京：教育科学出版社，2000：241.

种过程性、生成性、开放性的存在，总是一种需要进一步检验的假设体系，总是需要进一步发展为更完善、合理的概念框架。"[1] 所以，对于中小学语文课程的实施来说，我们并不刻意追求静态的、封闭式的、系统性的语文知识，而是关注知识获得的过程，这不仅让学生在丰富的言语实践过程中感悟、自得、整合、融合这些语文知识，而且让学生懂得知识是在争议中协同生成的，从来不存在永恒不变的、一劳永逸的知识。这样，学生就会明白自己在言语实践的当下境域中，生成一种情境化的语文知识并非是不可能的。

　　既然语文课程内容存在一个生成的过程，那么，它也就对语文教师提出了相应的要求，它要求教师不仅是课程内容的执行者，也应成为课程内容的改造者、创生者。这是因为，任何课程方案、课程标准、教科书所设置、规定或建议的课程内容都要经过教师的理解和阐释，在理解与阐释中教师与课程方案、课程标准、教科书一起确定教学内容，在具体的情境中与学生一起创生课程内容。因而课程内容绝不是外在于教师的、静态的、封闭的、等待被传授给学生的客体，而是与教师共同处于互动关系之中的交往对象。对于教师来说，不存在对既定课程内容的全盘接受，他需要据实情对课程内容加以修改、加工与重构。所以说，语文课程"教什么"与"学什么"，教师拥有主动权，这也是当前教师"用教材教"和"教师即课程"的具体体现。同一篇选文，同一个言语活动计划，在不同的教师那里可能会呈现出不同的教学内容，这是很正常的现象。同样的道理，即便是不同的教师所确定的同一课程内容，在具体教学情境中，也会因学生的参与而发生改变。当然，这并不意味着教师可以对课程内容进行随意性处置，任何课程内容的修改和重建，都不只是教师个性化的行为，而且也是学科自身学理的要求，是教师与课程方案、课程标准、教科书及其编写者与其他的教师以及学生协同作用的结果，因此不同的教师所选择的教学内容也应存在方向上的一致性。

　　总之，语文课程内容的这种开放性、生成性的特点，决定了语文教师的教学不只是对既定课程内容的执行，而且也包含了对课程内容的改

---

[1] 张华. 课程与教学论 [M]. 上海：上海教育出版社，2000：198.

造和创生，因而它会促使语文教师进一步关注"教什么"与"学什么"，这将会大大地促进语文教师的专业化成长。

五、语文课程内容与文本资源的发掘

教材即课程。语文教材文本资源无疑是确定教学内容的主要依据。虽然不能说教材文本资源就是教学内容，但教学内容的确定必须要依据教材文本资源。只有依据教材文本资源才能确定该"教什么""学什么"的问题。语文教材是以文本形式构成的教学内容的载体，它以特定的结构方式呈现教材编者对"教什么"与"学什么"的构想与设计。所以，离开了教材文本资源，教学内容的确定就无从谈起。但是，近年来语文教学出现了摒弃教材文本资源的发掘，而大搞"热闹的"教学活动的现象，致使语文教学内容空泛化，造成了语文课堂教学有效性的丧失。

这引发大家对"教教材"和"用教材教"问题的讨论，有人否定前者，有人则不认同后者。其实，这个讨论并没有多大必要，因为语文教学既要"教教材"，又要"用教材教"，但没有"教教材"的基础，怎么能"用教材教"呢？叶圣陶的教材"例子说"，并非是否定"教教材"，而是强调在"教教材"的基础上抓好听、说、读、写教学训练，说明教材文本资源是确定听、说、读、写教学内容的范例。这实际上是要求我们以教材文本资源为范例来确定教学内容，既强调要"教教材"，也强调要"用教材教"。这就是说，我们对教学内容的确定应该把握两个基本方面：一是"教教材"，二是"用教材教"。这两者不是对立的，而是统一的，不可分开的。但前者是教学内容确定的基础，后者是"教教材"的动态性生成与提升；没有前者作为基础，后者就不可能生成，后者是不能离开前者的。所以，如果忽视"教教材"，冷落教材文本资源，单纯追求"用教材教"，教学内容的确定就会失去依据。只有在"教教材"的基础上根据教学实际灵活适当地"用教材教"，才能使教学内容实现动态性生成与拓展。

据此，笔者认为教学内容的确定必须立足于"教教材"，即依据教材文本资源确定教学内容，发掘教材文本资源构成的教学内容。这就是说，尊重教材文本，着眼于"教教材"，切实把握教材文本资源，发掘教材文本资源构成的教学内容，是确定教学内容的基础和前提。在教学过程中，或许根据教学实际要对教材文本构成的教学内容资源做些取舍与整合，但是不可抛开教材文本资源而"在碗外找饭吃"，背离教材而另搞一套。中小学语文教学实践说明，漠视和架空教材文本，抛开教材文本资源，把教材文本仅作为一种"教学的摆设"而随意拓展与发挥的教学行为，只能导致教材文本的"异化"、语文课堂的空泛化及"去语文化"，根本不能实现有效性教学。如有的老师在说明文《风向袋的制作》的教学中，以投影片展示数套风向袋半成品和学生做的数个风向袋的资料为主，而对教材文本具体写了什么内容，材料如何组织，如何表达几乎没有涉及，使学生不能零距离接触和亲近教材文本，抛弃了教材文本资源，造成教学内容媒体演示化而消解了教材文本教学的"语文味"。还有的老师在《江南的古镇》的教学中，不是把教学内容重点放在把握教材文本的感情基调和语言品味上，而是在优雅的古筝声中为学生展播了不少江南古镇的图片，然后让学生讨论：我们要不要保留这些古镇？怎样处理其与现代化之间的矛盾？显然，这是远离教材文本世界的教学内容拓展。这种拓展不是"教教材"，而是摒弃教材文本资源，抹杀了语文课的特质，是明显的"去语文化"现象。

教材文本是教学之本，一切语文教学活动的开展都应当立足于教材文本的基础之上。只有切实把握这个基础，根植于教材文本的世界，语文课才能是有血有肉、实实在在的，教学内容才会是具体的、确定的。其实，每一个教材文本的教学资源都是看得见、摸得着的存在形态，是丰富的、可做多层性发掘的。只有深入发掘教材文本资源构成的这些教学内容，切实深入地"教教材"，真正打开教材文本构成的本体世界，让学生贴近教材文本，与教材文本亲密接触，走进教材文本的世界，具体领略教材文本世界内部构成的绚丽风光，才有可能上好语文课——引导学生在教材文本构成的语文世界里领略语文的美、体悟语文的奥妙，从而扎扎实实地学好语文、用好语文。

那么，如何"教教材"，发掘教材文本资源而合理地确定教学内容呢？笔者认为，其关键在于本章"阅读知识内容"中所述的要把握教材文本的"多层次结构"，即根据教材文本的多层次结构来具体确定教学内容。

　　语文教材文本的构成并不像我们过去所理解的那样简单，只是所谓内容和形式的统一体。从其本体来看，教材文本的存在形态也就是教材文本的本体构成是一个多层次结构：一是形式层——教材文本构成的"语体形态"，即由语言组合而形成的语音、语段、句群到篇章结构及其整体营构的秩序与形态，也称为教材文本"语体层"。这个结构层次，作为教材文本的存在形式，有如绘画的线条和色彩，音乐的音符与节拍，它是教材文本资源赖以存在的基础和条件，可以说是教材文本得以生存的土地，它也是教学内容确定的重要依据。二是再现层——教材文本展现的"语象世界"，即教材文本语言构出的物象与事象、场景与画面、气象与景境等，也称为"语象层"。它是多种客观因素（人与物、情与景、意与象）相互交织而构出的富有生气和活力的生活图象和空间。这个结构层次，因不同文体的教材文本而有不同的构成要素和构成方式。如抒情类教材文本（包括诗歌、散文等）以意象（整体意象、意象单元或意象群）为语象世界的构成要素；而记叙性教材文本则以人物、事件、情节、场景等为构成的要素。作为教材文本"全部内容构成"具体化展现层次，它实际上就是我们要着力发掘的教材文本构成的主要教学内容资源。三是表现层——教材文本内在的"语义体系"，即教材文本负载的情感与理想、精神与思想、灵魂与生命，也就是教材文本的深层意蕴，也称为"语义层"。深入把握教材文本构成的语义层次，是我们引导学生深层透视教材文本内部的营构机制，进而切实揭示教材文本构成真义和规律不可忽略的主要教学内容资源。因为在教材文本的多层次结构中，语义层看似处于语体层、语象层之外的一个独立层次，但实际上它是教材文本的一个功能层次，是无法独立存在的，其构成要素与构成方式完全产生于教材文本的另外两个结构层次，一旦离开后者，前者便烟消云散。这很容易理解，如果失去语言符号，没有一定的语言形式及其构成的语象世界，一个教材文本的情思、义理和意蕴便会荡然无存，学生便无从感受和体验，阅读教学内容的确定就会失去依据。因此，教材文本的语义体系存在于语体形态和语象世界的全部关系中，是教材文本多层次结构整体的产物，是与教材文本的语体形态、语象世界有机渗透、不可分割的。

　　为切实"教教材"，在教学中我们应当切实依据教材文本的这种多层次结构，深入发掘其构成的文本资源，来具体确定不同层次的教学内容。

（一）发掘教材文本构成的语体层资源，确定消解性教学内容。学生面对一个教材文本，其实就是面对一个陌生世界，其中存有一个"此在"与"彼在"的鸿沟。如何引导学生消解此在与彼在的鸿沟，与教材文本亲密接触达到对教材文本"语体形态"的具体把握，是发掘教材文本资源、确定教学内容必须要处理的重要问题。语体形态作为教材文本的存在形式，是一种由文字符号构成的"语言的完形"。语体，是指教材文本的语言秩序所构成的文本体式，它是一种完整的语言构造。绘画用色彩和线条构造世界，音乐以音响和节奏为表现手段，语文教材文本是"语言的艺术"，自然把语言作为建构教材文本世界的材料。这些语言材料在具体文本中是以各种形式组合起来的，这就构成了五彩缤纷的语言体式。教材文本构成的这种语体层，其实就是所谓的"语音构成层次"，它包括语言的声音组合，语言的韵律节奏，语调的轻重缓急，文句的长短、整散，字音的响沉、强弱，语流的疾徐、曲直，以及字句语序的声态变化等。任何教材文本结构都存有这样一个语言构成的语体层次，以其特定的语体形态来表现它富有张力的意义空间。因此，它是发掘教材文本资源、确定教学内容所必须深入探讨的一个重要层面。在教学中，对消解性教学内容的确定，就是让学生具体把握教材文本构成的这一语体层次，通过不同形式的感知教学，特别是诵读教学（如品味阅读、感动阅读、陶冶阅读活动等），让学生感受教材文本，在教材文本构成的语体形态中消解与教材文本陌生化的鸿沟，从而融进教材文本，对教材文本进行整体把握，揭示教材文本语体构成的特点。

（二）发掘教材文本构成的语象层资源，确定描述性教学内容。教材文本构成的语象层，是凭借语言呈现的物象、事象、场景、画面、气象与景境等。它是由形、神所统辖的多种客体再现因素——如古人所说的"应物象形""随类赋彩""人物感应"等交互作用形成的有机动态结构系统。在教材文本的阅读过程中，它浑整地作用于学生的主观心灵感受，并诱发学生的想象和联想、情感与理思，给学生带来一种阅读的召唤性和吸引力，使学生会不期然地去关心教材文本中特有的事物形象——或者是一个特定的场景、画面，或者是一派浓烈的色彩，或者是富有悟性的情景。如李清照的《如梦令》，那秋雨黄昏的场景，国难家仇的命运，表现出一种欲说还休的景境，这种灵动的景境贯通全篇，而且是那么强烈和感动人心。又如北朝乐府民歌《敕勒歌》，气象恢宏豪放，呈现了天连草原、草原连天的雄浑壮美的景象。那天之苍苍，野之茫茫，天和野交相辉映的奇丽画面，那郁郁葱葱、绿波此起彼伏、"风吹草低见牛羊"的天然景境，是那么富有生机，那么令人神往。对教材文本用语言构出的这种事物形象、画面和景境，在教学中就应该确定为描述性教学内容，让学生通过描述以连接整合式的直感、体验和领悟去具体把握。这就是说，根据教材文本构成的语象层特点，让学生具体描述教材文本的事物形象、画面、气象、景境，或情节、事件、人物活动、生活场景等。这种描述性教学内容，就是为了让学生具体感受和体验教材文本的形象、画面、气象与景境，促使学生通过描述与教材文本对话。教学中描述的方式有多种多样：既可让学生用教材文本的语言来描述，也可让学生用自己的语言来描述。前者有利于学生学习教材文本即课文的佳词妙语，后者有利于培养学生的语言表达能力。同时，既可让学生用口头语言描述，也可让学生用书面语言描述，即通过这种描述性教学，对学生进行口头语言和书面语言的表达训练。这就是说，发掘教材文本构成的语象层资源，确定描述性教学内容，既有助于学生具体把握教材文本，更有利于对学生进行口头语言和书面语言能力的教学训练。从中小学生语言学习的模仿性特点来说，对这种描述性教学内容的确定必须给予高度重视，它是最能体现语文听说读写能力训练特点、实现语文课程学习目标的重要层面。

（三）发掘教材文本构成的语义层资源，确定理解性教学内容。这种理解性教学内容的确定，主要是着眼于学生对教材文本的形象、情感与意义世界的理解和把握，即理解把握教材文本的事物形象、场景、画面和图象背后的情感、思想和意义。如：《春晓》中描述的春天画面及其景境背后的情感和意义是什么？诗人通过这种画面与景境表达的意趣和思想？在教学中确定理解性教学内容，就是引导学生领悟诗人热爱美好的春天、珍视美好的生活之真义以及对春花被风吹落、被雨打落的惋惜之挚情，使学生把教材文本中渗透在形象、画面和景境里的这种真义和挚情深深地根植于心底，即教师既要使学生理解教材文本的诗意，建构自我的精神家园，又要达到既建构教材文本意义又建构自我的教学境界。这是因为教材文本的"语义层"，即情感与理思、精神与思想、灵魂与生命，也就是教材文本的内在意蕴，它是教材文本所含的情思与义理的总和。教材文本这种语义内蕴的构成是以语象为基础的，是教材文本语象整合组织结构的内在揭示，是教材文本的一种"意义系列"的整化传达。实际上，教材文本语象的整合呈示就隐含着深层的语义内蕴，它是在教材文本语象的组合机制里生成和构成的，可以说教材文本的语义内蕴就是教材文本语象的虚化，或者说是教材文本语象的自我领会状态。作为"语象能指"的所指形态，它与教材文本的语象相互融合，是灌注于教材文本结构体内的精神能源。著名俄国作家托尔斯泰对此曾经打过这样一个形象的比喻，即把语言文本的内在意蕴称为"在人的灵魂里燃烧"，叫人"感到发热，感到温暖"，"并且引燃别人的心灵"的火光，指出这种"内燃的火光"是语言文本的"精神能源"[1]。因此，在教学中我们发掘教材文本资源对理解性教学内容的确定，必须要注重教材文本语义内蕴的解读与把握，探究教材文本语义内蕴的构成张力与特点，开掘语义内蕴的深层能源，这样才能使学生在建构教材文本意义世界的同时也建构自我世界。当然，这种理解性教学内容的确定，也包括在理解中消化的应用性、实践性语文训练。如学了《曼谷的小象》，就可让学生描写自己心目中的"曼谷的小象"形象。这既是对教材文本理解的提升教学，又是对教材文本理解的消化性应用实践教学训练。

[1] 余秋雨. 艺术创造工程［M］. 上海：上海文艺出版社，1987：52.

第五章 语用教学过程的文化渗透

语用教学过程的文化渗透，就是时代文化感受、民族文化体认的过程，是语用技能训练和文化陶冶的融注，促进生命个体总体生成的过程。因此，本章要探讨的命题包括两个层次：一是语用教学的过程，也是文化渗透的过程；二是语用教学是训练语用技能的过程，也是陶冶情感和心灵的过程。对语用教学过程的文化渗透，我们可以把握这几层含义：一是指汉语文所包含的民族的思想认识、历史文化和民族情感；二是指引导学生开掘汉语文的文化价值，注重汉民族独特的语文感受，学习中华民族的优秀文化；三是指尊重和发展个性，培养健全的人格[1]。应该说，这就是让学生在语用学习的过程中体悟和理解汉民族文化，汲取传统文化的营养，从而发展自己的个性，养成健全的人格。汉语文作为我们的母语，本身即是汉民族文化的符码，是中华民族文化的载体。在语文的课改与发展中，语用教学过程必须加强传统和时代的文化渗透，开拓汉语言文化视野和开放的时代文化精神。

---

[1]李震.一场重要的讨论——关于语文学科性质的争鸣综述[J].语文学习，1996（10）.

第一节 语用过程的文化渗透特征

语用教学过程作为一个文化渗透的过程，它在训练学生的语用技能、提高语用素养的同时，又能使学生吸收文化营养、陶冶性情、唤醒灵魂、建构情感与精神世界。因此人与文化是语用教学的两个维度，在语用过程中，人与文化通过互动实现着双向建构。语用教学的终极追求在于实现人的发展，因此，语用教学过程中人与文化互动的最终指向是人的发展生成。德国文化教育学家斯普朗格曾经说过：教育的对象是特定文化环境中具有思想道德情感的精神主体，教育的根本任务就在于传递文化、体验文化价值，并培养具有文化创造力的人。作为我们的母语教育，语用教学的过程在传递文化、建构灵魂与人格、促进学生生命成长方面，毫无疑问，担当着尤为重要的责任。

母语是指一个人的本民族语言，是人在婴儿和幼年时期自然学到的第一语言。现代语言大师萨丕尔认为，语言不只是思维的工具和外壳，语言还是思维模式，它强烈地决定着人们对周围事物的认识。人对真实世界的认识是建立在人的语言习惯上的，不同的语言反映了人们不同的世界图景。例如生活在海边的民族的语言中"鱼"的词汇非常丰富，而生活在寒带的人的语汇中则多是对"雪"的描绘。人的意义世界就是语言的世界。人要认识世界、发展自身必须借助于语言。人从呱呱坠地就身处母语的世界中，并在母语的萦绕下长大成人，因而，母语对人的成长的影响是非同寻常的。在这里，我们从这一认识出发，对语用教学过程文化渗透的特征做粗略探讨。

一、语用与形象体验性

汉语的一个突出特点是以形写意，这与汉民族思维的具象性相关。语言是对客观事物的抽象，但汉语却习惯于用具体的事物来表达抽象的理念。凭借表象、想象来反映事物的运动规律，达到对事物本质特征和内在联系的认识，用形象的方式进行概括并用形象材料来进行思维的过程，就是具象思维，或称形象思维，属于非逻辑思维范畴。这种思维方式塑造了中国人善于运用具体可感的形象来表达思想的特点。而西方传统上惯用概念思维，具有逻辑中心主义的特点。具象思维的优越性表现在，它凝结着人的主体精神和意识，是直观生动的。因此对于汉语文的读解就需要一种非理性的体验方式，需要人的主体意识的积极参与和主体情感与生命的投注，即要用个人的感受去拥抱汉语的精神。

具象思维在汉字中有明显的体现，古人通过"仰观俯察"，凭着对客观事物的直观认识，"近取诸身，远取诸物"，摄取自然万物或人类自身的种种现象，将其概括为文字。从感性出发，由自然之象到文字之形，体现了古人不脱离感性形态的、整体的、非理性的认知方式。古人总是力求在汉字形体上体现事物或行为呈现于自己的视听感受，将它如画如塑地表现出来，让别人能直观地感受它。例如：暮，像日落于丛林之形；旦，日出地平线之状；走，像一人大幅度摆动双臂而行；射，像箭在弦上，弓弦拉满；闻，形如以手掩口，屏息倾耳以听的姿态。汉字总是将理念附着于形象，让人"视而可识，察而见意"，而且个个静中寓动，惟妙惟肖地将人类千姿百态的事物呈现出来。因此，语用过程中的汉字教学一定要注重汉字象形表意的特点，尽量减少机械记忆，注意字形与字义的联系。在识字途径上，清代文学家王筠可谓独有建树。他所编著的《文字蒙求》充分利用汉字的造字规律，把汉字分成象形、指事、会意、形声四种体例，用字形构造剖析法进行教学。此外他还提出正篆比照识字法，强化了汉字的形象性，由字形而推知字义（本义），更增强了教学的直观性。这些方法对于今天的识字教学仍具有一定的借鉴意义。实践证明，根据汉字的特点和规律进行识字教学，可以激发学生的学习兴趣，提高识字教学的效率，还可以发展学生的思维能力，如想象能力、联想能力。初中语文课标也指出，识字教学要将儿童熟识的语言因素作为主要材料，同时充分利用儿童的生活经验，注重教给识字方法，力求识用结合。要运用多种形象直观的教学手段，创设丰富多彩的情境。

具象思维在汉语言文本中也有鲜明的体现。汉语由小到大的一切语言形式都注重具象性。"汉语言意象的密集和丰赡为其他语言所罕见。一首诗、一段文、一句话，词语的数量并不多，蕴含的意象却相当丰富，因而容量大，启迪性强。汉语言的发展，从一个侧面看就是不断地'取景为譬，取物为喻'的意象发展过程，简直形成一条绵亘几千年的'意象河流'。"[1]与西方语言不同，汉语言不受形态规定的制约，组词造句没有西方语言那种非此即彼的冷静的客观意识。如果说西方语言是一种"法治语言"，那么汉语则是一种"人治语言"。在汉语文本中，语言单位在形式和功能的变化上具有一种灵活的主体意识，因此对于汉语文本的把握应该更多地依靠人的主观感觉、体验和判断。语用教学以汉语言文本为主要载体，应具有包容形象与主体精神的体验内涵。而目前的语文教学过于注重对文章内容做理性的分析和概括，缺乏对具体形象的感知和对作品审美因素的体会，这样的语文教学使学生的思维方式单一化，容易陷入纯理性分析，不符合汉语言本身的特点。汉语的具象组织精神、浓郁的人文特性，都需要充分调动人敏感的语言感受能力来驾驭和把握。

这里强调对汉语文本的感悟体验，其重要途径是诵读，而非"练"。诵读，必以朗读为基础，通过对作者的喉舌筋骨活动技巧的模仿，在身、心方面留下痕迹，使文章的词句甚至意绪从口中、心中自然流出，从而理解体会文章丰富的内涵和情感。诵读是一种自我体验，沉浸其中，身临其境，技巧相对显得次要，体验、感受是第一位的。诵读并不是无目的地读，而是有语调、有节奏、有感情地全心投入地读。要引导学生反复吟诵课文，在"读"中再现形象，随着形象在头脑中逐渐"复活"，触动他们的情感，使他们沉浸在作者所创造的艺术世界里。"读"就是一种涵咏咀嚼、品味体验的过程。初中语文课标亦指出，注意加强对学生平日诵读的评价，鼓励学生多诵读，在诵读实践中增加积累，发展语感，加深体验和感悟。

二、语用与文本召唤性

汉语在语言文字及其构成的文本中简约而富有弹性，信息丰富多元，诵读空间呈现开放性。这首先表现在汉语具有以少寓多，小中蓄大的含蓄性。著名语言文字学家安子介先生单从汉字的结构中就描绘出"一幅

[1]韩军.语言是工具，又是文化本体[J].语文学习，1994（3）.

初民的生涯图",因为"每个汉字都是一篇文,一首诗,一幅画"[1]。由此看来,汉语言文本的含蓄性十分显著,值得回味吟哦。唐朝诗人杜牧的《过华清宫》中的诗句"一骑红尘妃子笑,无人知是荔枝来"仅用寥寥数语,就既表现了统治阶级的荒淫骄奢,皇帝对妃子的宠爱,也表现了劳动人民受压迫剥削的生活惨状。同时,汉语还具有多义性和开放性的特征。任何一部作品都具有空白点和未定点,是一个多层面的未完成的图式化框架。这一开放性的文本结构召唤读者去填补建构,从而实现作品意义的具体化。正是这一召唤结构,使文学作品的意义世界是多重的,内涵是丰富的,可以向多方面延伸,这就为学生的读解和品味创造了极为广阔的空间,提供了"仁者见仁,智者见智"多元化理解的可能。可以说,文本的开放性决定了接受者思维的开放性。

从语用教学的主体来看,学生对语文材料(即教材对象)的反应往往也是多元的。这是因为每一个学生都是一个独立的个体,他们的阅读期待视野各有不同。所谓期待视野,即读者的文本阅读经验构成的思维定向和认读结构。它表明读者在进行阅读时,对文学作品的理解必然要受到自己的经历、动机、情感、气质等的"塑造",形成个体独特的理解和感悟。夏丏尊先生曾指出:"在语言敏锐的人心里,'赤'不但只解作红色,'夜'不但只解作昼的反对吧。'田园'不但只解作种菜的地方,'春雨'不但只解作春天的雨吧。见到'新绿'二字,就会感到希望焕然的造化之工、少年的气概等说不尽的情感。见了'落叶'二字,就会感到无常、寂寞等说不尽的诗味吧。真的生活在此,真的文学也在此。"[2]期待视野在挖掘读者阅读能力的同时,也限制着他所能理解的作品的范围和深度。初中语文课标指出,要承认阅读是学生个性化的行为,要关注学生的个体差异和不同学习要求,爱护学生的好奇心、求知欲,充分激发学生的主动意识和进取精神,倡导自主、合作、探究的学习方式,即尊重学生的差异性,珍爱学生富于个性的理解和新鲜的阅读感受,使学生变被动接受学习为自主探究学习。同时要逐步培养学生探究性阅读和创造性阅读的能力,提倡多角度、有创意的阅读,利用阅读视野、阅读

[1]黄荣华.全球化时代汉语性特征的价值想象[J].现代语文·高中版,2001(11).
[2]夏丏尊文集[M].杭州:浙江文艺出版社,1983:117.

反思和批判等环节，拓展思维空间，提高阅读质量。让学生以阅读者和发现者的身份浸润于文本的解读之中，激发其想象、联想能力和发散思维能力，培养他们独立思考、批判和质疑的精神，开发其创造潜能，同时拓展其心理图式和期待视野，提升其体验能力。总之，语用教学应树立开放的、多元的、个性化的课程理念。

语用教学过程的文化渗透，就是要求尊重学生作为读者的地位。学生虽然是施教的对象，但并非知识的容器，而是求知的主体，阅读的主人。在课堂上，要珍视、尊重和鼓励学生的独立自主意识，看重他们的阅读感受。产生多元的阅读理解是正常的、健康的、可喜的，没有必要强求统一，教师对作品的"释意"不应成为学生的限定。因此，语用教学要摆脱过去封闭单一的教学模式，放开思路，发散性地追求各种读解路径，形成开放、多元的教学思想。这对于发展学生的知识、能力和智力有着不容低估的作用，更为锻炼学生的创造性思维提供了条件。

三、语用与精神生成性

语用教学过程的文化渗透，实际上是把语文作为语言文化的构成载体，通过语用来让人体悟文化蕴含。语文是最重要的语用工具，又是文化构成的基质元素，还是人的生命活动形式。"语文教育的根本，就是一种主体精神的教育、人的教育，是关涉语言学习者精神成长的教育。"[1]

人不是机器，也不只是智能的存在；人是情感的存在，抹杀了人的情感，智能也就毫无意义了。爱因斯坦说："用专业知识教育人是不够的。通过专业知识，他可以成为一种有用的机器，但不能成为一个和谐发展的人。要使学生对价值有所理解并且产生热烈的感情那是最基本的。他必须获得对美和道德上的善的鲜明的辨别力。"[2]与其他学科教学相比，语用教学在培养学生的高尚情操、树立学生的健康人格、完成"立人"使命的过程中，有着不可替代的功能。"语言文字运用"不是僵化的信息符号，它负载着人的情感意识，充满着人的思想观念，是有灵魂、有生

[1] 韩军.再论语文教育与人文精神[J].语文教学与研究，2000（5）.
[2] 方智范.对文学教育问题的若干思考[J].课程·教材·教法，2001（8）.

命的，所以学语文、用语文就是学做人。语用教学应固本立人，真正体现语用过程文化渗透的魅力和价值。

现代语言学研究告诉我们，语言本身不仅仅是一种语用工具，还是人本身，是人的一部分；它不是外在于人的客体，而是主体；它不仅是"器用"，还是"道体"。语用饱含着主体情感，充满着人生体验，文化蕴含是语用的基本属性。韩军指出，"学语言，绝不是学纯粹的无文化内涵的语言字码本身（实际上，那种纯粹的无价值意义的语言字码根本不存在）。学语言，本质上就是形成人的独立的精神本体，就是在潜移默化中树立人的自我的精神与人格，就是陶冶人的情感和情操，就是建立一个绝对不同于他人，而又与他人、与社会、与时代文化相互融合的真正的自我。一句话，语言即人，语文教学就是人的教育，学着运用语言就是学着成人，语文教学的本质就是以语言立人，这正是语文教学的灵魂所在"[1]。

就语用教学的载体——教材来看，它的编写无不本着鲁迅先生所说的"美善吾人之性情，崇大吾人之思想"这个基本立场，具有滋润性灵、怡养品德、升华人生的审美效应。于漪认为，"文"与"人"有着天然的联系，不可分割。教学生学语文、用语文，也就是用人类的精神文明、用中华文化的乳汁哺育他们成长，提高他们对自然、对社会、对人生的认识。优秀的语文课文不仅是文章的范本，也是立身的范本，包含着学生所需的人格行为，可以点燃人生理想，激发他们内心深处的感知力、思考力和创造力，锻炼意志，铸造他们符合时代精神的道德准则。语文学科具有天然的文化特性，它应责无旁贷地担负起为青少年一生的发展打好"精神底色"的功能。

但是，语文教学中一直存在着漠视语言文化内涵特质的问题，强调知识领先、训练为主，结果产生了重技术、重认知、重分析的倾向，形成概念化课文分析的通用模式。日益增强的升学压力，层层下达的升学指标更使语文教学不得不被动地随着考试指挥棒转，使最具文化性、审美性、灵活性的语用教学变成知识的解构、纯技术性的机械操作。正如胡孝华先生在《诗意的放逐和语文的苍白》一文中慷慨陈词的那样：标

---

［1］韩军.再论语文教育与人文精神［J］.语文教学与研究，2000（5）.

准化的评判和单一的追分倾向，把鲜活灵动（的）青少年变成了刻板单调的"平面人"，平庸浅俗的功利教学舍弃了对人的全面发展的追求，变成了简单的劳动力教育、工具教育、世俗本位教育。语用教学文本的解读成为技术，语言习得变为技巧，功利化的读写最终变成了对"自我心灵"的"流放"……语文教学舍弃了诗意的陶冶，不可避免呈现出苍白孱弱的面貌。[1]这种漠视语文教学的文化精神本性的现象，以牺牲语言的文化功能和价值为代价，必然导致语文教学和学生人格的残缺发展。语用教学应该加强文化精神生成教育，给予学生更多的人文关怀，培养他们敏锐的感知力、丰富的情感力、独特的想象力、深刻的理解力和高尚的审美情趣，以及健全的个性、完善的人格。总之，语用教学要以文化渗透、实现"人化教育"为指归。

四、语用与人文同构性

语用教学过程的文化渗透，强调语用学习对学生的精神生成作用，但需要注意两点：一是这种人文教化的功能并非外在的附加任务，应通过熏陶感染、潜移默化贯穿于听、说、读、写的语用教学过程中；二是它并不排斥汉语言听、说、读、写的训练，而是主张语用与人文的化合，语用训练和人化滋养的融注。语用教学的形式和内容在本质上是一体的、是不可剥离的生命整体，试图把两者清晰地剥离开来是根本不可能的。语用教学过程的文化渗透，始终把形式和内容同构融合于一体，摒弃僵化的二元对立的思维模式，克服非此即彼的片面性，在语用过程中实现文化渗透。

"文"与"道"是相互依存、不可分割的。古代早有文道之论。朱熹曾说："道者文之根本，文者道之枝叶。惟其根本乎道，所以发之于文皆道也。三代圣贤文章皆从心写出，文便是道。"可见语用作品是思想内容和语言形式的同构整体。既没有不表达一定思想内容的语句，也没有不依存于一定语句的思想内容，不可能超越表达的形式而直接攫取表达的内容，也不可能不理睬表达的内容而掌握它表达的形式。语用的形式与

---

［1］王长明. 语文教学应注重人文素质的培养［J］. 湖北教育：教育教学，1999（11）.

内容是同构融注于整体中不可割裂的两个侧面。抽掉文化思想内容，只能在形式上兜圈子，语言文字就会失去灵魂，失去生命而黯淡无光，步入排列组合的文字游戏的死胡同；脱离语言文字的运用，架空论语文与人文，就背离语用教学，背离语文课，步入语用的教学误区。因此，教学生学语文、用语文，就要在语言文字的读、写、听、说训练中进行文化渗透的陶冶教育、情感教育和人格教育。

语用教学过程的文化渗透，强调语用和文化的融注同构，即要求二者不能割裂，更不能偏废，应沟通交融，互渗互促，和谐发展。语文课对语用文本的教学，通常用理性的方法，教学过程呈现形式化、序列化；语文考核测评追求模式化、标准化。语用教学本来是富含文化内蕴、情感价值和审美趣味的文化渗透过程，但工具理性化的教学却把一篇篇优美的语用文本分析肢解，变成一堆摆设整齐、逻辑井然却了无生气的零件，学生无需感悟，无需激动，只需动用理性，逻辑地加以"掌握"。这就造成语用教学的扭曲，使语用学习沦为枯燥乏味的技艺之学、知识之学，乃至机械的应试训练。而从汉语文本身的特点来看，它蕴含着丰富的文化内涵特质，语用教学应体现为知、情、意的融注，这"需要师生共有一种植根于语言人文精神的人伦情怀、人生体验、人性感受，充分激活本来凝固化的语言，充分施展个性语言人文精神，使情感交融，造成一种痴迷如醉、回肠荡气的人化情境，从中体悟语言妙处，学会语言本领"[1]。在这一过程中，学生不只是学会了语用知识，历练了语用技能，更受到情感教育、文化熏陶，丰富了心灵，培养了品德，完善了人格结构，从而可以真正实现语用教学的育人使命。

---

[1] 韩军. 限制科学主义 张扬人文精神——关于中国现代语文教学的思考 [J]. 语文学习，1993（1）.

第二节　语用过程的文化渗透功能

德国哲学家、文化哲学创始人卡西尔对人的本质给出了一个功能性的定义，他认为人性不是一种实体的东西，而是人自我塑造的过程，也就是人无限的创造活动。这种创造活动既创造了人自己的历史，创造了一个文化的世界，也把人塑造成了文化的人。没有文化活动，人就不成其为人。

为什么没有文化活动，人就不成其为人呢？因为人不同于动物，动物的成长只是本能的、生物性的成长，而人则不同，人的成长既有生物性的一面，又有社会性的一面，并且二者相互交叉，密不可分。人不同于动物的生理和心理特点决定了这一点。

人与动物的不同，根源于人类和动物基因编码的不同。科学哲学家波普、生物学哲学家迈尔和哲学人类学家蓝德曼都认为，动物的基因编码系统是封闭的，这决定了动物的一切活动都是本能的、专门化的。人的基因编码系统分为特定性和开放性两部分，并且人的基因系统绝大部分都是开放性的，这使得人的结构具有非专门化的特征，即人的活动只有极少部分是出于本能的，绝大多数都是后天养成的、具有社会性的文化行为。非专门化结构一方面使人的生存比其他动物更为艰难，使人类需要漫长的童年期来学习适应他所处的环境；另一方面也给人的发展带来了无限的契机，由于人的器官没有被限定于特定的生命功能，所以它可以具有多重功能，比如嘴既可以用来吃饭，也可以用来说话。这使人可以在实践活动中创造性地不断学习和发展多种能力，使人较其他动物更易生存，拥有更强的生命力。因此，人的这种非专门化结构特征决定了人的一生必然是一个不断学习、不断适应、不断创造和不断发展的过程。

心理上，人的心理较动物更为复杂，具有动物所不具备的社会心理发展阶段。苏联心理学家维果茨基的"文化—历史发展理论"认为：人的心理发展分为两个层次，一是自然的发展过程，即从低级动物向高级动物进化发展的自然过程；二是文化历史的发展过程。自然发展阶段发展的是人低级的心理机能，低级心理机能的发展不需要任何中介和辅助手段。在历史文化发展过程中，人的心理发展出了不同于动物的各种高级心理机能。高级心理机能以心理工具—语言符号系统为中介，受制于社会历史发展规律。

从维果茨基的理论我们可以看出，人的高级心理机能是人区别于动物的、"安身立命"的法宝。人要成为人，要健康、和谐、文明地生活，就必须发展超越于动物的高级心理机能。"人不只是经由生物遗传，更主要是通过历史的传承而成其为人。"[1]高级心理机能的形成所需要的中介——语言符号是外在于人的，是人类在长期的历史进化中形成的，作为社会个体，人获得语言符号工具的语用过程，就是他在与人交往和实践活动中接触历史文化的过程，就是其生命生成的过程。

在人的生命发展中有一些阶段是非常重要的。青春期是人成长过程中的一个重要阶段，又被称为人的"心理断乳期"。语文教学的对象恰是正处于青春期的少年，对于他们而言，青春期的成长不仅仅是一个生理阶段的过渡，更是一个大规模的文化建构过程，是文化意义上的"新的诞生"。认识到学生的这个特点，我们在语用教学中不仅不应该为学生的"心理断乳期"感到头疼，而且还应该重视学生这宝贵的"第二次诞生"，抓住这一有利时机，在生命生成的视角下观照学生成长，理解教育，选择有价值的文化资源对学生进行文化的陶冶和塑造，促进学生生命的总体生成。语用教学作为专门的母语教育在帮助人获得语用工具、发展人的高级心理机能、陶冶人的思想情操、促进人的文化创造等方面发挥着重要作用。具体说来，语用教学作为一个文化渗透过程，在促进学生生命个体的总体生成方面主要有以下多方面的功能。

一、语用的唤醒功能

教育的根本是人的发展，而人发展的一个重要前提就是人的文化意识的觉醒。"文化意识是人的主体意识的核心内容，也是人主体性发展水

---

[1]　[德]雅斯贝尔斯. 什么是教育[M]. 邹进，译. 北京：生活·读书·新知三联书店，1991：53.

平的重要标志。"[1]文化意识在人的发展和文化的建设中发挥着至关重要的作用，它既是人的文化追求的动力源，又是文化赖以发展的动因。如果一个人没有自觉的文化意识，那么他就不会觉察到自己文化素质的局限，难以评判自己文化水平的高低，也就难以产生见贤思齐之心去主动地有选择地追求最利于自己发展的优秀文化。人要成为全面发展的、多维的人，就必须全面而合理地摄取文化价值，使之消化于生命意识之中，从而获得人生意蕴的全面体验，丰富生命的内容，陶冶灵魂和人格，达到个体生命的全面唤醒。教育之所以为教育，正在于它具有唤醒心灵、解放人性、诱发潜能的功能，只有"受过教育的人"才能具有明确的主体意识，才能深刻地体会到生命感、价值感。

语用教学过程中蕴含着丰富的文化渗透资源，在对学生进行文化唤醒方面具有巨大优势。将语用教学理解为一个文化渗透过程，将学生视为这一过程中的文化主体，将有助于学生明确自己的文化主体地位，使其能够意识到自己是文化的主人，对文化有自主选择、自主判断的权力。如此，他能够以主人翁的态度来审视自身的文化素质，意识到哪些是自己所欠缺的，并主动地追求文化、积极地调整自身。如此，当他们面对文化世界时就不会束手无策，或只是将其当作单纯的文化知识来接受，而是能够放出眼光去粗取精、去伪存真，自己来拿对自己发展最为有利的部分。经过这样反复的文化接触、文化体验的历练，他们对于自身和文化的认同和理解就会日渐深刻，不再耽于肤浅，会形成一种日渐厚重的历史文化感，在对文化的选择、把握、理解、创新中能够做到清醒自知。如此循环，文化眼光的犀利、文化品位的提高又使文化意识进一步明确、强烈起来。

二、语用的感知功能

人来到这个世界首先是感知世界。发展学生的感知能力，使其在较短的时间内认识自己周围的文化环境是基础教育的一个重要任务。语用教学过程作为文化渗透的过程，更有助于学生认知的发展。

---

[1]张曙光.文化意识与人的发展[N].光明日报，1999-2-12.

第一，语用对感知的促进表现在对学生认知结构的作用上。瑞士心理学家皮亚杰认为，人的认知适应机能分同化和顺应两个过程。"同化就是把外界元素整合到一个正在形成或已经形成的结构中"，而顺应则是"同化性的结构受到所同化的元素的影响而发生的改变"。[1] 在外界文化环境的刺激下，主体的认知结构就是通过这两个过程不断发展的，语用教学过程的文化渗透，对于学生认知结构的作用也表现在这两个方面。一方面，语用教学的文化渗透是向学生传递文化，促进学生生命发展的过程，有利于知识的同化。德国哲学家加达默尔认为，语言特别是母语，能给人一种亲切感，语用教学作为我们的母语教育，与学生的外界语言环境相符合，所以语用教学和学生之间有一种天然的亲密关系。语用教学所传达的主要是我们民族的传统文化，体现的是我们民族的文化心理、文化精神。语用教学的内容与学生在周围文化环境熏陶下所形成的"前理解"具有一致性和同构性。因此，学生在语用学习的过程中就能自然而迅速地在已有的文化积累和新的学习内容间产生联想，形成连结，对所学知识进行同化，学习也因此既饶有兴趣，又扎实牢固。将语用教学视为文化渗透的过程，就是要在语用教学中重视和挖掘语文丰富的文化内涵，并结合学生的文化接受水平和认知心理发展水平，有针对性地施以切合学生认知结构的文化影响，使学生在接受所学知识时轻松地克服距离感、陌生感，在亲切、自然的状态下，顺利地将知识同化并纳入到已有的认知结构中。另一方面，语用教学的文化渗透过程，还有助于学生认知结构的优化。学生的认知结构是一个开放而非封闭的结构系统，它处在不断建构的过程中，顺应在这其中发挥重要作用。语用教学的文化渗透过程，实际上是以一种建构观来看待语用的文化传递和个体发展，它对文化因素的强调和对文化性的关注，使其在语用教学中能着意于文化生成，着眼于学生，通过提供丰富、新颖的文化讯息，带领学生进入文化的广阔而深邃的天地。崭新的内容、深刻的思想、含金量高的大量信息对正处于认知结构建构阶段的学生能够产生相当大的冲击。当学生在对知识不只限于简单记忆，而是从文化的角度来理解体味，学生的认知便会加深；

---

[1] 陈琦，刘儒德. 当代教育心理学［M］. 北京：北京师范大学出版社，1997：31.

当学生所接触的文化信息量大、新鲜而深刻，学生认知的广度就会拓展。这必然会促使顺应效应的发生，加快知识结构的建构和生成，使学生的认知结构变得更加合理、完整，更具开放性和生长性。

第二，学生的认知结构一旦发生了变化，学生的认知结果也会产生变化。经过语用教学过程的文化渗透而获得的知识较单纯的知识而言，具有无比的优越性。知识不仅是一种结果，也是一种过程。德国哲学家雅斯贝尔斯将知识的过程理解为陶冶，他认为："占有知识并不等于陶冶，而是习得精神内容的代名词。这种习得尽管也算是一种知识的积累，但是，如果知识是陶冶的一个要素的话，那么已获得的思维、行动和认识的形式就会在知识中显现出来。这样的知识并非陶冶本身，单纯的知识只是达到某种目的的手段，人们可以运用这些知识，但是它们对于人而言，是外在的财富。而陶冶的知识却能够改变人、帮助人成为他自己。在布克哈特 (Burckhardt) 看来，知识并不仅仅具有使人'吃一堑，长一智'的意义，而且还使人永远睿智。可运用的具体知识通过其效用的精确说明是可计算的，而陶冶的知识对人发生作用，但这种作用是无法计算的。"[1] 单纯的知识只是达到某种目的的手段，人们可以运用它们，但是它们是外在于人的，而陶冶的知识却能够改变人、帮助人成为他自己。语用教学的文化渗透过程，通过对学生认知结构"质"的改变，改变了学生的认知结果，使学生获得内在于人的、无价的"陶冶的知识"，并在认知的过程中改进了自己的思维和行动。

三、语用的陶冶功能

现代心理学研究发现，在人的成长发展中非智力因素发挥着重要作用。语用教学的文化渗透过程打破了语文教育只是"知识获得过程"和"语言技能教育"的狭隘认识，它将语用教学的文化渗透过程视为一个文化传递过程，一个个体生成的过程，语用教学的功能就不再局限于功利性的语言技术训练，而是放眼于人的完整性发展，情感心灵的建构。"语文的世界是情感的世界、审美的世界、陶冶的世界"，这已经成为语文教育

---

[1] [德] 雅斯贝尔斯. 什么是教育 [M]. 邹进，译. 北京：生活·读书·新知三联书店，1991：104.

界的共识。语用教学的文化渗透过程，不仅实现着文化知识的传递，而且还对学生进行着情感的陶冶和人格的塑造，使语文最优化地发挥其形象性、情感性、诗意性、教化性的优势，在培养学生的审美情感和价值观念方面显示出强大功效。

就审美情感而言，语文中蕴含着数不清的"美"的因素。语文的美是和语文的文化特点密切联系在一起的，主要体现在这几个方面：（1）音乐美。汉语，尤其是古汉语最讲究的就是韵律，双声、叠韵、叠音、音调等声音因素，再辅以音韵、停顿、骈散交错、长短相间等手段，使汉语具有押韵和律、抑扬顿挫、悦耳动听的音乐美。唐诗、宋词、元曲和六朝的骈文堪称这方面的典范。（2）意象美。汉字是象形文字，它的演变与书写都是在"立象以尽意"的中国传统美学原则的渗透下进行的。恰如瑞典语言学家高本汉所言，中国文字像一个美丽可爱的贵妇，而西洋文字则像有用而不美的贱婢。中国人执着于汉字书法，正是因为那"东方式的线条是精神的轨迹、生命的经纬、情感的缆索，在创作过程中又是主体力量盈缩收纵的网络"。[1]汉字形体中蕴含的是中国博大深厚的人文精神，包蕴的是中国人的情感体验和哲理思考。中国人讲究含蓄，以诗歌为例，虽然中国是诗的国度，中国诗以抒情为主，但是中国诗歌中极少见赤裸裸的情感表白，取而代之的是以具有强烈象征意味、文化意味的意象在汉语独特的意合语法的组织下来表达无限的"象外之意""弦外之音"。"言有尽而意无穷"之所以成为经久不衰的文学追求，就是因为中国人视隽永含蓄、意味无穷的意象美为文学艺术的最高标准。（3）情感美。语文离不开鲜活生动的生活，离不开生活中有着七情六欲的人。每一篇课文可以说都记录了作家深刻的情感体验，贯注着作家不懈的情感追求，是作家自己意义情感世界的敞开。一篇篇的文章汇集在一起，就折射着人间万象的情感大世界。语文中的情感是丰富多彩的，《上邪》中大胆的男女爱情，《背影》中的父子亲情，《藤野先生》中的师生深情，《赠汪伦》中的友情佳话……所有这些情感之所以能流传至今、感人至深，不是因为它们对人形成了感性的生理快感刺激，而是因为它们至情、至真、

---

[1]余秋雨.文明的碎片［M］.沈阳：春风文艺出版社，1994：312.

至善、至美，合乎人类对美好情感的文化心理期待和审美价值追求。综而观之，语文的美可以说是一种文化的、形象的美。语用教学的文化渗透过程，着意于对情感的陶冶、心灵洗练的过程，挖掘和开发这些语用美的因素，个体就不会流于肤浅、失之媚俗，而能够将深厚的文化底蕴和新鲜的时代精神恰如其分地结合在一起。而在语用教学的文化渗透过程中，我们要充分考虑到学生的知识水准和情感水平，通过合理的语用教学手段和方法呈现给学生，从而引起学生的情感共振，激发他们的语用审美情感体验，唤起他们对语用美的向往和追求，提升他们的语用审美文化品位，促进他们个体情感的生成和发展。

就价值观而言，语用过程的文化渗透教育，有助于培养学生健康向上的价值观。个人健康向上的价值观应该既具有一般性，又具有特殊性；既符合时代、社会标准，又能张扬自我个性。因为无论是中国传统文化的价值取向，还是现代的教育思想理念，都一致认为，人要很好地生存就必须与外界环境之间保持一种和谐的关系。这要求个人的行为和价值取向要能够得到群体的理解和认同；同时，作为主体的人，我们又不能随波逐流，丧失主体存在的价值和意义，这又要求我们的价值观念还应该体现个人的特色，反映个人独立自主的价值追求。语用教学作为一种文化渗透过程，着眼于学生的发展，在价值观的教育上与单一的语文技术性教学有着天壤之别。从教学内容看，中国的、外国的、传统的、现代的，各种思想观念都是既经得起时间考验、带有民族共性，又体现着个体的独立的价值取向，张扬着主体精神；既与学生已接受的民族传统价值观念相契合，易于接受，又具有符合时代社会所需的新鲜特质，能对学生形成良好的价值引导。比如，《周易》里的"厚德载物""自强不息"的进取精神；儒家的积极入世，追求个人价值与社会价值的统一；道家追求的返璞归真，自由创造……这些都是既富有民族共性，又符合时代精神的优秀传统，在帮助学生形成健康向上的价值观，树立正确的人生理想方面能够起到启蒙和导引的良好作用。从教学方式看，语用教学在向学生传递文化价值观念的时候不是生硬的、刻板的、急功近利的思想政治教育，而是让学生浸透在文化感受和体认之中，受到陶冶和教育，产生主动追求的渴望，在全心投入的语用学习活动中积极地修正、建构

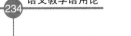
自己的价值观念。

四、语用的创造功能

前面我们曾论述过，人成长发展的过程就是人在自由自觉的活动中进行文化创造的过程。符号学的创始人卡西尔认为，人在活动劳作中创造了人自己的历史，创造了一个"文化的世界"，并且在文化创造中把人塑造成了"文化的人"，文化的本性就是人的本性。文化创造是对人的本质和人的能动性的证明，学生知识的积累、意识的觉醒、能力的提高指向的都是文化的行为——创造。

近年来，随着科学技术的进步和人化教育的发展，人们已经越来越多地认识到创造对于社会、民族、个人的重大意义。为培养学生创造力而开展的创新教育，一时间炙手可热，风靡全国。创造性教学、创新性教育、创新性思维、发现性教学、探究性学习、研究性学习……各种教学实验、多样化的教学模式在对语文教学的批判中纷纷涌现，但是，"真正具有成效的创造教学实验到目前为止仍只是凤毛麟角"[1]。究其原因，我们认为在这些教学实验中，实验者仅仅把"创造"认为是停留在操作层面上的教学方法和教学策略，而没有从人的生命的角度认识到创造是人之为人的一种标志性活动。创造是一种文化活动，创造教学是一种基于对人的理解和对人的创造性持宽容态度的"文化"观念，是一种对人的文化改造和文化建构，教育的使命就是其文化使命。

其实，语用教学过程是不乏文化渗透和文化创造的，只要我们换一种眼光，将学生对语用的学习看作学生的一种充满创造精神的生命行为，就会发现：语用教学时时处处充满了创造，听说读写，无一不与创造有关。以阅读为例，没有学生创造性地参与，就难以实现真正的阅读。接受美学认为作家、作品、读者、世界是一个完整的系统，作家创作了作品，但是如果没有读者的阅读，那么作品就只是一堆没有生命的白纸黑字。只有读者的阅读才能赋予它生命，读者的参与并不仅仅是一个简单接受的过程，同时也是一个能动创造的过程。"一千个读者有一千个哈姆

---

[1] 刘良华.中国教学实验百年：反思与构建［J］.教育研究与实验，2000（2）.

雷特"，读者积极地、富有创造性地阅读使文本的意义大大丰富起来。语文课语用文本的学习实际上也是这样一个过程，学生在进行阅读、学习前，头脑里不是一片空白的，一种对所学内容的"前理解"已经存在于学生的头脑之中，"前理解"使他在阅读的时候能够不断产生期待视野，能够联系自己的经验去填充文中的"空白点""未定点"，能够融入自己感情去感受和体验作家、作品的情感，在"寻求理解"与"自我理解"中使自身和文本共同丰富起来。这时的文本和学生，较阅读前已经不一样了，阅读过程中学生与文本的这种互动就是一种文化创造。但是，如果我们认识不到这一层面，将学生对课文的阅读仅仅视为单纯的知识接受，那自然毫无创造可言。难怪有人感慨："其实，我们从来不缺乏文学教育，我们缺乏的是学生自己对文学作品的阅读、欣赏和体会。"[1]语用教学的文化渗透过程，就是要充分利用有价值的文化资源和文化手段来最大限度地激发学生敏锐的文化创造意识，培养学生勃勃的文化创造能力，促进个体的文化生成。

如前所述，我们应把语用教学看作一个文化渗透过程，首先，这能够唤醒学生的文化意识，使其具有敏锐的文化眼光和主动的文化追求，在思想上、心理上为文化创造做好准备。"没有做不到的，只有想不到的"虽然具有蛊惑的成分，但也道出了一个真理：大胆设想是成功创造的前提，只有想得到才能做得到。对学生文化意识的唤醒，解决的正是"想"的问题。其次，文化渗透教育能够促进学生认知的发展，使其具备高质量的文化知识积累、完整的知识结构和深厚的文化底蕴，为文化创造做好知识基础上的准备。创造需要灵感，所谓灵感是一种复杂的心理功能，它是在信息丰富储存的条件下，思想非常集中，情绪非常高涨时所突发的一种创造能力，是人在兴奋时信息纷呈，并相互沟通所形成的最佳的思维态势。在语用教学的文化渗透过程中，经由文化熏陶所获得的知识不仅扎实牢固，而且结构完整，知识之间的内在联系合理密切，为灵感的光顾做好了最佳准备。再次，丰富的文化情感体验、正确的价值观念为文化创造提供了成功保障。人类的创造有善恶好坏之分，如果一个人有了高超的

---

[1] 余则辉.语文到底"姓"什么？[J].中学语文教学，2001（10）.

创造力，但却有恶的心灵和反人类的思想观念，那他的创造行为对人类来说不啻为一场灾难，其后果将不堪设想。所以人的创造活动必须有正确的价值观做引导。语用教学的文化渗透过程，能加强对人心灵的陶冶，能够帮助学生形成对真、善、美的追求，能够有力地保证学生文化创造的正确方向。同时，语用教学的文化渗透过程重视学生的个人体验，学生情感体验上量的丰富和质的提升，使得学生在进行创造时能够信心十足，意志坚定，不畏困难，勇于进取，从而保证了创造活动的顺利进行。

第三节 语用过程的文化渗透开拓

　　语用教学过程的文化渗透开拓，注重的是语用训练中的情感陶冶、精神建构和个性发展。应该说，作为人的精神自由的外化，语用教学过程的文化渗透有利于实现人的自我存在与社会存在的统一，有利于对学生进行"完整性建构"。这就是说，加强语用过程的文化渗透开拓，能够提高学生的语文与人文的整体素质。语文是一种文化的存在，学习语文实际上就是学习文化。而文化是一种营养，一种血液，随着语用教学的文化渗透过程的开拓与深化，它会滋润学生的灵魂，开阔学生的情怀，唤醒学生生命成长的觉悟，提升学生的人生境界。从根本上说，语用教学的文化渗透过程，是春风化雨、润物无声的过程。有人说，母语是生命的摇篮，一个人的思维是通过母语的训练而发展的。我们的汉语文教学作为民族的母语教育，负载着民族的思想与感情，饱蕴着独属于我们民族的精神和智慧。与其他学科相比，语文最明显的特点就表现在文化方面，它在培养学生的文化精神和人文素养上有着其他学科不可替代的优势。语用教学过程必须引导学生"认识中华文化的丰厚博大，吸收民族文化智慧"，把语用过程作为体认民族文化的过程。因为语言是民族文化的地质层，积淀着民族文化的精粹。汉语言文字运用实质上联系着民族文化的命脉，流淌着中国人文化的血液，联结着中华民族儿女的每一颗心，它是民族凝聚力的纽带，是民族继续生存的动力，是民族文化之根。所以，从某种程度上说，学语文、用语文，就是学民族文化，学民族的思想和精神、民族的生活和历史，就是呵护中华民族圣洁的心灵和智慧。

一、转变语用学习态度和思维模式

　　长期以来，语文教学往往只注重语言技术性训练，忽视了语用的文化渗透功能。因此，语用教学的文化渗透过程开拓，要求语用教学不可只局限于单纯的语言技术性训练，还必须要注重和加强品味体悟语用的文化内蕴，充分发掘语用的文化意蕴，在语用学习中汲取充盈的人文精气。

具体来说，对语用教学的文化渗透过程开拓，我们要注意把握以下几个方面。

（一）转变语用学习态度

我们的语文教学往往以升学应试为中心，认为语文涉及面广，综合性比较强，语用学习无从着手，所以从心理上轻视语文，而把大量的时间花在数理化等可短期收效的自然科学学科的学习上，语文因此变成了不受重视的弱势学科。众所熟知，"语文的外延与生活的外延相等"，一个人如果要有完善的知识结构，那么，他一定不能忽视语用学习，因为语文与生活本是一体，它不仅是最重要的语用工具，还是最重要的文化载体。文化的涵养不是一种短期行为，它不会像投资一样需要并且可以马上得到回报。我们不能只热衷于短期效应，而忽略语用对心灵和人文意识的启蒙；不应急功近利，只重视记忆性和固定格式的知识，一切为应试服务。我们应当对于那种需要经过长期的积累、磨炼、反思和陶冶方能取得的精神发展具有足够的耐心。为什么当今社会知识信息在爆炸，而文化的传承却越来越浮泛？因为急功近利使人们习惯了杂学旁收，常常是碎片式学语文、用语文，使语文教学失去了语言文化的深度和整体性。学生主攻应试技术，采用蜻蜓点水、浅尝辄止的阅读和语用学习态度，只抓关键词、关键句、关键段等进行分解式学习，如同庖丁解牛一般。一篇有血有肉的文本几经分割，皮是皮，骨是骨，肉是肉，可惜一头活生生的全牛不见了。这是一种寻捷径的急功近利的浮躁之举，对真正意义上文化素质的培养毫无裨益，只会南辕北辙。它使人们表面看来似乎都无所不知，其实恰恰使教者与学者的视野越来越狭窄，思维方式越来越模式化，缺少创新，缺少变革，这与高速发展的现代社会所需要的现代教育是格格不入的。著名学者钱理群说，语文教育必须为学生打好"精神的底子"。他说："中小学语文教育主要应该培育学生对真、善、美的追求，对彼岸理想世界的向往与想象，对人类、自然、宇宙的大关怀，对未知事物的好奇心，并由此焕发出内在与外在的激情、生命的活力、坚强的不屈不挠的意志力、永不停息的精神探索、永远不满足于现状的批判与创造的欲求。所有这些宝贵而美丽的精神素质可以概括为'青春的精神'，它既符合青少年的生理与心理发展的特征，同时也是一个人的健全生命的基础。"钱理群强调，语文教育在人的精神建构方面有着特殊的功能与意义，"这是能够用人们的经验做证明的：几乎每一个成年人在回顾自己一生的成长时，恐怕都会提到中小学语文老师对自己的影响与引导，这大概不是偶然。道理也很简单：语文教育所用的教育材料是语言文字，是各类文体的文章，文学作品又占据了很大的比重，都无一不积淀着丰富的文化内涵与人文精神"[1]。毋庸置疑，语文特别是语用过程就应该是这样一条贴近我们的生命、融入我们的血液、激荡着我们的思想、流淌着我们的记忆的河。没有生命激情、只有应试技术的语文课，能使我们学好语文吗？能使我们理解屈原、司马迁、陶渊明、杜甫、苏东坡、鲁迅等堪称全人类伟大作家的作品吗？我们对他们的学习、阅读会影响我们对人生的理解，影响我们一生的选择。

也许以应试为核心的教育体制，给学生形成了绝对的压迫力量。只有提供一个无功利的、有充分自由的精神空间，才有可能让学生无功利心地思考问题，感受世界，文化品格才会渐渐养成，善的观念、美的观念才会慢慢形成。常言道：欲速则不达。文化精神的涵养需要有系统的学识、历史的积淀和知识的融会贯通，而这些都要依赖于虚心的学习态度和文化的学习积累。文化涵养重在"养"，朱熹注曰："养，谓涵育熏陶，俟其自化也。"这是一个内功修炼的过程，是日熏月陶的过程。只有如此才能享用到灿烂辉煌的文化盛宴，而不仅仅是吃一道方便可口的快餐。

（二）转变语用思维模式

人类表达媒介的变化，改变了人们的语用学习习惯和方式。过去，人们以语言、文字为媒介进行表达；现在，电脑、电视的图像思维模式正逐渐代替语言文字的思维。经典名著《爱丽丝梦游仙境》像一个语言魔术，作者路易斯·卡罗尔是个淘气的魔术师，他以高超的语言技巧，满足了人们对语言的崇尚；而他对语言的玩弄，又满足了人们对语言的反叛。他故意去钻语言习惯与语言成规的漏洞，把语言颠三倒四，捏来捏去。而结果呢？竟然并不是一团乱麻不知所云，而是一个大家都听得懂的妙趣横生的故事。那是一个语言的时代，它是一本以语言制胜的书。

---

[1] 钱理群. 以"立人"为中心——关于九年制义务教育中的语文课程改革的一些思考[M]. 语文教育门外谈. 桂林：广西师范大学出版社，2003：3.

然而 21 世纪却是一个人与语言疏离的世纪，一种以录像机为笔、以镜头所见为素材的新型写作方式登上了历史舞台。这种新型写作，不局限于"剧"这一类，而已进入过去文字写作独占的其他领域，如新闻、摄影小说、电视散文。凡过去文字所涉及的，现在的电视、电脑都试图涉及，这对文字写作产生强烈的冲击。冲击文字的记录功能，冲击文字的写作逻辑，冲击文字的应用市场和效能，冲击文字写作所产生的阅读习惯与阅读方式……它们正以十倍、百倍乃至千万倍于文字记录和表现的优越性，不断地占领文字的世袭领地，加速文字功能的退化。各种声像媒体对语言的介入，不但打破了语言的垄断地位，而且后来居上，成了人们的"恋人"。我国古代士大夫推崇"红袖添香夜读书"，这是一个理想的生活休闲方式。我们可以想象得到，在无数个万籁俱寂的夜晚，黄发垂髫，弱冠士子，闺中红颜，就一盏孤灯，手不释卷，或顿足捶胸，或仰天长啸，或泣下沾襟，或掩口窃笑，打发了多少寂寞时光，写下了多少绝世篇章。无独有偶，在西方古代贵夫人的客厅里，我们也总是可以见到高声朗诵自己作品的行吟诗人和剧作家。这些就是那个语言崇拜的时代阅读的兴趣与方式的经典表现。然而现在呢？我们透过万家灯火，看到的多是一个个电子屏幕在闪烁。轻文字阅读而重图像阅读，这便是我们现在这个时代典型的阅读兴趣与阅读方式。它真实地反映了一种新的阅读兴趣正在取代传统的阅读兴趣，来势汹汹地走上"读坛"。

人们似乎习惯了影像的表达方式，直接通过图像而不是透过语言文字去思维。然而这两者是有很大差别的。因为各类作品中的一些内在的、抽象的描写不仅是文本里非常可贵的部分，还是影像所无法表现的。在语言文字的思维里，每一个字都有它的哲学、历史和文化的内容，这是影像所无法把握的。美国著名的社会预测家约翰·奈斯比特在其《大趋势》一书中预言了 21 世纪的五件大事，其中第三件就是："在这个文字密集的社会里，我们比以往更需要具备基本的读书技巧。当今时代，尽管电子计算机已发展到第五代，但它仍需要靠人来操纵，电子计算机仍属于第二文化，它的第一位载体是语言文字，语言文字是第一文化。第一文化是第二文化的基础，没有第一文化就没有第二文化。"所以，我们还应静下心来全心全意地学习和运用我们的民族语言文字，亲近这些文化遗产，并从中汲取营养。语用学习需要主动与文本对话、与作者对话、与生活对话、与自己的心灵以及生命对话。在这个语用对话的文化渗透过程中，积极地对生命进行探求，对未来进行思考；学会蔑视丑恶、悲悯苦难、赞赏崇高、歌颂成功；从中认识生活的本质，并对生活提出批评，而不只是停留在表层阶段。只有这样，才能真正涵养文化精神，增益人文素质，加厚文化底蕴。

当然，面对声像语言、网络语言的兴起，语用教学不能无动于衷。以计算机网络和多媒体为核心，多种教学媒体已被广泛开发和应用，既给语文课语用教学带来了生机和活力，大大丰富了语用教学环境和教学手段，使语用教学进入一个全新的时期，也给语用教学带来了一系列探索性问题，如在语用教学的文化渗透过程中如何面对信息技术的挑战，如何及时应用多种教学媒体的科学技术以提高语用教学水平和效益。

语文课语用教学应当顺应时代的发展，我们应当及时把握语用教学的新变化、新特点，研究人们对声像语言、网络语言的兴趣与解读方式，建构合乎声像语言、网络语言规律的语用教学新体系。在现有基础之上，我们应积极应对由多种教学媒体带来的教育思想、教学观念、教学内容、教学过程以及教学手段、教学模式、教学方法等方面的革命性变革，以把握时代的脉搏，跟上时代的发展步伐。语文课语用教学手段的现代化，已为语文课堂建构声像语言教学新体系做好了充分的物质准备。在现在的语用教学实践中，我们可利用多媒体教学的优势进行辅助教学。多媒体的强大功能，将文字、图像、声音等信息有机组合在了一起，其丰富的声像语言，充分调动了学生的多种感官，激发了学生语用学习的兴趣，同时，也拓宽了信息传递的渠道，增大了语文课堂的信息容量，提高了语用教学效率。它使一些在传统教学手段下很难表达的语用教学内容或无法观察到的现象能形象、生动、直观地显示出来，从而加深学生对问题的理解。不断变换的大屏幕、制作精美的画面、形象直观的阐述、丰富生动的信息，这一切，比起黑板上的粉笔字当然要活泼有趣得多。我们可以开展多种教学媒体综合运用的实验研究，研究这些教学媒体在语用教学中的综合运用规律，探索具有汉语文特色的多种教学媒体优化组合的教学模式，以突破语文课语用教学经验层次和传统教学方法，开拓以学生发展为本的语用教学文化渗透过程，促进语文课程改革。多媒体技术作为一种辅助教学手段，其使用应以提高语用教学质量为宗旨。语用教学的文化渗透过程，实际上是一种"情感的交流过程，是灵魂的对视过程"，机器无论如何代替不了人，图像思维模式也代替不了语言文字的思维。多媒体只能是语用教学的一种辅助手段。语文课关键是要从语用的角度，引导学生细细地品味文字的准确生动和文本丰富的文化内涵。

二、发掘课内外教材文本文化资源

不可否认，离开一篇篇具体的教材文本，语用教学就没有了凭借和依据。语文教材特别是那些文质兼美的经典教材文本，都是人类优秀文化的结晶，如果看不到它的文化内涵，不能充分挖掘它的文化意蕴，语文教材的功能和价值就无法得以充分体现。语文教材包容了古今中外种种不同的文化形态和文化层次，牵涉到丰富的文化现象，潜藏着深刻的文化实质。语文教材所承担的这种文化价值无疑是深不可测的，它的传递与学生习得的中介便是语用教学的文化渗透过程。所以语用教学文化渗透的开拓，应着眼于人的精神和人的价值，追求对学生人生的终极关怀，这实际是对学生整体发展的关怀，它给予学生的是文化底蕴、人文素质，它使学生身心健康、个性和谐发展。在以往，语文教材的基本功能和价值就是以它为范例对学生进行语文基础训练，没有被放在特定的社会文化背景之下来审视、观照。在这种情况下，学生的文化视野得不到扩大，文化修养得不到提升，学生掌握不了认识、分析同类的教材文本文化现象的方法，语文理解力、文化创造力都未能得到应有的锻炼和提高。所以，把教材文本仅仅作为一种语文训练的凭借，只看到它的知识性而忽略它的文学性、文化性，无疑是对语文教材文本资源的极大浪费。语文是一种文化的构成，语言与文字，情节与细节，匠心与技巧，风格与精神，无不透出语文的文化意蕴。语用教学应站在"文化"的基点上，既要进行语用基础训练，培养学生运用语言文字的能力，又要把文学、艺术、生活等融合为一体，汲取人类文化营养，使学生获得语用素养和文化底蕴。

（一）发掘课内文本文化意蕴，反对教学功利化

功利化的语文教学，在很大程度上是围着语文应试转的——应试对

教师和学生来说是一个首要的任务，学生似乎没有时间与耐心去捧读什么经典名著，写作也往往更精于写作技巧的钻研和布局谋篇，明显缺少了文化的意味和底蕴。在这种情况下，语文教学成了一种应试教育，功利化教学完全抹杀了语文教学的文化渗透过程，对教材文本的处理无非是作为语文训练的例子。一切语文教学活动的着眼点完全放在如何应付各类语文考试上，并以纯技术性和操作性的语文训练作为语文教学的目的指向。考什么就教什么，可能考的就教，不可能考的就不教。学生在这样的语文训练过程中，便以碎片代替整体，以肤浅代替深刻，精神世界相对贫乏，人文素养相对低浅，人格操守相对脆弱。

苏联著名教育家苏霍姆林斯基曾尖锐地指出："不要让上课、评分成为人的精神生活的唯一的吞没一切的领域。如果一个人只是在分数上表现自己，那么就可以毫不夸张地说，他等于根本没有表现自己。而我们的教育者，在人的这种片面的情况下，就根本算不得是教育者——我们只看到一片花瓣，而没有看到整个花朵。"[1]仅看到花瓣，而没有看到整个花朵，那么花瓣再美丽，也是不完整的。我们要改变这种现象就要彻底抛弃教育商品化的思想，转变语文教学终极价值观，用文化渗透的眼光挖掘教材文本的文化资源，加深学生对教材内容的认识与理解，使语文与人文化内质同构的特点得到应有的体现。

语用教学是教师和学生进行沟通的文化渗透过程。教者和学者作为拥有不同知识文化和沟通文化的两代人，在沟通与沟通关系中进行心灵碰撞，从而产生发现世界、发现自我、相互发现的契机。在语文课堂教学情境中，教师巧妙激发学生的兴趣，吸引学生的注意，让学生产生接受的需要和欲望，学生学习才会有内驱力。教师通过精到的智力操作、技术手段、方法策略，让学生接受文化的熏陶与培育，享受到"语言与思维""精神与思想"的智慧与意义。同时要让学生学会透过文字表层对其文化内涵做深入的挖掘，以从更深层次上去解读教材文本的文化内蕴。在这个过程中，教师要结合教材文本构成的特点引导学生去鉴赏、感悟和把握教材文本文化意义，使他们在文本的鉴赏中潜移默化地受到文化

---

[1]曹明海.语文教育智慧论［M］.青岛：青岛海洋大学出版社，2001：216.

的感染和熏陶。需要指出的是，在这种文化渗透过程中，教师和学生应注意形成一种良性互动。"互动"意味着"互为主体"，作为平等的对话伙伴相互尊重，在一种和谐友好的关系中消除误解，共同探讨语用学习的问题。如果以教师的权威代替学生的自主选择，把语用学习变成硬性灌输的过程，必然挫伤学生的自主性。良性的语用教学互动，需要师生自觉的参与和情感的交流，需要深入开展语用教学对话活动，引导学生与老师对话、与同学对话、与文本对话、与心灵对话、与生活对话，在语用教学对话的互动中孕育心灵的惊喜与激动，获得情感的陶冶与建构。同时，通过相互的语言咀嚼、细节体味、技巧鉴赏，发现语文的美，发现文化的美，发现人生的美。只有通过对教材文本文化资源的深入发掘，才能真正开拓语用教学的文化渗透过程。

（二）利用课外文本文化资源，反对教学单一化

语用学习过程是文化传播、继承和创新的过程，是疏通文化活流、创构文化意蕴的过程。所以，语用教学应本着"课内得法，课外受益"的原则，以课堂为主阵地，同时向课外延伸。生活积累是语用学习的基础，语用学习又是认识生活、参与生活、改造生活的手段。我们要通过对教材的引申和拓展，引导学生走入更广阔的语用天地，到社会和生活中去吸取精华的思想和文化的精神，即语用教学的文化渗透过程要充分利用好课内、课外两种文化资源。

充分开发课外文化资源，拓展学生语用学习的空间，这是基础教育课程改革和语文课程标准所倡导的一种教学理念。语用教学的文化渗透过程，也必然要求语用教学不能仅限于教材中的几篇课文，而要利用各种课外文本文化资源，联系生活与社会，以建构开放而有活力的语文课程。有文化营养的课外读物可以开阔学生的文化视野，拓展学生的文化情怀，增加文化积累。这就是说，课外文本的文化内蕴可以吸引和感染学生，营造浓郁的人文教育气氛。课外文本材料除了纯语言经典，还应有声像文化和多种媒体通过多种手段组合的近似于网络的"超文本"。它们通俗明白、生动传神，能满足人的认识活动的简单倾向和好奇倾向，具有丰富的多样性和巨大的张力，有利于建构一种全新的语用学习模式，开拓语用教学的文化渗透过程。当建立在自然科学技术基础上的声像媒体等

介入语文之后，语用教学便由今天的学科课程变成一定意义上的文化综合课程，而且这种综合性具有更广的综合意义。过去把语文作为综合性课程，仅仅是一种内容上的综合——语言、政治、哲学、道德的综合，而现在语文的这种综合除了内容上的跨学科综合，还有形式上的综合、思维上的综合，并从形式上的综合进而实现学科的类的大跨越。比如：艺术和技术、文化和科学、语言表达思维和技术操作思维……网络的虚拟性打破了文化和生活的界限，营造出一个生活与文化交融乃至统一的大文化世界。互联网上丰富的信息拓宽了语文阅读教学的天地，有利于真正实现学生的自主阅读。

除此之外，学生还可通过网上沟通，交流语用学习的心得体会，将自己在网络中搜集整理好的文字图片资料进行共享，这也是"语用对话学习"的一种很好的体现。这种语用对话学习消除了传统教学中教师"一言堂"的灌输弊端，既能满足学生语用学习的需求，又能激发学生语用学习的兴趣。学生通过网络信息资源，看到了丰富多彩的社会、生活、自然的文化内容，在趣味盎然的广泛涉猎中受到文化的熏陶。有人说，网络是一个神奇的世界，它以快捷的速度和无所不容的信息量征服了21世纪的现代社会。语文教学和信息技术的整合，也使语用文化的内蕴融注于信息技术之中，将传统的语文学习过程建构为一种新的多媒体超文本的语用文化学习过程，为学生提供了一个动手实践、亲身体验的文化创造过程，有利于提高学生的文化素养和品位。文化不仅是一个名词，负载着人类迄今为止的所有精神，它还是一个动词，需要现代人发扬主体精神主动选择、优化内化，并自主创造。因此，语用教学的文化渗透过程，不仅要对文化的精华部分继承发扬，还要培养学生的文化识别力和创造力，使之成为一种接受文化、感受文化、塑造个体文化性格的过程。

三、激发学生语用的文化审美需求

语用教学过程的文化渗透，可以说是最有生气、最富情趣的活动，它能充分激发学生的求知欲，唤起学生语用的文化审美需求，引发学生浓厚的语用学习兴趣。人本主义心理学家马斯洛把审美看成是人的高级精神需要之一，认为"审美是一种高级需要，美在自我实现者身上得到最充分的体现"。所以语用教学过程的文化渗透，要引导学生用文化审美的眼光看待语文，用美学、历史的观点去审视文化，以提高学生对文化精华与文化糟粕的辨识能力。

语用教学中往往忽视语文的审美功能，将语用学习的过程简单地视为对字、词、句进行训练的过程，注重的是语言结构、语法规则，侧重于语文基本技能训练，摒弃了教材文本的文化资源，淡化了语用学习过程的文化特性。这样不仅没有培养出热情活泼、喜好语文、充满幻想和人情味的学生，反而压抑了学生纯真的情感与想象，束缚了他们天真烂漫的精神生命。学生缺乏文化底蕴、感情苍白、性情浮躁，这样的语用学习根本不能满足学生的审美心理发展需要。

事实上，语文的世界是审美的世界，语文本体就是一种美学的构成，语文本身存有许多审美因素。语用教学的文化渗透过程，其实就是审美的过程。这个过程能够培养学生的健康的美感、纯美的情感和完善的人格，可以贴近学生的心灵世界与情感世界。在阅读学习的过程中，学生通过阅读体验，向往美好的情境，关心自然、生活和命运，追求美好的人生理想，从中获得对自然、社会、人生的有益启示，这一文化渗透的过程就是审美的过程。教学诗歌，是"对人类灵魂与命运的一种探讨或者诠释"；教学散文，是"对语言所浸润的情感的体悟"。学生同文本真真切切地畅谈，获得的是青春激情的勃发和对生命的感悟，语用教学文化渗透过程的人文教化效果是理性分析无法望其项背的。人文熏陶传递出的"相看两不厌"的效应最具有打动人心的力量，这是语用教学文化渗透过程得天独厚的魅力。因此，我们要以审美的眼光审视语用教学，充分挖掘文本中深厚的文化内涵，要遵循"披文以入情"的途径，引导学生走进教材文本的感情世界，让其灵魂沉浮于字里行间，让其心灵浸染着墨韵书香，使其养成含英咀华、品情尝趣的好习惯。同时通过体验，进行必需的语用实践活动，以不断提高学生的语用能力和语用素养。

（一）体会文本美学意境

"文章不是无情物"，教材文质兼美的文本，很能唤起学生的语用审美体验和审美情感。情感对人的认识和逻辑思维有一定的调节作用，情感与知识的双向交流是紧密联系在一起的。语用教学文化渗透过程的情感因素十分突出，应做到披文入情，使学生顿感"无边光景一时新"，从而产生一种愉悦，一种共鸣。教师在语用教学实践中，要借助各种媒体作为语用审美情感的触发点，引导学生进行语用的审美感受和审美体验。在语用的审美鉴赏中，客体（课文）是依赖主体（学生）才成为审美对象的，没有主体的能动的审美、良好的审美态度和审美心境，客体就失去了应有的审美价值。在语用教学的文化渗透过程中，我们一定要唤起学生的审美心理，根据美感特征，激发学生兴趣。只有在学生的兴趣和激情被充分调动以后，语文课堂上"目之所及、耳之所闻"的一切才能对学生的心灵有所影响，他们才会同样充满激情地投入其中，才会体会到文本中的美学意境。在这个过程中，学生应真正潜下心，读进去，品出味，教师决不可越俎代庖。

第一，采用创设情境、指导朗读、品析语言、配乐朗诵等方法进行语用审美教学，创造性地展现教材文本的艺术形象和艺术境界。如教学风景散文时，可用一段悠扬舒缓的音乐将文本中令人赏心悦目的画面呈现在学生眼前，并把学生带入画面之中，激发他们强烈的求知欲。也可以利用文本的美学因素挖掘教学内容本身的内在美，运用教学形式艺术化的外在美来促进学生素质的发展，把理性内容与感性形式、抽象概念与鲜活形象有机统一起来，把感知学习与动情的美感体验结合起来，强化学生语用的感知美、发现美、创造美的能力，建构学生完善的审美心理结构。

第二，创设与文本基调相一致的审美情境，酝酿出一种与语用教学内容相关的审美情绪，奠定感情基调，通过动情的体验，让学生迅速进入角色，使学生的情感与文本的情感积极交融，产生强烈的情感反应。学生置身于这种特定的审美情境中，就会带着一种对"美"的憧憬和急于领略美景的审美期待进入文本的情感世界。这个时候，教师要善于点燃学生的感情火花，增强其语用审美的内驱力与激动强度，使学生与文本所表达的外显的或潜在的字里行间的感情发生共鸣。这种情感的共鸣，可以转化为学生自觉审美的催化剂，使学生产生新的审美追求，主动去寻美访胜，采撷珠宝，从而深潜到文本所构筑的内部世界，领悟文本语用所营造的美学意境。

（二）品析文字美学内涵

我们的汉文字经过几千年锤炼，已经积淀了丰厚的文化意蕴，它是灵动的、感悟的、包含人性美的。从那些洋溢着诗情画意的优美文本，学生不仅可以体会文中情景交融的意境，体味文本的意境美，还可以使自己的审美联想和想象能力得到拓展。品析文本语用极富艺术表现力的词语，如长河、巨瀑、清溪，活力溢满，生机充沛，与大自然万籁同心同形，活泼、明慧而有生气，学生可以悟出文本深层意蕴所包含的艺术美、哲理美和情感美。"词以一字为工"，优秀的篇章遣词造句用心深郁而得天趣，跌宕起伏，断续逶迤，极富天籁自然之势。优秀的古文更是这方面的代表，其句式灵动富有弹性，措辞简洁妥帖，如生命力旺盛的浩浩活水，璀璨瑰丽。学生可从基础开始，做坚实的传统、现代双向良性建构，通过对精彩词语、句段的赏析、揣摩，体味祖国语言的丰富内涵和无穷魅力，从而改善自身粗糙稚拙的语言现象。

语文的世界是情感、审美的世界。从文化的角度看语用教学的过程，它是一种传递文化、体悟文化蕴含的过程，是陶冶人性，建构人格，促进生命成长的过程。当然，我们并不是忽视语用教学过程中知识的获得，因为文化是孕于知识之中的。这两者的关系类似于一张纸的正反两面，是两面一体的融注同构，无法分离。只有在这个层面上才能真正地把握语用的特殊性。这是对所谓语用的一种深层次的理解，人之为人，就在于他能妙化语用。语用是人的存在与生活的一种方式，因此，随着语用的不断改进，人的存在方式也在不断改进，在这个意义上，语用是和人的文化世界、精神境界连在一起的。把语用作为人的存在方式——"语言乃存在之屋"的意义上来认识，那么，语用教学过程的文化渗透开拓就会深化和提升。所以，语用理念是语言和文化融注的共同体。那种把语用与文化看作分属两端的各一极，二者是不可焊接在一起的"两极论"是偏颇的，对于深度理解语用毫无裨益。实际上，当我们试图去把握文本的语用形式的时候，语用内容不是外在的，而是内化在形式之中的。同样，只有与知识获得紧密联系，文化传承这个问题才是有意义的。如果我们走向另一个极端，即忽略语文课的"语用"而只注重"文化"，结果是"文化"也会失掉其"渗透"的有效实现。我们要做的是通过听、说、读、写的语用过程来挖掘教材文本中所承载的文化内蕴，达成文化的渗透和传递，并由此去创造文化。也就是说，语用教学是一个与文化对话并丰富文化的过程。如没有语用教学的文化渗透，语用活动就会失去价值取向，而在语用学习效益差的低层次教学平面上运转。

　　语文课程的语用教学，与学生语用能力的培养和人文素养的提升是息息相关的。语文课语用过程的文化渗透，重在在语用中培养学生的文化个性和品格，提高学生的语用素养和文化素质，促进学生的完整性建构和全面发展。其他学科的学习虽然都被纳入学生的全面发展的素质教育，但都不会像语文学科教学这么直接。"语言是思想的直接现实"，语用是人们表情达意的最基础、最普遍的重要方式。它从文化的层面、心灵情感的层面开始，再回到学生精神情感中去，语用学习应该是与内心情感丰富的智者的对话，是模仿和崇尚美的品质，贬损和谴责肮脏的灵魂。从这一点上说，语用是文化之学、灵魂之学。人就生活在语用之中，人是语用的存在。从这个意义上说，语用是精神的，又是实际的。语文课语用教学是学生情趣盎然的精神家园，语用教学的文化渗透过程是生动活泼、丰富多彩的，是具有开放性、拓展性的。随着时代的发展，它对语文"立德树人"，发挥人文化成的教育作用将愈来愈重要。语文特级教师于漪老师说："进入语文织就的'宝藏'，能开阔视野，提升精神，净化感情，增添智慧，认识社会，品尝人生，其中快乐，难以言表。"学生可以在辉煌灿烂的民族文化中滋养自己的精神世界，巩固人生的根基，而不至于在现代大众文化的狂潮面前茫然失措、迷失自我。

第四节 语用过程的文化渗透设计

我们之前提出过的语文教育"语言文化说"的观点，认为语文是文化的构成。但是这一观点却被人以"它模糊了语文学科的特点，泛化了语文课程的人文性，使语文教学悬空，无法落实到教学实践中去"[1]的理由而予以否定。出现这样的论争的根本原因是将文化视为语文教育的一个方面，文化在他们眼中是既成的、静态的，而非动态的、发展的，它没有从语文本体构成的文化特质及人的文化生命观的角度来理解语文教育。我们所提出的"语文是文化的构成"这一基本命题，旨在打破语文教育只是"知识获得的过程"的理论，倡导语文课程的文化建构观，建立以人的发展和完整性建构为主体的理论新结构。它不仅有助于我们从理论上重新认识语文教育，而且有助于我们从实践上开拓语用教学的文化渗透过程，以促进语用教学改革的深化，加快语用素养教育的进程。下面，我们主要从语用观念、课程设计、教学过程、语用策略等方面做一些必要的探讨。

一、树立语用文化渗透过程观

随着对语文教育的反思与实践，人们的语文教育观念已经有了深刻的变革，认识到语文教育的根本是培养语用能力和人文素养，促进人的完整性发展，语文教学应以人为本，注重人文关怀。但是，具体到现实的语用教学实践，仍然没有什么实质性的进展。究其原因，还是人们语用教学观念的问题，即人们虽然认识到语用教学要实现语用素养和人的全面发展，但究竟怎样理解语用素养，怎样实现人的发展，人们的认识模糊，不得要领。因此，所进行的教学改革和实验也大多只是停留在操作的、模式的、策略的或技术的外在层面，鲜有实效。要彻底改变这种状况，还需要从根本上调整和改进对语文教学及其因素的认识，注重语用教学的文化渗透和对人的关怀。

---

[1] 席星荃. 语文教学三思 [J]. 语文教学与研究，2000（9）.

第一，转变对语用的认识。以往，一般将语用教学仅仅看成是一个传授知识、培养技能的过程；现在，将语用教学视为一个文化渗透过程。语用教学作为文化渗透过程，就是把语用教学看成是人的一种语用文化活动和行为，是人有意识地在专门的语用文化传递中对文化内容的选择和接受，对文化价值的体验和判断，对文化精神的理解和阐释。在这样的语用教学文化渗透过程中实现了文化传递、保存和发展；而人则获得了有价值的文化知识，丰富了自身的文化情感体验，完善了自身的文化价值观念，文化创造的能力也得到了培养，自己逐渐从蒙昧的"自然的人"转变成为具有自觉的文化意识、完备的文化行为能力和健全的人格的"文化的人"。这一过程，实际上与人在自由自觉的实践活动中创造文化和自身的过程是统一的，语用教学因而与人的文化生命活动实现了同构，成为人的文化生命活动的一部分，成为人的一种生活方式。我们以往的一个权威观点"教育是一个特殊的认识过程"，实际上是将认识活动从整个生命活动中生硬地剥离出来，这不仅不能实现人的完整性建构，而且由于忽视了人的需要和潜力，它甚至连基本的认识目标也难以达到。因此，对语用教学的理解必须从文化生命活动的高度进行观照。

人的生命活动进行于生活之中，"语文的外延与生活的外延相等"，语用的文化渗透过程观认为，语用过程是人的一种生活方式，从本质上将语文与生活联系在一起，有助于我们从根本上认识和树立语用教学观。要真正提高语用教学的效率，全面发挥其完整的育人功能，不能局限于书本和课堂，还必须放眼学生的整个生活，树立语用教学观。首先，学生的生命是完整的，它体现在生活的方方面面，要全面促进学生发展，必须着眼于生活；其次，语用教学的内容涉及生活的方方面面，如果只将其抽取为课堂教学中简单的知识目标，忽视语用与生活之间的血肉联系，那实际上是对语用教学丰富的生活蕴含和文化价值的阉割。所以，要真正贯彻语用教学是一个文化渗透过程的理念，促进学生生命的总体生成，不仅要注重语用课堂教学，还必须从生活着眼，实施语用生活教育。

第二，转变对人的认识。语用教学是一种文化生命活动，要求将语用的人看成是一个个有生命活力的文化主体。中国文艺学理论泰斗童庆炳先生在《语文教学与人的建设》中谈到："我认为语文教学的'元问题'

是我们要建设什么样的人的问题，是通过语文教学使学生对自身的本质真正占有的问题。"[1]什么是人的本质？人的本质是一种生命存在，是一种文化存在，生命的本质是自由地生长和发展。教育是人作为自由的主体，向着自身的完整性生成所进行的一种自觉、主动的自我发展行为。但是，在我们的传统教学中，强调"唯书"的知识权威和"唯师"的师道尊严，已经成为惰性极强、根深蒂固的思维定式和行为习惯。这种教学观直接导致了学生主体性的丧失，学生被看成只是接受知识的"容器"和被灌输道德的"美德袋"，只是接受机械训练的木偶，在语用学习中处于被动的地位，毫无主体性可言。即使偶尔要求学生发挥积极性、主动性，那对学生而言也只是一种意志上的强迫。不仅学生，即使是看上去拥有权威的教师，其实也只是生硬的知识的代表。在应试教育的挤压下，在日复一日的照本宣科中，由于缺乏富有个人生命激情的创造，教师的生命活力也逐渐萎缩。在这种情况下，语用的教和学都只是外在于人的一种负担，而不是内源于人的一种生命需要，这实际上是对生命的一种贱视，是对人的异化。语用教学文化渗透过程观促使我们认识到：语用教学过程中的教师和学生都是进行生命活动的文化主体，语用是他们生命中有意义的构成部分，"无论是教师还是学生都是以整体的生命，而不是生命的某一方面投入到各种教学活动中去"[2]。对教师而言，需要认识到语用教学不只是一种谋生的手段，而是以自己的知识经验和情感体验在自己和学生之间进行一种创造性的交流和对话，教师对语用教学内容的理解与解释，对语用教学方式的选择和使用，对语用教学过程的引导和调控都无不渗透着个人的色彩。语用的过程就是教师生命生长的过程，语用的质量和效果都直接影响着教师语用水平的提高、情感态度的定位和生命价值的体现。对学生而言，语用教学不只是为了获得知识、经验和技能，更重要的是要认识到语用学习是自己生命活动的一部分，自己是这一文化活动的主体。语用学习就是按照自己的意愿，自由地对语用所呈现的文化内容进行选择、判断、吸收和创造的过程，是"成为自己"的生命成长过程，是自己对生命意义的根本性理解，对自己的自主性、能动性

［1］童庆炳.语文教学与人的建设［J］.课程·教材·教法，1999（5）.
［2］叶澜.让课堂焕发出生命活力［J］.教育研究，1997（9）.

和创造性的发挥，直接影响着生命的价值。

师生都是语用过程中独立自主的文化主体，保证了语用教学中的师生关系是平等的对话交流关系。"人的自由是指人不受制于另一个人或另一些人因专断意志而产生的强制状态。"但在以往教学中，人总体来说还是处于一种控制与被控的关系中，考试指挥着人，教师控制着学生，所谓的自由民主只能是空中楼阁。实际上，在作为生命主体的自由自主的语用过程的文化渗透活动中，教师的活动和学生的活动虽然在语用内容上不尽相同，但是在生命价值上是等量齐观的。只有转变对语用教学中"人"的认识，教师和学生才能以主体的角色进行语用的文化渗透活动，进行师生间的平等的交流对话，语用教学作为一个文化渗透过程才能实现。

二、注重课程设计的文化渗透

"课程是由一定的育人目标、学习内容及学习活动方式组成的用以指导学校育人的标准和学生认识世界、了解自己、提高自己的媒体。"[1]从文化的角度看，"课程是一种文化活动，是一种创造发展的人的文化活动，是一种对文化的选择、传递、创造与反思的文化活动，是根据文化有价值的内容进行的文化活动"，"其目的在于唤醒个人的意志，并使个体具有创造新文化的勇气和信念"[2]。更具体地说，课程实际上就是在一定价值标准的指引下所进行的一种文化选择。在语用教学是文化渗透过程的语用观念的指导下，语文的课程设计应该始终坚持文化的渗透。

首先，课程设计的目标和原则要坚持文化本位，立足于学生发展。语用文化渗透过程观主张语用教学旨在通过文化渗透活动来促进学生的完整性发展，所以，课程设计目标既应考虑社会意义，要能够实现文化渗透的传递和发展，又要重视个体生存发展的价值，能满足学生的各种文化需要，促进学生生命的整体性生成。因此，课程设计应遵循以下原则：（1）应以优秀传统文化遗产为基础，同时又体现出对现代社会生活

［1］廖哲勋.课程发展与育人为本的课程设计观［J］.课程·教材·教法，1999（5）.
［2］于洪卿.论课程的文化内涵［J］.教育评论，1997（1）.

和对未来时代发展的关注。目的不是要让学生沉湎于历史文化遗迹中不能自拔，而是要贯通历史、现在与未来，实现文化传统在人身上的"活化"和发展。（2）应该立足现实、面向未来，应该着眼于人的语用能力和文化素养的长远发展。（3）课程的文化知识内容的编排应该合理有序，既考虑到文化知识原有的结构体系，又要兼顾学生的文化接受水平；既能反映客观的知识经验，又能将人类进行文化创造时相伴而生的过程性体验融入其中，使学生不仅能够掌握知识技能，而且能感悟和体验到文化创造中实践主体的思想情感和价值观念。

其次，在课程内容的选择上，要选择对学生最有价值的文化内容。何为最有价值的文化内容？那就是最有利于学生发展的文化内容，它在一定的课程体系中主要以知识经验的形态来呈现，知识的价值主要体现为知识价值、迁移价值和情意价值。

知识价值反映在知识结构和认知过程两方面。就知识结构而言，它包括"量"和"质"两个层次：一是课程所选择的知识要满足"量"的积累，要全面而精要；二是课程所呈现的知识要能够实现"质"的提升。要注意所给知识的基础性和层次性的辩证比例，知识与知识间应有必要的逻辑联系，能够形成系统的知识网络，能够完整和优化学生的知识结构。就认知过程而言，所给的知识应该不仅能使学生获得结论性的知识结果，而且还能调动学生的动机、兴趣、注意、联想、想象等各种心理机能，锻炼学生的思维能力，提高学生的认知水平。

迁移价值，也叫应用价值，是指学生学过课程所给的知识后，不但能很快掌握，而且还能举一反三，很快地迁移运用到自己的实践活动中。例如，课程设计中给出关于应用文的知识，不仅要让学生了解什么是应用文，而且还要能够贴近学生生活，能对学生具体写作应用文具有指导价值，以便于学生很快地学会自己写。叶圣陶先生的"教材只是个例子"也正是此意。

情意价值，对语用教学来说尤其重要。强调语用的文化渗透过程，就是为了强调语文课程内容的选择应该突出情意性、文化性、培育性的特点，不仅应该向学生展示课程设计中的丰富的情意内容，还应展现生动的情意过程，让学生在生成性的情意过程中体察涵泳，产生共振，加深对情感的理解，加强意志的历练。特别需要强调的一点是情意价值中的审美价值——审美是人精神发展的最高境界，课程内容的选择必须在唤醒学生审美感觉、提升学生审美趣味、培养学生审美价值观等方面多下工夫。

结合语用的文化渗透特性，课程内容的具体选择应在社会主导价值观的指导下，从以下几个方面着手：（1）语言文化，即语言所蕴含的本体文化，包括汉字、汉语、修辞、文体、文学等方面所构成和体现的文化。（2）民族传统文化，即反映着民族文化传统，承载着民族文化精神，流传至今，并仍具有强大生命力的文化精华。比如，儒家以仁为本，义重于利的道德文化；道家追求自然本色，崇尚自由的精神；以及"厚德载物""自强不息"的民族文化精神等。（3）与学生生活密切相关的现代文化。现代人所处的是一个文化多元开放的信息时代，语用教学作为联系传统和现代的纽带必须与社会、时代同步。语用教学不能"两耳不闻窗外事，一心只读圣贤书"，而应密切联系生活，及时反映现代社会的文化成果，汲取现代文化的精华来满足学生敏锐的文化需要。特级教师赵谦祥在"人的发展"教学实验中，让学生与现代社会时事保持最敏捷的联系，并以此来培养他们的判断力、鉴赏力和思维水平，引发他们的社会使命感、责任感，指导他们树立正确的价值观、人生观，促进学生的全面发展。这种教学探索对课程设计具有启发意义，值得我们借鉴。（4）多元异质的文化。随着现代科技的发展，特别是网络的运用，人们之间的沟通和交流越来越便捷和频繁，人们的文化视野也日益广阔。在这种情况下，仍然只给学生一种文化的教育是既不明智，又不合时宜的。多元异质的文化对年轻一代发展的作用体现为以下两点：第一，学生在面对新颖纷繁的流行文化现象时，一方面由于思维活跃、观念开放，易于接受；另一方面，又往往因为涉世不深、经验不足，容易良莠不分，盲目追从。课程设计中多元异质的文化，有助于拓宽学生的文化视野，提高学生的文化分辨力，避免学生对流行文化盲目追从。第二，美国当代著名心理学家、精神病学家 S. 阿瑞提在《创造的秘密》一书中提出，文化手段的便利、对文化刺激的开放、注重正在生成的而不是已经存在的、接受不同的甚至对立的文化刺激等，对人的创造力的培养具有不可估量的价值和意义。创造是人主体性的最高表现，人的最终实现就体现为人的自由创造，语用教学要培养学生的创造力，就必须在课程内容的选择上让多元异质的文化占有一席之地。

最后，课程内容应以恰当的方式呈现给学生。从文化和人这两个维度出发，我们可以采取以下两个途径来呈现课程内容。

第一，以课堂教学为主阵地，挖掘语文教材的文化底蕴。语文教材的编写应注意这样几方面：（1）感性与理性相结合。我国传统的语文教材给人的印象就是白纸黑字，和一般的公文没什么区别，特别是随着年级的增高，语文课本的形式更是日趋单调。实际上，感性是语文教育的一个重要特征，感性不仅表现在内容上，也应反映在形式上，特别是与学生生活距离较远的文化内容，如果以感性的形式呈现将更利于学生学习。比如，同样是古诗《敕勒歌》，在我国的语文教材上只是几行单调的铅字，而在日本的教材上则配着一幅美丽而意境深远的"风吹草低见牛羊"的草原放牧图，图画与诗歌交相辉映，直观而意蕴无穷。显然，日本的教材更易于学生产生联想和想象，更能激发学生的情感体验，更能加深他们对诗歌的理解。因此，教材的编写应该在融合感性和理性上多花些心思。不仅如此，随着现代教育技术的发展，多媒体和网络以其传输迅速、图文声像并茂的优势给教学带来了巨大的便利，我们应该尽可能地开发利用这些便利条件，将课程内容直观、生动、亲切地呈现给学生。（2）教材内容的编排应该注意阶段性、层次性，呈现的内容和呈现的方式要与学生的心理水平和接受能力相适应。心理学研究表明，人的心理发展是分阶段的，因此，教材编排的内容和方式都应与学生的心理发展阶段相适应。比如，小学的教材要感性直观一些，反映的内容应与小学生的生活贴近；初中生的感性思维仍然是胜于理性思维的，宜于记叙文的学习；高中生理性思维渐强，论说、思辨性强的文章宜于编排在这个阶段。（3）教材内容的编排要系统化。教材的编写要有明确的逻辑主线贯穿，要符合文化知识本身的结构体系，册与册之间、单元与单元之间、课与课之间要尽可能地注意联系性和相关性。还可以尝试按专题编排文化内容，把相似、相关、相近甚至相反的内容放在一起，以便于学生对照、比较。

第二，以多样化的课程形式呈现课程内容。现代教育课程的形式是多样的，在课堂教学之外，还应该采用多种课程形式来反映课程内容。活动课程、隐性课程、研究性课程、综合课程等课程形式的恰当选用将会使语文教学的天地更宽广。以隐性课程为例，隐性课程主要开发学生周围环境中一切可利用的、有教育性的因素，通过"润物细无声"的方式对学生进行文化熏陶、文化浸润，在不知不觉中对学生产生影响，以达到教育的目的。隐性课程的内容广泛，贴近学生生活，师生关系、校园文化、班级风气、自然环境、人文景观等都属于隐性课程的范围。这些在语用教学中都大有用武之地，比如，新版人教版高中语文教材的封面以名人大家的书法作品为背景，学生一看到语文书，赫然入眼的便是那或是雄浑朴实、或是飞扬灵动的书法艺术，那淋漓尽致地挥洒透射着美的精神，张扬着文化的个性，显示着生命的张力，给学生的是"润物细无声"的文化滋养和精神陶冶。将语文课程的内容与培养良好的班风、学风，建立融洽的师生关系，开展活跃的校园文化活动等相结合，应当成为语用教学文化渗透过程的不懈探索和追求。

三、把握教学过程的文化构成

教师、学生和文本是教学过程的三要素，从语用教学的文化渗透过程来说，教师不是知识的权威，而是独立的文化渗透活动主体，教师的教学取向不是灌输知识，而是给学生敞开有价值的文本世界，与学生展开文本的对话交流；学生不是被动地接受知识的容器，而是语用自主的文化渗透主体，他的诸如对文本解读的参与、与他人的对话交流的一切语用文化渗透活动，所指向的都是"寻求理解"和"自我理解"，即建构文本又建构自我的自主活动；文本也不单纯是教师和学生之间关系的中介物，而且是能与施教者和受教者进行交流沟通的解读主体。所以语用教学过程也就是教师、学生和文本相遇、对话，并且沟通融合、多向互动的过程。

1. 教师与文本。

教师在教学过程中发挥着主导的作用，不仅负有基本知识和基本技能的教学责任，更肩负着对学生进行文化价值引导的重要使命。特别是在语文课堂上，教师作用的发挥是通过文本来实现的，教师与文本之间的双向交流和互动，从某种意义上说，是语用教学文化渗透过程的起点，也是理解文本和建构自我的终点。

语文课堂一直存有一种现象，就是教师对教材文本解读过分依赖教参，缺乏自己对文本的独到理解和真知灼见。在这种状况下，教师教得乏味，学生学得无趣，教学陷入尴尬的境地，教师和文本之间也缺乏个性化的对话交流和互动。

从语用的文化渗透过程角度来看，教学过程中教师和文本之间是相互作用、共同推进的。教师对文本的选择、处理、加工、改造都是在个人经验阅历、文化视野范围内进行的。教师文化素养的高下，文化视野的狭阔，生活阅历的多寡，思维活跃的程度和思想的深度，直接影响着对文本的选择、处理和使用。

教师要对学生进行正确引导，这决定教师对文本的选择不是随随便便地随手拿来，而是在一定价值标准下进行的。教师对民族文化的体认，对专业知识的熟悉，对学生潜能的认识，对理想个体发展的期待和个人情感好恶，在选择文本时都影响着教师的价值判断。比如，国学大师辜鸿铭先生将中国传统的价值行为标准奉为圭臬，虽然学贯中西，但西方的一些东西难以入他的法眼。他对教学文本的选择肯定是抑"西"扬"中"。

教师处理文本的过程，是教师与文本对话交流、共同建构的过程。文本是人营构的，"它们在外部形态上与主体也许完全相异，但它隐含的结构却与主体的深层结构息息相通"[1]。在内部结构上，它与主体有着同构性，可以视为一种精神主体。教师对文本的处理，不是把文本当作单纯的知识客体来进行理性分析，而是将自己融入文本中与文本进行一种对话交流。在深层结构上，这种对话实际是主体间的对话，通过对话，教师的情感和文本的情感互相呼应，教师的视界与文本的视界彼此融合，教师对文本的理解和把握深入到了本质。教师从本质上把握住了文本，在处理文本时，就不会照本宣科或硬性地肢解，而是在尊重文本的基础上，根据自己的阅历经验和感受体验，结合自己对学生的认识分析，对文本进行阐释和重组。这种阐释和重组是教师"体验—创造"的

[1] 滕守尧.审美心理描述［M］.北京：中国社会科学出版社，1987：362.

结晶，它映射出文本的意义，承载着教师的生命意识，并以适合学生需要、有利于学生发展的形式表现出来。在这一过程中，客观的文本被赋予了生命，变得充满生命的意蕴和情调。教师自身也在调动经验、投入情感、接受信息、评价判断的过程中拓宽了文化视野，丰富了情感体验，深化了思想认识。这一过程，实际上是教师和文本对话交流、互相建构的过程，在这个过程中教师和文本的生命都得到了丰富和提升。

2.学生与文本。

德国著名的哲学家、教育学家、心理学家斯普朗格认为，客观的文化只是"潜在的、死的精神内容"[1]，它并不必然地促进人的发展，只有人具备意识和对文化的体验能力时，文化才会对人产生影响。学习的过程是一个学生自主建构的过程。自主建构指"受教育者的精神世界是自主地、能动地生成、建构的，而不是外部力量模塑而成的"[2]。

语用教学的文化渗透过程，不是文本信息向学生单向输出、学生被动接受的过程，而是学生根据自己的"前理解"积极、主动地参与到文本中去，有选择地知觉文本信息，建构文本意义的过程。学生是独立自主的文化渗透活动主体，文本是某种独立的文化构成主体，二者间是一种主动的、平等的、积极的对话交流、双向建构关系。

语用教学的文本主要是教材文本，叶圣陶先生说过，教材只是个例子，要用好这个例子。语文课堂教学大多是围绕教材文本展开的，所以，在语用教学过程中处处存在着学生与文本的对话交流。以读为例，"意义并不是客观地先在于文本之中，而是读者读出来的，或者说是在读中生成的。读的过程是读者和文本相互作用的过程，是读者和文本之间的提问、回答、质疑、反驳，肯定、否定，赞许、批评，补充、延伸的过程"。在这一过程中，对话双方彼此平等，态度坦诚，视界融合，双方共同建构着一个"现在的意义"。经过这一过程，文本和学生都得到了发展和提升，已不再是原本意义上的文本和学生了。文本在向学生敞开、与学生对话的过程中获得了新生，"文化的传递事实上也是一种文化的涵化，即系统的重组，这种选择和重组既包括原有文化要素的选择和组合，同时又包括了自己

［1］崔录、李玢.现代教育思想精粹［M］.北京：光明日报出版社，1987：170.
［2］肖川.我们究竟需要什么样的教育［J］.教育参考，2000（5）.

260

的理解与判断，从而导致整个系统发生不同性质的变化"[1]。学生对文本的创造性解读和阐释，使文本意义得到了当前建构和展现。学生也在对文本的创造性建构中受到文本的激发，使自己的阅历经验得到全面的调动，自己的潜能得到最大限度的发挥，在新视界的达成中，极大地丰富了自己的知识经验，深化了自己的生命情感，实现了自主建构和个体生成。

3. 教师与学生。

作为平等的语用文化渗透主体，教师与学生也是一种"我—你"的对话关系，他们在相互的交往中产生交互作用，达到沟通和融合，在一种自然和谐的教学情境中实现生命主体的共同成长和发展。

教师是教的主体，学生是学的主体，二者都是真正意义上的"人"，他们之间是平等、理解、双向的"我—你"关系。教师一改过去的权威形象，只是与学生共存的一个主体，教师通过创造积极的师生关系，使学生获得人际关系的积极体验，使学生从中体验到平等、自由、民主、尊重、信任、友善、理解、宽容和关爱，受到激励、鞭策、鼓舞、感化、召唤、指导和建议，形成积极的、丰富的人生态度和情感体验。作为学生，他乐于接受来自教师的合理帮助和指导，但不是迷信教师的权威；尊敬老师，但不是唯师命是从。在与教师的交往中，他能坚持"吾爱吾师，吾更爱真理"的原则，以一种平等对话的方式与教师进行学业、人生等各方面的咨询和探讨，在和谐、融洽的师生关系中洞悉真理、增长学识、体验情感、感悟人生。同时，这种"我—你"的关系又是双向的，师生双方的内心世界都是向对方敞开的，彼此间能够真诚倾听、相互接纳，产生一种精神上的契合和情感上的共振。教师以自己真诚的、完整的人格面对学生，与学生坦诚地交往，给学生以真诚的帮助和指导；学生也以自己的方式影响和感染着教师。

平等交流并不意味着教师可以完全同学生一样，毫无差别。相反，语用教学的文化渗透过程对教师的要求更高。后现代主义教育学认为教师在教学中是"平等的首席"，"首席"即指出了教师的特殊性，要求教师不但要有丰富广博的学识经验和人生阅历，要能够给学生以指导，还

[1] 丁钢.文化的传递与嬗变[M].上海：上海教育出版社，1990：3.

要教学中及时恰当地处理课堂中的突发事件，了解和发现学生每一时刻的心理状态和文化需要，及时调控课堂中的各种因素，使其达到最优化，使教学向着最有利于学生发展的方向进行。特别是语文课的语用教学不是一种单方面的给予，不是一方对另一方的硬性改造和同化，而是在文本解读中保持各自独立性和差异性的互动基础上，师生共享语用知识、感知经验、解读智慧、把握文本意义和价值的过程，是一个教学相长的过程。

四、加强教学策略的文化体现

教学策略是指"教学的策略和谋划，即为实现某个教学目标而制定实施的综合性设计方案，它通过教学方法、教学模式和教学手段得以体现"[1]。教学策略是对教学的规律性把握，语用教学要实现教学的语用目标，离不开教学策略的恰当使用。语用教学的文化渗透过程要求我们必须采取有效的语用教学策略。这种教学策略的设计和运用，应该着眼于学生的文化生命活动，着意于文化的体现和生命的发展。一般说来，在具体的语用教学中可以采用以下策略。

（一）情境—体验

体验是人的一种生命活动，是人类的一种基本生存方式。人生是体验的人生，情感是体验的冲动，智慧是体验的发现，人的情感和智慧只有在体验中才能生成。体验性是语用的重要特点，没有生活体验就没有语用的生成。体验在语用教学中具有重要意义，它不仅有助于学生以感性的方式来获取知识，更有助于学生情感、意志、态度、价值观念、审美趣味等多方面素质的提高。要在语用教学文化渗透过程中真正实现学生的自主性建构，促进生命个体的总体生成，必须重视学生的体验，引导学生积极体验。语文课标一再强调，要重视学生在"语言文字运用"学习活动中的各种语用体验。

体验是在一定的情境中进行的，情境是体验的诱因。语用教学中的情境是指教师为配合教学内容，通过语言、图像、音乐等手段创设出一

---

[1] 曹明海. 语文教育智慧论 [M]. 青岛：青岛海洋大学出版社，2001：149.

定的外在环境，这一外在环境能够激发学生的某种情感，使外在环境与学生的内在情感产生对接呼应，融为一体，构成情境。情境教学具有的形具、情切、意远、理蕴的特点，能够巧妙地把学生的感知活动与情感活动结合起来，使学生在学习知识的同时获得情感体验。教学情境的创设和使用，对于激发学生的体验感受，强化学生的知识掌握，丰富学生的情感经验等作用巨大。因此，教师在语用教学文化渗透过程中应该积极采用"情境—体验"的教学策略。

一方面，教师应该营造一种良好的语用教学情境，激发学生的语用学习情绪。"教学情境是由我们的信念、态度、期望和行为折射而成的；它必然蕴含着教师的价值追求、意愿、旨趣和个体所特有的方式"[1]，是影响学生的一种重要的现实力量。教学情境也可以称为教学氛围，好的教学情境应该充满对人性的深刻理解，洋溢着浓厚的文化气氛，能够使学生感受到作为主体的人的尊严，感受到个体存在的价值，体验到求知的乐趣，体验到心灵成长的愉悦，体验到平等、民主、理解和宽容，体验到合作与和谐，能够激发学生的向学之心和创新意识，使其主动地产生探索未知之境的渴望和勇气。因此，语文教师应该从大处着眼，在深刻理解学生和教学的基础上，致力于良好的语用学风的创设，营造出有利于学生语用学习和发展的教学情境。

另一方面，教师在语用教学中可以结合具体的教学内容创设语用学习情境。形象性、情意性是语用的典型特点，而这两大特点恰恰是情境教学的重要条件。根据语用形象性和情意性的特点，教师可以通过多种途径创设语用教学情境。比如，（1）通过言语创设情境。教师可以通过或是饱含激情，或是慷慨激昂，或是温婉细腻，或是低沉深情的语言将学生带入文本特定的情境之中。以"情派"著称的于漪老师在这方面的功夫可谓出神入化、炉火纯青，堪称典型代表。（2）通过实物创设情境。教师可以通过布置教室场景、带领学生实地考察等方式创设情境。例如，学习朱自清的《春》时，教师就可以选择适当的时节和恰当的环境，让学生身临其境，物与神游。（3）通过活动创设情境。教师可以结合教学

---

［1］肖川.我们究竟需要什么样的教育［J］.教育参考，2000（5）.

内容开展各种各样的语用活动，如课本剧、朗诵会、辩论赛等，让学生在真真切切的语用活动中主动地亲身体验。（4）教师还可以利用多媒体和网络，创设声音、图像、动画一体化的多媒体情境。在语用教学过程中可用来创设情境的途径和手段很多，在此我们不一一列举。应该注意以下几点：（1）教学手段的采用不是单一的，针对具体的教学，教师可以多种手段综合使用。（2）学生之所以能进入情境，除了因为有图画、音乐、角色扮演、生动场景等形象的感染外，还有赖于老师语言、行动的及时调节和支配。教师恰当地把握火候，准确地抓住时机"以形引情"是情境创设中必不可少的。（3）创设的教学情境要有层次、有深度。应该更多地从文化的层面去创设富有诗情画意和文化底蕴的教学情境，要能够引发学生深度的情感体验。

对于学生在情境中的体验，需要注意以下几点：（1）体验必须是学生主动地体验。体验有被动和主动之分，学生是体验的主体，体验终归是学生的体验，教师不能越俎代庖，而应当准确把握、恰当引导学生主动地去感受体验，并为他们的进一步体验创造条件。（2）关注体验活动的内部效应。体验的最终目的是引起个体内部的心理情感的变化，没有内部心理的体验过程不能称为体验。这就要求教师为学生创设的情境一定要有内在价值，能引起学生积极的内部心理活动，教师要调动学生的注意、知觉、思维、情感等一系列心理功能共同参与，以保证学生的心理真正发生变化。（3）将体验定位在促进学生个性发展的高度。要求教师能以多元的视角来看待学生不同的体验，能因材施教并能尊重和接受学生的不同体验，不搞一刀切，使"雪化了，变成了春天"这样的感受得到认可和鼓励，以促进学生的个性发展。同时还要求教师能引导学生进行多样化的体验：成功、失败、友爱、竞争……凡是有益于学生语用学习和个性发展的体验都应该积极地引入到语用教学中来，让学生的语用个性从中得到完整的发展。

（二）活动—探究

活动和探究都是语文课程与教学的热点话题，二者强调的都是学生在语用学习中的主体性。活动是探究的手段，探究是活动的目的。在语用实践活动中对问题不倦地探究，是个体成长的必经之路。成长中的青少年学生如果没有对某种活动较为持久地投入和倾注，对语用学习只是局限于浅表性的形式，那么心灵的疆域就不能得以拓展，也不能生发出良好的责任意识和责任能力。

语用教学的文化渗透过程，将语用学习视为学生的一种语用的文化活动，一种生活方式，它不仅重视学生知识的获得，更重视学生对知识探究的过程性体验。活动探究并不是理科教学的专利，语文课的语用教学中同样存在着大量可做活动探究的课题，语用典故、文学现象、作家生活、人文热点等都可作为探究的素材。语用"活动—探究"教学的方式灵活多样，既可以开设专门的语用活动课程，有计划、有组织地进行探究，也可以结合所学语用内容进行专题探究，还可以将语用活动探究作为一种教学理念，应用于语文课堂教学。语用教学中采取"活动—探究"的教学策略，不仅是为了让学生主动地发现知识，有效地掌握语用技能，更是为了让学生在切身的语用活动探究中能够发挥主动精神，发掘其语用个体潜能，培养学生的语用自主意识、创新观念和能力，发展学生的整体素质，使其能够适应现代社会的要求。当然，学生的探究发现的显著特征是在教师引导下的发现。教师的作用就是在尊重学生主体性的基础上，给学生的探究活动创造条件，对其探究过程给予有效的指导、合理的调控，对其发现结果给出恰当而富有鼓励性的评价。

"活动—探究"教学的一般结构是:(1)激发探究欲望,形成问题情境;(2)展开探究活动，建立问题假设;(3)深入阅读实践，搜集探究材料;(4)交流发现结果，综合比较筛选，取得发现认同，继续深层探究。

如何具体运用语用教学策略？可以从以下几方面入手:(1)有目的地选择最有文化价值的语用教学内容和材料提供给学生。教师应该精挑细选，给学生提出最适合探究、最具激励性和挑战性的问题，以保证学生既少走弯路，又能实现自主、深入的探究和发现。(2)创设探究的问题情境。创设情境是常用的一种教学方式，将情境引入活动教学能够使学生的情感在优化的语用场景中受到激发，从而实现情意活动和认知活动的统一。探究型活动教学中的情境主要是问题情境，应向学生提供探究和发现的真实情境，激发学生的探究欲望，使其达到求其通而未通，也就是孔子所说的"愤""悱"状态，以便更好地进行探究发现。(3)鼓励多种探究方法的运用。活动教学的一个重要特征是过程与结果并重，探究活动的价值更在于学生探究的过程。殊途同归，对于同一问题可以有多种多样的解决方法，而不同的方法则体现着不同学生不同的思维方式和创造能力。传统的教学在很大程度上讲求的是求同，在探究活动教学中我们应转向求异。教师应当努力促进、多方发现、及时鼓励学生"标新立异""与众不同"的行为。即使学生的这种求异探索还存在问题，甚至是完全错误的，也不应当一棒子打死，打击学生的积极性，而是应该弄清学生产生这种想法的根源，合理地引导学生认识到问题的所在，以便其更好地从谬误走向正确，而这一过程往往更有价值，更可贵。（4）引导学生将探究深入下去。探究有两层意思：一是"探"，二是"究"。也就是说，在活动过程中，探究不能仅停留在表面的星点获得，而是要有"打破砂锅问到底"的精神，求个究竟，要将其不断深入和深化下去。教师应引导学生在形象感知的基础上，学会深层性地把握。要能抓住问题的本质、文本的真义，将感知提升到审美的层面；要将探究的结果从知识的获得扩大到兴趣意志、情感态度等各个方面。

（三）对话—交流

在语用教学的文化渗透过程中，对话交流是一种教学指向，又是一种教学策略。在具体的语用教学中如何采用"对话—交流"的策略传递文化、实现语用的文化渗透？我们认为可以从以下几方面着手。

第一，营造民主、平等的语用对话氛围。语用对话以民主、平等、理解、宽容为前提，没有民主、平等的氛围，语用对话就无法开展。因为语用对话不仅仅是狭义上言语的一问一答，而且是对话双方向对方精神的敞开和彼此接纳。在"唯师是尊"的教师权威下和"唯书是尊"的知识权威下，都不可能存在真正的对话交流和沟通合作。所以，要真正在语用教学中实现对话交流，首先必须致力于民主、平等的文化氛围的营造。教师不仅应该民主、平等地对待学生，以理解、宽容的态度对待学生对文本的理解和创造，还应该教会学生以平等的姿态与他人、与文本对话交流。

第二，展开多向的语用对话交流。语用教学中存在着多方面的对话关系，不仅包括教师与学生整体、教师与学生个体、学生与学生之间的对话，还包括学生与精神主体——文本之间的对话。教学过程中应该兼顾全体和个别，既与全体学生保持对话，又能因材施教与个别学生进行交流。教师还应以教学内容和文本为媒介，采取多种手段，积极地引导和促成学生之间、学生与文本之间多向的语用对话交流。

第三，提供语用对话的时间和空间。语文课堂普遍存在交流偏少的问题，要解决这一问题，实现多向的语用对话交流，必须从时间和空间上予以保证。教师在课堂上除了要多与学生进行交流，还应该多留一些时间给学生，让学生能够自主地阅读和思考，自由地就所学内容与同学展开讨论。从空间上，教师可以探索在课堂以外的其他各种空间开展语用对话交流活动，例如课外辩论赛、读书报告会等。

第四，达成沟通合作和互动交往。基于民主、平等的对话必然会走向沟通与合作，"沟通与合作是对话教学的生态条件"[1]；互动和交往则是在沟通、合作的基础上的进一步行为。沟通合作和互动交往可以说既是语用对话的状态、手段，也是语用对话的目的指向。任何一种不能达成沟通合作和互动交往的对话，都不能称为真正意义上的对话。教学从本质上讲就是一种交往与合作，教学中只有实现真正的对话，才能促进学生的语用。所以，语用教学中教师要及时调控，正确引导，帮助学生在语用对话中达成沟通合作和互动交往。

（四）反思—建构

孔子曰："学而不思则罔，思而不学则殆。"学和思是辩证统一、相互促进的。在现代教学中，"思"除了思考的意思外，还有一个重要意思——反思。学生的反思水平、反思程度不仅直接影响着学生的学习结果，还对学生在学习中的自主建构有重要影响。自主建构"即指受教育者的精神世界是自主地、能动地生成、建构的，而不是外部力量模塑而成的，因为任何学习都是一个积极主动的建构过程，学习者不是被动地接受外在信息，而是主动地根据先前认知结构注意和有选择性地知觉外在信息，建构当前事物的意义"[2]。在反思和建构中，一方面，个体的潜能、天赋、个性、创造力和审美水平得以显现、表征，对事物的意义形成了建构；

另一方面，在对事物意义的建构中，个体的潜能、资质和素养也得到了丰富和发展，实现了对自身的建构。因此，在教学中，运用"反思—建构"策略，让学生学会反思，在反思中查漏补缺、自我完善是搞好语用教学的重要方面。

在具体语用教学中，教师可以从以下几个层面指导学生进行"反思—建构"：（1）反思所学的语用知识内容，建构和完善语用知识结构。学生的反思首先从所学语用知识开始，引导学生在反思中查漏补缺，实现知识与语用知识的有效链接，这有助于学生知识结构的建构和完善。（2）反思学习策略，更有效地开展语用学习。教师不仅应该引导学生就语用学习内容进行反思，还应该指导学生从语用学习的策略和方法上进行反思，完善和发扬好的语用学习方法，更有效地开展语用学习。（3）反思情感体验，完善自身的情感态度。反思包括理性和感性两个层面，在对语用学习的过程性反思中，教师更应该引导学生对自己语用学习过程中产生的情感体验进行反思。教师应该指导学生既反思被学语用内容激发感情，又反思自己对语用学习本身的情感态度体验；既反思情感体验的结果，又反思情感体验的过程。其目的就是要增强学生的情感体验力和甄别力，促使学生端正语用学习态度，深化情感体验，在知、情、意各方面实现自我的发展和建构。

第六章　语用教学的享受教育开拓

　　用"享受"的眼光重新打量语文课，语文的框架、思路与模式便可不再作为思考的逻辑起点。应当去开拓和追求以新的语用思维方式与认识视角去发现语文本体与语用教学活动中尚未发现的真义，着力拓展语用教学的新思路、新秩序。发掘语文本身和语用过程的享受价值，这是语文教师应力图追求的一种更高程度、更高层次、更高境界的语用教学价值。

　　说到底，语文课程的根基是"语言文字运用"的语用活动，即和语言文字打交道，与语言文本亲密接触。学语文、用语文的过程其实就是享受语用的过程。那令人陶醉的诵读，感人的画面，奇妙的文字，美不胜收的语境，都无不是一种语用享受。所以，语用享受教育不仅是一种语文教育理念，也是语文教育的目的，它某种程度上反映了笔者对语文本体和语用教学秉持的态度。语用教学中的享受教育极大地彰显了语文本体和语用过程的享受价值，对语用教学活动也给以重新思量。语文作为一门注重"语言文字运用"的语用课程，其广阔多维的领域内含着丰富的享受教育的资源，这为语用教学中的享受教育提供了天然的厚土，决定了语用享受教育的开拓取向。

　　本章论题在语用教学的场域中谈享受教育的可能性及实施，其最大的特点就是背倚语文学科的语用本体特征，力图从语文构成的文化特性出发，阐释语言文字运用、文学文本构成以及语言文化世界的享受性资源，并在语用教学的场域内提供实用有效的实践策略。这一切努力都为语用教学的享受教育开拓正道语文的践行。

第一节 语用的享受教育取向

我们从语文课程的文化特性和语用特点出发，提出语用教学的享受教育这一概念，试图回答这样一些问题：倡导语用的享受教育，是否会使学生的语文学习性质改变？用"享受"的眼光看待语用，能否打破语文教学中存在的"伪语文"弊端？彰显语用的享受价值将会带来怎样的教学革新？这一切都有待于我们的深入探讨。

一、语用的享受教育内涵

对"享受"一词的准确定位是探究享受教育的关键。《辞源》中"享受"解释为："当之为享，得之为受。""享"古字作"亯"，献也。从高省，曰象孰（即熟）物形。"享"的本义与祭祀活动有关，古代祭祀有一套严格的礼仪制度，而祭品在其中扮演着传达人意和神意的重要角色，所以，把与自身身份相当的祭品、珍物献给祖先、神明或天子、王侯，便是"享"。依礼而享，从而得到恩惠就是"受"。由此可见，"享受"不仅是一个结果，还标示着一个过程，通过努力从而有所获得便是"享受"。《汉语大词典》中"享受"的解释更简单："享用；受用。"通过使用某些东西而得到物质或精神上的满足，这里侧重强调"用"带来的享受。

为全面地阐释"享受"一词，湖南特级教师谭青峰有一个形象的比喻：你拥有了一幢漂亮的房子，这就是"享"，就是"有"，而你好好地用这幢漂亮的房子为自己的生活服务，这就是"受"，就是"用"。所以，不要以为"拥有"了就是享受。同样以这幢漂亮的房子为例，如果你还没有搬进去，享受了吗？再如，你不好好地装修，把它弄得鸡舍都不如，是享受吗？又如，你得到了一部好书，但你没有去读，享受了吗？你即使读了，却只是走马观花，并没有被其中的妙处所感动，是享受吗？[1]基于此，笔者认为，享受是拥有和体用的统一，它不仅仅是一个心理结果，更是一个实践过程。从心理学上来看，享受是一种积极的心理现象，

---

[1] 谭青峰.享受语文［M］.北京：现代教育出版社，2008：20.

是人高度完成的状态，它伴随着自我意识的成熟，表现为正确的享受观、积极的享受体验和不断提升地享受能力。从实践的角度看，只有那些合乎真、善、美的事物、活动才能带来真正的享受。

（一）享受教育为教育学术语

享受教育作为一个教育学术语，不是对某一具体教育模式、方法乃至体系的抽象，而是对教育性质的一种规定，即追求享受教育的境界。"全部教育的关键在于选择完美的教育内容和尽可能使学生之'思'不误入歧路，而导向事物的本源。教育活动关注的是人的潜力如何最大限度地调动起来并加以实现，以及人的内部灵性与可能性如何充分生成，换言之，教育是人的灵魂的教育，而非理智知识和认识的堆积。"[1]享受教育不仅强调要选择"完美的教育内容"，使学生拥有本民族最优秀的文化，从而享受优秀文化的滋养；而且强调文化知识在学生身上生成的功效，使学生在对知识的体用中将其转化为自我生命的一部分。只有当教育成为人的自觉状态，受教育者才不但能主动地掌握知识、运用知识，而且能自觉地完善知识、创造知识，化认识为智慧、化思想为修养，教育的享受价值才会彰显。

享受教育是一个教育理想。"在现实生活中，由于主体的需要具有层次性，因而教育在满足主体不同层次的需要中表现出不同层次的教育价值。首先，作为自然的有机休，人的生存需要是最基本和最迫切的，教育在满足这一需要时表现得最为直接和外显，人们获得一定的科学文化知识，掌握一定的生产技能，便是教育生存价值的体现。其次，个人的发展是更高一级的需要，人要成为现代的文明人，必须经历自然人向社会人的转变，教育在使人的生存成为可能的同时，使社会的价值规范内化于个体的人格结构之中，并注重对人的潜能的开发与培养，这是其发展价值的体现。当人的发展达到一定程度时，便不自觉地开始追求对生活中美与善的高尚精神享受，这是人的最高层次的一种需要，是人全面自由发展实现的前提。"[2]享受教育的理念是针对教育中单纯重视教育的

---

［1］［德］雅斯贝尔斯.什么是教育［M］.邹进，译.北京：生活·读书·新知三联书店，1991：40.

［2］孙秀荣.试论教育的享受价值［J］.江苏教育，2001（7）.

认知功能，忽视教育本质，漠视教学的生命性提出来的。它的内涵在于突显了学生的主动性和教育的享受价值，使受教育不仅成为"知识获得过程"，而且成为"精神成长过程"；学生不仅可以享受知识世界的真、善、美，而且能够为自己建构一个真、善、美的世界。享受教育的过程即享受生活、享受生命的过程。

（二）语用教学中的享受教育

语用教学中的享受教育，即将享受教育的理念贯穿于语用教学，着力于语用享受教育的探究。语用教学中的享受教育是基于语文本体的一种思考，它重在探讨语文本体的享受价值及其给学生带来的语用享受。依我们对语用的理解，其本体是以"语言文字运用"为基质，包括语用构成的语言文章、语言文学、语言文化等要素，由此共同构成一个多维的空间，犹如一座稳固的金字塔，缺一不可。正是由于语用本体构成的语言文字、语言文章、语言文学、语言文化等要素相互渗透，语用教学才呈现出丰富多彩、生动鲜活的享受图景。对于语用教学中的享受教育，我们可以从以下几方面进行把握。

第一，语用教学中的享受教育，背倚语文的本体构成特质，最有力地强化语用享受魅力的是汉民族深厚的语言文化底蕴。在语用教学中实施享受教育，应从汉民族的语言文字、语言文章、语言文学、语言文化中发掘丰厚的语用享受资源。

第二，语用教学中的享受教育，不仅包括学生用积极的情绪体验获得并拥有语用知识，而且包括学生在对这些知识的体用中主动将其转化为自我的情感、态度、价值观，享受语用在自我生活中的运用，并建构起自己的语用图式。

第三，语用教学中的享受教育，是一个语用审美、语用体验的过程。语用教学中的享受体验过程融知、情、意为一体，是情感活动与思想活动的统一，是一种寻求意义、建构意义的精神活动，是一个具有审美特质的享受境界。语用享受必然伴随着物我相融的体验，使学生体验自己不曾经历的情感、醒悟与理思。作为精神财富的拥有，这无疑也是一种享受教育。

第四，语用教学中的享受教育，是合规律性与合目的性的统一。语用教学不仅具有合规律的真的属性、合目的的善的属性，而且具有合个体自由与创造精神的美的属性。真、善、美构成了语用教学中享受教育的内在张力。求真、向善、唯美是生命的天然要求，也是语用教学的应然属性。享受真、享受善、享受美是生命的真、善、美与语文真、善、美的共振、共享。

综上所述，享受教育根植于语文学科博大、浓厚的文化背景，语文世界的形象性、情感性、审美性、诗意性在生理、心理、情感、态度等方面对学生来说是一种莫大的享受。语用教学中的享受教育，就是要利用这些丰富的语用资源，培养学生正确的享受观（即高品位的心理或精神上的享受，善于合理、合法、合情地利用或创造一切资源，尤其是精神资源来避免和消除痛苦，使自己乐观豁达、精神愉悦）、享受能力（包括享受感知力——善于发现享受资源和机会的能力，享受运用的能力——充分利用享受资源使自己尽快进入享受境界的能力，享受创造力——在平凡甚至逆境中开发或创造享受资源，从而自得其乐、自娱娱人的能力）、享受体验（即在活动过程中有意识地利用享受资源并体会到享受的一种积极的情感过程），[1]使学生愉快地享受语用学习，并能用语用的眼光诗意地看待生活，保持心理上的乐观平和、情感上的丰富多彩、精神上的充足愉悦，从而获得生活质量和生命质量的提高。

二、语用的享受教育辨析

切实把握语用享受教育的本质和特性，需要从语文本体出发，对享受教育与愉快教育、审美教育及挫折教育加以辨析，以在语用教学有效实施享受教育。

（一）享受教育与愉快教育

从 20 世纪 80 年代起，上海一师附小、北京一师附小等学校就陆续推出愉快教育的改革实验。愉快教育在我国教育界，尤其是基础教育中格外引人注目，人们对愉快教育的提法也不尽相同，或称愉快教育，或提"快乐教育""和乐教育"等。愉快教育以情绪心理学为基础。研究者认为，人的一切活动都是在一定的情绪状态下发生的，学生的学习活动

---

[1] 石国兴.享受教育：心理健康教育的新课题[J].教育探索，2003（9）.

也与情绪状态密切相关，正情绪与负情绪对学习活动的影响有显著差异。"快乐的情绪使人与外界事物处于和谐的境地，使人处于超越和自由的状态，使人容易接受或接近外界的事物与人。"[1]上海一师附小的愉快教育就是利用儿童的学习是一个认识、情感、意志有机结合的心理活动这一基本规律，从情感需要、人格需要出发，强调师生以愉快为核心的各种情感的交流，强调启发教学中的情感，改革课堂教学，努力做到以情促知，以知增情，情知并茂。[2]

由此可见，倡导愉快教育，是从情感入手，采用形式多样的令受教育者乐于接受的方法，激发其学习兴趣和创造性，让他们"愉快地学习、愉快地活动、愉快地生活、愉快地成长"。这与我们所提出的语用享受教育存在着很大的差别：首先，从内涵上说，语用享受教育着重彰显语用的享受价值，强调利用语用教学资源培养学生的语用享受观、语用享受能力、语用享受体验，它涉及语用的认识、情感、思想、心灵等领域，倡导的是一种超越现实功利、指向未来的生命教育。而愉快教育更多地停留在情绪（情感）方面，其内涵远不如语用享受教育丰富。其次，语文享受教育先是作为一种教学理念，然后才是教学理念指导下的教学策略，它关涉学生的世界观、人生观、价值观。而愉快教育强调的是教育策略，更多属于教学方法论的范畴，侧重于具体的教学技巧与方法。最后，语用教学中的享受教育，根植于语文本体丰厚的汉语言民族文化资源，它在语用教学过程中追求身心与精神的高度享受，其本质在于语用的本体属性。而愉快教育则注重在教学过程中营造宽松、愉快的氛围，它强调"优化教学系统，创设愉快、合作的学习环境"[3]，是一种情境教育。

当然，语用教学中的享受教育与愉快教育也不是毫无关系。语用享受教育的实施必然要求营造和谐、愉快的教学情境，强调学生以积极的心态看待和投入语用学习，体验学习的快乐。孔子曰："知之者不如好之者，好之者不如乐之者。"（《论语·雍也》）所谓"乐知"，就是要培养学生好学、乐学的积极情感。学生以这种积极的情感投入语用学习，乐此不疲，

［1］ 向玉琴.愉快教育理论与实践的探索［M］.北京：高等教育出版社，1996：142.

［2］ 倪谷音.我和愉快教育［M］.上海：上海教育出版社，1997：55-56.

［3］ 向玉琴.愉快教育理论与实践的探索［M］.北京：高等教育出版社，1996：21-22.

无所羁绊，便能全身心浸透到语文世界的奇妙之域，享受语用带给人身体与精神的尽情滋养。所以，如果在语用教学中追求享受教育，那么愉快教育将是其中不可或缺的一道风景。

（二）享受教育与审美教育

审美教育，是美学思想在教育领域的具体应用。语文课标把塑造学生的心灵、培养学生健康高尚的审美观、重视和加强语用审美学习、训练和提高学生的审美能力作为语文课程重要的目的和任务。语用教学中审美教育的任务和作用是"按照美的规律，用美的信息去激发、引导语用教学对象——学生的审美心理和情感，培养学生符合人类崇高理想的审美意识，帮助学生获得健美的心灵和高尚的审美情趣，使他们在语用学习过程中逐步形成正确的审美观念和健康的审美品质，把握辨真伪、识善恶、分美丑的正确的审美准则，提高学生的审美素质和审美能力，以培养全面发展的人"[1]。审美教育不是一般的艺术教育，也不是一般的情感教育，而是直接与人的精神世界的根本性教养相关。所以，在语用教学中进行审美教育，教师必须按照美的规律，从审美的角度进行教学设计，处理教学内容，安排教学活动，深入发掘语文教材中的审美因素，创造审美的教学环境，从而拨动学生"美感的琴弦"，唤起学生的美感情绪，使学生获得深切的美感体验。

在语用教学中倡导享受教育与贯彻审美教育，既有差别，又存在很大的关联。首先，从范畴上说，语用审美教育作为一种美的教育，通过语文世界呈现的自然美、社会美与精神美等一切美的形态对学生进行美的陶冶，使学生达到身心的美化，所以它隶属于美学的范畴。而语文享受教育是一种语用学习心理教育，它通过对语用教学资源的正确处理，使学生在语用学习心理、情感和精神上都能体验到满足、愉悦，隶属于心理学的范畴。其次，从人的完整性建构的角度来讲，语用审美教育是一种教育手段，它"按照美的规律，用美的信息去激发、引导语文教育对象"，并"以培养全面发展的人"为目标，是为人的完整性而进行的教育。而语用享受教育则是一种语文教育目的，是语文教育的一种完成状态，

[1] 曹明海，钱加清. 语文课程与教学论［M］. 济南：山东人民出版社，2005：255.

它通过实施各种合乎个体发展规律的语用教学策略，使人由被动走向主动，由压制走向自由、自觉。同时，语用享受教育也是人的一种存在状态，它表明语用教学在受教育者身上已经达到了良好的目的和效果，语用教学的影响正在学生自主发展的轨道上延伸。

但是，审美作为一种手段，是获得语用享受的一个重要方面。由此看来，我们不能、也不可能把语用的享受教育与审美教育彻底清楚划开，在实际的语用教学中它们也总是复杂地交叉在一起的。语用教学中享受教育的本质是合规律性与合目的性的统一，是语用教学本身的真、善、美与个体生命求真、向善、唯美的共振。语用审美教育以培养学生健康、正确的审美观念、审美情感、审美准则为目标而在语用享受教育中占据着非同寻常的位置。语文本体所内含的美的因子使审美教育得以激发学生的审美情感、陶冶学生的审美情操、促进学生人文精神的成长，从而达到语用享受的美妙境界。语用教学中享受教育的不懈追求，就是要利用丰富多样的民族语言文化资源，发掘其中真、善、美的因素，通过各种合乎规律的教学方式，培养学生正确的享受观、享受能力、享受体验。这种享受观、享受能力、享受体验不仅包括对真与善的感知与体验，还包括了对美的欣赏、鉴别、判断和创造。

（三）享受教育与挫折教育

挫折教育，可谓源远流长，我国古代的文学著作中就包含有许多挫折磨难、挫折教育的思想。孟子曾指出："天将降大任于是人也，必先苦其心志，劳其筋骨，饿其体肤，空乏其身，行拂乱其所为，所以动心忍性，曾益其所不能。"（《孟子·告子下》）一个人要想真正成就一番事业，实现自己的远大目标，必须先经过挫折的磨炼和砥砺，培养坚韧的毅力和坚强的意志，增强挫折承受力。"挫折教育是新时期青少年素质教育的重要内容之一。它以陶冶人生、激励人生、磨炼人生、指导人生为目的，教育和引导广大青少年树立挫折意识，以楷模为榜样，自觉激活自身潜力，改变认知结构和行为模式，增强心理免疫力和挫折承受力，以提高对未来生活的适应性。"[1]挫折教育以心理学为基础，强调的是心理健康的教育。各个学科的许多课程中都蕴含有挫折教育的内容，语文教材所选的

---

[1] 边和平.挫折教育学［M］.北京：中国矿业大学出版社，2005：10.

文本，如小学教材中的《秋天的怀念》《圆明园的毁灭》《晏子使楚》、中学教材中的《假如给我三天光明》《不朽的失眠》《报任安书》等，都以艺术化的挫折经历、美好的文字、动人心魄的感染力启迪学生的生命，引领学生形成良好的心理品质和健康的心态。

"横看成岭侧成峰，远近高低各不同"，我们不能因为语文教材中包含了一部分挫折教育的资源而对享受教育持排斥的态度。首先，从生命的完整性建构的角度来说，语用教学从语文本体出发培养学生的享受观、享受能力、享受体验与丰富学生的人生经验，锻炼学生的耐挫力，殊途同归，都属于生命教育的一个侧面。其次，在语用教学中实行享受教育或是挫折教育，其原因在于对语文本体构成采取了不同的关注视角。享受教育以美的眼光审视语言、审视文本、审视语文世界中的文化因素，掘取语言、文本、文化世界中可资身心享受的资源，诸如语言的节奏与韵律、文本的情感与意象等，其更多地遵循美的规律。而挫折教育则是从道德完善的角度出发，它主要坚持的是善的原则，出发点是语文的思想性。

将语用教学中的享受教育与挫折教育区分开来，意义在于给大家透露这样一种信息：对语文学科的性质判断，不论是坚持工具性、语用性、思想性还是人文性，出发点必须是语文学科的本质属性。只有从语文本体出发，语文学科才能真正成为它自己，而不是沦为某一学科或领域的附庸。挫折教育作为教育学与心理学交叉的一个专门领域，它涉及的层面很广，语文学科只能成为其进行渗透性教育的一角，而不能成为全部。

三、语用的享受教育取向

语用享受教育不仅是一种教育理念，也是语用教学的目的。享受教育作为教学目的在语用教学中提出，某种意义上反映了我们对语用教学所持的一种立场和态度。在这里，对于语用教学中享受教育的取向，我们从汉语文本体构成的文化特质出发，进行三个方面的阐述。

（一）立足于引导学生形成健康、积极的语用享受学习心理

有学者认为，接受教育、感受教育、享受教育是教育存在的三重境界，它们层层递进、动态生成，表征着人受教育的三种状态、三个层次，即

由被动到主动到能动、由自发到自觉到自由、由接受到感受到享受的过程。语用享受教育的一个重要标志便是受教育者不再将对知识、语用、思想、能力的追求作为外在要求，而是将它们理解为个人生活对语用的基本需要，每日阅读、观察、交流、体验、思考和实践，就如同衣食住行一样。语用享受教育意味着人在生活中或知识面前获得了自由，意味着人的主体性达到了比较高的自觉状态。[1] 在语用教学中，讲解模式使学生一直处于接受教育的状态，形成了一种"灌"和"装"的学习心理。倡导语用享受教育的理念，就是让学生树立积极健康的语用学习心理，化被动的语用学习为主动的体认，享受语用带给人身心的愉悦、陶养。

健康的语用学习心理是语用教学中实施享受教育的关键。首先，它要求学生对语用学习活动形成积极的情绪准备。语用学习内容一旦被充予了积极的情绪，学生就会赋予语用学习享受的性质，把语用学习看作是一个促使自己不断发展、不断提高的过程，视语用学习为生命的内在追求。其次，引导学生发现语文学科的美学价值，形成健康的审美观。美给人带来的是精神的享受。享受教育在语用教学中的实施的极为重要的一个领域就是发现语文本体的审美因素。学生对语文世界中美的领悟与把握可以提升他们的人生境界，因为语文本体构成中的语言文字、文学文本、语言文化，某种意义上是对美的艺术化、情感化、心灵化，它们是人心灵的折光、浓缩与收摄。积极、健康的语用学习心理能够使享受语用的人摆脱时空的限制与羁绊，在语文的天地里自由翱翔，而他们所获得的则是精神生活的充实、理想世界的延伸、人生价值和意义的升华。

（二）培养学生正确的享受观，呵护他们的语用享受体验

语用教学中的享受教育，从根本上说，就是依凭汉语文丰富的民族文化教育资源，培养学生对享受价值的正确体认，将语文世界内部有益的价值追求移入学生的心灵和人格内部，使学生形成融合统一的价值体系。在教育与人的发展这个价值关系中，人作为价值主体，总是需要教育满足自身的价值需求，并且，教育价值的大小是以人的需要获得满足的程度为尺度的，其表现形式为教育的生存价值、发展价值、享受价值。[2]

---

［1］靖国平. 教育的三重境界［J］. 人民教育，2006（21）.

［2］王坤庆. 现代教育哲学［M］. 武汉：华中师范大学出版社，1996：167.

在这里，我们所采用的视角主要是以彰显语文本体的享受价值为出发点，培养学生正确的享受观、享受能力、享受体验。

由语文本体切入所探究的享受观，主要回答什么是语用中的享受、如何认识语用中享受的问题。汉语文视野下正确的享受观，是指利用语文世界中的资源追求高品位的心理或精神上的享受，它包括学生对语文世界中各种资源的取舍或自我创造一些精神资源来使自己乐观豁达、精神愉悦。利用语文学科培养学生的享受观，其出发点在于语文本身蕴含着浓厚的文化情意和理思，它包含着经过精心选定的汉民族文化中最有价值的部分。这些对学生来说既是认识对象、审美对象，同时，它也折射了汉民族语言的价值取向及宽厚的文化情怀、价值抉择，而这都是可资享受的不竭资源。学生在享受这些资源的过程中，不仅会获得生存的本领，而且在精神、智慧方面会受到启迪，于潜移默化中锻造自己的享受观。

在语用教学中培养学生的享受能力，就是要使学生通过自己的语用体验获得心理和精神上的语用享受感受，从而提高自己的主观享受能力。这种主观享受能力，包括善于发现语用享受资源的能力、充分利用语用享受资源的能力，以及善于开发、创造语用享受资源的能力。语文世界里处处都有享受的因子，汉字表意的丰富性、汉语语音的音乐性与韵律感、文本情感的真挚流露与意象的流动变幻等，都需要学生在语用学习活动中善于发现、正确享受。

有了正确的享受观、强大的享受能力，但缺乏"入乎其内"、忘我沉着的体验，那么，享受也不过是走马观花的肤浅了事。要想真正使学生的精神在语文天地里臻于愉悦、自由驰骋，就必须呵护学生的享受体验。美国社会心理学家马斯洛的人本主义心理学认为，人在自我实现的过程中，会产生一种叫作"高峰体验"的情感，这个时候人处于最激荡人心的时刻，是人存在的最高层、最完美、最和谐的状态。对于语用教学中的享受教育来说，这种积极、忘我的身心体验无疑在生命层次上应成为学生满足自己精神生活的存在方式。

（三）践行语用享受教育，催生学生的语用享受学习方式

联合国教科文组织发布的《学会生存——教育世界的今天和明天》报告中指出，人的生存"是一个无止境的完善过程和学习过程。人和其他生物的不同点主要就是由于他的未完成性"。"想一劳永逸地培养一定规格的青年，这是不可能的了……教育正在日益向着包括整个社会和个人终身的方向发展"[1]。终身教育正在成为一种教育思潮影响着每一个人，我们的社会也正朝着学习化社会迈进。语用教学就是要培养学生终身阅读的能力、提升学生的文化素养，使其一生都能摆脱世俗杂务的束缚，诗意地栖居在自己的语文天地里。这里的"语文"不仅指教育选择下特定的语言天地，还指自我选择下个性化的文学天地、文化天地。因此，革新语用教学方式、学习方式，使学生在经历享受语用的同时，享受其中助益人生的各种营养，建构自己的语文家园将成为践行语用享受教育亟待解决的一个问题。

把语用享受教育视为学生的一种语用学习方式，就要摒弃那种权威的、强制性的授教方式，倡导学生在与语言、文本、文化的平等对话中学习语用；摒弃那种给予式的教学方式，使学生学会探究性语用学习，在语用意义的生成中享受语用；也要摒弃各种条条框框对语用的限制，使学生在自由的创造与体验中享受语用。同时，要让语用享受教育成为学生的一种生活方式，即让语用融入学生的生命，使学生学会用语用的眼光看生活：失落时，告诉自己"山重水复疑无路，柳暗花明又一村"；懈怠时，提醒自己"黑发不知勤学早，白首方悔读书迟"；踌躇满志时，"长风破浪会有时，直挂云帆济沧海"；骄傲得意时，"欲穷千里目，更上一层楼"。在终身教育的理念下，我们的一生会接触更多领域的知识，但语用会给学生的生命打上一层底色。用语用的诗意享受生活、描述生活，学生即使以后走出课堂、走出书斋，生命也不会单调、乏味，这应该就是语用享受教育在学生身上留下的余韵。

---

[1] 联合国教科文组织国际教育发展委员会. 学会生存—— 教育世界的今天和明天 [M]. 北京：教育科学出版社，1996：196-200.

第二节　语用的享受教育特征

　　语用享受教育，彰显了语文本体构成的文化特质。语文世界中不乏形象生动的文字，也充盈着绵长怡人的情感，学习语用的过程是学生身心、情感、思想充分投入的一个审美过程、体验过程，语用享受教育就要通过这种悦耳悦目、怡情怡性的语用学习和运用的过程，陶养学生的情感心灵，提高学生的语用能力，使语文的语用性不再脆弱。这种语用享受教育的特征表现为内容的形象性与情感性、过程的审美性与体验性、目的的实践性与陶冶性。

一、语用享受内容的形象性与情感性

　　语用享受教育的内容，既包括语用教学内容，也包括语文教材内容。这里界定的享受教育内容，主要是指语文教材中的大量具体形象、带有个人情感和主观色彩的内容。这些具有丰富的形象性和情感性的内容，是学生追求身心享受、精神享受的直接媒介，对学生的享受观、享受能力、享受体验必然产生熏陶感染的作用。

（一）语用享受内容的形象性

　　形象性是语文本体构成的特性，也是语用教学中享受教育的一个基本特征。不同于数学、物理用抽象的、概念推理的形式来反映客观世界，语文是以具体的、生动感人的形象来反映生活、表达情感的。语用享受教育内容的形象性，在教学中主要表现为汉语言本身的形象性和文学文本的形象性。

　　汉语言本身的形象性，主要指由汉字本身的形象特点所造就的形象化的效果。汉字是以象形为基础的表意文字，它与拼音文字比起来，更富有形象性。作家朱湘曾在一篇散文中对此做过生动的描述："那一个个正方的形状，美丽的单字，每个字的构成，都是一首诗……飙是'三条狗'的'风'，在秋高草枯的旷野上，天上是一片青，地上是一片赭；中疾的猎犬风一般快地驰过，嗅着受伤之兽在草中滴下的血腥，顺了方向追去，

听到枯草飒索地响，有如秋风卷过去一般。昏是婚的古字：在太阳下了山，对面不见人的时候，有一群人骑着马，擎着红光闪闪的火把，悄悄向一个人家走近。等着到了竹篱柴门之旁的时候，在狗吠声中，趁着门还未闭，一声喊齐拥而入，让新郎从打麦场上挟起惊呼的新娘打马而回。同来的人则抵挡着新娘的义兄，做个不打不成交的亲家。"[1]汉字的形象性使我们在读到某个汉字时便会立即在头脑中形成相应的感知表象，这种感知表象可能是模糊的，但却体现出对象的外貌形状方面的特征。美国心理学家 S.阿瑞提在《创造的秘密》一书中指出："一个词并不就是一个事物的符号，它常常还形象化地体现出所代表的事物，成为这一事物的真实图像或形象——如魏姆塞所陈，是一个言语上的图像。由于对符号形式的强调，语言就变成现实的一面更为生动的镜子。这并不是因为它提供了随它而来的意义，而是因为它再现或唤起了现实世界的形象。"[2]汉语的图像性功能能够形成相对独立的感知表象，这种感知表象补充和丰富了语义所要表达的感觉，并能与之共同创造一种极为特殊的语言形象感。在语用教学中，教师要充分挖掘汉字的形象性，开启学生汉字思维的空间，使学生享受寻象以探意的神奇体验，进而产生对语言形象感的初步把握。台湾作家余光中先生在散文《听听那冷雨》中写道："惊蛰一过，春寒加剧。先是料料峭峭，继而雨季开始，时而淋淋漓漓，时而淅淅沥沥，天潮潮地湿湿，即连在梦里，也似乎有把伞撑着。而就凭一把伞，躲过一阵潇潇的冷雨，也躲不过整个雨季。连思想也都是潮润润的。"文中大量运用了"氵"为偏旁的字，加上双声、叠韵，使文章字里行间乃至听觉上都形成了雨潇潇、水濛濛的效果。如果教师引导学生在这些字眼上细细体味，自然可获得独特的心理感受。当然，语言文字所营造的独特的形象性在一定程度上也强化了汉语语义的表现。

文学文本的形象性，是指通过语言的形象化，即运用比喻、拟人、借代、夸张等修辞手法及各种表达方式，使文本达到具体、鲜明、生动的效果。文本的形象性可以使学生感知文本描绘的艺术形象，即唤起学生丰富的

---

［１］ 朱湘.中国现代作家选集·朱湘［Ｍ］.北京：人民文学出版社，1985：187.

［２］ ［美］S.阿瑞提.创造的秘密［Ｍ］.钱岗南，译.沈阳：辽宁人民出版社，1987：205.

想象，并使学生在自己的头脑中构造出相应的艺术形象。文学文本是否具有感染力，能否在情感节奏、声律乐感、形象生动方面让学生达到享受的境界，这在很大程度上取决于文本的形象性。文本的形象性一方面体现于文本刻画的鲜明可感的形象，如《安塞腰鼓》中的一段描述：

　　骤雨一样，是急促的鼓点；旋风一样，是飞扬的流苏；乱蛙一样，是蹦跳的脚步；火花一样，是闪射的瞳仁；斗虎一样，是强健的风姿。黄土高原上，爆出一场多么壮阔、多么豪放、多么火烈的舞蹈哇——安塞腰鼓！

　　文章运用大量比喻、排比的修辞手法使抽象的鼓声形象化，使腰鼓的敲击溢满生命的活力。又如柳宗元的《江雪》，区区二十字集景物描写、气氛渲染、人物刻画、意境勾勒于一体。这种视觉形象鲜明的文本不仅可以丰富学生的视觉表象，也会给学生带来直接的感官享受。另一方面，文本的形象性也可体现于主观情感的感性形态，也就是说，文本虽然没有直接的视觉形象，但却融合、调动了学生的整个感官，使学生在心中建构文本所提示的形象。如陈子昂的《登幽州台歌》，整首诗并没有描写什么形象的事物，然而却流露出一种独特的感受，诗人在"念天地之悠悠"中悟到了什么，他为何"独怆然而涕下"，也许他自己也很难说清楚，可能只是一种只可意会不可言传的感受。但随着学生的想象、联想，跟随诗人体验独登高台、抚今追昔、百感交集、涕泪交流的情景，那种独特的心理感受自然会由模糊到清晰，宛然心间。调动学生的想象和联想在心中描绘一幅具体的、感性的画面来体会文本的寓意，这是文本形象性的另一种表现。享受教育内容的形象性不仅可以愉悦学生的耳目、心意，更有可能使学生的精神世界得到丰富，使其进入"享受"的更高层次。

（二）语用享受内容的情感性

　　语文教材中存在大量具体可感的形象，这些形象都是作家情感向外部世界的投射，它负载着作家的情绪能量，体现着人的精神世界的形式。所以，学生在享受语文世界形象性的同时，也体验着一个情感化的世界。语文世界处处焕发着情感的色彩，充盈着情感的力量。也正是由于这些合乎情理的人类情感，学生才能与文字共鸣、与文学共鸣、与文化共鸣，进而生出一种学科的认同感。语用的享受教育要充分利用语文教材的情感性，通过情感的渗透、情感的滋养来丰富学生的情怀、提升学生享受情感的能力、撼醒学生的生命活力，培养学生细腻的情感体验，使学生在各种情感的激流中获得身心与精神的高度享受。

语用的享受教育内容的情感性首先体现在汉字本身的情感性上。以线条组构的汉字连缀成中国几千年灿若星河的华美篇章，线条的延展带动思绪、情感的流动，从而使汉字的显现带有很强的情感性。汉字的表情与表意总是有机地融合在一起，特别是隶变后的汉字书写，摒弃了实物的"象"，追求充分展示心灵意念的"象"，这更为汉字平添了许多随"意"的潇洒。作为一种写意符号，汉字是人类生命体验的结果，每一个汉字都是一个饱满的情感世界。《吴越春秋》中有一则《弹歌》："断竹，续竹，飞土，逐肉。"虽然只短短八个字，却生动地再现了一场紧张有序、斗志昂扬的追猎场面，从"断""续""飞""逐"这四个动词中，我们分明可以感受到劳动迸发的动感与激情。汉字表情与表意的完美组合成就了中国灿烂的诗歌艺术，让中国的诗人为求一字之中肯而"吟安一个字，捻断数茎须"。李清照在"寻寻觅觅，冷冷清清，凄凄惨惨戚戚"中所流露的恍惚、寂寞、孤独的情态宛然纸上，其"婉妙"的意境就是通过那一组叠词淋漓尽致地表现出来的。汉字的表情性让汉民族的文化多了几分耐人寻味的情味，也给语用享受教育提供了一方足以让师生忘情求索的厚土。

语用的享受教育内容的情感性还体现于占语文教材内容一大半的文学作品的身上。文章并非无情物，文学作为一门艺术，其语言和思维都蕴藏着丰富的情感因素，激荡着强烈的情感暗流，也凝聚着人类情感的五颜六色。韩愈曾说文章是因为"不平则鸣"，即情动而后生，作家常常是因为某种内在情感冲动而激扬文字的，因此，他们笔下的情、景、人都融注着自己独特的情感体验。著名儿童文学评论家谭旭东形象地描述道："一个从小没有接受过文学作品熏陶的人的心灵是粗糙的，是坚硬的，甚至可能是冰冷的。"[1]带领学生走进文学作品的情感世界，通过对饱蘸

---

[1] 张晨.成人世界剥夺了孩子的阅读权［J］.教育文摘周报，2005（7）.

情感的语言的品味，使学生深味语文世界里那深厚的人文气息。如鲁迅先生《社戏》中月夜行舟的美景，只要你能调动起视觉、听觉、嗅觉，就一定会和迅哥儿一样"自失起来，觉得要和他弥散在含着豆麦蕴藻之香的夜气里"。"一颗心灵的叹息，能比一城的喧嚷道出更多的东西。"（雨果语）从某种意义上说，语文教材就是一个无形的"情感场"，它不仅流淌着千百年来人们对宇宙的思索、叹息，"日月之行，若出其中；星汉灿烂，若出其里"，天地宇宙，那气魄宏大、纵横开阖的情怀怎能不让人动容，而且涌动着种种人情世象，鼓荡着浓郁的人间挚情，"月有阴晴圆缺，人有悲欢离合，此事古难全。但愿人长久，千里共婵娟"，这是多么通透、悲悯的祝愿。它还显现着人们对自然的惊异，流露出对"天地大美"的感喟，"天苍苍，野茫茫，风吹草低见牛羊"，"飞流直下三千尺，疑是银河落九天"，是喟叹，是赞美，是由衷的敬畏。苏霍姆林斯基曾经说过，我一千次地确信，没有一条富有诗意的情感和美的清泉，就不能有学生全面智力的发展。享受语用就是享受那泓"富有诗意的情感和美的清泉"，让学生进入语文的情感世界，体验那种种让人心潮澎湃、绵延悠长的情感，进而享受各样的人生，享受诸种情感与自我情怀的激荡、相融。

二、语用享受过程的审美性与体验性

语用的享受教育要使学生在语文的世界里臻于无所羁绊的自由翱翔，达到身心与精神的高度享受，其过程的审美性与体验性就应该成为我们不懈追求的一个理想境界。审美是令人愉悦的精神历程，它调动了感知、想象、理解、情感等诸种因素。而体验则是生命瞬间的一种高度投入，它在刹那间骤然划开我们辗转于其中的"山重水复"，亮出一片"柳暗花明"的天地。

（一）语用享受过程的审美性

语文教材选编的课文，大都是依照美的法则创造出来的文质兼美的典范佳作，是自然、社会、艺术、语言等客观美的结晶。语用享受教育过程的审美性就是要充分利用这些美的文字，通过审美化的语用教学方式，使学生不仅能感受美、享受美给身心带来的愉悦，而且能够通过美的熏陶、感染提升自身的语用享受能力。

语用享受教育过程的审美性首先体现在师生对文本的接受过程是一个审美的精神历程。接受美学认为，任何文学文本都具有未定性，都不是自足的存在，而是一个多层面的未完成的图式结构。发掘文本的内在美点，展开丰富的想象与联想是学生对文本审美接受的一个途径。文本的内在美点即文本意义生成的关节点。抓住文本的内在美点，由语言而意象、由意象而文本的深层意蕴，学生便会逐渐进入文本的审美奥区，拓开一片洋溢着个性的审美天地。如白居易的《赋得古原草送别》，整首诗以春草起兴，把满目春色和离别情怀融为一体。其中"野火烧不尽，春风吹又生"两句诗蕴含着深刻的审美韵味，教师应带领学生由古原之草的竞生不息而联想人事的兴衰，由物及人，那么人生应有的坚忍不拔、顽强奋斗的精神，生活美好的笃定信念便在这绵延无尽、永无止息的古原草中逐渐清晰表露。抓住文本的内在美点、内在燃情点解读、升华，学生便能于语浅处窥见那种超越时空的人生精义。不同的文本暗含着不同的内在美点，诗歌跳动、连绵的意象以及优美深远的意境，散文精妙的构思与富含哲理、跃动生命气息的语言，小说跌宕的情节与言说不尽的形象等，这些美的因素在学生审美接受的视野中不仅可以"渊邃人之性情，崇高人之好尚"（鲁迅《拟播布美术意见书》），而且可以提高学生欣赏美的精神境界。

语用享受教育过程的审美性，还体现在师生在一种审美化的教学中享受语文世界的美妙。审美化的教学注重语文课堂的形象性、情感性与和谐性。美离不开形象，语文教师应"努力使儿童思维过程在生动的、形象的、表象的基础上进行"[1]。享受教育的实施，首先追求运用形象直观的教学方法，使学生达到悦耳悦目的境界，即获得如闻其声、如睹其状、如临其境的美感体验。具体来说，可以从以下两个方面来增强语文教学过程的形象性。首先，教师注重用形象化的语言来进行知识的讲解，开拓学生的形象思维。语用教学过程中教师应充分使用比喻、拟人、摹状貌等修辞手法，尽情发挥语言的形象功能，来调动学生的直觉思维，发展学生的想象力。其次，采用一切措施辅助语言教学，使静态的画面

[1] ［苏联］苏霍姆林斯基.给教师的建议（下）［M］.杜殿坤，译.北京：教育科学出版社，1981：55.

动态化、抽象的概念形象化。朱光潜说，美感起源于形象直觉。心理学研究成果表明，人通过视觉获取的信息约占大脑获取信息的85%。要想使大脑兴奋中心远离疲劳"波谷区"，必须发挥视觉捕捉形象的优势。[1]如适当运用幻灯、电影等艺术手段使抽象的教材形象化，使教学过程生动有趣，使学生从中享受艺术的熏陶感染。审美化的教学也离不开教学过程的情感性，即教师要善于利用文本中蕴含的美激发学生的审美情感，使学生通过亲身的审美体验，获得情感的满足和情操的陶冶。情感是审美感受的动力和中介，而且情感具有极强的感染性。要达到语用享受教育的理想境界，在语用教学中就要追求教师情、学生情、文本情的三情共振，使课堂形成一个强有力的"情感场"。在这样的情感场中，学生会不由自主地把情感移进文本中、情境中，从而与文本的情感、作者的情怀融为一体，进而产生共鸣效应，达到悦心悦意、动情励志的目的。

最后，审美化的教学也是一种和谐的教学，师生在和谐的氛围中把多种美的因素完美地统一起来，形成既灵活多样又活泼有序、既张弛有度又丰富多彩的课堂气氛。和谐的教学一方面体现于师生心理的协调，教者左右逢源、水到渠成，学者心情舒畅、如鱼得水；另一方面体现于整个课堂的思维流畅、气势贯通。[2]在这种形象性、情感性、和谐性相融合的教学中，学生不仅可以摆脱往日诸多规则、条律的束缚自由驰骋思维，而且在自由的心理状态下更容易进入语文的深层奥区，尽情享受语文世界散发的智慧之光。

（二）语用享受过程的体验性

在语用教学中实施享受教育，追求语用学习的过程达到愉悦身心、愉悦精神的境界，必伴随着学生对语文世界的切身体验。因为"只有体验才能将活生生的生命意义和本质穷尽，只有通过体验，人才能真切而内在地置身于自身生命之流中，并与他人的生命融合在一起"[3]。入乎其内的体验使学生与语文世界不可分割地融合在一起，学生全身心地进入文字世界、文本世界进而享受语用的意义世界。全身心投入的体验也打

［1］曹明海，钱加清.语文课程与教学论［M］.济南：山东人民出版社，2005：113.
［2］曹明海.语文教育智慧论［M］.青岛：青岛海洋大学出版社，2001：377-379.
［3］王岳川.现象学与解释学文论［M］.济南：山东教育出版社，2005：180.

破了学生与语文世界之间的隔膜，使学生在一瞬间得以窥见语用的诗意图景，并能享受到生命的瞬间超越及人生意义的瞬间生成。

语文是体验的产物。正如托尔斯泰所说："艺术起源于一个人为了要把自己体验过的情感传达给别人，于是在自己心里重新唤起这种感情，并用某种外在的标志表达出来。"[1] 相传仓颉造字，"穷天地之变，仰观奎星圆曲之势，俯察龟文鸟羽山川，指掌而创文字"。汉字是先民生命体验的结晶，它负载着先民的世界观，流露出浓郁的生命气息。一个"山"字，把山川的巍峨挺拔、连绵起伏之状尽收眼底。我们的祖先跋山涉水、筚路蓝缕，状山川之貌便是他们用身体丈量、体验山川。同样，如果没有作家文人们体验那些于他生命妙不可言的"美的瞬间"，诵传千古而余音缭绕的佳作该是怎样的面目可憎。在这个意义上，我们可以说，体验创造了一个美妙的精神世界，一个由体验连缀铺就的世界。语文是体验的产物，那些穿越时空的诗文不正静静诉说着人们远古的生息，或如"溯洄从之，道阻且长"的怅惘，或如"江畔何人初见月，江月何年初照人"的叩问。语用享受教育的过程就是让学生享受那些曾经让人们心驰神往的瞬间，体验先辈曾经体验过的生活。只有当学生面对言语对象，"以身体之，以心验之"，产生一种如醉如痴，"仿佛一瞬间跃上自我实现的高峰"的精神状态时，这样语用教学活动才称得上言语实践的体验。此时，文本所呈现的世界与学生的世界瞬间打通，学生以高度体验的方式拥有了一个别样的世界。著名诗人余光中是一个有着浓郁的怀乡情结的文学家，其《乡愁》"小时候／乡愁是一枚小小的邮票／我在这头／母亲在那头……"抒写了一种两相分离的情感折磨。日思夜想的故乡就在可望而不可即的眼前，这种近在咫尺、远在天边的沉重压迫感促使诗人将其化作了极为朴素却有相当情感穿透力和震撼力的小诗。引导学生体悟"邮票""船票""坟墓"背后的情感张力，品尝"这头"与"那头"、"外头"与"里头"那种揪心撕肺、肝肠寸断的离别之苦，学生便能在这些语短情长的寻常物上体验那深挚灼热、"剪不断，理还乱"的人生思绪。

学生在享受体验过程的同时，也享受着生成的快乐，因为体验就是

---

[1]［苏联］列夫·托尔斯泰. 艺术论［M］. 北京：人民文学出版社，1958：46.

生成，一种意义的生成。体验使学生在一瞬间超越自身的现实存在而升入意义的世界。"诗的灵魂是呈现出生活的意义，意义的给出是诗人通过体验和反思而超越自身狭窄境地的结果……正是在这个意义上，狄尔泰坚持认为，生命即体验，体验即突破自身生活的晦暗性；生活体验即一种指向意义的生活，艺术体验即一种给出意义的艺术。"[1]享受教育不仅让学生从语言、文本、文化世界中获取身心的感官享受，它更追求一种充满意义的精神享受。学生在体验中赋予意义、指向意义、寻求意义，这不仅使语文意义世界的生成成为可能，而且也使自我意义的生成成为可能。通过体验,学生享受语文世界中那些与自己生命特质相匹配的养料，并以此来丰满与重构自己的意义世界。学生在那些稍纵即逝的瞬间体验到关乎生命、关乎存在的意义，并把在语言世界中体验到的震撼、"自我实现"的快感变为自己享受观、享受能力、享受体验建构的强大动力。"生成"即正在成为、正在变成、正在发生,它标志着一种正在进行的动态过程,这个过程是永不停止的、持续不断的。

三、语用享受目标的实践性与陶冶性

语文课标在论及语文特点时指出，语文课程丰富的人文内涵对学生精神领域的影响是深广的，语文是实践性很强的课程，应着重培养学生的实践能力。实践性和陶冶性是语用享受教育在把握语文学科特点的基础上确立的目标。实践性意在说明语用教学中享受教育并非空中楼阁，而是实践中的语用享受，是学生在掌握客观规律后获得的自由感受。陶冶性是享受教育彰显语用享受价值，陶养学生性情，培养、完善学生的享受观。

（一）语用享受目标的实践性

语文是一门实践性很强的学科，其实践性不仅指语用学习的资源与实践的机会无处不在、无时不有，也指语用是重听、说、读、写诸种实践能力共同提高的一门学科。而此处，语用享受教育目标的实践性并非指一般的听、说、读、写等各种技巧的实践训练，因为在笔者看来，简

---

[1] 王岳川.现象学与解释学文论［M］.济南：山东教育出版社，2005：183.

单的听、说、读、写能力并不能给人带来身心与精神的高度愉悦与享受。本文所强调的实践性追求孔子笔下"游于艺"的自由境界，学生只有对语用学习资源达到游刃有余、灵活自如地运用，才可真正享受到文字世界、文本世界、语文文化世界的个中情趣，进而在创造性地运用中享受语用与实践融为一体的妙趣。

语用享受教育目标的实践性不仅关注一般的实践训练，更侧重于对实践的理想境界的追求。孔子在《论语·述而》中说："志于道，据于德，依于仁，游于艺。""君子在'志道''据德''依仁'之外，还'游于艺'，便是说'君子'对于与物质技能有关的一切训练要有熟练掌握……对技能的熟练掌握，是产生自由感的基础。所谓'游于艺'的'游'，正是突出了这种掌握中的自由感。这种自由感与艺术创作和其他活动中的创造性感受是直接相关的，因为这种感受就其实质说，即是合目的性与合规律性相统一的审美自由感。"[1]在语用学习中，我们强调学生的实践训练，强调通过强化听、说、读、写等综合能力来使学生的语用能力得以提升。因为只有善听的耳朵遇到会说的嘴才会有最精彩的理解，只有会写的笔遇到善读的心才会生发出最美妙的乐章。所以，要使学生在学习语用的过程中享受身心的愉悦，其听、说、读、写各种实践能力的提高是必不可少的环节。真正的倾听，耳朵倾听的同时，心灵也在倾听；真正的倾听，可以在"明月松间照，清泉石上流"中听到自然天籁的纯净，可以在"天下兴亡，匹夫有责"中听到灵魂深处地动山摇的呐喊。真正流利的说不仅能准确传神地表情达意，而且能字字珠玑地引人入胜。真正娴熟的读不仅可以"激昂处还他个激昂，委婉处还他个委婉"，还能够于语浅处读出深意，于语平处悟出波折。而真正的写不仅能状难写之情景如在目前，而且能纸短情长、留不尽之意味让人品评。纯熟的阅读、表达与写作相结合才能使学生在语文的深海中享受于"艺"中畅游的快感：在朗读中享受音调、旋律与情感和谐起伏的乐趣；在写作中享受词语兔起鹘落、思维遥接千载的快意。所以，语用享受教育目标的实践性重在一个"游"字，追求在全面把握语用特点、掌握语用实践技巧的基础上达到自由驾

---

[1] 李泽厚.美学三书［M］.天津：天津社会科学院出版社，2003：238.

驭语言、获取身心自由的境界。此时的"享受"已非简单的心理上的快感、精神上的愉悦，而是具有实践力量的人格的完成。

语用享受教育目标的实践性，还表现在对语言的创造性运用。前文已经论述语用中"享受"并非仅指对语言文化成果的享有，还包括在运用语文的过程中享受语用。这里我们强调的是语用与生活的关系，语文与人生的联系。学习语用并非要束之高阁，而是要用语文的情怀去关注生活，或曰用语文的眼光去打量生活。"天地有大美而不言"的凝练、"心远地自偏"的超脱、"岁寒，然后知松柏之后凋"的坚毅等，都浓缩了语用对生活的描述。语文为学生构筑了一个理想的世界，一个可以任精神毫无羁绊地上下、古今高飞远举的世界。但如何使我们的学生在离开课堂后，离开学校后还保持一颗细腻的语文情怀？这就要求我们在现阶段的语用学习中，注重语用与学生生活的联系，鼓励学生用语文的言辞去描述生活、表达生活，用生活这个巨大的学习资源去充实语用，使学生感到语用就是自己的生活，生活就是语用。不仅能熟练把握语用的学习规律、语用的实践技能，还能使语用走出狭隘的小境界，融入学生的生活，贯穿学生的一生，只有这样的语用享受教育才是真正具有实践性的，而且是为着实践的。

（二）语用享受目标的陶冶性

如果说实践性是语用享受教育从外部作用于学生，在客观上追求达到的一个目标，那么陶冶性则是语用享受教育影响学生心灵所期待产生的效果。在语用教学中实施享受教育，驱使学生利用语文世界中的享受资源达到悦耳悦目、悦心悦意、悦神悦志的境界。此时，做语用的享受者不只在于他从语文的世界里汲取了多少有用的知识，而且在于通过享受语用，他"拥有了一个精神世界，这个世界充满活力，对外开放，而且具有吸收一切事物的能力"[1]。语用享受教育目标的陶冶性说明，语用教学不能仅仅以追求知识与实用为目的，还应把用语文的形象性、情感性、审美性优势及它的文化因素，对学生进行情感的陶冶、人格的塑造当作不可忽略的一个重要目标。

---

[1]［德］雅斯贝尔斯.什么是教育［M］.邹进，译.北京：生活·读书·新知三联书店，1991：108.

在语用享受教育这一教学理念下，语用教学不仅表现为知识获得的过程，也表现为文化陶冶的过程。"占有知识并不等于陶冶，而是习得精神内容的代名词。这种习得尽管也算是一种知识的积累，但是，如果知识是陶冶的一个要素的话，那么已获得的思维、行动和认识的形式就会在知识中显现出来。这样的知识并非陶冶本身，单纯的知识只是达到某种目标的手段，人们可以运用这些知识，但它们对于人而言，是外在的财富。而陶冶的知识却能够改变人、帮助人成为他自己。"[1]在这个意义上，可以说陶冶是对学生精神领域的一种洗礼与完善。学生享受语用的过程，也在选择与接受一种文化。享受语用其实是学生的一种文化活动与文化行为，学生选择和接受语用文化的过程是学生对文化价值的体验和判断，对文化精神的理解和阐释。学生在享受语用的过程中"文化实现了传送、保存和发展；而人则获得了有价值的文化知识，丰富了自身的文化情感体验，完善了自身的文化价值观念，培养了文化创造的能力，使自己逐渐从蒙昧的'自然的人'转变成为具有自觉的文化意识、完备的文化行为能力和健全人格的'文化的人'"。[2]享受教育目标的陶冶性充分彰显了语文的文化性，突出了语文作为一种文化的存在对人精神领域的作用。"关关雎鸠，在河之洲。窈窕淑女，君子好逑"不仅诉说了一种爱情理想，也传递着一种爱情伦理观；"不识庐山真面目，只缘身在此山中"不仅在状描庐山天地造化之大美，而且也透露出某种超然物外方可深味物中之趣的人生哲理；"天下兴亡，匹夫有责"，这不仅是一个人责任感的真情流露，更是一个民族文化精神的写照，等等。这些散见于语用中的文化因子不仅丰富着学生的情感，而且陶养着学生的人格精神。语用享受教育用审美的眼光引导学生体验语文的形象世界、情感世界，这种体验的意义在于使学生拥有了一方真正流动着文化气息、跃动着文化生命的精神天空，学生通过文化的陶冶进而达到自我人格的完美建构。

[1]［德］雅斯贝尔斯.什么是教育［M］.邹进，译.北京：生活·读书·新知三联书店，1991：104.

[2] 曹明海，陈秀春.语文教育文化学［M］.济南：山东教育出版社，2005：58.

第三节　语用的享受教育资源

探究语用的享受教育，必然要基于语文本体探求其中所蕴含的足以令学生产生身心愉悦与精神陶养的享受性资源。这里的语文本体是指语文本身构成的基本的、本质的东西，其中包括语言文字、文学文本以及语文世界中的文化因素，这三者相互交错、彼此融合，使语文呈现一派蔚为壮观的图景。语言文字方面主要从汉字与语音两个角度出发，阐释语文的诗质源头及其具有语用享受性的本质；文学文本方面侧重于在情感与意象、语象与意味的相互生成中宕开一片瑰丽的文学天地，使学生的语用享受体验在文学文本中有所依凭、有所寄托；而语言文化世界则是基于汉语符号与文学文本揣摩汉民族的思维方式与文化精神，语用具有享受性的文化背景，这种潜在的文化借助语用，对学生产生的长期熏陶充分影响着学生享受观与语用享受能力的生成。

一、语言文字世界的语用享受资源

汉字作为中国文化的肌理骨干，其创造可谓中国文化史上的第一项民族心智工程。汉字字象的绵延跌宕与字境的深邃厚重使学生在与其零距离的接触中享受以象写意、由意造境的奇妙；汉语是世界上美丽的语言，四声交叠、徐疾有序、轻重皆发乎于情，其发声更是让人尽享音乐般的流动与悠扬。

（一）汉字：字象的绵延跌宕与字境的深邃厚重

作为一种语言符号，汉字从历史的深处延伸出来，静静地守护着汉民族历经风霜、艰辛跋涉的生命历程，又动态地展示了汉民族跨越时空、历久弥新的生存智慧、生活智慧。语用教学中的享受教育，首先从本质上探幽汉文字的诗意呈现，其以丰厚的内在魅力烛照学生的享受之旅。汉字字象的绵延跌宕与字境的深邃厚重形成了汉语的诗意表达，在体悟汉字字象的流动与转化中，学生会形成一种整体的、流动的、意会的思维方式。

　　我们在这借用一下"字象"的概念。画家兼诗人石虎先生在《论字思维》里提到："汉字有道，以道生象，象象并置，万物寓于其间。"[1]汉字的字象包含形体之象和意义之象，其中形体之象是由线条组成的抽象结构，意义之象则是由汉字形象所延伸出的义象即汉字的意义，在由形体之象到意义之象的过渡与生成中，主体意象的流动与转化起着至关重要的作用。享受汉字的诗意呈现与言说是指主体通过意象的流动与转化，享受汉字由形体之象到意义之象的联想、跳跃、超越与生成。古人创造汉字时"观物取象""立象以尽意"，使汉字的字象呈现出多层面的含义。一方面汉字的图形"像"其表现之物，如"山""日""人"等；另一方面汉字的图形又"不像"其表现之物，字形与其表现对象之间的随意性增加，此时的读解就需要主体意象的推进与转化。但不管怎样，汉字抽象的形象与其对应的意义之象之间总存在着一个美丽的空间，等待学生去冥思遐想，调动丰富的想象和联想去勾勒。在笔者看来，汉字字象在这个充满弹性的空间里经历了由物象到形象再到物象的多层递进与流转[2]，这在象形、指事、会意、形声字的解读中都有充分体现。

　　象形是汉字的基本特征，但所谓"象形"并非是对事物的真实描述，而是选择事物最本质的特征，用最洗练的形象符号表现隐藏在对象之下的本质。汉字之妙就在于用这种不似之似的字形完成汉字形与义的完美结合，在不似之似间，汉字的解读自然更强调了主体的精神与意趣。例如："十"，其字形不仅把道路交叉的形状形象地刻画了出来，而且随着意象的流动，人们生活经验里那种难以分辨与选择的犹豫与尴尬也被形象化地展示了出来。所以，"十字路口"不仅指现实中的道路情形，也隐喻一种迟疑、难以抉择的人生状态。会意字与形声字的解读更是让学生享受了思维在汉字形与义之间的联想、跃动与阐发。会意字由两个或两个以上的象形字根据一定的位置关系组合在一起，人们凭借生活经验去意会其含义；形声字则综合了象形与会意两种造字法，其形符与声符的组合

---

[1]　谢冕，吴思敬.字思维与中国现代诗学［M］.天津：天津社会科学院出版社，2002：3.

[2]　在笔者看来，汉字的创造与解读经历着这样一个意象流动的历程：物象—字象—物象，第二个物象是汉字字象的延伸最终达到的意义之象，所以此物象不同于前者之处在于它身上凝聚着主体的精神与意趣。

使汉字获得了更广阔的解读空间。如何更合理、更巧妙地将两个或多个形符或形符与声符的含义综合起来？意象思维的参与与字象的流动在此显得尤其重要。如"仁"字，《说文解字》中释为"亲也。从人二"。如何让学生享受"二人"组合隐喻的"亲"之含义？教师就要引导学生想象其字形背后丰富的义象，只有这样"仁"字所隐含的亲和的人际关系、整体的仁爱思想等才会在字象的绵延中逐渐浮现。单个汉字字象的绵延跌宕必然使汉字并置产生更为阔大的意义空间，"汉字间的并置，为中国人的意识提供了巨大的舞台，当两个字自由并置在一起，就意味着宇宙中类与类之间发生相撞与相姻，潜合出无限妙悟玄机"[1]。中国的古诗珠圆玉润，让人在吟诵间心神荡漾，这与汉字字象的诗意延宕是分不开的。

如果说学生通过汉字字象的绵延跌宕，可以享受到意象思维的跃动与字义的联想阐发，那么，在深邃厚重的字境中学生则会享受汉字璀璨通灵的文化之光。字境不仅拓展了汉字的内涵，也使学生在汉字情智化的运用中看到其表意的丰富性与情境性。一方面，字境指字体由于嬗变，拥有自己独特的文化内涵。从甲骨文、金文、小篆、隶书、草书、行书到我们今天常用的楷书，它们各自都拥有其历史时期独特的文化内涵。所以，当我们看到一个楷体的汉字时，眼前呈现的并非仅是单一的形象，那些积淀在历史中的文化便被勾起和启动，使人顿生无限遐想。如一个"笔"字，其篆书的字形与隶书及今天的楷书大不一样，不同时期文化的差异在字形的演变中可见一斑。语用教学中适时加入这样的汉字讲解，不仅能增强学生对汉字历史的把握，而且也使学生曲折地了解了中国灿烂的古代文化。另一方面，字境也指汉字由于经过几千年的运用，其字义的引申和增益已使单个汉字拥有了深厚的形意层。唐君毅在论及汉字时称："而凡前人曾自然赋予之意义，经后人承认，亦即凝固成该文字本身所涵意义中。后人复可根据之，以将某字与它字结合，以造新词表新意等。由此而有文字意义之自然的生长之历程。"[2]如"绿"字，本义指颜色，

[1] 谢冕，吴思敬. 字思维与中国现代诗学［M］. 天津：天津社会科学院出版社，2002：3.

[2] 唐君毅. 中华人文与当今世界补编（一）［M］. 桂林：广西师范大学出版社，2005：607.

但在具体的运用中人们常使其陌生化，意图消解、改变其词典意义，通过扭曲或断裂而获得一种新的语境义。"春风又绿江南岸"中的"绿"就是把名词动词化，使它呈现出独特的动作、情态。通过这样的语境，汉字便会获得丰富的意义，其字境也随之扩大。另外，随着现代网络技术的发展，在网络语境下，一种特殊的语言正在以春潮般涌动之势进入人们的视野，它们不仅冲击着人们的传统思维，也为一些汉字增添了新的意蕴。如"菜鸟""黑客"等。这些陌生化的新奇词语把汉字神奇的组合表意能力发挥到了极致。汉字深邃厚重的字境，不仅能使学生享受并惊诧于汉字本身巨大的容纳能力，也使学生的文化底蕴在对字境的探索与拓展中变得深厚。

（二）语音：声调的抑扬顿挫与韵律的美妙和谐

语音是语言的外衣，它赋予语言以感官的效果。清代沈德潜曾说："诗以声为用者也。其微妙在抑扬抗坠之间。读者静气按节，密咏恬吟，觉前人声中难写，响外别传之妙，一齐俱出。"（沈德潜《说诗晬语》）引导学生在朗读中把握汉语的语音之美，认识到"发音本身以决定的方式呼唤出每一样客观的东西，并且创造出客观东西的灵魂的情调"[1]，这样学生才能真正享受汉语语音的个中美妙。汉语的语音美主要由声调、节奏、韵律等方面构成。和谐的音韵、悠扬的旋律和鲜明的节奏使汉语读起来琅琅上口，听起来婉转入耳，具有一种天然的音乐美。在这里，主要从汉语声调的抑扬顿挫与韵律的美妙和谐两方面论述汉语的语音美带来的语用享受。

声调是音节的音高变化形式，汉语四声的组合使其语流具有抑扬顿挫的韵律美和结构美。早在公元 5 世纪末，南北朝时的沈约等人就发现了汉语有声调，并且把当时的声调分为"平、上、去、入"四类。这四种声调具有不同的语音特色，明代释真空的《玉钥匙歌诀》曰："平声平道莫低昂，上声高呼猛烈强，去声分明哀远道，入声短促急收藏。"声调的高低不同、平仄相异、舒促不一、长短交错形成了中国独具特色的格

---

[1]［瑞士］沃尔夫冈·凯塞尔. 语言的艺术作品［M］. 上海：上海译文出版社，1984：127.

律诗和骈体文。如杜牧的《山行》：[1]

> 远上寒山石径斜， ｜｜——｜｜—
> 白云生处有人家。 ｜——｜｜——
> 停车坐爱枫林晚， ——｜｜——｜
> 霜叶红于二月花。 —｜——｜｜—

这首七言绝句，从语调看，音节之间平仄相间，语调高低交错、舒促有度，形成一种抑扬顿挫的语流；从节奏上看，平平仄仄相粘、相间，形成一种语音结构的错落美和回环美，上句与下句相对，使整个语言结构对称、平衡。其实，不仅古诗文中存在这种由于声调的间隔变化而形成的语音美感，现代汉语普通话中的四种声调也具有抑扬顿挫的美感，让学生享之不尽。这四种声调中，阴平温婉绵长，阳平激情上扬，上声婉转曲折，去声急促简洁。四种声调的高低、升降、曲直变化不仅使汉语语流表现出类似音乐旋律的韵律美，而且也有传情达意的作用。正所谓"凡音之起，由人心生也。人心之动，物使之然也。感于物而动，故形于声"。（《礼记·乐记第十九》）所以，当文字闲适而充满柔情时，朗读时调值要低一些，频率也适当放慢；而当文字激昂蓬勃时，调值则偏高一些，频率也比平常快得多。汉语的四声调与句子语调的和谐搭配，更使语流呈现出波浪般的起伏与流动。著名语言学家赵元任先生就曾说过："论优美，大多数观察和适用汉语的人都同意汉语是美的。有时人们提出这样的问题：汉语有了字的声调，怎么还能有富于表达力的语调？回答是：字调加在语调的起伏上面，很像海浪上的微波，结果形成的模式是两种音高运动的代数和。"[2]声调与语调的巧妙叠加使汉语朗读体现出整体的和谐感。语用教学中，教师要充分挖掘语音的声调美感，组织学生美读，只有这样，学生才能在字调与语调的反复磨合中形成融合着自我情感的声调，进而享受汉语的婉转悠扬与抑扬顿挫。

汉语是一种有声调的语言，不仅其声调随时间的推移或升、或降、

---

[1] 郑卓睿.汉语语音系统的诗化因素［J］.学术研究，2000：（11）.
[2] 李政涛.让学生享受汉语［J］.基础教育，2006（3）.

或平、或高，或呈拱形、或呈波形，给人一种跌宕起伏的乐感体验，而且，汉语和谐的韵律也使人读起来有一种珠走玉盘的美好感受。"无论是单音节还是多音节，无论是一个词还是一篇文字作品，普遍存在着声韵调、语流音变、音节疏密、双声叠韵、平仄关联、词语格局、韵脚排序等诸对矛盾趋于整体和谐的规律，这便是韵律。"[1]和谐的韵律使文章读起来悦耳动听，以下笔者主要从元音优势和单音节特征两方面揭示语音中的韵律美。

元音在语音学上又可称为乐音。发元音时，声腔各部分的用力比较自然均衡，气流能够不受阻碍而运行舒畅。所以，元音的音色显得圆润、悦耳，声腔共振，音值清晰响亮。而辅音则被称为噪音，发辅音时，声腔都需要形成一定的阻碍，音色一般比较艰涩。在汉语的语音系统中，元音（乐音）是构成汉语音节的主体，在语流中占居着主导的优势，每个音节中至少有一个元音充当韵腹。这一特点使得汉语的语流具有响亮、流畅、悦耳的音色，表现出和谐的韵律美。韵律美在历代诗文中显示出巨大的审美价值，那清朗的字音、融通的字群、交错的平仄、默契的音步、突出的韵脚、灵动的铺排成就了中华民族光耀千秋的美丽华章。例如："红日初升，其道大光；河出伏流，一泻汪洋。潜龙腾渊，鳞爪飞扬；乳虎啸谷，百兽震惶；鹰隼试翼，风尘吸张。奇花初胎，矞矞皇皇；干将发硎，有作其芒。天戴其苍，地履其黄，纵有千古，横有八荒，前途似海，来日方长。美哉我少年中国，与天不老；壮哉我中国少年，与国无疆。"这是梁启超《少年中国说》中的一段文字，它在音韵上回环往复，所押之韵给人一种大气磅礴、豪情万丈的自豪感，这样的文字不仅在音节上声韵结合、强弱相对、滞畅交替、抑扬顿挫，而且也有助于作者情感的强调与意义的集中。

汉语的韵律美还源于汉语的单音节优势。在汉语中，特别是古汉语中，大多数的字都是单音节的，这使汉语在构词造句成文中具有得天独厚的灵活性。刘勰在《文心雕龙·声律》中说："凡声有飞沈，响有双叠。双声隔字而每舛，叠韵杂句而必睽。沈则响发而断，飞则声飏不还。并辘

---

[1] 张颂.朗读美学［M］.北京：北京广播学院出版社，2002：79.

栌交往，逆鳞相比。"两个声母相同的单音节字可以组合成双声词，韵母相同的组合成叠韵词，整个音节相同的则可以组合成叠音词。这些声韵因素造就了汉语的诗句呈现类似音乐旋律交错回环的韵律节奏美。例如杜甫《登高》中的名句"无边落木萧萧下，不尽长江滚滚来"，"萧萧下"，借"萧萧"叠音和"萧""下"双声，摹写落叶飘飘而下的声势；借叠音词"滚滚来"摹写长江波涛奔腾流泻的气势，写景状物让人如闻其声、如临其境。单音节汉字具有巨大的可容性空间，其描述能力不仅在空间上无限包容，而且在时间上可以延伸，使诗歌艺术表现出韵律的悠远精妙与意境的绵长深远。朗读者由此便可以"心随物转"而"视通万里"。在语用教学中，把握了声调的"抑扬抗坠"与韵律的"势若转圆"，学生不仅可以在朗读中享受汉语的错落有致、跌宕起伏，也可以在正确的发声中养成对声律的直觉与敏感，在语用中更加熟练地驾驭语言。

二、文学文本世界的语用享受资源

文学文本是用语言构筑的心灵世界，语文教材中大量选入的文学文本以其优美的语言、流转的意象以及发人深省的意味将学生带入了一片瑰丽的文学天地。文学文本是语用教学中实施享受教育不可缺少的一部分，在这里，我们只选取两个方面阐述。

（一）情感与意象：情感的意象化与意象的感染力

文学文本依凭自己特定的语境引导学生在"每一个字都是无底的深渊"中领略各种情感波澜，进行意义的探寻。情感的意象化表达使文学文本呈现出一派绚丽多姿的艺术图景，学生在这个用语言构筑、由想象编织的艺术图景中便可享受"精骛八极，心游万仞"（陆机《文赋》）的自由与超越。

符号论美学家苏珊·朗格是这样定义艺术的："艺术，是人类情感的符号形式的创造。"[1]文学是语言的艺术，是人类情感的语言结晶。学生在文本中享受的情感并非那种发怒时就暴跳如雷，欢乐时就蹦蹦跳跳、手舞足蹈的狂烈宣泄。"一个号啕大哭的儿童所释放出来的情感要比一个

---

[1]　[美]苏珊·朗格.情感与形式[M].刘大基，傅志强，周发祥，译.北京：中国社会科学出版社，1986：51.

音乐家释放出来的个人感情多得多，然而当人们步入音乐厅的时候，绝没有想到要去听一种类似于孩子的嚎啕的声音。"[1] 文学文本中的情感豪放时是"大江东去浪淘尽"的慷慨激昂，低回时是"细雨鱼儿出，微风燕子斜"的涓涓细流。在真正的文学中，意象化的情感代替了平铺直叙、索然无味的诉说，一幅画面、一种情景、一桩事件等，作家们把自己内心的情感与生活经验转化为感官可以把握的特殊、生动的具象，寓无形之情感于有形的可感知的具象。情感的意象化表达使文学的世界显得光彩夺目。亡国之情无穷无尽难以言表，于是李煜就把它化作"一江春水向东流"；暮年的悲伤难以排遣，李白把它化作"白发三千丈"，把自己的万般愁思寄予了外在的客体，让三千白发成为自己情感的替代与延伸；思乡之情绵绵不绝，余光中把它化作"一张小小的邮票""一张窄窄的船票"，于寻常物中显出情怀，而席慕蓉则把它变成"一支短短的笛"在有月亮的晚上缓缓奏起。意象可以说是被作家诗意观照的事物，在意象独特的排列中，作家微妙的情感变化被诗意地言说。

文学作品是作家动荡流转的意象、观念、行动、情感等富有生命力的内在形态的外在凝结。魏晋玄学大师王弼曾曰："夫象者，出意者也。言者，明象者也。尽意莫若象，尽象莫若言。言生于象，故可寻言以观象。象生于意，故可寻象以观意。"（王弼《周易略例》）阅读文学文本就是教师带领学生"寻言观象""寻象观意"的过程。如杜甫的《绝句》，诗人依次描绘了四幅不同的画面，同样也将自己独特的视角与意趣融入其中，营造了四个意象。"两个黄鹂鸣翠柳，一行白鹭上青天"，一近一静、一动一远，由近及远，不仅视域在放大，驰骋的意绪也在逐渐展开。"窗含西岭千秋雪，门泊东吴万里船"，一小一远，一近一大，视觉空间配以"千秋""万里"而形成饱含时间感的想象空间。整首绝句通过四种看似无关的意象流露出作者于寻常物中窥见的情趣，大小、远近、动静的变化拉伸分明是诗人阔大的眼界与放任适情的志向，其激昂、洒脱的情感也在意象的自然流露中含蓄呈现。实际上，作家将自己内在情感意象化的过程也是使自己复杂、微妙的情感体验明朗化、清晰化的过程。

---

［1］［美］苏珊·朗格.艺术问题［M］.滕守尧，朱疆源，译.北京：中国社会科学出版社，1983：23—24.

意象是作家的"意中之象",它时刻处于抒情主体的诗意观照中。由于客观物象融入了作者的主观情意,所以,通过作者语言加工而成的意象便形成了具有呼唤性的结构,这种呼唤性的结构放逐了学生的想象力和联想力,而使作品本身具有深厚的感染力。如温庭筠的《忆江南》,整首小令不断推进了五幅画面,其中,"过尽千帆皆不是"一句所营造的意象使诗歌的情感波折达到了极致,这一意象也生动地诉说了生活中等待的曲折与艰辛。学生通过对这一意象的想象与联想,在时间、空间与情感的无限张力中自然会体验到那种不顺遂的人生状态。意象的感染力在于它背倚着广阔的语境而拥有了丰富的想象空间。在具体的文学语境下,普通物象会生发出无比丰富的涵义,让人品味不尽,而且,语境流动多变,意象也会随语境的变化拥有个性化的涵义。如"老爷"本是旧时一个普通的称谓,虽然其中显示着封建的等级关系,但却没有更加丰富与深刻的含义。而在鲁迅小说《故乡》的特定语境中,"老爷"就有了非同寻常的意味。童年时,"我"与闰土是亲密无间、无所顾虑的伙伴。时隔三十年,闰土见到"我"却恭敬地称"我"为"老爷",这个生分、隔膜的称呼不仅表现出闰土对"我"的尊敬,也折射出他自卑、麻木的心灵,包含着既欢喜又悲凉的情感,显示了人与人之间无法突破的隔膜。鲁迅先生将"我"与闰土之间那种尴尬的情感凝聚为特定语境中充满张力与矛盾的称谓。此处,"老爷"这一意象便包含了远比自身丰富得多、深刻得多的涵义。文学文本中遍布着作家情感的意象化表达,学生"寻象以观意",在语境中通过丰富的想象与联想,于意象的巨大张力中品味情感、驰骋意绪,这不失为学习文学文本的一大享受!

(二)语象与意义:语象的审美张力与意义的多重阐释

语象是文本的话语系统,它作为文本中提示与唤起读者心理表象的文字符号,是一个开放的、具有呼唤性的存在,其本身拥有着巨大的审美空间与张力。在探究文学文本语象的审美张力与其意义的多重阐释时,我们试图进入文本的深层世界,追寻文学永恒的生命与意义,唯其如此,语文教师才能把握文学文本不可穷尽的魅力,引领学生享受文学世界给人的警醒与震撼。

语象的审美张力来自作者赋予文本的语言空白,这些含蕴无穷的空白在阅读中唤起了读者的参与，激发了读者的想象与体验。接受美学的重要理论家之一伊瑟尔认为："作品的意义未定性和意义空白，促使读者去寻找作品的意义，从而赋予他参与作品意义构成的权利。"[1] 从心理学的角度来说，空白具有激发读者创造力的艺术张力，使读者的接受心理处于积极探索的紧张状态。格式塔心理学认为，当不完全的形状（例如一个未画出顶角的三角形、一个缺边的正方形或是一个有缺口的圆）呈现在眼前时，就会激起人们视觉的紧张感，会引起视觉追求完整的冲动，从而大大提高知觉的兴奋程度。在文学文本中，作者创造的语象空白会给读者带去很多知觉刺激力，它不仅能够唤起读者新鲜、奇妙、振奋的感受，使读者注意力集中，阅读创造的潜力得到充分发挥，全身心投入文本的语象世界，而且它带给读者特有的紧张以及紧张消除之后的身心满足与放松，激发读者巨大的心理能量，使其产生欲罢不能的享受体验。一个好的文本就像一场前途未卜的诱人旅程，读者总是处在一个全面的审美刺激与考验之中，它们推动读者的理解，让读者从一个全新的角度来观看世界。如唐代诗人杜牧的《江南春》："千里莺啼绿映红，水村山郭酒旗风。南朝四百八十寺，多少楼台烟雨中。"全诗用艺术概括的方式，生动地勾勒了一幅千里江南春景图，尺幅之间，多层次、多侧面、主体性地描画了多姿多彩的千里江南春景，给读者留下一片广阔的审美空间。而莺啼绿映红之景、村郭、酒旗、僧寺、楼台并非实笔，它们在诗人的巧妙布置下，构成了一种审美张力，使读者在这种空间的张弛与跳跃中尽情放逐自己的艺术想象。这如同书画中的"布白"艺术，"位置相戾，有画处多属赘疣；虚实相生，无画处皆成妙境"[2]。正是在这个意义上，可以说，语象世界的空白给读者提供了如下可能：把作品与自身的经验以及自己对世界的想象联系起来，产生意义反思。所以，"在保证一定理解信息的前提下，一部作品中包含的未定性与空白越多，读者就越能深入参与作品潜在的意义现实化与'华彩化'"[3]。

---

［1］　沃尔夫冈·伊瑟尔.本文的召唤结构［G］.见：瓦尔宁编.接受美学［M］.慕尼黑：威廉·劳克出版社，1975：236.

［2］　［清］笪重光.画筌［M］.艺林名著丛刊.北京：中国书店出版社，1983.

［3］　金元浦.文学解释学［M］.长春：东北师范大学出版社，1997：386.

文学文本中的空白除语言的空白外，还包括意义的空白与意味的空白，这些空白也是构成语象审美张力的一种手段。这里，我们主要阐释文学文本中空白的较高层次，即整体意义的空白给学生带来的精神享受。意义的空白给读者的阐释留下了多种可能，让读者得以深入语象的深层世界与作者对话，并一起参与文本意义的重新建构。在这一过程中，读者的创造性会得到最大的发挥，其审美理想、审美意志、审美期待，以及全部审美能力将作为一种本质力量对象化。意义空白带来的多重阐释主要体现在以下两个方面。

首先，由于文本语言含蓄而形成的微言大义，通过最精练的话语体现最丰富的意义，给读者带来多重体验。如学习卞之琳的小诗《断章》，从字面意义看，这首诗不过表现了现实生活中的一种情景，但其象征意义却是多重的，至少存在三种理解：第一，表达了青年男女的恋情。第二，阐释了现实生活中人和人的关系。每个人既是演员又是观众，既是看的主体又是看的客体。第三，阐释了人在世界的位置。这样，各种意义的阐释相互补充，便大大拓展了作品的诗意空间。

其次，意义的多重阐释也源于作者对文本价值判断的悬置，这种现象多存在于叙事作品中。如莫泊桑的小说《项链》，其主题是否是批判和讽刺女主人公玛蒂尔德，这是一个让人深思的问题。我们能否简单地认为女主人公玛蒂尔德就是一个受资产阶级腐朽思想毒害、爱慕虚荣、追求享乐的人？她的命运到底应该带给我们怎样的启示？对于这些，我们都不能仅停留在概念化、公式化、简单化的理解上，用阶级分析法先入为主地给她贴上一个标签，而要把她当成和我们一样的"人"，在她的命运中探寻人性的弱点和优点。所以，我们在阅读文本时，不能把那些内涵丰富的作品压缩成无比乏味的、简单的一个"中心思想"或是"段落大意"，而应该深入文本内部，真正与主人公展开对话，切身体验其中所蕴含的丰富意义。

综上所述，由于语言的含蓄和价值判断的悬置而带来的对文本意义的多重阐释使文本显示出恒久的艺术魅力，学生在阅读这样的文本时，不仅能享受到文本无限的时空广延性和艺术韵味，而且能跨越时空与作者进行情感交流与心灵碰撞，使文本的意义从另一个世界转换到"我"

的世界。

三、语言文化世界的语用享受资源

如何认识和把握语文的本质？能否将语用教学简单粗暴地演绎为语言技术的训练？要回答这些问题，我们必须把目光投向语文背倚的深厚的文化背景。"其实，从语文的本体来看，语文是文化的存在，文化是语文的'底座'，语文与文化血肉同构，语文就是文化。从语文的功能来看，语文作为交际工具和文化载体，传达的是思想与情感，承载的是文化精神、价值观念和人类的文化成果。"[1]可以说，民族的语文投射着民族文化、民族思维、民族精神的灵光。在语用教学中探究享受教育，必然要引领学生通过语文世界中的语言文字、文学文本，触摸民族文化的温度与厚度，在汉民族独特的思维方式与文化精神的润泽中形成自己的精神力量。唯有这样，学生的语用享受观、语用享受能力及享受体验才不会失之浅薄。

（一）民族思维在汉语符号中的婉曲映射

德国语言学家洪堡特曾指出："每一种语言都包含着一种独特的世界观。"[2]汉语符号闪射着汉民族独特的思维方式。语用学习中，我们通过接触大量的语言材料不仅可以积累丰富的母语词汇，而且可以逐渐形成汉民族的思维方式。这种独特的思维方式，不仅对学生的语言表达方式产生巨大影响，也决定着我们的精神格局。这里，我们主要阐释具象思维与整体思维在汉语符号中的婉曲映射，以此来探微汉民族文化中的语用享受资源。

具象性是汉民族基本的思维特征。汉语的思维不像西方语言那样执着于知性、理性，而是充满了具性、感悟、体验。这种具象思维在方法论上起始于"观物取象"，即取万物之象，加工成象征意义的符号，来反映、认识客观事物的规律。在汉语词汇和文学作品中，我们常能感到这种具象思维的流射。

首先，汉语的词语多倾向于具体，常用具体的描述表达抽象的内容和意义。例如，我们常用一些暗含形象譬喻的词来表示抽象的情态，"举

---

［1］曹明海.语文：文化的构成［J］.语文教学通讯·高中刊，2004（7-8）.

［2］申小龙.汉语与中国文化［M］.上海：复旦大学出版社，2003：7.

棋不定"不仅状摹了动作行为的形象，也委婉地透露出主体内心的犹豫不决。像这样的词还有"矛盾""哽咽""吃醋""拔苗助长""南柯一梦""刻舟求剑"等。另外，具象思维也映射在汉语中大量重言叠韵的形貌词上，这些形貌词十分逼真地表现了事物的声音形象、视觉形象、触觉感受，如"哗啦啦""噼里啪啦""红彤彤""绿油油""黝黑黝黑""雪白雪白""湿淋淋""热乎乎"等。学生在接触这些词时，首先获得一种语文的直觉与感受，如身临其境、历历在目，进而达到如琢如磨、余音绕梁的艺术享受。

其次，在文学作品中，具象思维表现为对写实手法的追求。作家常用简洁的写实语言诉诸读者的感觉经验，进而引起丰润的联想、想象与意义阐发，所以中国的诗人"想要传达的往往不是诗中直接说了的，而是诗中没有说的"[1]。那些动作、形状、色彩都很鲜明地具象在文本中，不仅能唤起读者丰富的感觉、情绪与联想，其本身也能产生强烈的艺术效果。当刘邦高声吟唱"大风起兮云飞扬"时，想他绝不仅仅是有感于自然界风起云涌的万象变化，借"风起云飞"之势喻他化险为夷、转弱为强、横刀立马、一统天下的雄心与政治风云的变化莫测才是他的本意吧！又如温庭筠的《商山早行》，诗人精心将"鸡声""茅店""月""人迹""板桥""霜"六个具象艺术地安排在一起，这些在平时看来都很自然、平常的物象便顿时拥有了超越自身的象征意味。未着一个动词而早行旅人的动作自在其中，未用一句抒情而孤独的心情溢于言表。其原因就在于这六个具象个个写实，它们都同汉民族悠久的生活联系在一起，容易唤起读者深层的民族情感，进而引发丰富的联想。

汉语的具象思维常能通过具象表现丰富的抽象之意。一方面重具象，另一方面又极重抽象，这种具象与抽象的矛盾融合构成了汉民族传统文化二律背反的张力结构。正如洪堡特所说："在汉语的句子里，每个词排在那里，要你斟酌，要你从不同的关系去考虑，然后才能往下读，由于思想的联系是由这些关系产生的，因此这一纯粹的默想就代替了一部分语法。"[2]由于汉语以形会意的特点，所以汉民族的具象思维又经常通过

[1]　冯友兰.中国哲学简史［M］.北京：北京大学出版社，1985：17.

[2]　［德］威廉·冯·洪堡特.论语法形式的性质和汉语的特性［G］.中国语言的结构与人文精神［M］.北京：光明日报出版社，1988：32.

象征的方式或者比兴的手法使抽象的思想得以具体阐释。例如汉民族的许多名言隽语都是借具象思维表达耐人寻味的抽象之意。像"岁寒，然后知松柏之后凋""欲渡黄河冰塞川，将登太行雪满山""宝剑锋从磨砺出，梅花香自苦寒来"等。所以，在汉民族的语言以及经典里，少有西方那种直接的理性的抽象，更多的是遵循"由感性具体上升到理性抽象，又理性还原为感性具体的'上升—还原'的途径"[1]。这种以具象思维表达抽象之思的思维方式，使中国人形成了用具体之形"极天下之赜"的言说方式，但具象的凝练并"不是割舍生命内涵的单纯的简化，而是力图为语言丰富而有蕴藉万端的无穷变化打开理解和阐释的通道"[2]。具象思维的艺术张力在于它摄取了足以唤起我们民族情感与文化心理的形象，在生动、凝练的描绘中与欣赏者的主观之"意"发生关联、产生共鸣。所以，在语文学习中，我们常常能从"采菊东篱下，悠然见南山"中读出悠然超脱、与万物相融相化的自然情怀，能从"其实地上本没有路，走的人多了，也便成了路"中读出人生抉择的智慧，能从"满园春色关不住，一枝红杏出墙来"中读出无限，读出化生万物的"道"。

如果说具象思维从方法论的角度将学生的享受之旅引向了直观感受、具体体验，那么语文世界于无形之中弥漫的整体思维则在认识论的高度将学生的思维拉向了"天人合一"的宏大视野。整体思维产生于中国尚"气"的宇宙观。"气"属于中国传统哲学的一个本体范畴，"太虚无形，气之本体，其聚其散，变化之客形尔"（《正蒙·太和》）。气化流行，衍生万物。而且，"气"经常处于变化之中，"独阴不生，独阳不生，独天不生，三合然后生"（《谷梁传·庄公三年》）。"气"的哲学崇尚阴阳五行相通、天人合一的整体宇宙观，这种宇宙观反映在语言中就是注重言意统一、形神兼备、文道合一。

在语用学习中，这种尚"气"的整体宇宙观体现在各个方面，它于无形之中框定着我们的思维方式及看待世界的样式，使我们得以从整体出发享受中国文化的"中和"之美。例如，汉语重形神兼备，其词语的结构安排也遵循着一定的事理。中国人的整体观念以大为先、以长为尊，

［1］卞慕东.汉民族传统文化结构的逻辑探视［J］.人文杂志，1999：（2）.

［2］申小龙.汉语与中国文化［M］.上海：复旦大学出版社，2003：392.

表现在词汇中，我们可以看到天地、乾坤、手足、国家、城市、军旅、大小、祖孙、父子、兄弟、老少、师徒、君臣等，这些词语多少反映了我们的文化心理结构和整体思维方式。除此之外，那些言辞优美、寓意深远的文本更是通体透射着汉民族的整体思维方式。这里列举唐代刘禹锡的《陋室铭》并简析之：

　　山不在高，有仙则名。水不在深，有龙则灵。斯是陋室，惟吾德馨。苔痕上阶绿，草色入帘青。谈笑有鸿儒，往来无白丁。可以调素琴，阅金经。无丝竹之乱耳，无案牍之劳形。南阳诸葛庐，西蜀子云亭。孔子云："何陋之有？"

　　从语言修辞上看，全文句式安排以四言起句，杂以五六言，整篇文章读下来气势通畅且富于变化，句子流转顿挫，语言长短、语气高低皆宜。这种徐疾有致、抑扬顿挫的语言组织使文本凝练成一个整体流动的气场。从文意的阐释来看，文本中的比兴、对偶、用典之句都向着同一个意义流动。这一点源于汉民族在重整体思维的同时，语句的安排更倾向于"意合"。所以，我们应该依赖整体的语境与意义来理解这些语句。例如对起句"山不在高，有仙则名。水不在深，有龙则灵"的解读就不能旁逸斜出，虽写山、写水、写仙、写龙，但立意并不在此，而在于由此起兴，引出文旨所向的陋室与"德馨"之人。汉民族重整体、重意合的思维方式渗透在语文的各个方面，因此，我们对语文本质的认识应更多背倚中国深厚的文化背景，在进行具体的文本解读与诗词欣赏时，务必要做到"文辞本身不是自足的，文辞要表达的全部涵义须从文辞所联系的上下文和整个语境中才能显示出来。修辞的本质也不在于对文辞本身的修饰，而在于文辞与情境题旨的充分协调、有机地互补制约，在于文辞对所在语言、社会、文化环境的调适"[1]。语文世界中处处充盈的具象思维与整体思维为学生的直觉感受与整体意会拓开了一片瑰丽的天地，使学生不仅能在微观的层面享受语用的细腻，又能在宏观层面享受语用宏阔的文化背景。

---

[1] 申小龙.汉语与中国文化［M］.上海：复旦大学出版社，2003：386.

（二）文化精神在文学文本中的诗意显现

语用学习是一个使人不断接受民族文化精神、不断融入民族传统文化的过程。民族的文化精神表现在生活的各个方面，文学文本作为一个独立于现实世界的精神文化世界，集中地体现着汉民族的文化精神。文学是人学，人作为文学的描写对象并不在于他的生物属性，而在于他的文化属性。古往今来，一切优秀的文学文本都在为人们提供各种形态的人生图像，"这些不同形态的人生图像，虽是经过作家个人创造的，却富含着特定时代的文化价值，即文化精神。特别是经过作家的审美选择和艺术裁决之后，那些被肯定的与被否定的文化价值及尚待探索、追求的文化价值，都会形象生动地、饱含激情地呈现在人们面前，让人们在美感中思考和向往。文学作品中所寓含的这种文化价值及它所想激发读者对文化价值的辨析与追求，实质上都是一种对文化精神的领会和建构"。[1]学生享受语文的过程就是对文化精神的选择与建构。语文世界中蕴含的文化精神，可以说是语用享受教育资源开发的灵魂所在，学生通过享受文学文本中的各种"人生图像"，不仅能够在比较中悟出自己应执着的生活方式和生存状态，而且也能在一个更广阔的视角下建构自己的文化价值观。

传统文化精神的起点是对生命价值的重视，并倡导一种积极进取、自强不息的君子行健精神。孔子云："发愤忘食，乐以忘忧，不知老之将至云尔。"曾子说："士不可以不弘毅，任重而道远。"《周易·乾卦》曰："天行健，君子以自强不息。"天道运行，健步如飞，君子便应效法天不停地自我奋发图强。这种积极进取的理想人格在后来的发展中不断得以充实和弘扬，呈现出多元的文化形态，浸透在文学文本中并不断砥砺、感染、塑造着一代代学生。语文课标在教材编写建议中指出，教材要注重继承与弘扬中华民族优秀文化，以有助于增强学生的民族自尊心和爱国主义情感。刚健有为、积极进取的精神可谓是烛照中华民族不屈不挠、顶天立地、奋然前行的精神财富。中学语文教材中有相当份额的名篇通过诗意的表述使学生感受这种积极进取的精神。荀子在《劝学》中提出"学

---

[1] 畅广元.文艺学的人文视野［M］.北京：首都师范大学出版社，2001：62.

不可以已"的思想,指出君子应广泛地学习,日日"参省","善假于物","锲而不舍",这不正是在传达一种积极的生命意识吗?《勾践灭吴》借越王勾践历经十年的卧薪尝胆而最终实现"三千越甲可吞吴"之志,不正昭示了生命在逆境中迸射出的百折不挠的韧性吗?而《游褒禅山记》则通篇阐释了"世之奇伟、瑰怪、非常之观,常在于险远","非有志者不能至也"这一积极进取的命题。更别说屈原"虽九死其犹未悔",诸葛亮鞠躬尽瘁、死而后已,李白"长风破浪会有时,直挂云帆济沧海",文天祥"人生自古谁无死?留取丹心照汗青"的至死不渝。鲁迅先生在《中国人失掉自信力了吗》中写道:"我们从古以来,就有埋头苦干的人,有拼命硬干的人,有为民请命的人,有舍身求法的人……这就是中国的脊梁。"显而易见,这些"中国的脊梁"正是受着儒家刚健有为、不懈追求的思想滋润而成长起来的。所以,我们应充分挖掘文学文本中的这种可贵的文化精神,使学生能在喧闹的世事中守住"为伊消得人憔悴"的寂寞,昂扬锐气,终达"蓦然回首,那人却在灯火阑珊处"的开朗境界。

在强调积极进取、刚健有为的理想人格的同时,中国传统文化也追求一种旷达淡远、"天人合一"的超越精神,这种自我超越将人们的身体与精神引向了无限旷远的自然宇宙。对自然宇宙的皈依与向往来自先民对自然万象、对天的敬畏,《易传·系辞下》曰:"古者包牺氏之王天下也,仰则观象于天,俯则观法于地,观鸟兽之文,与地之宜,近取诸身,远取诸物,于是始作八卦,以通神明之德,以类万物之情。"依据古人的见解:世上并无抽象的道,天地自然的具体存在就是在昭示人间的大道,正所谓"道不离象"。包牺氏"观象于天""观法于地""观鸟兽之文,与地之宜"并非只是单纯地观天象,同时也是在法天道。《论语·阳货》曰:"天何言哉?四时行焉,百物生焉,天何言哉!"自然宇宙沉默不言,却又无限包容,让人们漂泊无定的身心得以在"山光悦鸟性,潭影空人心"的寂静里获得休整与通悟。对自然宇宙的向往以及对"天人合一"的理想境界的追求使中国传统文化精神在积极进取、刚健有为之外,多了一种淡淡与洒脱之美。中学语文课本中有大量描绘天地自然"大美"的佳作,学生在享受这些毫无雕饰、展示自然情趣的文章的同时,也经历着一次灵魂的洗涤,随作者一起将心灵放纵于山水之间,于恬淡闲适之中获得心灵的慰藉，在自然大化中通透人生至理。如陶渊明的《饮酒》《归园田居》《五柳先生传》，苏轼的《前赤壁赋》，以及《小石潭记》《与朱元思书》《始得西山宴游记》《醉翁亭记》《满井游记》等，这些文章将学生的视野拉向了"青箬笠，绿蓑衣，斜风细雨不须归"的悠闲、开阔、宁静，使学生在"刑天舞干戚，猛志固常在"的激昂之外，享受到"不以物喜，不以己悲"的平和及"久在樊笼里，复得返自然"的心灵超越。自然造化常以无言之美向人们展示着人间的至道，物我相融、"陶然共忘机"的境界足以融化人生的种种矛盾与困顿，使人达到心灵的圆融与澄明。可以说，文学文本中显现的道法自然的文化精神不仅能将积极进取的理想人格提升到一个有进有退的广阔天地，而且也使学生的心灵实现了超越，达到"寄蜉蝣于天地，渺沧海之一粟"的高远境界。

当然，文学文本中彰显的汉民族的文化精神不只仅有笔者在此所论及的积极进取的理想人格与道法自然的心灵皈依，像中国的尚"礼"文化及"温柔敦厚"的诗教精神在中学语文的文学文本中都有所显现。所以，要真正在语用教学中达到享受教育的理想境界，我们就必须让语文在民族文化的大背景下得以充分绽放，让语用教学的具体过程能在传统文化的滋润下得以扶正。

第四节　语用的享受教育策略

语用教学中享受教育的实施，在具体形态上并不具有固定的样板，我们不能说这样的教学实验是享受教育，其他的就不是。语用的享受教育作为一种理念可以而且也应该有丰富多样的具体形式，就像画廊中展示的各样千古作品从不同视角诠释了美的真义一样，我们可以从不同角度阐释语用的享受教育。当然，也不能把语用教学中的各式活动都归于享受教育的范畴，只有真正符合"享受"的真义的，才是语用的享受教育。以下我们从四个方面对语用教学中享受教育的实施策略，做以简单例说。

一、在对话中学会语用，在语用中学会对话

在语用教学中实施享受教育，必须有一种心理氛围，或者说教学情境。真正的语用享受是身心与精神的自由驰骋，"我"与"你"相遇的对话本着相互理解、相互解放而发生，它使学生在平等、自由、意义不断生成的对话中对语用敞开心扉。此时，学生并非在他人或外物的强制下接受语用享受，而是出于自我的需要、出于高尚的精神享受。"在对话中学会语用享受，在语用享受中学会对话"，使学生通过语用享受逐渐养成对话的态度进而走向对话的人生，并能够在以后漫长的语用学习中，自觉地用对话的态度接纳语用过程中的各种生命情态，真正达到与语言、与文本、与文化的跨时空、跨国界的相互交流、相互理解。所以，如果说前者强调的是享受教育的前提，那么后者则是强调学生通过语用享受教育而形成的一种语用享受能力。

（一）在对话中学会语用享受

这里，"对话"只是语用享受教育的一个策略，或者是学生在语用学习中达到真正的享受境界的一个手段、途径。所以，我们对对话本身的哲学渊源就不做赘述，只关注语用的享受教育理念所呼唤的那种对话。下面我们从三个方面进行阐述。

第一，在主体间对话中学会语用享受。

语用享受是一种双赢，它不仅指学生作为独立的自我与文本相遇、与文化相遇，去理解文本、理解文化，摄取其中丰富的经验与智慧，也指文本与文化、与不同个性的学生相遇，从而获得由沉潜到苏醒的重生，这对于它们来说也不斥为一种精神荣获充盈与复苏的享受。这种双赢只有通过主体平等的对话，才能达到彼此精神的满足，才能谈及语用享受。平等意识是自尊的生命意识，真正有意义的对话都是在平等的生命主体间展开的。对话中的语用享受，必须以平等的对话为原则并最终以平等的对话为归宿。这里，主体间平等的对话体现在三个方面：首先是学生与教师权利的平等，即表达权、评价权和人格权的平等；其次是学生与文本、文化对话的平等，即学生可以从自己的个性与知识背景出发，合理参与文本的再创造，对文化采取辩证的、合情合理的评价，争取做到在文本、文化面前不卑不亢；最后是真理面前人人平等。主体间的平等对话是一种相互的"自我实现"。学生通过与教师、文本、文化的平等对话大大拓展了自己的视野，形成了自己知觉世界的方式，并且学会了倾听，学会了尊重、理解、分享他人的思想、情感和智慧；教师则在这种主体平等的对话中从绝对真理的神坛走下来，使自己的思想、观点在与学生的碰撞中得以修正与完善；文本在学生的关注与近距离的触摸中得到生命的复苏，如同一个有生气、有思想、活灵活现的生命体呈现在学生面前，并因学生创造性的、合乎情理的解读而获得一些新鲜血液；而语文中渗透的文化则在与学生的平等对话中产生强烈的激荡，其精华部分被高高地张扬与放大，不合理的部分则被辩证地分析与评判。总之，在语用教学中，主体间平等的对话是一种相互的理解、相互的自我实现、相互的享受。

第二，在心理自由对话中学会语用享受。

真正的语用享受需在毫无负担、无所羁绊的心理氛围与情境中发生。在心理自由对话中的语用享受，就是倡导一种自由、开放的教学情境，使学生在"海阔凭鱼跃"的氛围中逐渐走向享受的佳境。让学生说话首先需要教师为学生创设民主、和谐的氛围，保护学生的心理自由与安全，只有这样，学生才会展示自己的内心世界，才会勇于表现自我。自由的心理氛围使学生的身心得以真正向教师开放、向文本开放，并走向认知与情感的觉醒。平等与自由的对话要求教师打破自己的权威神话，将信任、尊重与爱心融入教学中，使学生在愉快与轻松中敞开心扉，享受灵魂与精神相遇、碰撞的会心与快乐。如果没有一个心理自由无碍的对话情境，中学语文特级教师赵谦翔为学生打造的"绿色语文"，不会如春潮般涌出一首首清新自然的佳诗妙文吧？全国著名特级教师窦桂梅也不会引领学生在看似浅显短小的文章中读出文化、读出精神吧？心理自由的对话为学生走进语文世界、获得语用享受提供了不可或缺的心理保障。

第三，在意义生成对话中学会语用享受。

语用教学中的对话并非是漫无边际的聊天，在规定的时间内，特定的对话必指向一定的意义生成。真正的语用享受，也并非是浮光掠影似的追求感官的简单愉悦，而是如同品味陈年佳酿久久回味一样，在意义的追求与达成中享受精神得以充盈与升华的快乐。平等、自由的对话"仿佛是一种流淌于人们之间的意义溪流，它使所有对话者都能够参与和分享这一意义之溪，并因此能够在群体中萌生新的理解和共识"。充满意义及指向意义的对话，使学生超越了单纯诵读与简单知觉的享受而深入语文的深层意义世界，期待心灵与精神在探求意义的波澜起伏中，达到一种高度的忘乎所以的投入与享受。这样的对话能够使学生的生命得到洗礼及重建。而所谓的意义生成即指学生在与文字、与文学、与文化的对话中能看到眼睛看不到的地方，在那片看不到的广阔空间尽情思索、尽情追问，并使其蔚然生成一片充满意义与韵味的天空。例如，《圆明园的毁灭》中的句子"大火连烧三天，烟云笼罩了整个北京城"，如何让学生在这貌似简单的句子中读出背后的惊心动魄？有老师就引导学生思考烧掉一幅名画的时间，烧掉一幢建筑的时间，然后通过半分钟烈火熊熊、浓烟滚滚的录像使学生的心灵与录像展开隐性对话，这样的对话不仅伴随着情感的激荡，而且指向文本意义的生成与深化。

（二）在语用享受中学会对话

在语用享受中学会对话，此处的"对话"是语用教学中享受教育的一个目标体现，即一种语用享受能力的具体表现。语文世界内含着万千之象，其中可资语用享受的方面纷繁复杂，那么，如何与这万千之象展开对话，走向语用享受的美妙之旅？我们认为可从以下几方面入手。

首先，通过诵读，与文本的节奏、韵律展开对话，从而获得语用的感官享受。

前文对汉语的语音美已做详细论述，此处主要从诵读出发阐述汉语的音乐美在享受教育中给学生带来的感官愉悦。我们认为，真正的诵读是一种"美读"，只有"美读"才能使学生享受到汉语的美妙，那种断断续续、毫无情感、呕哑嘲哳的朗读是断不能给人带去享受的。而所谓"美读"，大抵是这样的，"须要读得字字响亮，不可误一字，不可少一字，不可多一字，不可倒一字，不可牵强暗记，只要多诵遍数，自然上口"（朱熹《训学斋规》），"激昂处还他个激昂，委婉处还他个委婉"[1]。只有通过这样的诵读，学生才能体会到语言的节奏美、音调美、韵律美。如《诗经》中著名的《周南·芣苢》："采采芣苢，薄言采之。采采芣苢，薄言有之。采采芣苢，薄言掇之。采采芣苢，薄言捋之。采采芣苢，薄言袺之。采采芣苢，薄言襭之。"这首诗节奏轻快，反复咏唱，悦耳动听。学生在诵读的时候，需要不断调整自己的语调、节奏，通过自我的语调、节奏与诗歌节奏磨合、对话，从而达到最佳的诵读效果。清人方玉润曾说，读了这首诗，"恍听田家妇女，三三五五，于平原旷野、风和日丽中群歌互答，余音袅袅，忽断忽续"（《诗经原始》）。所以，真正的诵读其实是一种对话、一种理解与调和，只有达到了自身的语调、节奏与言语作品本身的语调、韵律、节奏的无间融合，诵读才能获得感官及全身心的语用享受。

其次，通过品读，与文本的情感、意象开展对话，从而获得语用的身心享受。

品读是学生与文本内容的对话，是在倾听作者用笔说的话。法国批判现实主义作家左拉说："在读者面前的不是一束印着黑字的白纸，而是一个人，一个读者可以听到他的头脑和心灵在字里行间跳跃的人。"[2]品读就是通过潜心品味，与作品中的知情意展开深层对话，达到对语言文字、文本深入的、全方位的感知、体味。臻于语用享受的品读必须排除走马观花的轻率对话，也必须杜绝隔靴搔痒的无作为对话，而需要真正抓住与语言作品对话的"关节点"（即此处的话题对于文本来说可以触及它的

---

［1］ 中央教育科学研究所编.叶圣陶语文教育论集［M］.北京：教育科学出版社，1980：125.

［2］ 段宝林.西方古典作家谈文艺创作［M］.沈阳：春风文艺出版社，1983：592.

整体意义结构）而且以此为基点引发的对话能够带动文本中其他的意义生成。只有这样的对话才能深入语言文字及文本的情意层，从而给学生带来美妙的身心享受。通过"关节点"进行品读对话的角度很多，可以从关键的词语宕开，进行情感的揣摩，在品味词语的巧妙运用中获得享受。例如李商隐《隋宫》中的颔联"玉玺不缘归日角，锦帆应是到天涯"，"应是"一词含蓄地表露了李商隐的情感，教师就可以引导学生揣摩"应是"一词，与李商隐微妙的内心展开对话。还可以寻找文本的空白点，展开丰富的想象与联想。例如白居易的《卖炭翁》，教师可以营造情境，引导学生想象卖炭翁的活动背景，使学生在想象中与诗歌的整个气氛进行对话，进而体会诗歌传达的一种希望破灭的悲剧美。在品读中进行对话势必深入语言文字、文本的情意世界，而品读带来语用的身心享受绝非旁逸斜出的随意发挥，而是在尊重文本基调基础上的一种有意义的对话解读。

最后，通过悟读，与文本的文化意蕴展开对话，从而获得语用的精神享受。

以笔者来看，对话的最高境界是精神领域的碰撞、理解与融合。悟读就是在品读的基础上，通过整体的、理性的领悟而产生的与语言文字、文本中那种不可言传的意蕴之间的对话。当然，并不是所有的文学文本都包含着文化意蕴，只有那些内涵丰富、语言含蓄、充满哲思、发人深省的文本才能在文化意蕴的层面上给读者带来精神的冲击，使读者在经历一番玄妙的精神对话之后理解一种文化精神。这种对话会引领学生去思考人生、世界、宇宙等一系列关乎终极存在的重大问题，进而对学生的享受观、语用享受能力产生重大的影响。如学习苏轼的《水调歌头·明月几时有》，教师就可以大胆设计一个苏轼诗词的专题研究来引导学生探微苏轼的文化意义，这样，此首词就会被置于一个广阔的文化背景中，学生通过与本词中苏轼的矛盾心理展开对话，便会在"我欲乘风归去，又恐琼楼玉宇，高处不胜寒。起舞弄清影，何似在人间"中体悟他的"人生如梦"之感，在"人有悲欢离合，月有阴晴圆缺，此事古难全。但愿人长久，千里共婵娟"中感受他超然的宇宙情怀。这样的悟读对话需要学生积累深厚的语用素养，并且能从一个宽广的视角关注文本中的文化意蕴。由悟读而生发的精神交流不仅可以加深学生对文化意蕴的理解，还会给学生的精神世界带去巨大影响，从而大大提升学生的语用享受能力。

二、在创造中学会语用，在语用中学会创造

创造的过程伴随着思维由"凝绝不通声暂歇"的苦心寻觅到"银瓶乍破水浆迸"的豁然开朗。"在创造中学会语用享受"，列举了语用学习中创造性思维的独创性、流畅性、超越性给学生带来的语用的精神享受；"在语用享受中学会创造"，则立足于语用教学的场域，修正语用学习中的"泛创造"现象，带领学生在语用享受的过程中学会真正的创造。

（一）在创造中学会语用享受

这里的"创造"是一个心理学术语，即创造性思维。创造性思维是一种求异思维，它要求学生在阅读或写作活动中产生新颖、独特、有价值、有意义的思维产品，并通过这个创造过程获得语用的精神享受。可以说，语用学习中创造性思维的参与大大提升了学生的语用享受状态。

第一，创造性思维的独特性，使学生在语用学习中获得个性张扬的语用享受体验。

学生是带着不同的个性特征走上语用享受之途的，创造性思维的独特性决定着学生语用享受体验的个性化程度。语用教学中的享受教育，无比重视学生个体对语用抱有的独特、新颖的体验，学生也正是通过自己独特的思维触角进入"着我之色"的语用世界的。鲁迅就曾说过，一部《红楼梦》单是命意，就因读者的眼光而有种种：经学家看见《易》，道学家看见淫，才子看见缠绵，革命家看见排满，流言家看见宫闱秘事……思维的独特性使对象世界在一瞬间进入属我的世界。在独辟蹊径的创造中，学生的思维积极活跃，能从与众不同的视角发现语用世界与自己个性相匹配的新元素，并且快速创造出个性鲜明的新事物。例如，熊芳芳老师在朱自清的《春》一文授课的最后环节设计了"大自然与人的对话"[1]。

大自然与人的对话

春草告诉我：＿＿＿＿＿＿＿＿＿＿＿＿＿＿＿＿＿＿＿＿

春花告诉我：＿＿＿＿＿＿＿＿＿＿＿＿＿＿＿＿＿＿＿＿

春风告诉我：＿＿＿＿＿＿＿＿＿＿＿＿＿＿＿＿＿＿＿＿

[1] 熊芳芳.《春》教学案例［J］.中学语文，2003：（13）.

春雨告诉我：_____

泥土告诉我：_____

……

提示：可以充满情感地说，也可以富有哲理地说。

生 春雨告诉我：春天是对人类心灵的净化。

生 春草告诉我：只要有一股钻劲，就一定可以成功。

生 泥土告诉我：做什么事都要脚踏实地！

生 春花告诉我：只有勇于竞争，才能使人生灿烂。

生 春草告诉我："野火烧不尽，春风吹又生。"

生 春花告诉我：我们的美丽是在冬天贮蓄了一季的热情。

……

这是多么独特的体验，这是多么美妙的表达！这种充满创造性的"对话"，为学生独特的生命体验提供了一个得以舒展的舞台。选择情有独钟的话题、组织个性新颖的语言、突显独具特色的思想，此处的"对话"大大张扬了学生的个性。

第二，创造性思维的流畅性使学生在语用学习中获得言说畅达的语用享受体验。

创造的最佳阶段常伴随着思维的一泻汪洋与语言的兔起鹘落，所以，思维的流畅性决定着学生语用享受体验的顺利程度。流畅性是指思维的熟练程度和广度，它反映了创造性思维的速度。处于创造最佳状态的学生，其心智活动必然流利畅达，能在最短的时间内流泻出情态各异的词语，表达出较多的观念，而且拥有丰富的想象力和联想力。因此，我们要在语用教学中多方训练学生创造性思维的流畅性，使学生在一泻千里、通达跳跃的思维中发现汉语浑然天成的形象美、情感美和意象美，并从中享受语用言说的畅快。小学阶段的汉字教学就可以作为训练学生思维流畅性的最佳入口。我们来看一个课堂片段：

师 我的上联是：千山。

生 万水。

师 七嘴。

生　八舌。

师　望梅止渴。

生　画饼充饥。

师　精卫填海。

生　女娲补天。

师　山明水秀。

生　鸟语花香。

师　冬去山明水秀。

生　春来鸟语花香。[1]

"对课"（对对子）的形式让平时看来毫无生气的汉字像突然注入生命一样，鲜活了起来。面对老师的上联，学生的词汇库一下子打开了，各种鲜亮的词语被快速组织、重新归位。在"对课"的整个过程中，学生的思维活跃、流畅，即使有一时对不上来的对子，其大脑对词语斟酌与筛选的过程，仍然能让学生享受到与汉语零距离的快乐。另外，写作练习追求思维的发散流畅性，也可使学生从中享受言说畅达的美妙。"因为好的话题作文，其材料都富有情境性，这富有情境性的言语材料能激活学生心智结构中的相关领域，而这个领域也正是他认知经历中感受最深切的，所以，'话题'本身能充分调动其创作的热情，其内部言语就能通过语汇中介很流畅地化为外显作品。"[2]

第三，创造性思维的超越性，使学生在语用学习中获得超越文本的语用享受体验。

超越是一种生命的姿态，思维的超越性体现了人的信仰、追求和价值的实现。语用学习中，创造性思维的超越性，某种程度上决定着学生语用享受体验的质量。在文本阅读中，创造性思维的超越性主要体现在学生对文本表象现实的超越，力求透过文本的语言表象揭示其内在的精神含量，并把自我的心灵引向奋发有为的超拔之中，在凝视文本的同时又能飞向精神的高空。此处思维的超越要求学生在文本解读时，不仅关

---

［1］　李振村. 行走在诗意语言的密林里——丁慈矿和他的"对课"［J］. 基础教育，
　　2005（11）.

［2］　李德波. 语文创造性学习与创造性思维的培养［J］. 教育实践与研究，2003（7）.

注眼睛看到的地方，还要不断探索心灵可以到达的领域，"于无声处听惊雷"就形象地描述了学生由此而获得的心灵震撼。《晏子使楚》是一篇看似简单的文章，矮小的晏子出使楚国，面对楚王再三刁难镇定自若，凭借自己的智慧而使"楚王不敢不尊重晏子了"。如何在这个学生熟知的小故事中抓住一点加以展开、升华，于短纸中悟出深意，烛照学生的精神天空？北京清华附小窦桂梅老师的处理就让人拍案叫绝[1]。她在授课的过程中充分发挥了学生思维的超越性，从文章最后一句话"楚王不敢不尊重晏子了"出发，带领学生以"尊重"为主题走进文本，在反复品读、深思的基础上不断超越文本，使学生产生由"对晏子的尊重，走向对人的'尊重'的思考"，由"对人的尊重，导向对国家的'尊重'的思考"，由"对国家的尊重，引向首要是自我尊重的思考"。整堂课没有旁逸斜出的理论说教，而是处处以文本为基础，通过品读语言、"咬文嚼字"逐渐靠近语言文字背后的东西，在学生面前洞开一片别样的天地。一个人如果缺少了思维的超越性，就永远无法摆脱世俗的羁绊，人云亦云，长此以往而成为精神的矮子。因此，在语用教学中，我们要鼓励学生创造性思维的超越性，并给以高屋建瓴的引导，使其在文本阅读中积极丰富自己的语用享受体验，努力超越文本，走向更为广阔的领域，从而获得语用的精神享受与满足。

（二）在语用享受中学会创造

"在语用享受中学会创造"，要求站在语用的立场上，从语用教学的目的出发，探究真正属于语用的创造。在语用中谈创造，并非任由思维"天高任鸟飞"的恣意纵横，也并非弃语用而求他的非语文化创造，而是必须强调在语用教学这个特殊的场域里进行创造，其创造的过程和结果必须有益于学生语用素养的积累、语用能力的提高，其他一切脱离语文特性的泛创造，即使会让学生感到一时的享受也并非享受教育在语文教学这个场域里的真正追求。

强调语用教学这个特殊的场域，意在说明语用享受教育必须立足于语文本体，立足于语用教学目的的特殊性。语文课标指出，语文课程应

---

[1] 窦桂梅. 听窦桂梅老师讲课［M］. 上海：华东师范大学出版社，2006：1-18.

培育学生热爱祖国语言文字的思想感情，指导学生正确地理解和运用祖国的语言文字，丰富语言的积累，培养语感，发展思维，使他们具有适应实际需要的识字写字能力、阅读能力、写作能力、口语交际能力。所以，在语用教学中提倡语用享受教育的理念，就必须以坚守语文学科的特性为前提，以提高学生的"语用素养"为最终归宿，不能为图"享受"而一味追求毫无语用色彩、远离语用教学目标的"创造"。为更加明晰地澄清"在语用享受中学会创造"，我们通过两个课例进行对比分析。

案例一：[1]

假如孔乙己去告状，他会拿出什么理由？当思维的火花突现时，我激动异常——为什么不让学生模拟一个法庭辩论会呢？

……题目就叫《孔乙己告状》。

生甲站起来说："丁举人随便打人。大家都是读书人，丁举人无非中了举，可他凭什么随便打人？而且在自己的家里打别人，那不是私设公堂，是犯法的吗？"

生乙接着说："应该抓住'偷'字做文章。孔乙己自己又没说偷，是丁举人他们硬说是孔乙己偷的。孔乙己可以据理力争——凭啥说我偷。"

生丙往前深入一步："咸亨酒店老板可以为他作证：孔乙己在店里的品行比别人都好，就是从不拖欠。从不拖欠就是有钱，仅凭这一点，他还会去偷吗？"

我说："既然如此，孔乙己用什么理由告状待会请大家自己挑选。现在我们要讨论的问题是：孔乙己告状时会不会带证人？如果带，你认为他会带谁？他会请律师写状纸吗？丁举人将会有些怎样的反应？告状最终结果会怎么样呢？"

……

26分钟之后，第一个模拟法庭辩论交上来了。

原告：孔乙己。被告：丁举人。证人：小四、阿德。原告辩护律师：宗氏明。被告辩护律师：邬有才。县官：张富贵。这张人物表之后，就是序幕、人物的上下场和具体的人物对话。

---

[1] 陈爱娟. 孔乙己告状［J］. 中学语文教学，2003（12）.

案例二：[1]

准确把握作品中人物活动的环境，咬定"环境"不放松。环境影响着人物的性格和命运。特定的环境给生活在其中的人物打上了深深的烙印……我运用"非指示性教学"引导学生学习《孔乙己》，上了一堂并不"离谱"的创造性阅读课，现录学生习作如下，以窥一斑。

笑声中的孤独者——孔乙己

孔乙己是笑声中的孤独者，在人们的笑声中来在人们的笑声中去，最后在人们的笑声中死去。在鲁镇的诸色人等中，孔乙己大半生的经历、大半生的追求、言谈举止、衣食穿着等无一不成为人们（尤其是那些短衣帮们）的谈资和笑料，每当他在咸亨酒店门前出现的时候，"热闹"便达到了"高潮"，店内外充满了快活的空气。人们同孔乙己谈笑的时候，不是往孔乙己的"伤口上撒盐"就是在他"心灵的创伤"处狠狠捅上一刀，当人们的笑声此起彼伏的时候，就是孔乙己泪如一江春水心在流血的时刻。没有一个人同情他，更没有一个人去抚慰他心灵上的伤疤，只有和小孩子一起他才能"一晌贪欢"。和他曾经"同是天涯沦落人"的丁举人，早已在中举那天和他在经济上、地位上、心灵上"划清了界限"。这样一颗孤独的心灵，在这样一个世界上能坚持多久？我认为，时间不会很长！

语文课标在"教学建议"中论及阅读教学时指出，逐步培养学生探究性阅读和创造性阅读的能力，提倡多角度的、有创意的阅读。无可置疑，案例一确实算是一次"有创意的阅读"，也在很大程度上调动了学生的积极性，激活了学生的思维。但这样的课能否称得上是"语用享受"，能否谈得上是"创造性阅读"？

《孔乙己》是鲁迅先生的一篇经典的短篇小说，其被列入语文课本成为范读文章，在于它"透过一个少年的眼光，给我们展示了晚清世风图的一角，在不动声色的叙述中蕴含着深沉的批判力量"[2]。带领学生通过品味语言探究作者是如何栩栩如生地塑造了一个被社会扭曲灵魂而最终

［1］俞建科.咬定文本不放松——也谈创造性阅读［J］.中学语文教学，2005（2）.
［2］义务教育课程标准实验教科书《语文》：九年级下册［M］.北京：人民教育出版社，2003：20.

被吞噬生命的悲剧形象，可以说是这篇文章教学的基本任务。那么，我们通过这篇文章到底要享受什么？答案很肯定，享受其独特的语用性，即语用特色、情感结构及特定的文化内涵，这些构成了语文区别于其他学科的关键。而案例一在以"孔乙己告状"为基本途径的"创造性阅读"中，学生所有的活动并不是指向基本的教学任务的完成，而是指向了孔乙己如何为自己辩护及丁举人打了孔乙己是否应该承担法律责任。那么，这样的课堂学生真正创造了什么？享受了什么？"他们'创造'了小说《孔乙己》所没有或没有明示的'孔乙己挨打的事实真相'和'关于一位公民私刑拷打另一公民所适用的法律条文和应该承担的法律责任'。对学生而言，它'创造'了一些法律知识、一些关于小人物的人生体会和为小人物鸣不平的人格冲动。"而独没有"带领学生'创造'他们本应在这样的活动中创造的'阅读素养'"。[1]如果有享受，学生怕是享受了新鲜、刺激的"法庭辩论"及很难称得上是证据的文字搜证过程。这样的"创造"在教学论的意义上既没有突显语用教学的特点，也没有培养学生的语用素养，所以并不是真正意义上的语用享受，也不是阅读教学范围内的创造。而案例二，从学生阅读的结果来看，其创造就没有跃出语用教学的范畴。学生阅读《孔乙己》后创造出来的作品《笑声中的孤独者——孔乙己》立足文本，在文本立意的逻辑范围内合理拓展、创造，可以说真正享受到了《孔乙己》的文化内涵，享受到了《孔乙己》带来的文化启示。因此，要想真正揭开语用的美丽面纱，获得语用享受，学生的创造就不能靠断章取义来哗众取宠，不能漠视文本而"无中生有"。有所持守，创造才会因有凭附的根基而有价值、有意义。

三、在情趣中学会语用，在语用中培养情趣

语用教学中的享受教育，拒绝单调苍白的语文课，呼吁用语文的内在情趣感染学生，使学生在充满情趣的语用世界中怡养性情。有人曾这样赞誉语用：想一想都是迷人的，语言、文字、文化、文学……每一个语用符号，每一个词语，每一句话，每一件事，都有血有肉、有形态、

---

[1] 李海林. 创造性阅读的理性思考与实践分析——再论"创造性阅读"[J]. 中学语文教学，2005（4）.

有色彩、有神韵，都能给人想象、感悟和启迪。语用是一个缀满情趣的世界，"在情趣中学会语用享受"，用智慧的双眸寻觅语用的情趣，使透迤在语言文字间的情趣暗流为流动于学生心间的情趣；"在语用享受中培养情趣"，则超越了语文本身的情趣，追求学生在语用享受情趣世界的同时，建构自己的情趣智慧。

（一）在情趣中学会语用享受

清代作家史震林说："诗文之道有四：理、事、情、景而已。理有理趣，事有事趣，情有情趣，景有景趣。趣者，生气与灵机也。"[1]扼杀情趣的诗文失去了生气与灵机，而以诗文为主要文本的语用教学，如果远离了情趣，那么我们将无法想象此种教育下走出的生命该是多么的枯燥与乏味。"在情趣中学会语用享受"着眼于教学内容情趣因素的发掘、教师语言情趣的发挥、对认知过程内在逻辑趣味的呈现，使学生在语用学习中真正感受人性的温度，触摸精神的厚度，聆听心灵的呼唤。

首先，文本所提供的故事情节、人物性格、知识道理等情趣因素是语用享受的客观基础。在情趣中学会语用享受并不是空洞的说教，也不是把情趣的标签生硬地贴在教学上，而是从知识内部呼唤出真实存在的丰富多彩的生命情趣。用充满情趣的眼光看语用，一个个方块汉字，一首首古诗短句，甚至一个个标点符号都变得鲜活而神采飞扬，它们都会将学生引入语用享受的奇妙殿堂。当老师在黑板上画一颗蒲公英的种子，问："是'纷纷'吗？"接着画两颗，孩子说不是"纷纷"，接着画三颗、四颗……就在粉笔在黑板上不停舞动的那一刹那，孩子惊呼："蒲公英的种子'纷纷'出发啦！"这时，"纷纷"便不再抽象，而成了融动作与形态、情感与趣味于一体的可视可感的立体词。文本中有"舟行碧波上，人在画中游"的诗情画意，有"最喜小儿无赖，溪头卧剥莲蓬"的五彩斑斓，有"不畏浮云遮望眼，只缘身在最高层"的哲思。只要悉心品味，哪怕是"长堤一痕、湖心亭一点、与余舟一芥、舟中人两三粒"也会在学生空明的心间无限放大，饶有情趣。语用世界的情趣因素，不仅能提高学生的语用享受能力，丰富学生的语用享受体验，而且在陶冶学生的语用享受观

---

[1]［清］史震林，华阳散稿.

方面也发挥着很大的作用。

其次，语文教师富有情趣的教学语言、和谐的教学节奏是语用享受的条件。"隔岸观火"是语用享受的一大弊端，学生融不到语用情境中，语文课程丰富的人文内涵也不会对学生的精神领域产生深远影响。语用享受的最佳状态应是在和谐的节奏中，使教师、文本与学生达到情感共鸣。要做到这一点，教师就应首先进入角色，充分挖掘课文中蕴含的真挚感情，将作者之情化为自己之情，用自己之情感染学生，并将三者有机地融合在一起。我们来看韩军老师在讲授杜甫《登高》一诗时，是如何用深情的语言打动学生，抓住学生的情感世界的。[1]

师：（语调低沉，语速缓慢，满怀感情）1200多年前，一个秋天，九月初九重阳节前后。夔州，长江边。大风凛冽地吹，吹得长江万木凋零。树叶在天空中飘飘洒洒。漫山遍地是衰败、枯黄的树叶。江水滚滚翻腾，急剧地向前冲击。凄冷的风中，有几只孤鸟在盘旋。远处还不时传来几声猿的哀鸣。——这时，一位老人朝山上走来。他衣衫褴褛，老眼浑浊，蓬头垢面。老人步履蹒跚，跌跌撞撞。他已经满身疾病，有肺病、疟疾，而且"右臂偏、耳半聋"。

重阳节，是登高祈求长寿的节日。可是，这位老人，一生坎坷，穷愁潦倒，似乎已经走到了生命的深冬季。而且，此时，国家正处在战乱之中，他远离家乡，孤独地一个人在外漂泊。面对万里江天，面对孤独的飞鸟，面对衰败的枯树，老人百感千愁涌上心头……（放音乐《二泉映月》）

（师在乐声中满怀深情地朗诵全诗）

在这样充满情感的气氛中，学生想冷眼旁观都难。由此观之，如果教师课堂教学的语言亲和婉转、抑扬顿挫、控制自如，学生的感情便会随之时而"小桥流水"、清新通畅，时而"海潮汹涌"、高亢激昂。所以，要想让学生在课堂中学会语用享受，教师就不能不作为。只有那些善于享受文字、享受语用的教师，才能让语用成为学生眼中的一抹美丽的风景。

---

[1] 王荣生. 走进课堂——高中语文（必修）新课程课例评析［M］. 北京：高等教育出版社，2006：99.

最后，特定教学情境中充满情趣的问题因素、情感因素和认知建构水平是语用享受的内在决定因素。语用享受，首先要"入乎其内"，进入语用的情感世界、意义世界。因此，教师应精心创设教学情境，使各个环节推波助澜，力图把学生的情感与认知发挥到最佳。《圆明园的毁灭》一文的教学，有老师这样处理：[1]

师：至此，圆明园所拥有的一切，现在都"没有了"——（在黑板上的连接词前面加"没""了"，一边添加一边让学生跟读，比如，圆明园中，"没有了"金碧辉煌的殿堂，"也没有了"玲珑别透的亭台楼阁；没有了……也没有了……；没有了……还没有了……）

师：（出示书中的名句）请同学们用变化了的连接词再说说。

生：没有了象征着热闹街市的"买卖街"，也没有了象征着田园风光的山乡村野，还没有了根据古代诗人的诗情画意建造的楼阁，如"蓬莱瑶台""武陵春色"。

生：园中不仅没有了民族建筑，还没有了西洋景观。

生：上自先秦时代的青铜礼器没有了，下至唐、宋、元、明、清历代名人的书画、各种奇珍异宝也没有了。

对学生来说，这样巧妙的提问融语用训练与情感熏陶于一体，产生的震撼效果自然比简单的一句"圆明园没有了什么"的漫天发问要好得多。因此，我们应特别注重特定教学情境中问题的情趣性，有效且充满诱惑力的问题不仅能调动学生参与言说的欲望，而且会带动整个文本意义的流动，从深度、广度和有效度上牵动学生的情感，使其全身心触摸语言、享受语用。

（二）在语用享受中培养情趣

教育界盛行这么一句话："课堂小天地，天地大课堂。"走出课堂，进入纷繁复杂的社会天地，我们的学生是否还能拥有一颗体悟情趣的慧心，是否还能用享受的心境打量世界，是否会在奔忙的生活之余持守一片情趣盎然的心灵晴空？"在语用享受中培养情趣"，就是要超越课堂短

[1] 窦桂梅.听窦桂梅老师讲课［M］.上海：华东师范大学出版社，2006：68.

暂的情趣享受，使学生在语用享受内在情趣的同时，把它们内化为自己的情趣智慧，使情趣、理趣与志趣相映生辉，化为自我生命中一股流动的生气。

高尚的情趣是融理趣于一体的情理交融的智慧。情趣不是一味追求情感的肆意宣泄，也不是只求趣味的极乐一时，而是融理趣于其中的一种含而不露的智慧。理趣原属于中国古代的美学范畴，指诗文理融于趣、趣合乎理。但此处，理趣是指超越感官之上、由理而引起的主观情趣，是主体在求真求善过程中产生的愉悦的心态和兴奋之情。什么样的"理"才可成"趣"呢？它应该是深刻的，是关于自然、社会、人生的真理、哲理、至理；它还应该是新鲜的，是"发前人所未发，扩前人所已发"的创造性智慧结晶；它还应该是充满生气和灵机的，它来自生活，来自实践，来自生命的洞彻和感悟。[1]"从审美心态的角度来看，理趣让人感到的是思想的提升，智慧的导引，道德的警策，理想的召唤和生存的鼓舞。"[2]学习苏轼的《惠崇春江晚景》，我们就不能仅带领学生一味享受诗中欣欣向荣的早春景象，还应引导学生品味"春江水暖鸭先知"一句暗含的理趣，进而用它来观照自己的生活。在享受文本情趣的同时培养学生的理趣，便会让他们顿然发现生活中无处不见的智慧。

情趣的最高境界是志趣。体验情趣享受语用的过程，也是学生在各种充满情趣的生活图像、人生图像中寻找自己的过程。《诗大序》曰："在心为志。"志趣是一个人的心意所向，语用享受的过程伴随着"情"与"趣"相互生发，使经过多次选择和取舍后的心意逐渐固定下来，并成为终生追求，只有这时，学生的生命才能超越书本，超越课堂。志趣的生成使人拥有了一种境界，有了这种境界，人生才不会漫无目的，才会萌生"上下求索"的动力，才会享受事业的成功和人生的丰满。如果说兴趣是指一个人站在事物的外围对它进行赏析，那么志趣就是将感情和所有精力深入到某一事物、某一专业的内在规律中，并与它融为一体，即走进这种事物的内部去全身心享受。志趣把从课堂中领悟到的情趣和情感、人

［1］刘午子.一个未竟的话题——理趣［N］.荆州师范学院学报，2003（1）.
［2］邓牛顿.说理趣［N］.南京师范大学文学院学报，2002（1）.

生态度、价值观融为一体，从而产生巨大的生命动力。一个没有情趣的人，空有志向，生命会了无生趣；同样，一个胸无大志、空谈情趣的人，生命更会流于浅薄。志趣将学生的享受体验推向了一个唯我独有的天地，并为其建构一生执着的精神高标。

四、在审美中学会语用，在语用中学会审美

审美是在特定的心境和时空条件下，主体对客体美的观照、感悟和判断，处于审美中的主体"登山则情满于山，观海则意溢于海"（刘勰《文心雕龙·神思》）。"在审美中学会语用享受"，是让学生在感觉与理解、情感与认识相统一的精神活动中，学会享受语文本体构成的语言美、意境美、构思美、形象美等。而"在语用享受中学会审美"，则立足于语用教学中的审美活动，培养学生鉴赏美、表现美的能力，使审美真正成为学生语用享受的一种能力。

（一）在审美中学会语用享受

审美起始于审美注意。所谓审美注意，就是让感觉本身充分地享受对象的线条、形状、色彩、声音、节奏、韵律等形式和结构，并把主观方面的各种心理因素如感情、想象、意念、愿望、期待等自觉不自觉地投入其中。语文教材选编的文章从不同的角度展现了审美的风姿，都可以引起学生的审美注意。但审美的真正实现还需要达到审美愉悦，这种审美愉悦"不是某种单一或单纯的感知反应而已，它是一种积极的心理活动过程，其中包括了感知、想象、理解、情感多种因素的交错融合"[1]。所以，审美的过程是一个对象化的自我享受的过程，从那些生动感人的故事、启迪心扉的童话、发人深省的寓言、感情充沛的诗歌、优美动人的散文里可以享受生命的冲动、喜悦、叹息与自由。这样的审美历程不仅能够丰富学生的享受体验，使其逐渐形成"高尚的道德情操和健康的审美情趣"，而且长期在美的熏陶感染和潜移默化下，学生求真、向善、唯美的价值观和积极的人生态度也会得以强化。

我们可以从文学文本的内容，如人物形象、情节叙述出发进行审美，

---

[1]　李泽厚. 美学三书［M］. 天津：天津社会科学院出版社，2003：476.

从而获得审美享受。语文教材为我们展现了一大批经典的人物形象："道渴而死。弃其杖，化为邓林"的夸父，"抵掌而谈"的苏秦，"扈江离与辟芷兮，纫秋兰以为佩"的屈子，"短褐穿结，箪瓢屡空，晏如也"的靖节先生，还有那个"使尽了平生的力画圆圈"的阿 Q 和"满口之乎者也"的孔乙己……这些或崇高、或优美、或天真、或可爱、或忠贞、或虔诚的人格美无不给我们带来陶然其间的享受。以朱自清的《背影》为例，文章的精彩在于借车站分别这个特殊的时空，用直笔形象地回忆父亲年迈的背影，而正是这个"蹒跚"的背影，为作者也为读者开拓了无尽的想象空间。一个背影把父亲的爱悠悠拉长，而且随时间推移越发浓烈，给学生留下了一个不可磨灭的父亲形象，也为文学史留下了一个品不尽的"背影"。段崇轩在《走近父亲》中阐述了《背影》的主题和解读理念："这篇散文的深层内涵，在于表现了朱自清对父亲的理解和认识，在难以忘怀的父亲'背影'中感受到了父亲那坚忍不拔的生存精神和踏踏实实的人生态度，传达出作者对父亲的一种怀念、自责和忏悔。通过回忆父子惜别这典型情节，儿子终于走近了父亲、理解了父亲。"[1]像这样经典的、使人赏心悦目、充实饱满的人物形象在语文教材中不在少数，带领学生在这些人物形象中感受他们真性情的流露以及不同的人格美，不仅可以使学生的性情得到陶冶，而且也可以帮助他们在心中树立起美好的偶像。

我们也可以从文本的形式入手引发审美享受。例如品味语用世界里精美的词语、瑰丽的句子，从而倾听作者的心声，这也不啻为一种美好的享受。不同的文体拥有不同的语言特色，散文语言的流畅、小说语言的生动、诗歌语言的凝练、议论语言的严谨、说明语言的准确、抒情语言的感人等都会带给人不同的审美享受。所以，在语用学习中，我们应注重那些含蓄优美、发人沉思的语言，以此来体悟作者"细到像游丝的一缕情怀，低到像落叶的一声叹息"。当然，语用的审美不可泛泛论之，句式的转换、节奏的张弛、韵律的流转、音调的协调、恰当的修辞都是学生进行语用审美的切入口。如学习叶绍翁的《游园不值》，窦桂梅老师就通过对诗中极富表现力的文字的审美，带领学生进入了一个有情有味

---

[1] 段崇轩. 走近父亲［J］. 语文教学通讯，2001（17）.

的世界。[1]

　　悟怎么"怜"柴扉

　　生：对柴扉的"怜"，我从这个"扣"字中能体会出来。

　　师："扣"的意思是——

　　生："敲。"

　　师：那咱就把"敲"送进去读读吧！

　　生："小'敲'柴扉久不开。"我觉得小"敲"和小"扣"，小"敲"读得不顺，小扣"读"得顺。

　　生：我觉得用"敲"比较重，这里诗人非常爱惜柴扉，"扣"相对来说比较轻，得用"扣"，不能用"敲"。

　　师：那"小扣"是——

　　生：轻轻地"扣"。

　　师：注意，这个"小"字儿，还想起了一个成语，叫——

　　生：小心翼翼。

　　师：来吧，让我们小心翼翼地、轻轻地扣柴扉。

　　师：虽然我性子比他急，但我还是要耐心地扣、小心地扣、轻轻地扣，尽管时间那么久，我还要扣。（教师做手势，一扣一扣，很有节奏，一边"扣"，一边朗读）

　　师：又想起了一个成语，那叫扣人——（学生齐说：心弦）。

　　师：就这么扣啊，扣出了对园主人的——（学生说：尊重）。

　　师：也扣出对春天的——（学生说：喜爱，热爱）。

　　当然，以内容或形式为出发点进行审美不止有上述的人物形象审美和语用审美，只要教师善于发现、善于引导，不论是一个单字还是一个标点符号，不论是平实的说明文还是严谨的议论文，不论是文章的结构还是文章的内容，都有可鉴赏的美点，都能给学生带来审美的愉悦和精神的享受。

---

[1] 窦桂梅.游园路上的精神相遇——《游园不值》教学实录及评析［J］.小学教学参考·语文，2006（6）.

（二）在语用享受中学会审美

审美是一种能力，没有审美能力或者说审美能力低的人即使看到春花秋月，也不会生出"感时花溅泪"的悲叹与"江畔何人初见月，江月何年初照人"的感喟。审美的过程伴随着学生多种心理功能的协同运动，可谓调动了学生的知情意全身心地投入。学会审美，学会在文字间、生活中发现美、鉴赏美，学会用自己的心灵创造美、表现美，只有这时，学生才能真正享受到审美给人带来的精神愉悦。

首先，在语用享受中学会审美，要呵护学生那颗善感的心，使他们在充分体验文本的基础上有所触动、有所感发，从而发现审美光点。罗丹曾说，美是到处都有的，对于我们的眼睛，不是缺少美，而是缺少发现。因此，在语用教学中，教师应给学生留下足够多的时间去诵读、去发现、去细心品味那些陌生的奇异的语言，而不是在学生对文本还一知半解时就大肆阐发。有学生学习李白的《闻王昌龄左迁龙标遥有此寄》时心生疑问，"为什么是'我寄愁心与明月'？愁心如何能寄？"能有这样的发问就说明学生发现了全诗的一个闪光的审美点，此时，教师便应呵护学生的发现，悉心引导。可寄"信"寄"包裹"，怎么能寄大活人的"心"？为什么偏要托明月寄心？因为"海上生明月，天涯共此时"，人的思念之情往往在夜深人静时最浓，月映万川之时，"月"不正是相思之人最可托付的空中邮差吗？"寄愁心"以一种陌生化的手法传达了让读者回味无穷的含蓄美。有人说文本中的每一个字都是一个无底的洞，这个"洞"中就藏着美。所以，教师不能轻易放掉文本中的任何一个小细节，也不能忽视学生的任何一个发现，应对学生发现的美点进行多层面的指导、多角度的引导，以保证他们对美的敏感。

其次，学会语用审美的关键是学会鉴赏美，在鉴赏中享受美带给人的愉悦。如果说发现美表明学生拥有了对事物最初的审美感受，那么鉴赏美就是在较深刻的领悟、品味的基础上进行的理性因素相对突出的高层次的审美活动。让学生学会鉴赏美首先要教给学生基本的鉴赏过程：观、品、悟。"观"是引导学生通过形式符号在直观层次上获得初步感受并重建审美对象。在教学过程中，这一步就是让学生懂得文字符号在具体语境中的意义，在学生的主体意识中形成最初的审美感受。"品"是指学生根据自己的审美心理结构和经验，凝神观照，发挥想象力，悉心地体味作品，充实、丰富审美对象，使审美对象更具学生自己的个性。"悟"是审美鉴赏的一种理解方式，指学生对审美对象鉴赏渐入佳境后升华的一种感悟，或者说是在对审美对象品味、体验的基础上获得的哲学思考。如"过尽千帆皆不是，斜辉脉脉水悠悠"一句的审美，学生往往是先观其象，形成最初的一个审美图景。接着教师便应引导他们品味其中的审美张力，在时间与空间的张力中感受诗中情感的张弛。最后，感悟诗句传达的一种哲理美：等待往往是一个选择的过程，因漫长而美丽，因有所取舍而耐人寻味。

最后，学会语用审美的最高境界是学会表现美、创造美，享受美带给人的自由。在语用教学中，诵读就是一种美的创造。所谓诵读，不仅是学生将书本中诉诸视觉的文字语言转化为诉诸听觉的有声语言的朗读活动，而且是学生在综合了文本中诸多信息的基础上，展开想象与联想，在抑扬顿挫的节奏中感受语用之美，在优美和谐的韵律中感悟声韵美，在喜怒哀乐中激发情感美，并在知情意的交融中生发意蕴美。从感受文本的语用美，到勾勒自己脑海中的具体画面，再到富有自我创意的美的表达，可以说，诵读不仅解放了静态的文字，也解放了学生的情感，是一个富有个性色彩的自由创造的过程。另外，我们还要非常重视学生在写作中表现美。写作是我们将生活中的美加以提炼、加工、深思后的重新呈现，是学生的审美情趣在文字间的跃动。所以我们要杜绝那种"有形无物""有文无人""有人无神"的无病呻吟，提倡学生在自由作文中以彰显自我鲜活的生命、思想与精神为美。有的学生为求语言之美，在作文中刻意行文："牵着时间的纤绳，追忆那最美好的时刻，穿越充满荆棘的荒道，寻觅那充满爱的世界。生活的一切总是美好的，那炭火的温情，那人性的芬芳，那同情之心盛开的花朵，那胸怀喷出的火花，那荒漠中的仙人掌，奇妙而灿烂，像黉夜的火树，灿烂而辉煌。"[1]这样的文字虽然华丽，但却因缺少真性情的流露而显得灵性不足。因此，在作文中表现美，就需要学生真切体验生活中的美，用文字自然抒发性灵

---

[1] 王荣生. 走进课堂——高中语文（必修）新课程齐全评析 [M]. 北京：高等教育出版社，2006：85.

之语，而不是只做语言的奴隶，依靠语言的雕琢与修饰来获得表面的形式美。

上述所做的阐释和探讨，即从享受的角度重新打量、思考语用教学，试图通过这一视角去诠释语用教学的特质，为语用开拓享受教育的教学理念和价值观。诗曰："横看成岭侧成峰，远近高低各不同。"语文就是语用，但同样的语文却可以教出不同的品味，本着这一点，希望我们的探究可以给语用教学输入一点新鲜血液。

参考文献

［1］刘国正.实和活：刘国正语文教育论集［M］.北京：人民教育出版社，1995.

［2］［德］威廉·冯·洪堡特.论人类语言结构的差异及其对人类精神发展的影响［M］.姚小平，译.北京：商务印书馆，1997.

［3］梁一儒，户晓辉，宫承波.中国人审美心理研究［M］.济南：山东人民出版社，2002.

［4］韩雪屏.语文教育的心理学原理［M］.上海：上海教育出版社，2001.

［5］［法］拉·梅特里.人是机器［M］.北京：商务印书馆，1959.

［6］［德］海德格尔.人，诗意地安居［M］.郜元宝，译.上海：上海远东出版社，2004.

［7］［美］小威廉姆 E.多尔.后现代课程观［M］.王红宇，译.北京：教育科学出版社，2000.

［8］［美］马尔库塞.单向度的人［M］.刘继，译.上海：上海译文出版社，2006.

［9］［德］恩斯特·卡西尔.人论［M］.甘阳，译.上海：上海译文出版社，1985.

［10］张世英.哲学导论［M］.北京：北京大学出版社，2002.

［11］［德］雅斯贝尔斯.什么是教育［M］.邹进，译.北京：生活·读书·新知三联书店，1991.

［12］［德］加达默尔.真理与方法［M］.洪汉鼎，译.上海：上海译文出版社，2004.

［13］［捷克］夸美纽斯.大教学论［M］.任钟印，译.北京：人民教育出版社，1984.

［14］［美］埃里希·弗罗姆.占有或存在——一个新型社会的心灵

基础［M］.杨慧，译.北京：国际文化出版公司，1989.

［15］徐友渔，周国平，陈嘉映，尚杰.语言与哲学——当代英美与德法传统比较研究［M］.北京：生活·读书·新知三联书店，1996.

［16］曹明海.语文教学本体论［M］.济南：山东教育出版社，2007.

［17］［德］海德格尔.存在与时间［M］.陈嘉映，王庆节，译.北京：生活·读书·新知三联书店，1987.

［18］申小龙.汉语与中国文化［M］.上海：复旦大学出版社，2003.

［19］王元华.语用学视野下的语文教学［M］.北京：北京师范大学出版社，2012.

［20］［德］歌德.歌德谈话录［M］.朱光潜，译.北京：人民文学出版社，1978.

［21］盛新凤.盛新凤经典课堂与创新设计［M］.太原：山西教育出版社，2006.

［22］［俄］什克洛夫斯基，等.俄国形式主义文论选［M］.方珊，等译.北京：生活·读书·新知三联书店，1989.

［23］曾祥芹.实用文章学研究［M］.北京：高等教育出版社，2010.

［24］［美］斯坦利·E.菲什.文学在读者：感情文体学［M］.聂振雄，译.北京：文化艺术出版社，1989.

［25］［德］海德格尔.在通向语言的途中［M］.孙周兴，译.北京：商务印书馆，2004.

［26］［瑞士］费尔迪南·德·索绪尔.普通语言学教程［M］.高名凯，译.北京：商务印书馆，1980.

［27］施良方.课程理论——课程的基础、原理与问题［M］.北京：教育科学出版社，1996.

［28］皮连生.智育心理学［M］.北京：人民教育出版社，1996.

［29］倪宝元.语言学和语文教育［M］.上海：上海教育出版社，2001.

［30］曹明海，钱加清．语文课程与教学论［M］．济南：山东人民出版社，2005．

［31］［美］S.阿瑞提．创造的秘密［M］．钱岗南，译．沈阳：辽宁人民出版社，1987．

［32］［苏联］苏霍姆林斯基．给教师的建议（下）［M］．杜殿坤，译．北京：教育科学出版社，1981．

［33］曹明海．语文教育智慧论［M］．青岛：青岛海洋大学出版社，2001．

［34］王岳川．现象学与解释学文论［M］．济南：山东教育出版社，2005．

［35］［苏联］列夫·托尔斯泰．艺术论［M］．北京：人民文学出版社，1958．

［36］李泽厚．美学三书［M］．天津：天津社会科学院出版社，2003．

［37］曹明海，陈秀春．语文教育文化学［M］．济南：山东教育出版社，2005．

［38］唐君毅．中华人文与当今世界补编（一）［M］．桂林：广西师范大学出版社，2005．

［39］［美］苏珊·朗格．情感与形式［M］．刘大基，傅志强，周发祥，译．北京：中国社会科学出版社，1986．

［40］［美］苏珊·朗格．艺术问题［M］．滕守尧，朱疆源，译．南京：南京出版社，2006．

［41］金元浦．文学解释学［M］．长春：东北师范大学出版社，1997．

［42］冯友兰．中国哲学简史［M］．北京：北京大学出版社，1985．

［43］畅广元．文艺学的人文视野［M］．北京：首都师范大学出版社，2001．

［44］［英］戴维·伯姆．论对话［M］．北京：教育科学出版社，2004．

［45］中央教育科学研究所编．叶圣陶语文教育论集［M］．北京：教

育科学出版社，1980.

［46］王荣生主编．走进课堂——高中语文（必修）新课程课例评析［M］．北京：高等教育出版社，2006.

［47］窦桂梅．听窦桂梅老师讲课［M］．上海：华东师范大学出版社，2006.

［48］张颂．朗读美学［M］．北京：北京广播学院出版社，2002.

［49］曹明海，张秀清．语文教育文化过程研究［M］．济南：山东人民出版社，2005.

［50］王荣生．语文科课程论基础［M］．上海：上海教育出版社，2005.

［51］倪文锦，欧阳汝颖．语文教育展望［M］．上海：华东师范大学出版社，2002.

［52］李吉林．李吉林情境教学—情境教育［M］．济南：山东教育出版社，2000.

［53］金生鈜．理解与教育——走向哲学解释学的教育哲学导论［M］．北京：教育科学出版社，1997.

［54］王一川．意义的瞬间生成［M］．济南：山东文艺出版社，1988.

［55］曹明海．文学解读学导论［M］．北京：人民文学出版社，1997.

［56］［德］加达默尔．哲学解释学［M］．上海：上海译文出版社，2004.

［57］李海林．言语教学论［M］．上海：上海教育出版社，2000.

［58］王尚文．语感论［M］．上海：上海教育出版社，2006.

［59］李维鼎．语文言意论［M］．上海：上海教育出版社，2000.

［60］殷鼎．理解的命运［M］．北京：生活·读书·新知三联书店，1988.

［61］［德］海德格尔．诗·语言·思［M］．彭富春，译．北京：文化艺术出版社，1991.

［62］［奥］维特根斯坦．哲学研究［M］．李步楼，译．北京：商务印书馆，1996.

［63］秦光涛.意义世界［M］.长春：吉林教育出版社，1998.

［64］邢福义.语言文化学［M］.武汉：湖北教育出版社，1990.

［65］钱理群.语文教育门外谈［M］.桂林：广西师范大学出版社，2003.

［66］［德］沃尔夫冈·伊瑟尔.本文的召唤结构［G］.见：瓦尔宁编.接受美学［M］.慕尼黑：威廉·劳克出版社，1975.

［67］［德］威廉·冯·洪堡特.论语法形式的性质和汉语的特性［G］.见：申小龙.中国语言的结构与人文精神［M］.北京：光明日报出版社，1988.

［68］中华人民共和国教育部.义务教育语文课程标准（2011年版）［S］.北京：北京师范大学出版社，2011.

［69］联合国教科文组织国际教育发展委员会.学会生存——教育世界的今天和明天［M］.北京：教育科学出版社，1996.

［70］曹明海.语文：文化的构成［J］.语文教学通讯·高中刊，2004（7-8）.

［71］童庆炳.语文教学与人的建设［J］.课程·教材·教法，1995（5）.

［72］张志公.传统语文教学的得失［J］.中华活页文选（教师版），2008（10）.

［73］段崇轩.走近父亲［J］.语文教学通讯，2001（17）.

［74］曹明海.当代文本解读观的变革［J］.文学评论，2003（6）.

［75］童庆炳.语文教学改革的哲学思考［J］.中学语文教学，2003（12）.

［76］韩军.限制科学主义　弘扬人文精神——关于中国现代语文教学的思考［J］.语文学习，1993（1）.

［77］李海林.论语文课程的哲学基础［J］.当代教育论坛，2008（4）.

［78］郝德永.从本质主义到生成性思维——课程探究逻辑的后现代转换［J］.高等教育研究，2005（5）.

［79］迟艳杰.教学本体论的转换——从"思维本体论"到"生成论本体论"［J］.教育研究，2001（5）.